1925 年的鲁迅

……于浩歌狂热之际中寒；于天上看见深渊。于一切眼中看见无所有；于无所希望中得救。

——鲁迅《野草·墓碣文》

国家出版基金项目
NATIONAL PUBLICATION FOUNDATION

张梦阳作品

鲁迅全传

苦魂三部曲之

野草梦

中国出版集团公司
華文出版社

图书在版编目（CIP）数据

鲁迅全传 ：苦魂三部曲之二．野草梦 / 张梦阳著．
-- 北京 ：华文出版社，2016.7（2016.10重印）
ISBN 978-7-5075-4551-7

Ⅰ.①鲁… Ⅱ.①张… Ⅲ.①鲁迅（1881-1936）-
传记 Ⅳ.①K825.6

中国版本图书馆CIP数据核字(2016)第152132号

鲁迅全传：苦魂三部曲之二·野草梦

著　　者：张梦阳
出版策划：李红强
责任编辑：张明华
出版发行：华文出版社
社　　址：北京市西城区广外大街 305 号 8 区 2 号楼
邮政编码：100055
网　　址：http://www.hwcbs.com.cn
电　　话：总 编 室 010-58336239　发 行 部 010-58336253 58336267
　　　　　责任编辑 010-58336211
经　　销：新华书店
印　　刷：北京楠海印刷厂
开　　本：710×1000　1/16
印　　张：22.5
字　　数：332 千字
版　　次：2016 年 8 月第 1 版
印　　次：2016 年 10 月第 2 次印刷
标准书号：978-7-5075-4551-7
定　　价：39.00 元

前　言

《鲁迅全传·苦魂三部曲》，选择鲁迅一生的早、中、晚三个点，分为《会稽耻》《野草梦》《怀霜夜》三部曲。是力图全景式地再现鲁迅和他那个时代的长篇文学传记，旨在刻画鲁迅作为中国二十世纪最痛苦的灵魂的心灵史，以及他周围各色人物的社会众生相，展现二十世纪中国知识分子的精神史。

《会稽耻》，以绍兴鲁迅青少年时代从小康到没落的坎坷经历为主线，展现晚清中国社会的腐朽、没落与少年鲁迅——樟寿的精神成长。

《野草梦》，以北京鲁迅中年写作《野草》《彷徨》时期与女师大学潮、三一八惨案、许广平爱情的纠葛为主线，展现二十世纪二十年代的中国社会与文人心态。

《怀霜夜》，以上海鲁迅晚年与瞿秋白等的友情为主线，展现二十世纪三十年代的社会历史画面和围绕在鲁迅身边的各色人物的社会众生相，以及当时革命者复杂的内心世界。

不同时期，鲁迅生活的环境不同，三部曲表现的风格亦不同，《会稽耻》突出绍味，《野草梦》突出京味，《怀霜夜》突出海味。三部曲近一百万字，三部之间既互相联系，又各自独立成书。

《野草梦》是《鲁迅全传·苦魂三部曲》的第二部，以传统与现代交织的北京市井、各种思想风起云涌的北京知识界为背景，呈现鲁迅与知识界、青年学生、北洋政府的种种联系，揭示鲁迅人生哲学的深化历程，展现二十世纪二十年代的中国社会与文人心态。

鲁迅亲口对青年朋友说过：他的哲学包括在他的《野草》里面。因而要写出鲁迅的哲学，不能不以《野草》的创作为主线。以《野草》创作为中心的这部《野草梦》就更加不能不这样做。但是就出现了一九二五年秋天创作《野草》第一篇《秋夜》以前长达二十余年的生活如何表述的棘手问题，笔者苦思很久，觉得只能用“忆往昔”的法子处理。但时时又感到笔拙，而世界上没有十全十美的事情，笔者才疏学浅，能力有限，只得为了突出鲁迅的《野草》哲学而“笨”做了。

鲁迅研究虽然持续近百年，但是仍然有许多史实存有疑难，由于年代久远，很多已经无法验证。例如鲁迅与许广平的情爱过程就有多种说法，本书则主要依据陈漱渝先生的说法。

本书是在广泛搜集、校核鲁迅回忆录和有关史实基础上辅以笔者的文学想象与学术评议综合、融汇、“炼化”而成的。文中使用了大量回忆文章，所有资料标题都附在书后的参考书目中，有些在文中加了注释或变换为引文字体。但有些部分，为了行文的流畅和保持历史现场原汁原味的原生态，没有这样做。特向回忆文章作者与读者说明，并请鉴谅。

目　录

第十一章　酷暑八月

第十二章　秋天的果实

第十三章　诗意的栖居

第十四章　冬日的冷箭

第十五章　三一八惨案

序 幕 北京古城

古 城

公元一九二四年，即民国十三年六月三十日中午，北京古城碧空如洗，灿烂的阳光下，一群白鸽在天上飞翔，忽而在空中盘旋，忽而又直下古城灰黑色的房脊，似乎要落下来，但即刻重上青天，直冲晴空。在这鸽群高低疾徐、飞掠而过之间，蓝天上发出一种琅琅的天音，时洪时细，忽远忽近，亦低亦昂，倏疾倏徐，悠扬回荡，仿佛天上的仙笛吹响嘹亮的乐声，又好似佛陀奏起悠缓、沉厚的琴音，恍若钧天妙乐，令人神往。但当鸽群下冲，一落千丈时，又霎时间百鸽齐喑，万籁俱寂，让人屏气凝神，觉得“此时无声胜有声”；而转瞬天音又起，使人意气风发，舒心爽气，感到恬适而安闲，心旷神怡，禁不住仰首遥望，只见忽有三两朵白云悠然浮过蔚蓝的天空，鸽群正在浮云间展翅。而那只打头的，是一只棕黄色羽毛的健美雄鸽，悠悠自得，率领鸽群驰骋于天宇，发出的乐音最响、最美、最妙。

这空中妙乐，来自系佩在鸽子尾巴上的鸽哨，随着鸽子的飞动，响起动听的哨音。这鸽哨声已经融入北京人的生活，成为老北京的一个象征。

倘若能如那领头的雄鸽一样，从蓝天上俯瞰这北京古城，一定会惊讶古城的壮观与古朴吧?

北京古城碧空如洗，灿烂的阳光下，一群白鸽在天上飞翔……

看这方正、厚重的一座城池，厚实的城墙环围起一圈内城，往南又接围起外城，正南正北，四四方方，中心则是金碧辉煌的紫禁城，琉璃瓦在阳光下金光闪闪，瑰丽奇峭，雄踞东方，将皇家气派、天子风神抖显得足足的。难怪历代帝王多愿在此建都，连那四围的护城河，近卫皇宫的筒子河，也泛起傲人的波澜。

然而，在宫廷外面，却没有那么辉煌。房屋低了下来，即便百年老字号的名牌商铺，达官显宦的私宅大院，也不过是黑瓦灰墙的齐整砖房罢了，绝对不敢与宫墙相比。不然，要当心肩上的吃饭家伙挪窝儿示众，天子脚下可容不得丁点儿的不服与抗上！虽说辛亥年就推翻了帝制，但末代皇帝溥仪还住在宫中，即使面临军阀逼宫，待在宫中的日子像兔子尾巴，长不了了，百姓的脑袋瓜子里还是要有位皇帝，即使没有也要造一个。旧的走了，要有新的；昏的垮了，来个明的。没有皇帝，腿脚都不知该怎么摆了。所以，屋墙还是绝对不敢睥睨宫墙。

虽说矮了宫墙一大截，市井的老北京人活得还挺滋润。一条条的胡同隔开又连通着一座座的四合院，伸向一条条的大街，沿街排着一家家商铺、饭馆、酒店、茶楼。内街四角立着红柱金顶的牌楼，东北有东四牌楼，西北有西四牌楼，东南是东单牌楼，西南是西单牌楼。街上穿梭着马车、轿子、行人。最惹眼的是奔跑着的人力车，车夫多是精壮、伶俐的小伙子，穿着长袖小白褂，黑裤子，裤筒特别肥，脚腕上系着细带，脚上是宽双脸千层底青布鞋，干净、漂亮，透出股精气神。车也簇新、精亮，不断响着铃铛，车上坐的或者是脑满肠肥、怡然自得的阔佬、显贵，或者是浓涂艳抹、花枝招展的小姐、太太，这已成为北京一景。但也有年迈的黑瘦老头儿，拉着辆破车，吃力地慢走，车上的客人也多是老人，衣衫灰旧。

再飞高瞧那远景:街旁绿树成荫，城西连着几个湖泊:后海、什刹海、北海、中南海，湖光粼粼，游船荡荡。各湖连接处有汉白玉砌成的各色石桥，还有石塔，北海有雪一样的白塔，西四牌楼往西又有圣洁的白塔寺。俨然是一幅河湖的秀美图画。

那雄鸽率领群鸽落在一处房脊上歇息，如像它那样靠近了，就会时不时听到街巷里传来一声声的吆喝："萝卜赛梨哎！""冰糖葫芦哎！"再如它那样咕碌碌转动着金黄的眼珠子定睛看去，就会看见胡同里，一个短衣帮汉子，在小推车旁站着，车上摆放着一个个水萝卜，头绿尾白。汉子用短刀将萝卜尾部的皮一条条削开，露出紫红的心，又将萝卜心切成方格形状，像花一样搁在车子上方。再拿一把喷壶往萝卜上洒水，鲜淋淋的，引得路人和胡同里的住户耐不住驻足观看，忍不住买个尝尝。从方格中抽出一根儿一咬，果真甜脆可口，赛过鸭梨。这边的摊上，玻璃罩里插放着各色各样的冰糖葫芦，有山楂红的、紫葡萄的、生荸荠的、胡桃仁的、山药蛋的、黑枣的、梨片的、大红橘子瓣的，长长的一串，才卖几个铜子儿，拿过朝嘴里送进一颗，酸甜润口，煞是喜人。后脑勺留一根小辫的男孩儿，瞪大眼睛，仰头瞅着，馋得不行，恨不得吃一口，可惜家里没钱，只能干瞪眼，流涎水。大人说："几个铜子儿，别人家不当回事儿，搁咱家可不能小瞧，够买斤棒子面儿，蒸窝窝头儿，顶得住全家充饥呢，哪有闲钱买零食？甭想！"

此时，一个衣衫褴褛的老人，吃力地缓缓推着北京独有的单轮水车，在磷磷不平的胡同石路上走来。水车"吱妞妞，吱妞妞"地呻嘶。这单调的轮轴声，不像鸽哨的乐声那般悦耳，而是有些扎耳，令人滞闷。不经意间，又过来位挑担子的剃头师傅，举一根巨镊似的叫作"唤头"的东西，用一铁钉自镊隙中划出，发出如同巨蜂鸣叫般"嗡嗡"的金属声。一个衣衫烂旧的磨刀剪的男人，又吹起比衣衫还烂旧的喇叭，"唔吼哈哈"地叫唤。一位老妪从破旧的木门里出来，拿着菜刀，递给男人请磨。原来老北京并非全是齐整的四合院，也有破败的土屋和贫民窟。

雄鸽似乎也不大喜看这让人烦闷的情景，扑棱棱飞起来，领着鸽群朝皇宫正南，中轴线上的前门楼子飞去。这里是北京最繁华的街市，有轨电车轨道快建成了，想着眼下就要看着簇新的有轨电车，"咣当咣当"开过来，倒也蛮有意思。往西一条街市，是有名的大栅栏儿，瑞蚨祥绸布店、内联陞鞋店、六必居酱菜园，卖中药的同仁堂、卖茶叶的张一元，鳞次栉比，像同胞兄弟，一个挨着一个。斜对前门楼子，西北路口把角还有家卖酱牛肉的月盛斋，多年老汤煮的，味浓肉嫩，老远就闻到一股特有的香味儿，与那些百年老店争相透散老北京的韵味儿。再朝西飞去，又是另一番景象，一条街上一家接一家，坐落着书画店、古玩店，不断有身穿长袍马褂、留着八字胡的文人墨客在店里出入。没准儿，其中就有哪位是名垂千古的大文化人。这就是宣外南城著名的琉璃厂，专卖古字画、碑帖、古书、古玩，还有宣纸、毛笔以及北京特制的印花信笺。

鸽群盘旋一番，往南飞过有年头的会馆、饭庄，最终落在胡同深处一座灰瓦砌成的房顶上，这就是城南有名的饭馆——广和居。

广和居

广和居僻处宣武门外菜市口西路南北半截胡同南头路东，远离热闹的中心城区。没有铺面房，同住宅的房子一样，是四合头院子。房子不大，磨砖刻花小门楼，黑漆大门，红油门联。进大门迎面影壁上挂着擦得金光照眼的大铜牌子，刻着“广和居饭庄”五个大字。厨房是和大门并排临街房子北头的两大间，房顶上有排热气的气窗，紧挨大门的是一间账房。转过影壁，是个狭长院子，边上摆着黑油长凳，是给顾客的车马侍从休息用的，南北屋是供散客的房座。往东里面还有一个小院，房子都隔成单间，是雅座。建筑比起“汇丰堂”“同丰堂”等大饭庄子的高堂大院，是不可同日而语的，但地方小而名气却大，是个名流雅聚的好去处，食客众多，十分热闹。

这广和居之所以店小名气大，在于它从晚清起就不是一家普通饭馆，简直是宣南掌故的总汇，几乎成了“政治家”的俱乐部。一些有权势的大官吏、有影响的大名士都以到广和居聚会为盛事。因此，饭庄里有一味怪菜，本是“全家福”之类的杂烩，却称之曰“总理各国事务衙门”。

广和居老板也善于审时度势，从中渔利。有位常客何绍基，是清末大书法家，湖南道州人。道光十六年进士，也称何道州。其父何凌汉曾任户部尚书，是知名的藏书家。其子何伯源，学业也有成就。但因性情耿直，仕途屡遭挫折，经济拮据，家中三世都常在广和居宴客，欠有老账。据说何绍基还不出陈年酒账，便亲笔开了张欠条。广和居老板深知自己做的全是富商、流寓、京官的生意，拿到何道州的欠条，如获至宝，便不再去要账，而把这张欠条送到裱画铺裱了起来，挂在账房里，当作活广告，以广招徕。果不其然起了意想不到的宣传作用，不少人特地来看何道州的欠条，传为宣南佳话，因而使广和居门庭若市，大发其财。

当然，饭庄真正兴旺，光靠宣传是不行的，还得有实打实的名牌菜肴。广和居在这点上是过硬的，而且把名人与名菜巧妙地结合起来。其中最有名的是潘鱼，是京官潘祖荫所创，用整尾鲤鱼折成两段，蒸成以后，煎以清汤，汤如高汤色，并不加其他作料。鱼皮光整，折口仿佛可以密合，但鱼肉极烂，汤极鲜美。还有五柳鱼也是广和居的拿手菜，系仿西湖做法，形同红烧，另外加鲜菇丝、笋丝、火腿丝、红辣椒、口蘑丝共五种，也系一陶姓京官所授，因陶渊明写过《五柳先生传》，故将"陶鱼"转义为"五柳鱼"了。总之，不管什么菜肴，都爱与名人系联起来，很有些文化韵味儿。

广和居不仅菜肴俱佳，菜名有含义，堂倌的吆喝也称一绝。每天一开市，堂倌头儿站在门前，精神饱满、满面春风，客人一进门，彬彬有礼又格外热情地上来打招呼："您来啦！几位哪？"接着向里面高声喊："几位，看座！"里面老式院子，南屋北屋，东屋西屋，大间小间，各有房号，自有分管的伙计招待客人进屋就座，沏茶、擦脸、入座、点菜，里外一致地接待客人，井井有条，忙而不乱。要是预先订好座，或赴人宴会，那大门招呼起来就更方便了，什么先生的客人，从大门口可以一直喊到里面来。门口那位堂倌头儿，对客人是极为熟悉的，具有惊人的记忆力，记得里面有十家、八家订座宴客，一般熟客，一进门就知道是谁赴谁家的宴，这就是所谓"知客"的本领。

到了正午时分，太阳光耀耀、烤烘烘的，鸽群也打蔫儿回窝了，忽听堂倌头儿扯着嗓子，唱歌似地喊："周大先生、钱大先生、孙大先生到！"

喊着，只见三位先生径直进了大门，来到院子，东转入了雅座。

鲁迅先生

领头的周大先生，矮个儿，方额，稠密得有些粗莽的平头发型，头发硬硬地直挺着，唇上留着浓黑的八字胡，上唇被浓须覆着，把下唇衬得几分孤傲、不屑和诡谲。单眼皮的双眼，冷峻、严厉，炯炯有神。浓眉由于高高架起的眉弓，在眉棱骨处分成两道，上半道像匕首，下半道如弯弓，勾勒着微微浮肿的眼窝，显出冷眼凝思的深邃。双颊平实，鼻子隆长，双翼屏着气，翕动着，透出勇毅与坚忍，但也显出大病初愈后的倦色。身上的灰色夏布长衫，很不讲究，甚至有些显旧，下襟处还镶着补丁。手里老拿着烟卷，好像脑筋里时时刻刻都在那儿想什么似的。

他，就是当年的樟寿，豫才，周树人。现在是闻名遐迩的大作家——鲁迅先生。

那位钱大先生，是北京大学的著名教授钱玄同[①]。曾在日本与鲁迅、黄侃等人师从章太炎学国学，研究音韵、训诂及《说文解字》。他曾是《新青年》的编辑，抨击封建文化的一员猛将。鲁迅的第一篇白话小说《狂人日记》，就是在他的鼓动下写出，又经他手发表的。

此时，钱玄同旁若无人地环视四周，大步而入。他身材不高，长圆脸庞，胖胖的，戴着近视眼镜，穿件竹布长衫，腋下夹一个黑皮包。走到哪里，哪里就响起了高谈阔论的声音，总有股子质疑一切的气势。进屋后，就坐在鲁迅身旁座位上。

那位孙大先生，绍兴人，是鲁迅的学生，北京《晨报》副刊编辑，人称“副刊大王”的孙伏园[②]。鲁迅名作《阿Q正传》,就是经他邀约在该报连续发表的。他头发浓密，上唇和下颌都留着浓黑的胡须，自认晚辈，态度谦逊，一直轻轻搀扶着鲁迅，坐在另一旁。

这是张圆桌，三人正好开圆桌会议。堂倌给他们沏了茶，送上热毛巾擦脸，孙伏园示意照惯常上菜，就给周、钱二位大先生面前的茶杯里斟满了香喷喷的北京花茶。

鲁迅端起茶品了一口，从长衫内襟里的烟盒中抽出一支烟，用不到半寸的余烟引火，深深吸了一口，吐出一圈烟雾，从容舒缓地对钱玄同说：“到故

① 钱玄同：吴越国太祖武肃王钱镠之后。原名夏，字中季，少号德潜，后更为掇献，又号疑古、逸谷，笔名浑然，再改名玄同。

② 孙伏园：原名福源，字养泉，笔名伏庐、柏生、桐柏、松年等。

地看望伏园，又巧遇中季兄，幸甚！幸甚！”

钱玄同端起茶杯，恭举一下道：“豫才难道不晓得我爱串门的脾性？当初不是我造访绍兴县馆的‘补树书屋’，哪里会有《狂人日记》？”

鲁迅笑道：“我在《呐喊》自序中写了，那时中季兄因为怕狗，似乎心房还在怦怦地跳动。你下午四时到，一直聊到晚上十一二点，才回琉璃厂的北高师教员宿舍。你还把这种长谈戏称为‘生根’，意即坐下不走，屁股生根。”

玄同亦笑道：“那是豫才兄作文学夸张了。我哪里有这般小胆儿，屁股也不会生根。”

孙伏园插嘴道：“中季师是有名的大胆！当年抨击‘选学妖孽、桐城谬种’，化名王敬轩在《新青年》上发表了《文学革命之反响》，洋洋洒洒数千言，罗织新文化运动种种罪状，攻击主张新文化的人是不要祖宗。半农先生撰写了万余言的《复王敬轩书》，对王敬轩所提出的观点一一驳斥，把实无其人的王敬轩批驳得体无完肤。这其实是钱、刘二人演出的一场‘双簧’戏，至今想来仍令人捧腹。”

鲁迅兴奋起来，称赞道：“这是一场‘大仗’！回想起来，那时候真是热闹！可现在又太寂寞了！”

伏园的一番话，将玄同的兴致引高了，对伏园说道：“伏园也是功劳不小啊！豫才的《阿Q正传》不就是你催出来的吗？”

鲁迅闻听，笑道：“那时伏园虽然还没有现在这样胖，但已经笑嘻嘻，善于催稿了。每星期来一回，一有机会，就是：‘先生《阿Q正传》……明天要付排了。’于是只得做，心里想着‘俗语说，讨饭怕狗咬，秀才怕岁考。我既非秀才，又要周考真是为难……’然而终于又一章。”

说着，三人都大笑起来。

笑毕，玄同道：“要不是伏园善于催稿，《阿Q正传》还不知何年何月问世呢？”

鲁迅谢道：“是啊！要不是二位的‘提携’，我哪里想到会戴上这顶‘作家’的高帽啊！”

孙伏园连忙说：“哪里！还是先生有作家的天分，不然，我们怎么催也催不来！”

此时，堂倌把菜端上来了，是潘鱼、砂锅豆腐、炸丸子和酸辣汤，外加一坛绍兴黄酒。

孙伏园给二位先生斟满了酒，起身举杯道：“幸会！幸会！并祝大先生乔迁之喜。”

玄同忙问道：“西三条胡同新居的房子还好吧？”

鲁迅笑笑答道：“很好！总算有自己的窝儿了。五天前，五月二十五号搬去的。”

伏园补充道：“大先生自己从正房后接出一个书房兼卧室，称作‘老虎尾巴’，会不断有好文章从里面涌出的。”

玄同站起身举杯道：“可喜可贺！”

鲁迅也站起身，一手拿烟，一手举杯道：“大家痛饮！”

于是，三人坐下，动箸搛菜。鲁迅刚要搛，孙伏园就先他一步，搛过一大块潘鱼，放到先生身前盘子里，说道：“知道先生爱吃潘鱼，给先生奉上。”

鲁迅笑笑道谢，就将鱼送进口中，连连称赞道：“好吃，好吃！真是名不虚传！”说着，抿了一口老酒，更是惬意。

玄同不用别人搛菜，毫不谦让，自己搛了一大块鱼，大嚼起来。

鲁迅看着玄同的吃相，禁不住想起当年在日本留学时的情景，笑道：“那年我们在东京一起向太炎师求学，中季兄在席上爬来爬去，因而得名‘爬翁’，现在又变作‘吃翁’了！”

玄同不以为然道：“什么‘爬翁’‘吃翁’，我是心里想什么就做什么，从不在乎别人怎么说怎么看。”

鲁迅连连点头说：“这才好呢！我就是喜欢中季兄这个脾性。”

玄同闻听喜上心来，站起举起杯敬酒：“伏园不是就要随豫才去西安讲学吗？来，我为二位饯行！”

鲁迅和伏园站起身，与玄同一起举杯共饮。

伏园又举杯道：“二位先生都是性情中人，所以才喝在一起，谈在一处了。来，饮酒！”

鲁迅和玄同也站起身，举杯畅饮。

第一章　秋　夜

西三条

秋天夜空的主角是那轮朗月，宛若圆圆的白玉盘，挂在奇怪而高的湛蓝的天上，静谧地将柔和的月光洒向田野、城市、树木和花草。月边的繁星是配角，鬼眨眼似的望着地上的万物微笑。

月光下的北京，秋夜是朗润的。偶尔吹过一阵清风，拂在人们脸上，痒滋滋、清凉凉的，像爱禽羽绒的抚弄。顺广和居向北，古城西北角的阜成门内有一条小胡同，往北行，再往西拐，就到了宫门口西三条。没有路灯，只有皎洁的月光，在月光下朝深处走，见一座院落的小门，门牌二十一号，新漆过的黑色门板，黄铜的门环，上方一条镶铜边的信报口。

进门迎面是白色的影墙，左拐有四扇绿色的平门，跨过这二道门，就进入一个小小的四合院，南房三间，北房三间，东西各一间小厢房。进门时的影墙就是东厢房的南壁。院内种着两株白丁香、两株紫丁香，看来是春天才种下的，不够壮大，翠绿的枝叶与银色的月光相辉映，却显得郁郁葱葱。

南房是会客室兼藏书室，西边一间备有供客人临时住宿的床铺。东厢房归女工住，西厢房是厨房。主人住北房，进到房里，中堂右侧放着方桌和洗脸架，是主人吃饭和洗脸的地方。再往里是接出的一间仅有八平方米的灰棚，活像“老虎尾巴”。进到里面，只见北墙上是两扇大玻璃窗，窗下是两条长凳、一副单人铺板搭成的简易床铺，床上铺着不过一指厚的褥子，西头放着条旧棉被，东头有一个白皮箱，箱上摆着各种书刊。

紧靠床铺的东壁下，是一张三屉桌，桌上一盏煤油灯：白色透明的灯罩，蓝色玻璃底座，中号高脚，灯上加一自制的纸罩，闪着昏黄的灯光。灯下书桌右上方，放着一块方砖砚，一边刻有“大同十一年作”字样，另两边刻有花纹。砖砚上下都嵌有紫檀木盖和托。然后是茶杯、烟缸、笔架、笔筒、闹钟和一幅河北正定烧制的观音瓷像。上方挂着两幅照片：一幅是鲁迅在日本仙台医学专门学校的老师藤野先生的，戴眼镜，脸部消瘦，留着八字胡；另一幅是俄国作家安特莱夫的，显得阴冷与深沉。桌前是一把磨得发光的藤椅。

西壁上挂着一副请教育部同事乔大壮书写的《离骚》诗句“望崦嵫而勿迫，恐鹈鴂之先鸣”对联，一幅水粉风景画和孙伏园弟弟孙福熙画的《山野掇石》封面画。壁下摆着两把椅子和两个茶几。一个茶几上放着石刺猬头。这刺猬头造型极为奇特，是坐在一个莲花上的，估计是一个佛像改制的，因为刺猬是不会坐莲花的。是用来压平石刻拓片的，另外还有几件修书工具。

南墙书架中格永远放着日用药品，有兜安氏霍乱吐泻药水，兜安氏止痛药水、十滴水等，都在永远不变的位置放着，下一格则放的是点心罐和一个福建漆的八角朝珠盒，是装蛋糕之类的。一个装花生用的洋铁筒。有客人的时候，主人常常从那里取出点心来请客，或者写文章到深夜肚子饿的时候取出点心当夜宵。屋里的东西非常整齐，什么东西都有一定的位置。主人工作台的中间抽屉内有一块假的银元永远放在一个小纸盒内，遇到假钱，一定把它撕成两片丢进火炉。纸字篓不扔果皮或花生之类，如果别人丢进去了，也会被重新取出来。

煤油灯光下，在广和居出现过的鲁迅先生，这里的主人，斜躺在铺板上，头靠住白皮箱，一边吸烟，一边沉思。他一身旧衣，裤子膝盖上有两个膏药般的补丁。小屋里充满了浓郁、微香的烟味儿。

鲁迅六月三十日与钱玄同、孙伏园在广和居聚宴后，七月七日就在孙伏园等十余人陪伴下去往西安。原本打算为写作长篇历史小说《杨贵妃》做准备，但火车、水上一路颠簸，极尽辛苦，好不容易到了西安，看到的却是灰土飞扬的街道，连天空都不像唐朝的天空，费尽心机幻想描绘出的计划被完全打破了，一个字也写不出。八月十二日夜半，结束为期三十六天的陕西之行抵京，回到刚建好不久的西三条“老虎尾巴”里，倒更加觉得这个自己精心设计、建造的小天地最为安好。而陕西的朋友们终归是热情好客、忠实朴厚的，就给“易俗社”和西北大学的朋友寄去了《呐喊》《中国小说史略》《桃色的云》等自己的著作以兹纪念，绝了创作《杨贵妃》之念。

“五四”文学革命的热情消退了，《新青年》的团体散掉了，有的高升，有的退隐，有的前进，他又经验了一回同一战阵中的伙伴的变化，自己落得一个“作家”的头衔，依然在“沙漠”中走来走去，不过已经逃不出在散漫的刊物上做文字，叫作随便谈谈。但总要与所谓“正人君子们”对阵，真有点儿“两间余一卒，荷戟独彷徨”的味道。晚上，几位爱好文学的青年来到“老虎尾巴”七嘴八舌谈过好一阵，走了。女佣王妈打扫了屋子，撮走一堆烟头，他就习惯地斜倚在床铺上，构思起文章。

该写些什么呢？耽误的时间太多了。他请乔大壮书写“望崦嵫而勿迫，恐鹈鴂之先鸣”，就是为了督促自己抓紧时日努力写作。

散漫的思绪中，耳畔不时传响着新文学运动以来越来越强烈的呼声：“诗的要素，决不在有韵无韵”，“诗趣满中”才能“所以为美”而“非仅赖其声调言辞”……波特莱尔、屠格涅夫、裴多菲和自己喜欢而且亲自翻译的尼采《察拉图斯忒拉的序言》、盲诗人爱罗先珂的童话诗《桃色的云》那充满诗美的佳辞丽句，特别是青年时代痴迷的日本作家夏目漱石那绮丽吊诡的《梦十夜》，不断从心中浮起。借着月光，从后窗看到后院两棵直挺的枣树，玻璃上丁丁地响，有许多飞虫乱撞……

鲁迅霍然站起，心想何不在散文诗这个新的领域一试手笔呢？几年前写过一组《自言自语》，以现在的境界看，技术上实在太简陋直白了，何不婉曲、含蓄，诗美更浓些呢？自己的苦闷，大半生做的苦梦，只能升华为诗才能得到些许慰藉。总题叫什么呢？十余年来总在梦中出现的荒原又在眼前浮动——在大荒原上不停歇地走着，走着，脚下是一望无际的野草……倏然间，一个词闪过脑际——野草。

“呵！就叫《野草》吧！太好啦！”心里不住念叨。

他激动不已，又点了一支烟，从床东头的白皮箱上的书刊中，拿出了始终放在身边案头的《察拉图斯忒拉的序言》，这是他亲自翻译的尼采的著作。曾经译过两次，第一次是用文言译的，第二次是用白话译的，刊登在一九二〇年九月一日《新潮》第二、第五号上。杂志都已经被他翻阅得很旧了，但理得却很平整。不时翻开读读，有些段落几能背诵：

察拉图斯忒拉三十岁的时候，他离了他的乡里和他乡里的湖，并且走到山间。他在那里受用他的精神和他的孤寂，十年没有倦。但他的心终于变了，——一天早晨，他和曙光一齐起，进到太阳面前对他这样说：

“你这大星！倘你没有那个，那你所照的，你有什么幸福呵！”

“十个年来你总到我的石窟，你的光和你的路，早会倦了，倘没有我，我的鹰和我的蛇。”

……

……他对圣者行一个礼并且说：“我有什么给你们呢！但不如我赶快走罢，趁我从你们只取了一个无有！”——于是他们作了别，一个老人和一个男子，笑着，像两个童子的笑。

……

我教你们超人！人是一件东西，该被超越的。你们为要超越他，可曾做过什么了？

……

你们已经走了从虫豸到人的路，在你们里面还有许多份是虫豸。你们做过猴子，到了现在，人还尤其猴子，无论比哪一个猴子。

……

喂！我示给你们末人。

“什么是爱？什么是创造？什么是热情？什么是星？”——末人

这样问，眨着眼。

地也就小了，在这上面跳着末人，就是那做小了一切的。他的种族是跳蚤似的除灭不完，末人活得最长久。

……

这时到了晚上，市场藏在昏暗里，群众都散开，因为新奇和吃惊也自困倦了，察拉图斯忒拉去傍着死尸坐在地上而且沉在思想里：他这样的忘了时候。但终于到了夜，一阵寒风吹过这孤独者，于是察拉图斯忒拉站起身并且对他的心说：

“真的，察拉图斯忒拉做了一场好渔猎！他没有渔到人，却渔了一个死尸！

“无聊的是人的存在而且总还是无意义，一个小丑便能完结了他的运命。

“我要教给人以他们的存在的意义：这便是超人，是从人的黑云里出来的闪电。

“但我于他们还辽远，我的意思说不到他们的意思，我于人们还是一个中间物在傻子和死尸之间。”

……

“创造者寻求伙伴，不是死尸，也不是羊群和信徒。创造者寻求同创造者，是那，将新价目写上新表册的。”

……

“看哪！一只鹰在空中转着大圈，而且一条蛇挂在他这里，不像饵食，却是一个女友，因为伊牢牢的缠在他的额颈。”

……

“我在人间比在禽兽里更危险。察拉图斯忒拉走着危险的路。愿我的动物引导我！”

……

“倘使一旦我的聪明离开我：——唉，他总爱这事，飞去！——愿我的高傲也和我的愚昧一齐飞了罢！”——

——这样开始了察拉图斯忒拉的下去。

鲁迅又点了一支烟，深深吸了一口，缓步走过中堂，出房门来到院里，右拐，西墙夹道上有一小门，进门再右拐，就到了后园。东墙外的两株枣树笔直地矗立在眼前，园中间有一口小井，周围长着青杨、刺梅、碧桃、花椒和各种各样的野花野草。他似乎觉得那笔直的两株枣树，很像察拉图斯忒拉式的“超人”。他自己就要像察拉图斯忒拉下山一样，开始一种尼采式的新写作……

他仰望夜的天空，奇怪而高，觉得生平没有见过这样的天空。他仿佛要离开人间而去，使人们仰面不再看见。然而现在却非常之蓝，闪闪地眨着几十个星星的眼，冷眼。他的口角上现出微笑，觉得那些星星似乎自以为大有深意，而将繁霜洒在园里的野花草上。

鲁迅望着夜空和花草，浮想联翩……

不知道那些花草真叫什么名字，人们叫它们什么名字。只看到有一种开过极细小的粉红花，现在还开着，但是更极细小了，它仿佛在冷的夜气中，瑟缩地做梦，梦见春的到来，梦见秋的到来，梦见瘦的诗人将眼泪擦在它最末的花瓣上，告诉它秋虽然来，冬虽然来，而此后接着还是春，蝴蝶乱飞，蜜蜂都唱起春词来了。它于是一笑，虽然颜色冻得红惨惨地，仍然瑟缩着。

枣树，它们简直落尽了叶子。先前，还有一两个孩子来打它们别人打剩的枣子，现在是一个也不剩了，连叶子也落尽了，它知道小粉红花的梦，秋后要有春；它也知道落叶的梦，春后还是秋。它简直落尽叶子，单剩干子，然而脱了当初满树是果实和叶子时候的弧形，欠伸得很舒服。但是，有几枝还低亚着，护定它从打枣的竿梢所得的皮伤，而最直最长的几枝，却已默默地铁似的直刺着奇怪而高的天空，使天空闪闪地鬼眨眼；直刺着天空中圆满的月亮，使月亮窘得发白。

鬼眨眼的天空越加非常之蓝，不安了，仿佛想离去人间，避开枣树，只将月亮剩下。然而月亮也暗暗地躲到东边去了。而一无所有的干子，却仍然默默地铁似的直刺着奇怪而高的天空，一意要制它的死命，不管它各式各样地䀹着许多蛊惑的眼睛。

鲁迅望着夜空和花草，浮想联翩……

哇的一声，夜游的恶鸟飞过了。

忽而听到夜半的笑声，吃吃地，似乎不愿意惊动睡着的人，然而四围的空气都应和着笑。夜半，没有别的人，即刻听出这声音就在自己嘴里，自己也即刻被这笑声所驱逐，回进自己的房。灯火的带子也即刻被旋高了。屋里亮了起来。

鲁迅掐掉烟，往桌前的藤椅上一坐，挺直腰板，铺开稿纸，拿过“金不换”毛笔，打开墨盒，掭了掭笔尖，在稿纸上写下《野草》之一：

秋 夜

在我的后园，可以看见墙外有两株树，一株是枣树，还有一株也是枣树。

……

写得有些疲倦，正想偷懒时，仰面在灯光中瞥见藤野先生黑瘦的面庞，似乎正要说出抑扬顿挫的话来，便使他增加勇气了，于是点上一支烟，继续写下去：

后窗的玻璃上丁丁地响，还有许多小飞虫乱撞。不多久，几个进来了，许是从窗纸的破孔进来的。他们一进来，又在玻璃的灯罩上撞得丁丁地响。一个从上面撞进去了，他于是遇到火，而且我以为这火是真的。两三个却休息在灯的纸罩上喘气。那罩是昨晚新换的罩，雪白的纸，折出波浪纹的叠痕，一角还画出一枝猩红色的栀子。

猩红的栀子开花时，枣树又要做小粉红花的梦，青葱地弯成弧形了……我又听到夜半的笑声；我赶紧砍断我的心绪，看那老在白纸罩上的小青虫，头大尾小，向日葵子似的，只有半粒小麦那么大，遍身的颜色苍翠得可爱，可怜。

我打一个呵欠，点起一支纸烟，喷出烟来，对着灯默默地敬奠这些苍翠精致的英雄们。

鲁迅斜倚在床铺上构思文章的时候，北房东间里，他的母亲——鲁瑞也斜躺在三面都有床栏的精致大木床上，在煤油灯下看旧小说，背后有一个三尺见方的靠背枕头。床是从绍兴老家带来的，枕套是砖塔胡同的小邻居俞芳和三妹合绣的，用彩色线在白布上绣了四个孩子，象征着鲁瑞有四个孩子。虽然针线不太好看，俞芳姐妹谦称太丑。作为太师母的鲁瑞却不嫌弃，欣然接受了，并且马上使用。她心知俞芳姐妹是在抚慰她失去丈夫又接着失去四子椿寿的伤痛，每看见挂在吃饭间饭桌前墙上的椿寿画像，她心里就像针刺一样痛。俞芳来时看到，总要跟她靠得紧紧的，轻轻抚摩她的腰背。多懂事的孩子啊！可惜很小就没有了姆娘。

鲁瑞是位很不平凡的人。老大樟寿最反对女人缠足，一看见女孩子一瘸一拐地在明堂里走来走去，就十分难过，总要对女孩们的父亲说："还要缠足吗？外面都提倡天足了！快把她们的足放了吧！"这些父亲听了这话，真好比碰到了瘟疫或毒蛇，总是回答："女人不缠足，还像什么女人呢？"或者说："女人总是缠足的，大脚女人有谁要？"鲁瑞却不这样想，一九〇三年正在日本留学的老大曾写信回来主张放足，她立即用热水和醋浸脚，用棉花把脚趾隔开。被邻居骂为"尼姑婆"，她也不去理会。周伯文听说后到处宣扬，说放大了脚，是要去嫁给外国鬼子。鲁瑞知道了也不找伯文评理，只是冷冷地说道："可不是么，这倒真是很难说的呀！"她没有正式读过书，可是靠自修达到能够看书的程度。她幼小的时候，她的兄弟读书，老师上课时，她站在旁边听课将近一年。以后，家里不准她听课了。她就自己找些书看，遇到不认识的字，就问别人。由于她好学，又有毅力，不但能看章回小说，还能看报。她记忆力很强，平时看过的书很多，举凡《三国志》《三国演义》《红楼梦》《水浒传》《官场现形记》《西游记》《镜花缘》等书，不知看过多少遍，常常讲给孩子们听，讲得有声有色。每当手边没有合适的书可看时，她就把这些书中的一部分拿出来再看一遍，用她自己的话说，叫作"炒冷饭头"。到北京后，鲁瑞每天看好几份报，很关心时事。她老人家看了报，还要提出问题和大家讨论。

一九二四年四月十六日张恨水开始在《世界晚报·夜光》副刊上连载章回小说《春明外史》，她就千方百计找来看，一期不落。

太师母对书籍很爱护，看完了，一部部整整齐齐地放在她的书箱里。记得她当时有四个小木箱装书，每到夏天，太师母就找人给她晒书、整理书。

鲁迅也根据母亲的爱好买来许多小说，并说："老太太看书，多偏于才子佳人一类的故事。她又过于动感情，其结局太悲惨的，她看了还会难过几天，有些缺少才子佳人的书，她又不高兴看。"《呐喊》出版后，章衣萍夫人吴曙天女士将《呐喊》给老太太看，而且在老太太面前，指明《故乡》一篇特别好，老太太马上戴上眼镜，去读《故乡》，《故乡》一读完，原书交还吴女士。还说："没啥好看，我们乡间，也有这样事情，这怎么也可以算小说呢？"说得在座的人都笑了。因为老太太不知就是她儿子写的。

虽然周老太太在读书的意见上，对于儿子似乎没有影响，但实际上，影响是大极了，鲁迅先生自己就讲过这样的话：

"因为老太太要看书，我不得不到处搜集小说，又因为老太太记性好，改头换面的东西，她一看，就讲出来，说什么书是相同的，使我晓得，许多书来源同改装。"

鲁迅的《中国小说史略》《小说旧闻钞》《唐宋传奇》，都是在这一影响下，而研究、而整理、而公诸社会的。

因为老太太对她儿子的爱护及影响，在鲁迅先生自己，对于母亲，亦是百依百从，虽然在思想上，母子是相离太远了。但先生对于家事，多半还是依了老太太的主张。

鲁瑞一边看书，一边想心事。最让她纳闷、烦心的是老大与老二兄弟失和。开始三兄弟住在一起很要好，大家很高兴，后来老三到上海商务印书馆工作，老大与老二兄弟俩仍旧很要好，两人同进同出，商量写文章，做学问……这样要好的兄弟却忽然不和，弄得不能在一幢房子里住下去，这真出乎意料。想来想去，也想不出个道理来。只记得，老大对二太太羽太信子当家是有意见的，因为她排场太大，用钱没有计划，常常弄得家里入不敷出，要向别人去借贷，是不好的。而且信子有一种病，如果一生气或过分激动，人就要昏过去，像突然死去一样，很吓人！在绍兴时，她一发病，大家都没办法，急得不得了。后来，她的弟弟重久来了，才知道她一向有这种病，这是歇斯底里病。发病时，不知道的人很着急，其实，过一会儿就会好的。家里的人这才放了心。

鲁瑞对俞芳姐妹说过："你们大先生和二先生的不和，完全是老二的过错，你们大先生没有亏待他们。现在他们住的八道湾的房子，是你们大先生亲自买进，亲自设计改建，是他亲自把我们一家老小接到北京来的，现在他倒反而没份住，老实说，我想起来都替他心酸……"

烦恼的是老大与老二的失和，心里歉疚的却是自己给老大张罗的婚事很失败。本来相中的是弟弟的大女儿琴姑，那是多么好的闺女！就因为属相犯冲，搁置了，琴姑因此死了。弟弟因女儿的死，对姐姐鲁瑞也有意见，对她气恼哄哄地说："难道周家的门槛那么高吗？我的女儿就进不了周家的门吗？"鲁瑞只能低头听着，半天说不出话。她对琴姑的死也极伤心，又无可奈何。后院玉田公公的儿媳，人称谦少奶奶的，也有幼子早夭，与失去椿寿的鲁瑞同病相怜，走得很近，无话不谈，鲁瑞跟她谈起大儿子年龄已到，尚未婚配。谦少奶奶回家跟她的婆婆、玉田公公的夫人"蓝太太"一说，引起了这位"蓝太太"的兴趣，因为她来自绍兴城丁家弄朱家，内孙侄女朱安，叫作"安姑娘"的，比樟寿大三岁，老大年龄还"待字闺中"，朱家正为此犯愁呢！立刻要媳妇谦少奶奶找鲁瑞说媒。这个谦少奶奶姓赵，能说会道，巧于言辞，周围人都视她为《红楼梦》中的王熙凤，把朱安说成了一朵花，终于把善良心软的鲁瑞说动了，与朱家订了亲。事后才告诉老大，老大不太愿意，一再拖延。后来得知朱安是缠脚的，目不识丁，从日本写信回来说，要娶朱安姑娘也行，但有两个条件：一是叫家里通知她放足；二要进学堂。朱安思想很古怪，不愿意放足，回答脚已放不大了，妇女读书不大好，进学堂更不愿意。倒是朱家以女儿年纪大了，托媒人来催，希望尽快办理婚事。因为他们听到外面有些不三不四的谣言，说豫才已娶了日本老婆，生了孩子。如果这门亲事成不了，女儿就肯定嫁不出去，老死在家了。鲁瑞实在被缠不过，只得托人打电报给老大，骗他说自己病了，叫他速归。一九〇六年七月上旬，天大热时，老大果然回来了，姆娘向他说明原因，他倒也不见怪，同意结婚。结婚那天，花轿进门，掀开轿帘，从轿里掉出来一只新娘的鞋子。因为她脚小，娘家替她穿了一双较大的绣花鞋，脚小鞋大，人又矮小，坐在轿里，“上不着天，下不着地”，鞋子就掉下来了。及至下轿，人们看到新人极为矮小，颇有发育不全的样子，像是患有侏儒症。人已过二十八岁，但显得比实际年龄还要老。当时有些老人说这是“不吉利”的，鲁瑞倒也不相信这些话，但愿这门亲事顺利。结婚时，老大虽没有与姆娘怎样大闹，表示反抗，但鲁瑞也看得出来，儿子那时，实不愿意伤了老人家的心，决定牺牲自己，暂受家庭的摆布。结婚后四天，刚好已从南京水师学堂毕业的老二周作人，被批准赴日本留学，老大就以不能在家耽误学业为理由，和二弟一起离家又东渡日本了。

一别三年，学满回来，在杭州教书。不知为什么，他们总是好不起来。两人既不吵嘴，也不打架，平时不多说话，但没有感情，两人各归各，不像夫妻。鲁瑞曾问过老大，她有什么不好？他只摇摇头说，和她谈不来。问他怎么谈不来？他说和她谈话没味道，有时还要自作聪明。他举了一个例子说，有一次，我告诉她，日本有一种东西很好吃，她说是的，她也吃过的。其实这种东西不但绍兴没有，就是全中国也没有，她怎么能吃到？这样，谈不下去了。谈话不是对手，没趣味，不如不谈。……就这样过了十几年，他们两人好像越来越疏远，精神上都很痛苦。看着他们这样，鲁瑞也很苦恼，内疚自己把老大的终身大事办坏了，所以老二、老三的婚事，就不管了。鲁瑞对主持老大的亲事很有些后悔，但是挽回或改变这个局面，她自己已经无能为力，只好听之任之，由其自然。

这时候，北房西间里，朱安正默默地坐在靠北墙的四尺竹床上吸水烟。这张床是搬进西三条不久，鲁迅亲自购买的，床上挂着一张白麻粗布的帐子，铺的是补花床单，放着一床紫色镶花边的被子，床后放一马桶，西墙边放着一个高五尺的大黑柜，是从绍兴老家带到北京的。柜的旁边放一个书格。全室家具和用具不多，却有着绍兴的乡土味儿。

朱安个子不高，身材瘦小，脸型狭长，脸色微黄，前额、颧骨均突出，看上去似带几分病容。眼睛大小适中，但不大有神，而且有些下陷，脸色很清癯，眼睛里永是流露着极感伤的神态，上穿咖啡色带白花的短夹袄，下穿青裤、白鞋、白袜，并扎腿，头上挽着小髻，也用白的头绳束着。脚缠得很小，步履缓慢不稳。她比鲁迅大三岁,此时只有四十多岁,可是穿着打扮比较老式，除夏天穿白夏布大襟短衣，下系黑色绸裙外，其他季节的衣服都是色泽较深较暗的，朴素整洁，却显得发育不全。从外形看，她是旧式妇女的典型模样。平日少言寡语，少有笑容。虽没有什么架子，但因摸不透她的脾气，生人不敢和她接近。纵然形象欠佳，她操持家务却是称职的，节俭持家，空下来就做做针线。她还能炒一手道地的绍兴家乡菜。朱安对鲁迅是很尊敬的，佩服他的才能,很明显地表现出“自愧不如”的严重的自卑感。两人的差距太大了，看上去她似乎没有信心缩小“差距”,她只想尽全力照顾好鲁迅和婆母的生活。

每当鲁迅有客人来，朱安总是以礼相待，泡茶、烧点心，都很尽心。但有时考虑不周，不够得体，落得吃力不讨好。例如，鲁迅初搬到砖塔胡同时，有一天他的学生常维钧来，那时天很热，扇着扇子还出汗，而朱安除泡了两杯热茶外，还送去两碗热气腾腾的藕粉当点心。客人接了点心，很尴尬，热上加热，怎么吃呢？鲁迅对常维均摇摇头，苦笑着说：既然拿来了，就吃吧，无非是再出一身汗而已。这件小事，给常维均留下很深的印象。

从年龄上，朱安比婆母鲁瑞小二十多岁，鲁瑞虽是一位六十多岁的老人，头上梳着发髻，但瘦高身材，腰不弯，背不驼，即使是放大脚，走起路来却很利落。性格开朗，为人和蔼可亲，平易近人；有文化，爱学习，天天看报，思想跟得上时代潮流。目光慈祥有神。上身穿着藏青色上衣，下系黑色绸裙。给人以整洁、健朗的印象。朱安不识字，似有自己已是中年，年纪也差不多了的想法，不想再学文化，思想保守，封建意识浓厚。因此，从思想上看，她比太师母衰老、落后，常给人以“未老先衰”的感觉。就拿剪发来说吧，她们婆媳两人，还是鲁瑞剪发在先，“现身说法”地告诉朱安剪发的好处，劝她也剪，她才剪去了发髻。每逢节假日，鲁瑞的屋里常常宾客满座，热热闹闹；而朱安的屋里却是冷冷清清，只是绍兴同乡许羡苏、砖塔胡同时的邻居俞芬姐妹偶尔去坐一会儿。她常独自坐着吸水烟，有时在厨房忙家务。

朱安晚上也和大家一样，到婆母房里坐坐，听鲁瑞和鲁迅，还有许羡苏、俞芬等姐妹们讲话，但她很少说话，有时婆母问到她，她才说几句。但她的话，远不如鲁瑞说得有趣。

鲁迅住在砖塔胡同时，遇到姆娘来，他们三人同桌吃饭，鲁瑞说说笑笑，一餐饭吃得热热闹闹。鲁瑞回八道湾去时，鲁迅和朱安两人同桌吃饭，桌上谈话就很少。朱安如果开口，无非是问菜的咸淡，口味是否合适，鲁迅或点头，或答应一声，这类“是非法”的谈话，一句就“过门”，没有下文。然后他们两人静静地各自吃饭。

鲁迅出门有时带了点心回来，先送给姆娘挑几块，再让朱安挑几块，朱安很斯文，总是拣小的、较差的两三块，很有“孔融让梨”的风度。然后鲁迅自己拿几块。鲁迅在日记上、书信上称她为“妇”“内子”“大太太”“太太”。除供应朱安的全部生活费外，每月还给她零用钱十元。京寓家用钱每月一百元，全由朱安当家开支。鲁迅对朱安娘家朱宅是一直以礼相待的；他曾帮助朱安的弟弟朱可铭的儿子找工作，有时还寄钱资助朱宅。朱宅也常送些家乡土产给鲁迅。可见鲁迅承认朱安的家庭地位，在经济方面给予信任，提供她的物质生活，是尽了应尽的义务的。可就是没有感情，相互之间除些必要事外，鲁迅一年四季，除例话外，不大与朱安谈天。据他家老妈讲：“大先生与太太每天只有三句话，早晨太太喊先生起来，先生答应一声‘哼’，太太喊先生吃饭，先生又是‘哼’，晚上先生睡觉迟，太太睡觉早，太太总要问：门关不关？这时节，先生才有一句简单话：‘关’，或者‘不关’。要不，是太太向先生要家用钱，先生才会讲着较多的话。如‘要多少’？或者再顺便问一下，什么东西添不添买？但这种较长的话，一月之中，不过一两次。”当然，这是指鲁迅夫妻而言。鲁迅与老太太谈天，话比较长些，但也多半是关于老太太寻书问题。一谈到家庭事务，母子俩意见就相左，鲁迅便往往不开口了。因为鲁迅自己讲：“在改良家庭方面，我是失败者。常常费了九牛二虎之力，稍微改变一点，一遇有什么意外或者不如意的事，她们马上抱怨了。抱怨之后，觉得还是她们老法子好，一下又恢复原状了。”

鲁迅也不愿意伤老母亲的心，对于家事，便不想过问了。本来就是旧式的先生的太太，一直守着老规矩，事事奉承老太太的意旨。

为了更少说话，鲁迅想出一个办法，把一只柳条箱的底和盖放在两处，箱底放在鲁迅的床下，里面放着换下来的要洗涤的衣裤，箱盖放在朱安屋门右手边，即桌式柜的左边，盖子翻过来，口朝上，里面放着大先生替换的干净衣裤；箱底、箱盖上面各盖着一块白布，外人是不易知道其中的奥秘的。这样，他们之间说话的内容就更加少了。在砖塔胡同九个多月的时间里，邻居俞芳姐妹甚至连大先生、大师母之间当面如何称呼都不知道，后来也未曾知道。大概是没有称呼吧，背后他们是随着别人的称呼称对方的，如大师母称大先生为大先生，大先生称大师母为大师母或大太太，有时称太太。白天“大先生”上班或在家做自己的工作，“大师母”则在厨房料理饭菜，有时在自己屋里做针线或休息，或吸水烟，晚上则各到各的屋里睡觉。他们之间的关系，如此而已。正如鲁迅对自己的朋友所说：“这是母亲送给我的一件礼物，我只能好好地供养她。爱情是我所不知道的。”

鲁瑞盼着抱孙子，说：“这个家里早应该有个小孩儿跑来跑去了。”朱安则对知近人讲：“老太太嫌我没有儿子，大先生终年不同我讲话，怎么会生儿子呢？”鲁迅的婚姻生活，可见一斑了。

但老实人有时在忍无可忍的情况下也会抗争一下。全家迁到北京后，一次逢鲁老太太寿诞，请些宾客来家宴。开席之前，朱安忽然穿戴整齐地走出来，向亲友下了一跪，说道：“我来周家已许多年，大先生不很理我，但我也不会离开周家，我活是周家的人，死是周家的鬼，后半生我就是侍奉我的婆母。”说完话，叩了头，退回房去。鲁迅说：“中国的旧式妇女也很厉害，从此所有的同情，都被她争取了去，大家都批评我不好。”从此，朱安在家中得到大家的同情。

但是在寒意的包围下，朱安活得仍然越来越瑟缩，也越来越明白了自己的处境。她知道已经没有希望使丈夫回心转意，只对他怀着一腔怨气，朱安用这样一个激烈的举动，争取到了大家的同情，也算是将了鲁迅一军。准备一辈子侍奉婆母，恐怕也是她所能退守的底线了。

她一边抽水烟，一边心里给自己打比方说：“我好比是一只蜗牛，从墙底一点一点往上爬，爬得虽慢，总有一天会爬到墙顶的。”

八道湾

秋夜的月光是公平的，人与兽、花与草、友与敌、爱与仇……都一律均匀洒落，绝对不会厚此薄彼，有所偏向。

从西三条往北再向东拐，就到了西直门内的公用库八道湾，入口比较狭窄，顺曲折延伸的小胡同往东走，进到里面显得宽阔了许多。就来到八道湾十一号。

这所房子是一九一九年八月间，鲁迅先生亲手买的，原房主姓罗。

当年在北京买所房子，也是件不容易的事，不但要有钱，而且还要花点儿辛苦。有时看了许多所，也不一定看准一所。而且还要先托熟朋友，辗转找“房牙子”。即便如此，到实地一看，也不一定就能马上拍板。在买定八道湾房屋之前，鲁迅曾到报子街、铁匠胡同、辟才胡同、蒋宅口、护国寺等处看过房，都不中意，由二月到七月，奔波了半年，才看中八道湾的房子。

一般买房看房子，先看中房子，然后再谈价钱，买卖双方直接谈的也有，但很少，除非是熟朋友、自己人。一般都通过中人，即“房牙子”来讲价钱。讲时，在买卖双方之间，不用嘴说，只用捅袖子的方式秘密进行。当时，大家都穿长袍子，袖子很长，遮着手，“房牙子”把手伸给买主，在袖筒中把拇指、中指、二拇指并在一起，伸给买主握着，说道：“人家要这个整。”又把中指和拇指绞起来给买主握着，说道：“这个零儿。”这就意味着整数是七，零头是五，或是十五百，或是七百五十等。同样买主还价，“只能出这个整，这个零。”也用这种方式进行。中人和卖主商量：“人家只能出这个整，这个零。”也是这样捅袖子。由二拇指算，伸一指是一，伸二指是二，直到四、五，前面已说，拇指与二拇指并是六，再并中指是七，拇指、二拇指分开是八，二拇指一勾为九。如果自己不会这一套，可由要好朋友帮助洽谈，八道湾房屋就是鲁迅托教育部徐吉轩先生帮助买的。自然价钱不会一次当面谈妥。这就要“房牙子”两头再奔波洽谈了。如果不当着买卖两方的面，就不必用捅袖子的秘密方式，只要口头讲就可以了。

价钱和条件谈妥，然后由买主在饭庄子订一桌席，买卖双方及中人和帮忙的朋友都来，立草约，交契纸，交价款，或全部、或一半。付中人佣金、房价百分之五，买主出三成，卖主出二成，所谓“成三破二”，全部佣金分十份，买卖双方再各扣一份，给家中佣人或亲友，谓之“门里一份，门外一份”。八道湾房价三千五百元，故佣金一百七十五元。

北京当年，买到一所大房子，成交后，立约过契，照例要在大小饭庄子中办理，而且照例是买家出钱请客。买八道湾的房子，鲁迅是在绍兴会馆附近常去的广和居请的客。过契过款，第一，先交房价二分之一，一千七百五十元大洋，再加一百七十五元中费，一共一千九百二十五元。如果连酒菜钱算上，鲁迅这天开支，将近两千元，这在当时已是一个不小的数字。付钞票还方便，要付现大洋，一般五十元一扎，要足足四十扎，其重是以每枚库平七钱二计算，要足足老秤九十斤，以鲁迅的力气，是拿不动的。当时自然也有人帮助拿钱。

置三四千价值的产业，在当年的北京，虽不算大，也不算小了。因而立约、过款、交契等，酒席也总得像个样子，馆子也总得在有点儿名气的饭庄子里。至于广和居，那是闻名中外的，虽然在一个偏僻的小胡同里，地方也不大，但却是百年老店，在清末连庆亲王、军机大臣张之洞都爱光顾这家馆子。在这点上，十几层楼的北京饭店恐怕也比不上它。买八道湾房屋，共过款三次，除第一次外，第二次付款四百元，收房九间，第三次付清，全部收房。这期间也免不了在广和居请过几次客。

八道湾房子原是西北城老北京人的老式房屋，原来连玻璃窗也没有，更不要说什么自来水、电话等设备了。八道湾房子买来后，还要到巡警分驻所及其他机关办税契，即交钱办房契过户手续，还要修理、裱糊、装玻璃窗、装自来水等，一总也花了几百元钱。所以八道湾十一号周宅房产的总价值当年约是四千银元之数。

进入八道湾十一号的方形门楼的黑漆大门，迎面一座影壁，左拐就是外院空地，长些野草，东边有一棵枣树。从过道门庭穿过，是狭长的前院，南边是一排称作“前罩房”的房屋，坐南朝北，每三间为一住室，西头三间未曾住人，只做存放杂物及旧书之类的堆房之用；当中三间，门面齐整，窗棂精致，房前有两株丁香。这里曾经是鲁迅的工作室，《阿Q正传》等著作就是在中间屋子里创作的。屋东侧是门道，东边的两间，是门房的住室。院内西边是一座木板隔墙，上有小门，进门是西房小屋一间，鲁迅的学生章川岛曾经在这里住过。前院北墙东侧有一棵细高的白杨树，墙当中有方门一座，安装四扇油漆木门。进门是中院，院内西南角有枣树一棵，别无大树，只种着丁香和盆栽花草之类。院内东屋三间，是厨房。西屋三间，鲁迅初时住过，因地势低凹，每当下雨，即多积水。鲁迅迁走后，周作人用此屋做书房，故名为“苦雨斋”。西屋北侧有一处小院，种些花草，别无用处。院侧有北房三间，西间曾是朱安的住室，中间堂屋是家人吃饭的地方，靠后有一个和“老虎尾巴”相当的木制的长炕，也有很大的玻璃窗，但比西三条的面积大得多。有时看见长炕上放有卧具，冬天的夜晚，鲁迅好像睡在木炕上。因为他的书房里只有一个白炉子，大概这样可以节省一个洋炉子，因而设计西三条二十一号的时候，也就有了个“老虎尾巴”的吧？

东间是鲁瑞的住室。这屋东侧和厨房之间有一入口，穿过即是后院，院西边有一棵大槐树，东边是一个约三尺见方的小水池，北边是一排九间房屋，坐北朝南，称“后罩房”，也分为三间一室，西头三间是周作人和日本太太羽太信子的住室，这里面左手一间，完全改装成日本式，外装“障子”，里面是“榻榻米”。“障子”就是纸糊的木制拉门。不过，这里的日式房屋，是中日合璧式改造的。

北方的老式房屋，靠山墙由窗前到后墙盘的炕，叫“顺山大炕”，即房间进深多少，这炕便有多长。周宅这间日本式房屋，大约有一丈二尺长，九尺阔，按日本计算方法，大约是六叠席吧。推开“障子”，上去就是六叠席的“榻榻米”的日式房间，所不同的，下了“榻榻米”，不是日式玄关，却是两间中国老式的大方砖地，还有半段木隔扇，靠墙都摆着大书架的书房。冬天外屋生了大洋炉子，这间北京式老屋中的日式房屋，也只不过是带有暖阁的一条顺山大炕而已，不但温暖，而且挡风。这便是当年周作人和羽太信子的一所住室。

中间是周建人和羽太芳子一家住的，布置没有周作人那么讲究，只是简易适居罢了。东头三间用为客室。

院的西边有一个通往西院的小门，经过西院，可达宽约三尺的房后夹道。这的确是个好去处，没有丝毫朱门大宅的气息，颇富野趣，远离市廛，庭院寂静，令人感觉神清气爽。鲁迅用出售绍兴老屋分得的钱买八道湾宅院之后，又花用近六百元修整并购置家具，于十一月二十一日，和周作人夫妇先迁入新居。十二月一日，鲁迅回绍兴搬家，十二月二十九日，接母亲、朱安和三弟周建人及其家属来京，全家都住进这里。鲁迅当时表示三兄弟永远在一起，永不分家，谁有钱，大家用，有粥吃粥，有饭吃饭。

此时，中院西三间，即“苦雨斋”里，端坐着周作人。他人到中年，戴着金丝眼镜，镜后的眼神，高雅而深邃，唇上留着仁字胡须，紧抿的嘴角显出沉稳和自信，但仍掩不住小时候随遇而安、悠悠然无所谓的脾性。

这里有电灯，而且很亮，映照出三面墙上整齐的书籍，桌上的文具也摆放得有条不紊，称得上窗明几净。

他完成了一天的工作，没有再看书，只是静谧地坐拥书城，倚在藤椅上，悠长地想着什么……

仿佛又坐在家乡绍兴的乌篷船上，以游山的态度，看看四周物色，随处可见的山，岸旁的乌桕，河边的红寥和白萍，渔舍，各式各样的桥，困倦的时候遂在舱中拿出随笔来看，或者冲一碗清茶喝喝。

儿时的事情，一幕幕在眼前浮现。祖父的入狱，自己的陪读；父亲的病和死……如今想来还令人伤心，但都过得去，唯一过不去的是四弟椿寿的早逝，猛一想起就心里发冷。

周作人从小就喜欢四弟，觉得他长得四方大脸，身体结实，在四兄弟中才华最为出众，将来必成大器。但是六岁时忽感风寒，夜里病重了，睡不安宁，发烧很高，额角摸上去烫手，鼻子一张一合，呼吸困难。姆娘一夜没睡，长妈妈忍不住大哭起来，喊道：“四弟弗好哉！”一大早，已经被姆娘从杭州叫回家到三味书屋读书、当时还被称作“阿櫆”的周作人就坐小划船，赶到小皋埠的大舅父家里，请他来给椿寿看病。因为两个舅父都懂医术，是医生。

大舅父来了，给四弟把了脉。

姆娘焦急地问："怎么样？"

大舅父出来，走到廊厦，对姆娘说："我已经无能为力了。"说着，低着头，很难过的样子，脚步沉重地一步一步走出黄门。

大舅父的话和离去，对姆娘是致命的打击，她的脸色一下子灰白，似乎站立不住，三弟扶住了她。她到小堂前坐下来，定了定神。

周作人至今清晰地记得大舅父沉重走出的背影和姆娘灰白的脸色……

祖母、大哥都在四弟的房里，长妈妈和宝姑也在。他们看到大舅父没有留下药方，知道四弟将不久于人世，都伤起心来。

不知道姆娘这一夜是怎么过的。她把别人都打发去睡觉，只有大哥陪伴着她。

早上起来，到姆娘房里，看见四弟躺在床上，姆娘坐在床沿，拉着他的手。

"姆娘！"四弟睁开眼睛，对姆娘说，"我呕倒不想呕，很难过呀！"

姆娘握紧了他的手回答："阿团，你难过，我知道，我是有力无处使呀！"

四弟在床上喘得很厉害，长妈妈抱起他来，让他伏在自己的膝上，抚摸他的背。

只听得四弟的呼吸急促，忽然，喉咙里似乎"咯"的一声，就透大气了。

"四阿官！……"长妈妈叫唤。

但四弟已经不会答应，断气了。

前不久，四弟还活活泼泼地跑跑跳跳，不料竟被这一场病，夺去了生命。真是可怜的人间！一个人的生命竟如此脆弱？

矿路学堂要开学，大哥要回南京去了。不久就要府试，多少人劝他，应了府试，榜上有名，再回南京不迟，本来姆娘很悲伤，多留几天也是人之常情，但对这番好意，大哥坚决不接受，还是回南京去了。周作人第一次感到兄长性格的奇异：愈是伤心的事，愈是深藏不露。像他与琴姑的事，知情的三弟私下多次说过，他却从未提及……

伯文叔代大哥写了一块碑，碑文是："亡弟荫轩处士之墓"，下署"兄樟寿立"。葬在南门外龟山，相去不远还有一座小坟，碑上写着"亡女端姑之墓"，是父亲为未满一岁即殇的妹妹题写的。龟山临河那边有一个废庙或废庵，除门口两间住了看守人以外，其余都改作殡屋，兴房也有一间，停放着祖母孙氏的灵柩，另一间和中慎房桂轩伯一起，停放着父亲的灵柩。全能的庆叔用砖砌成四弟的小坟，周作人和三弟紧紧搂在一起，在凛冽的寒风中看着庆叔把简陋的坟墓砌好。

姆娘对四弟日思夜想，几乎不吃饭不睡觉。长妈妈看不过去了，说："少奶奶，文王课的瞎子会招魂，灵验得很呢！还是请他来使你们母子再会面一次。"

姆娘本来是不迷信的，从不吃素念佛，也不信神弄鬼，这次不知怎的却给长妈妈说动了心，说："再让我看一眼也好。"

文王课的瞎子被人领进来了，进了姆娘的房里。作人和三弟很好奇，也想进去看。瞎子说，屋里不能有人，一有人，阳气太盛，就把阴魂冲散了。所以家里所有的人，都坐在桂花明堂里等着。

后来，瞎子开门出来，说："可以进去了。"

长妈妈酬谢了瞎子，三弟急急地问姆娘："看见四弟了吗？"

姆娘说，瞎子告诉她，坐在帐子里不要动，他念起咒，会把魂招来。姆娘就目不转睛地看着，听他念了半天，只见房门似乎亮了一亮，别的什么也没有。

长妈妈说："你为什么还叫我给他钱呢？"

姆娘说："他既来了，怎么能不给钱呢？"

父亲去世的第二年，她最心爱的小儿子又突然走了，她的心情可想而知！姆娘非常思念四弟，为了安慰姆娘，周作人请来了绍兴专门画像的叶雨香，来画四弟的像。

画师来后大声对作人说："我不知道你弟弟长得什么样子，我怎么画？"

作人只得指着自己说："那你就看着我画吧！"

所以这张像画出来后，人物的脸就有些像周作人。

周作人对四弟椿寿怀念不已，以至于一八九八年二月十八日陪侍祖父时开始的日记，连日来只有"忘录"二字。近二十天后，才勉力写了几首悼念诗词。

有一首七绝《冬夜有感》写道：

> 空庭寂寞伴青灯，倍觉凄其感不胜。
> 犹忆当年丹桂下，凭栏听唱一颗星。

为了安慰姆娘，他和三弟陪伴她到小皋埠大舅父家散心，重游了娱园。想起当年在几个姐姐住房偷吃点心，穿起表姊的雪青纺绸衫跳舞而至今没有出现什么破绽，他转而得意得很，但又想到自己曾经暗恋的平表姊后来嫁给车耕南，夫妻不和，有病拖着不医，甘愿死去，又不觉神伤。因为忙于读书，由三弟陪姆娘去了小舅父家安桥头，自己回家继续在三味书屋学习。

两年之后，又在辛丑日记中作《逍遥处士小传》对四弟椿寿赞道：

> 生而灵警，见生人不啼，甲午之春（时弟二岁），即能言语，性孝友奇杰。三四岁教之唐诗，上口成诵，能属对，皆出人意表。教又能搦管作字，奇劲非常。

想到这里，周作人不禁又心生疑问：自己对四弟的夭逝这么伤感，写了这样多的诗义寄予怀念，大哥为什么不仅没有为四弟写过一个字，而且很少谈起呢？

他想起兄弟怡怡时，大哥对自己的种种关怀，心中至今感激，但也刻骨铭心地记得他对两个弟弟的专横与粗暴。虽说父亲去世，长子为家长，诸弟宗之，奉之如父，但大哥长兄兼家长式的暴虐，却让人难以忍受。在日本伍舍时，二人同居一室。在大哥指挥下，自己跟他翻译俄国和东欧短篇小说，白天被逼在一间六席的房子里，气闷得很，不想做工作，大哥却老催促自己译书，自己只是沉默地消极对付。有一天大哥忽然愤激起来，挥起他的老拳，在自己头上打了几下，自己忍不住要还手，但由许寿裳赶来劝开了。后来虽然和好如初，但是大哥总是吩咐自己翻译、建人为他抄书之类，亦出自家长身份。周作人日益感到自己从性格、思想以及文风上，都与大哥越来越疏远，甚至迥然对立，无法融合。现在自己已然成熟，文章轻灵随意，超逸静谧，“二周”之文并肩盖世，完全可以不再蜷缩在大树荫下，受兄呵护。

又想起年少时在杭州陪侍狱中祖父，大哥临去南京前来看望，兄弟俩同往离清波门不远的城隍阁一游，所仰视的东侧两旁的抱柱悬清人名联：

横批：高耸而风

上联：大好湖山正宜画阁留云琼台邀月

下联：无边风景还待雄文纪胜绝唱传神

那时觉出的文章力量，此时实现了。自己的文章虽不是什么“雄文”，但“纪胜绝唱传神”是自信的，为什么不在文坛拉起一群气味相投的文人独树一帜呢？其实，自己倡导的小品，绝不比其他派别中人差分毫，说不定还比那些人的文章流传得更悠远。

正在这个时候，大家庭的矛盾纷扰不断加剧，鲁迅对负责理家的羽太信子不满，总规劝作人，教他用钱应该节省一点儿：我们不得不想想将来，对于经济，不能总是进一个花一个的。埋怨信子大手大脚，排场太大，用钱没有计划。每天的日用消费品都要去日本商店里买；大人小孩生病了，也要请日本大夫，很少用中国货。做了一桌子的菜，信子说不好吃，就把这好东西倒掉重做；被子、褥子稍微旧一点儿就要换新的，出门的时候，必须坐出租车。常常弄得家里入不敷出，要向别人去借贷，这是不好的。作人虽然点头称是，但觉得信子也不是个坏人，有时候给她干活儿的工人病了，她除了把人送到医院里，还要给工人一些钱，很善良的。不去管也管不了自己的夫人，日久天长，兄弟二人的矛盾越来越大。弟媳耳闻了鲁迅对她的不满，很是恼火，一九二三年七月三日，兄弟俩同到东安市场，又至东交民巷书店，买云冈石窟佛像写真十四枚，正定本佛像写真三枚。兄弟俩的和睦相处倒激怒了信子，十三日夜就在周作人耳边说尽鲁迅坏话，第二天周作人就与鲁迅闹翻，兄弟俩不能像往常一样一起吃饭了。信子还觉不够，十七日夜又指鲁迅“非礼”自己。而且这几天，羽太信子又要犯周作人最害怕的歇斯底里病了，赶忙请日本医生池上来诊。他和信子争吵过，信子一犯病装死他就屈服了。他说："要天天创造新生活，则只好权其轻重，牺牲与长兄友好，换取家庭安静。"经过一夜思考，周作人的心情由震惊、愤怒转而平静，他要给这位多年来一直自恃兄长和家长的人，显示自己人格尊严的明确信息。经济问题尚可忍耐，"非礼"自己的内人，可不能容忍了，十八日，周作人几经斟酌，给鲁迅写了一封信，交到鲁迅手里——

鲁迅先生：我昨天才知道，——但过去的事不必再说了。我不是基督徒，却幸而尚能担受得起，也不想责谁，——大家都是可怜的人间。我以前的蔷薇的梦原来都是虚幻，现在所见的或者才是真的人生。我想订正我的思想，重新入新的生活。以后请不要再到后边院子里来，没有别的话。愿你安心，自重。七月十八日，作人。

鲁迅见信后，差人唤周作人来谈，周作人不来。家人越闹越僵，传出去就有外人开始说闲话了。后来，居然有人说鲁迅"非礼"自己的弟媳。鲁迅一气之下，八月二日，带着妻子朱安搬到了砖塔胡同六十一号居住。有人问起他为什么要搬出来时，鲁迅苦笑着说："我是让家里的日本女人赶出来的！"

这倒出乎周作人夫妇的意料，周作人觉得自己在信中只是请他不要到后院来，并不是轰他搬走。鲁迅这一搬走，却使周作人夫妇的火气烧得旺了。鲁迅迁入西三条新居，并将母亲鲁瑞接去后，一九二四年六月十一日下午，他回到八道湾胡同十一号，取一些自己的东西出来。不料却引发了一场不小的"战争"，周作人夫妇居然要打他，于是三个人就打了起来。打完架后，鲁迅与周作人彻底绝交，此后，再也没回过八道湾十一号。

坐在书斋里的周作人，品了口苦茶，又悠悠然起来，好像什么事都没发生过。可是，小时候和大哥一起在小床上模仿演戏的镜头又在眼前浮现：两个人在床上来回行走，演出兄弟失散，一面沿路寻找着，一面叫着"大哥呀！""贤弟呀！"后来渐渐叫得凄苦了，这才停止。兄弟俩不禁搂抱在一起……

周作人的眼睛禁不住湿润了，忽觉得妇人刮的"枕边风"也不能全信，倘若真的是信子说的那样，为什么自己这么多年毫无察觉呢？拿过桌案边的日记，翻到一九二三年七月十一日那一页，庆幸已在当年七月十七日把涉及自己与大哥矛盾的约十个字用剪刀剪去了。

大上海

秋夜的月光照着北京古城，也洒满了南方的大上海，映射进东横滨路景云里十号一间小屋中。

小屋陈设简单，只一张单人床，一张三屜桌，桌前摆着一把已经很旧的藤椅。椅上坐着一位瘦弱、矮小的中年人，唇上留着一绺短髭，穿一身灰布长衫，他就是鲁迅、周作人的三弟周建人。

建人显得很疲倦，在商务印书馆编译所辛苦校对了一整天，腰背发酸，两眼发花，晚饭后只想躺着，或静静地坐在藤椅上闭目养神，不想再看什么文字了。所以连灯也没开，只在从窗户缝里射进的月光下冥想。

四弟椿寿早夭后，大哥回南京了，二哥很悲痛，写了不少悼念四弟的诗词。自己也很感伤，但不善舞文弄墨，没有写什么，只觉得自己的童年随着四弟的去世而消逝了。为了安慰姆娘，和二哥一起陪着她来到小皋埠大舅父家，游了娱园。又一人陪姆娘来到小舅父家安桥头，见到了最想念的琴表姐，琴表姐一看到姆娘，就搂在一起痛哭起来，又紧紧拉着他的手不松开。他知道是在哭四弟，姑妈刚死了丈夫，接着又死了心爱的小儿子，怎么不令琴表姐替她伤心呢？看着琴表姐与姆娘的亲切劲儿，他朦胧地觉得琴表姐迟早会成为周家人的。但是，这一天还没来到，却传来了琴表姐去世的噩耗，小松寿几乎哭昏过去了。可是，他至今不明白:大哥为什么始终没提过琴表姐一个字，更没有为她写过一句话？大概是大哥的性格所致吧？松寿发觉，大哥似乎对人很冷淡，从不笑脸相迎，问寒问暖，他没有什么话可说就不说，想到什么事情说起来又滔滔不绝。他对有些事情似乎不关心，从不去道听途说，但他却在观察和思考。不过，大哥与朱安琴瑟不和，几乎是众人皆知的。“生意做勿着，一遭；老婆讨不着，一世。”大哥的不幸婚姻，造成他一世的苦闷，也促使他一心钻进学问和写作中，成为了不起的大作家。松寿亲耳听到小舅父气恼哄哄发脾气、姆娘低头不语，她要设法补偿。这时，小舅父的二女儿意姑已经结婚，三女儿也许配了曹娥陈家，只有四女儿招官还待字闺中，而且年龄与松寿相仿，因此虽然没有下聘礼，两家却默契了。但不幸的是招官不久因病去世，松寿还参加了她的葬礼。从此，松寿专心自学，大哥从日本给他寄来了英文的植物学方面的书籍，鼓励他刻苦学习。升叔教给他的一点儿英文也起了作用，靠不断地查字典，他逐步把书里的意思都看明白了，知道了生活中因为不懂科学出现了多少误会和荒唐的事。比如先前怀疑过鬼神的存在，但说不清楚，懂得生命的起源后，对鬼神的疑惑就不攻自破了。

学了科学知识，改变了松寿先前如在梦里的人生，头脑比较清醒了，学习也更加努力。一天，会稽县学堂有个姓钱的同学来找他，说僧教育会想办一个小学堂，但找不到合适的校长，老秀才不行，山阴、会稽县学堂的毕业生，又都升入府中学堂了，只有他没有去考，因此就来问问愿不愿意做这个工作。松寿不想在家里吃闲饭，只要有事情，总是愿意做的。于是他这个才从县学堂毕业、年龄刚过十七岁的人，便当上了塔子桥僧立小学堂校长了。创业是令人兴奋的，学校由开始的二三十人逐渐增加到四十多人，越办越兴旺。一个月以后，松寿拿到了八元薪水，他从来没有拿到过这么多钱，好像发了大财似的，高兴极了。晚上回到家里，尽量想装得若尢其事，但还是笑容满面，合不拢嘴，对姆娘说："姆娘，今天我薪水发来哉！"

"多少？"姆娘问。

"八元。"说的时候，像富翁一样骄傲，拿出钱来，放在姆娘面前："姆娘，都给你，以后你不用再愁饭米了。"

那时米二三元一石，一石等于一百五十斤，完全可以养活全家人了。

谁知姆娘把他推开，说："阿松，家里俭省一点儿，饭米也还有。你没有读什么书，就出去做事了，我不想用你的钱，你自己买些书，自修自修吧！"

松寿知道这是姆娘心疼自己，她对家里的保姆长妈妈也善良至极。记得几年前，家里的生活是很艰难的。宝姑嫁人了，离开了周家。长妈妈已年老，做不了什么活。家里的开支节约到极点，每天掀开镬盖，饭架上只有腌鱼和咸菜。但母亲说，长妈妈是有功之臣，难为她把孩子都照看大，家里再穷，也要和她一起吃粥汤咸菜，不能辞退，要养长妈妈的老。长妈妈确也把周家当作自己家，她年轻守寡，过继一个侄儿为儿子，侄儿是做裁缝的，收入不错，可是她每次回家，总急急忙忙回到姆娘身边来，她已经习惯在这里生活，倒好像和周家是一家人了。不久，周家为安定情绪，雇船冒雨到大树港看戏。到大树港了，雨还是不停地下着，船舱里回拉上了明瓦窗，雨仍然渗进来，长妈妈在中舱窗边的小桌上移动什么东西，怕被雨淋湿，忽然她回头来对姆娘说："少奶奶，我头晕呢！"这时，松寿并没有觉得她有什么异常。姆娘坐在中舱一把椅子上，旁边还有一把椅子空着，对长妈妈说："到这里来靠靠吧！"长妈妈走到姆娘身旁的椅子边，坐在船舱里，头靠在椅子上。她靠了一会儿，对姆娘说："少奶奶，我勿对者[①]！"说话时，舌头都大了，吐字不清晰了。姆娘着急地对松寿说："快！快请王富叔来，请他雇条小船，送长妈妈回家。"松寿赶紧跑到船头，大喊"王富叔"。小船是有，但船与船挨得密密麻麻，没有办法行驶，周家工人王富叔就跳到女船上，走进舱里，抱住长妈妈，想把她躺好，但他扶了一下，就对姆娘说："少奶奶，不能动她了。"长妈妈就这样断了气，几乎没有什么痛苦。女客吓得都到男船里去了，大家已无心看戏，只等戏完了以后，船松动一些，好摇出去。长妈妈夫家姓余，过继的儿子名五九。家住东浦大门楼，与大树港相去不远。这一只四明瓦，就载着长妈妈的遗体，送到五九家里。照规矩死人是不能进家门的，五九忙搭起木棚，给她办了几天丧事。

接着，庆叔也不行了。他明显地衰老了，而且神情忧郁，好像有什么心事。松寿惊讶地问："庆叔，你怎么啦？"他说身体不大好，不如以前了。这是真的，一袋皮谷，过去，他轻飘飘拎起来，掮上就走了，现在，他自己放不上肩，要王富叔来帮他掮上，走几步路，就有点儿气喘。后来松寿知道他向姆娘告辞，说为运水离婚花了一笔钱。据说回家不多时，就后背生毒疮死去了。啊，那目光有神、多知多能的庆叔啊！

① 我勿对者：绍兴方言，意即"我不舒服"。

热爱的人一位位离去了，讨厌的人却继续讨厌着。伯文叔、仲翔叔和二哥参加院试。那年县考时，大哥和他们三人都榜上有名，院试时，大哥没回来，他们三人都兴冲冲地去参加了。出榜那天，下着雨，他们三人一大早去看榜，只有仲翔叔一人榜上有名，是第四十名，末名秀才。但这已经不容易了，因为有五百多人参加考试，何况这是最后一次以八股开科取士，所以仲翔叔的高兴是不必说，台门里别人也都为他欢喜。二哥还是悠悠然无所谓的样子，仿佛中与不中和他无关，伯文叔却发了一场大脾气。他没有地方出气，就拔院子里的小桂花树，哪知道桂花树虽小，根却很深，一时拔不起来。伯文叔更觉得失了面子，非要拔起来不可，先是站着拔，再是蹲着拔，后是向后卧倒，用尽吃奶的力气，终于把它连根拔起。谦叔劝慰他，何苦为这事生气呢？他说："我并不是为兄弟进学而生气，气的乃是我隔壁一号入了选。"他的意思是说，不是妒忌自己的兄弟，而只是差了一号没有入选，运气不好。大家听他这么说，都觉得好笑。

另一个讨厌的人周五十，运气更不好。壬寅年十一月十八日死了。他本来是鸦片鬼，人瘦得皮包骨头，一到夏天，赤着膊，肋骨一根根露在外面，数得清，也不知什么病，也许就是抽鸦片送的终。子传奶奶当然很伤心，大哭了一场。别的人倒觉得五十这么活着，与死了也没有什么两样，所以都没有什么。祖母听了，只是念了一声"阿弥陀佛"。二哥在南京，接到仲翔叔给他的信，知道五十已死，在日记中写道："闻之雀跃，喜而不寐，从此吾家可望安静，实周氏之大幸也。"回想起周五十生前见人三分笑，眼睛眨一眨，计策有一百，他总是笑嘻嘻地说："是咭，是咭。总会好起来的。没有钱愁它什么，到时候总自会来的。"松寿也觉得这样的人，活着不如死了。

想到这里，又想起祖母来了。松寿把第一次得到的薪水交给姆娘时，姆娘不要，却想了一想说："你如真有多余，隔把月，给你娘娘[①]一两元，她从小照管你们，也够辛苦，你如今挣钱了，给她一些零用，也是应该的。"

松寿一听姆娘的话有道理，马上就跑到祖母的房里，说："娘娘，我薪水

① 娘娘：绍兴方言，意即"奶奶"。

发来哉！喏！这两块钱，给你做零用，你买些欢喜的东西吃吃！”

松寿知道祖母喜欢吃些水果，也抽点旱烟，以前这些零用钱是她想办法养蚕自己赚的。

祖母看松寿拿出两块钱来，眼睛也润湿了，说：“阿松，你自己辛苦来的，你自己用吧！”

松寿说：“我还有，这是给你的。”

祖母走进姆娘的房里，说：“阿松会赚钱了，我怎么好用他的钱呢？”

姆娘说：“娘娘，你收着吧！这也是他的一点孝心。”

祖母就把钱收下了，自言自语：“没想到今天用着阿松的钱了，日子过得真快！”

以后，松寿就按照姆娘说的，隔一个月给祖母两元零用，一直到她去世。

松寿觉得祖母很可怜，一辈子没有得到祖父的恩爱，受尽了气和牵连。祖父从狱里回来后，对她仍然很冷淡。

原来，庚子年间八国联军进北京，慈禧和光绪逃了，大小官员也跟着藏的藏，逃的逃，刑部中的犯人也逃了出来，事平之后又投案自首，刑部就奏请慈禧统统给予免罪，于是周福清也就蒙老佛爷开恩获释了。但八年的监狱生活没有使他有丝毫改变，而且更加锋利尖刻，肆无忌惮，愤世嫉俗了。整天价“昏太后、呆皇帝”地自顾自痛骂。加之与潘大凤一别八年，此时相见，有如干柴燃火，房事未免过度，到底是年近七旬的人了，终于生了病，看样子好像感冒、发热，有点气急，人倒似乎还有精神，并不十分狼狈，请何廉臣来医时，把了脉，看过舌苔，想了一想，对祖父说：“老先生，我照直说了吧，想来你也是一个旷达的人，必不见怪。”

祖父说：“有话就说吧！”

“你这毛病，医药书中没有这样的方子留下来，随便开方也不好，我不开了，你可以准备后事了。”

松寿和在旁边的人听了很突然，因为祖父不像要死的样子，是不是医生弄错了呢？可是这医生好像很有把握，拿了一元四角的诊费，就走了。

姆娘说:“爷爷，还是请别的医生来看看吧！”

“不必了！”爷爷回答，似乎他对医生的话是很相信的，“何必多花冤枉钱呢？”

祖父吩咐松寿说:“阿松，你去把熊三公公请来，我有话对他讲。”

熊三公公来后，在他床前的方凳上坐下。祖父就开口了，说:“熊三弟，刚才医生来看过了，说我已不久了，我想和你商量后事。”

熊三公公说:“不会吧！何不请别的医生来看看？”

“我想，医生一般不肯这么说，他既这么直说，肯定是有把握。人总要死的，我年六十八，不算短寿，也可以了，如今家境不太好，办后事量力而为吧！总要为活人着想，丧事从简。”

熊三公公问:“寿衣做好了吗？”

“还没有。这寿衣也少做几件吧，不必做十三件了。”

“那么，做几件呢？”

“五件或七件。”

“介孚兄，五件太不像话，还是七件吧！”

“七件也好，熊三弟，族里的事，我已无能为力，只有请你多费心了。”

裁缝来了以后，就在廊厦的桌子上铺开做寿衣。

这几天，松寿没有去上学，陪着祖父。他眼看祖父早上起来，打开墨盆，松寿给他磨好墨，他就记日记，他的日记簿是红条的直行纸，线装的，很整齐。

写好日记，他就躺下了。松寿为即将发生的事情担心，心神不定，没有想到祖父写的是什么。在他生命的最后几天，他还有什么话要留下来呢?

这样过了好几天，松寿甚至认为祖父只要静心休养，也许会好起来。他身体强健，很少生病。

不料，有一天早上，他对松寿说:“阿松，我起不来了。”

松寿说:“爷爷，你应该休息，等身体好时再写吧！”

祖父点了点头。

吃过晚饭，姆娘对松寿说:“今天夜里，我们守着爷爷吧！”松寿答应了。

夜里，天气十分闷热，蚊子乱飞，潘庶祖母在天未黑时，用蚊烟熏过房间，放下门窗上的竹帘，所以房间里倒还没有蚊子，只是闷热。

祖父睡在一张铁梨木大床上，屋里点了油灯，潘庶祖母、姆娘和松寿在旁守候。祖母没有来，因为祖父始终与她不和。

祖父头朝北睡着，手里还拿了一把芭蕉扇，自己扇着，好像热得难受，所以睡了一歇，爬起来，头朝南睡下。这在大热天是常有的，有时身下的席子发烫，只好换个方向再睡。他也是这样，一会儿头朝北，一会儿头朝南。

姆娘问他："爷爷，你难过吗？"

祖父摇摇头，一句话也不讲自己有什么不舒服。

到后半夜，似乎稍稍凉快一些了，窗外有微风吹进来，祖父也不再爬来爬去，安静下来了。大家也都松一口气。

可是，大家发觉他的呼吸有点不对头，原来是气急的，现在呼吸慢了下去，只见他似乎安宁地睡熟了，只是呼吸越来越慢，最后停止了。

正当一家人忙乱的时候，二哥櫆寿从南京撞回家来了。本来祖父的丧事，应该他的次子周伯升管。但是伯升离开杭州父亲监狱以后，到南京水师学堂了，一时回不来。于是，本来落在松寿头上的事情，便全部落在櫆寿头上。二哥做了孝子，这样大的热天，要像大哥当年给父亲敬孝一样，穿了寿衣到河里买水，身上要披麻，头戴三梁冠，手拿哭丧棒，在众目睽睽之下，一点儿都不能偷懒。后来，周伯升回来了，这台戏就由他唱下去，一直到丧事结束。完事后伯升回南京去了，他读完最后一年，毕业后回到绍兴，教松寿英语，又研究植物学。半年后上军舰服役，还经常给松寿寄植物学方面的书籍。但终因从小母亲去世，缺乏母爱，自己事业也不顺利，一九一八年病逝，年仅三十七岁。

祖父虽说丧事从简，只是不开吊[①]而已，一切习俗总还是照旧的。入殓时，孝子去买水，梳头穿衣服，全副改成明朝装束，本来招文袋里要放他生前爱好的古玩玉器的，他这时也没有什么了，即使有一些，也都留给了潘庶祖母，记得只放了一些图章、信件之类的东西。

讣闻发出后，来了介千姑丈、大姑母等至亲，也免不了请了和尚道士念

① 开吊：开始吊丧之意。

经拜忏，但是很冷清。送葬的人也很少，只有介千姑丈父子。

祖父的死，只对一个人，变化是巨大的，那便是潘庶祖母。不服侍祖父，她便无事可做了。她到南方已经十二年，但有七年时间是在杭州度过的，现在家里什么也不必她操心了。本来可以读一点书作为消遣，但她又识字不多，顶多看看戏本，所以完全空了下来。日子一久，便深深地感到孤寂起来。这时她还只有三十七岁。祖父去世五年，她一直这样过着孤寂的生活，在家里没有什么事情可做。祖母对她也很难处置，如果祖父一死就让她嫁人，这在台门里还没有先例，所以只好含含糊糊过日子，有时她要出去玩玩，也由她去。终于有一天，住在台门门房里的阿和对周家人说，有一个绰号叫“瘫眼疤”的，晚上常进台门来，是到潘庶祖母那里去的。

周家人叫他不要瞎说，但他说，这是真的。

果然，过了一个时候，阿和又来说，“瘫眼疤”把潘庶祖母的箱子，半夜里一只一只拎出去了。这些本是祖父的遗物，是说好给她的。祖母也想不出什么妥当的办法来，没有问她这件事。

她一次出去没有回来。

将近一年之后，潘庶祖母又回来了，向祖母要了一纸证明，说是周家同意她走的。祖母通情达理，请廿八公公给她写了。潘庶祖母临走，又来到小堂前，走到祖父的像前，边哭边说：“老爷，我走了哇！谢您的恩典，我永不忘！老爷，我走了哇！”说完，跪下行了一个礼。

她擦着眼泪，缓慢地走出黄门，身影消失了。松寿望着她的背影，眼睛潮湿了，毕竟在一个家里生活了好些年啊！

春天，祖母生起病来，起初好像是感冒，她自己也说是受了寒，大家也想不到有别的，因为在绍兴，春天经常下雨，往往比冬天冷，常冻死小牛犊。上年纪的人要生病，是不奇怪的。

送妈妈在衙门里做事的阿侄来看祖母，问：“老太太，身体还不见好吗？”

祖母说：“总是身热，不知道是什么缘故，别的难过倒也没有。”

送妈妈的阿侄说:"想必是岁数大了一点,身体虚了,将养一段,是会好的。"后来,他想了一想,又说:"我倒认识一个郎中,开的药方很灵验的,请他来看看,吃一帖药,包好。"

祖母同意了。

过了几天,郎中来了,松寿和姆娘陪郎中来到祖母的房里。给祖母把脉、看舌苔以后,他就开方了,说:"这是两帖药,吃了包好。"

家里的工人王鹤照去撮了药来,姆娘煎了给祖母吃下,才吃一帖,已退烧了,大家很高兴,说药真灵。可是,祖母开始出汗,松寿去摸摸她的手,还发凉。全家人觉得严重了。在离开祖母的时候,姆娘对松寿说:"阿松,日里你去教书,我看管娘娘,夜里你还是回家来陪夜吧!"

夜里,祖母对松寿说:"阿松,你白天辛苦,夜里又来陪我,我很落不起[1]。"

松寿说:"娘娘,我不辛苦,我只希望你身体早点好。"

祖母说:"恐怕不会好了。"她又说:"现在你们兄弟,都要做做吃吃,家里没有田产了。"

松寿说:"做做吃吃很好。我看那些靠祖产吃饭的,没有一个好下场。我愿意自己挣钱。"

祖母说:"那到底辛苦,只怕还要歇业,怎么办?"

松寿说:"我学本事!再说,我只要勤勤恳恳做,总会有事情。"

祖母说:"阿松,你知道吗?当年你爷爷没有去送信。"

松寿说:"我不知道。那么,信是谁送去的呢?"

祖母说:"你太娘死后,介千姑丈常来,来拜他丈母的七。你爷爷丁忧回来,他们姊夫郎舅在小堂前谈,我听得介千姑丈说,今年是恩科,要你爷爷想办法,你爷爷再三推却,我亲耳听他说:'这件事动不得咯!'可是介千姑丈不肯歇[2],说不要紧的,都这样做的,他有办法,实在被他纠缠不过,你爷爷只得写了一张便条,我眼看他写好便条,介千姑就放进自己的大襟袋里,说:'我

① 落不起:绍兴方言,即"对不起"。

② 歇:绍兴方言,即"罢休"。

自会派人去送，你不必操心了。’信里请托的是哪些人家的子弟，我都不知道，他差谁去送，就更不知道了。谁知后来竟会闯大祸呢！”

松寿说：“那么，衙门差役来捉人的时候，爷爷在哪里呢？”

祖母说：“四七让出来，住进大书房，你爷爷就躲在他那三间头里。”

松寿问：“他怎么去投案呢？”

祖母说：“我怕俞凤冈来骚扰，劝他投案自首，但没想到他会‘斩监候’，如果知道要杀头，我也不会劝他去了。”

松寿说：“爷爷怎么都承担了呢？”

“便条总是他亲笔写的，这就叫：‘一字入公门，九牛二虎之力拔不出。’他反正逃不脱了，何必蜻蜓咬尾巴——自吃自呢？他只有这么一个姊夫。”

“哦，原来是这样！”

当松寿还想问祖母什么的时候，看她已经十分疲乏，摸摸她的手，都是冷汗了。

姆娘不放心，差鹤照去请名医何廉臣。

何廉臣把脉、看舌苔后，问姆娘：“老太太吃过什么药？”

姆娘把药方递过来。

何廉臣看了看说：“如果不看到病人，单看到药方，那么，这药方开得再好也没有，应用的药，都用了，各种药的搭配也无可指责。只有一点，他把病人的年龄忘了，如果老太太不是六十九岁，而是四五十岁，那么，吃了这帖药，包好。他把麻黄的分量开得太重，老年人是抵挡不住的。”

他又说：“这样吧！我开一帖药，你们煎了给她吃下去，如果冷汗没有了，人不昏了，再来叫我。如果冷汗止不住，你们不必叫我了，准备后事吧！”

那几天夜里，松寿几乎没有合眼，听着窗外的春雨淅淅沥沥，不禁想起自己幼年时代，躺在桂花树下的小板桌上，听祖母讲故事。那样的岁月已经远去，祖母也将离开人间，和家人永别了。

姆娘也来陪夜，祖母的呼吸越来越弱，终于停止了。这是宣统二年农历四月初五，公历一九一〇年。

周五十死了以后，子传奶奶更加凶悍而严酷，儿媳被她虐待劳累而死，儿子凤歧在生活打击下堕落了，新台门出售以后，她搬进老台门，分文不给侄儿，凤桐也不敢向冷酷的婶母要一文钱、一间屋，落得沿街乞讨，终于倒毙在塔子桥下雪地里了。地保讨来一具薄棺材，收殓了抬到义冢埋掉拉倒。

周氏大家族死的死了，老的老了，穷的更穷了，更加破败了。

二哥跟大哥一样走了去南京上学的路，暑假都回家了。他们已叫树人和作人了，商量松寿的名字也应该改为有“人”字的。俩人叽里咕噜地咬文嚼字，背诵一些古文，最后说“侃”字好，什么“朝，与下大夫言，侃侃如也”[①]，“侃侃尚书公，投绂理泉石。”[②]“侃”字的意思是刚直、和乐、从容不迫，还是取名“侃人”吧！可是过了一天，大哥对松寿说，这“侃人”二字，读起来有点拗口，不如改为“建人”吧，于是松寿就叫周建人了。

后来二哥也去了日本，一九一一年九月结束在日本的留学生活，携妻羽太信子回绍兴，翌年五月信子分娩一男孩，需人照顾，五月二十三日羽太芳子由其兄羽太重久陪同，从东京来到绍兴。

十五岁的芳子，天真活泼，性情和顺，待人有礼貌，和信子不同，喜欢学绍兴话，到来不久，就能讲几句简单的绍兴话了，也能听懂周家人说话的大意，言语能够粗通，相处就很融洽，芳子逐渐成为信子与周家之间的桥梁，与二十四岁的周建人也产生了感情。大家认为亲上加亲，是好事。

周建人与芳子结婚后，一九一五年二月，他们的第一个男孩子出生，取名冲，不幸于一岁余夭折。这对芳子刺激很大，几乎患上了一种类似疯癫的病症。一九一七年十一月第二个女孩儿出生，取名鞠子，又名马理。一九一九年五月第三个男孩子降世，取名沛，又名丰二，家人取绰号“土步”即沙塘鳢。十二月，周建人一家随同全家，住进北京八道湾周宅。

周建人到京后没有工作，在北京大学旁听，间或写些生物学和民俗学方面的文字，在《新青年》等处发表，但稿酬甚微。这样生活了将近两年，周

① 见《论语·乡党》。

② 袁枚《芸思亭》诗。

建人不甘于寄人篱下的生活，芳子的疯癫病也使他感到很没有面子。一次，老二、老三两家准备出门游玩，建人觉得自己当然也要跟着去，然而走到车子门口时，却见芳子冷着脸对他说:“你也想去吗？钱呢？”当着众人面埋怨丈夫没有挣钱的本领，并逐渐从冷言冷语发展到大吵大闹，使周建人受尽苦处。只得由鲁迅托蔡元培、周作人托胡适帮助，在上海商务印书馆编译所找到了一个校对工作，每月工资六十元。工作辛苦而收入很少。

周建人一九二一年九月离京时，芳子已怀孕。一九二二年二月芳子生下儿子丰三。周建人每月从微薄的工资里拿出几十元钱寄给芳子，但这点儿钱根本不够芳子花销，手头拮据的她非常羡慕阔绰的姐姐信子，越来越依赖姐姐了。周建人多次写信给芳子，有次甚至回北京亲自去说服芳子，要她带着孩子到上海和他共同生活，但芳子舍不得离开姐姐和亲属，舍不得八道湾富裕的生活，坚决不去上海。而这时，周建人和往日在绍兴的学生王蕴如，也产生了感情，有意同居。

“该怎么办呢？”周建人一边苦思，一边在心里问自己……

第二章　女师大

许广平

进入严冬，北京古城整个儿坠入冰窟窿里，屋檐上挂着晶莹莹的冰凌，街边、墙根的残雪冻成硬邦邦的冰块，树木光秃秃的枯枝在冷风中瑟缩，人们为讨生活又不能不上街，刺骨的寒风刮在脸上和只穿单薄破衣的人的身上，像刀子拉一样生疼。

从南城宣外的广和居往北，宣内有一条东西向的石驸马大街。街中路北，有一座中西合璧的灰色楼房。高耸的圆形楼顶是红色的，下面的窗框也是红色的，上围呈圆形，窗下门洞的上围同样是圆的，都与圆顶对称。这座楼因红顶红窗而被称为“红楼”，形状有些像西式教堂，但灰色的砖墙，门两边的圆柱，特别是门框两边的花卉砖雕，又显出老中国的特色。这就是当时的国立女子师范大学。

进校门是庭院，不大，却很雅致，矮矮的松墙上满是莹白的积雪，周围是灰砖的两层楼房，每层都有走廊。窗框和廊柱也是红色的。向西转，隐蔽处还有一圈两层楼房，是女学生的宿舍。由于宿舍里安着热水汀，所以即使在严寒的冬天，走进屋里，也顿有满室生春之感。楼下靠边的一间里，一位二十多岁的女生正坐在床上，伏在旁边的小桌上看报。

她就是许广平。

广平梳着齐耳短发，虽不漂亮，却很周正，厚厚的嘴唇显出广东姑娘独有的特色。南人北壮，站起身足有一米七〇，即使在北方女性中也算是高个儿，与南方普遍矮小的女人比，就更是高头大马了。她此时穿着浅色的棉袄，黑裤，白袜，尖口黑鞋，显得豪爽粗犷，大胆泼辣，有一股女丈夫气。她常自称从小时候就“好读飞檐走壁，朱家郭解，扶弱锄强等故事。遂更幻想学得剑术以除尽天下不平事”。从她沉静、刚毅的眼光看来，是确实的。

这天是一九二四年十二月七号，星期日，同室的小姐们都上街找朋友玩去了，只有广平一个人在宿舍里读报。今年春节前，她不幸染上猩红热，初恋时的男朋友李小辉多次探视，结果也染上了，一月七日骤然去世。给侥幸病愈的广平极大的刺伤，在小辉灵柩前呼天抢地，大哭一场，感到摧毁了一个处女纯洁的心，永远得不到苏转。但是回到学校后，却平白无故受到“不堪描写”的“毒矢”——流言的攻击。自此她烦于外出，只把自己沉在读书和写作中。此时津津有味细读的报纸，是新近出版的《语丝》，八开十版的小报，周一出刊，已经出到第三期了。她早听人说，号称“副刊大王”的孙伏园，因为《晨报》新总编辑从他主编的副刊上撤下了鲁迅的稿子愤而辞职，于是鲁迅等多位先生和孙伏园一起创刊了《语丝》。一向关心时事、爱读书报的广平，急切地向往读到这份新报，十一月六日星期天中午，偶尔外出，正好在东安门大街碰上矮矮胖胖、留着胡子的孙伏园先生和两位年轻人，一律身着西服，亲自抱着新印出的《语丝》，在真光电影院门前发售，大为感动，立即买了一份。原来在出版前两天的星期六，《语丝》已经印好了。于是孙伏园就带着乳毛还未褪尽的青年李小峰和章川岛，自跑印刷局，自去校对，自叠报纸，刚出来时又亲自跑到电影院前兜售。李小峰后来成为北新书局出版人，章川岛是鲁迅在北大教书时的学生，毕业后在校任职。他们既不像兜售《圣经》的救世军女教士那样沉静、安详，也没有一般卖报者连喊带跑那样的伶俐、活泼，只是不声不响地手上托着一大叠《语丝》，装着笑嘻嘻的脸，走近去请他或她买一份，头一声招呼当然是“喂！喂！”有人乍遇到这副神情，是要莫名其妙地吃一惊的。尤其是孙伏园，矮矮的身材，长得像日本人。兜

许广平梳着齐耳短发，虽不漂亮，却很周正，有一股女丈夫气。

售的成绩，三个人每次至多不过售去一二百份，几次以后就不去了。一则因为三个人大清早坐了人力车赶去，经济上得不偿失；二则因为倘若零售过多，就影响经常订阅的供给份数。第一期印的两千份，出乎意外地几天之内就卖完，而订阅者尤其是外埠的，仍不断地汇款来信订阅，结果第一期再版了七次，共印了一万五千份。

回校之后，广平急不可耐地浏览了一下发刊词和林语堂署名开明的《生活之艺术》，之后就被第三版下条鲁迅的《论雷峰塔的倒掉》吸引住了。她一直喜欢鲁迅的文章，小书箱里，盛着《呐喊》和登载鲁迅文章的报刊。这本《呐喊》是北京新潮社一九二三年八月初版的，红色封面，中间方框中是隶书的"呐喊"两字，下面是"鲁迅著"，听说是鲁迅自己设计的。广平极为珍爱，时不时翻出细读。现在读着这篇新刊出的杂文，觉得立意机智，气度悠然，文笔漂亮，回旋利落，比先生以前的杂文还要好！

广平默念着文中的话：

> 和尚本应该只管自己念经。白蛇自迷许仙，许仙自娶妖怪，和别人有什么相干呢？他偏要放下经卷，横来招是搬非，大约是怀着嫉妒罢，——那简直是一定的。

广平一口气读完全文，轻拍一下桌子，叹道："最后以'活该'收笔，真是痛快，解气！"

广平成了"《语丝》迷"，第二个周日中午，她又跑到真光电影院门前寻找《语丝》,不巧没碰上,只得朝着沙滩北大红楼新潮社《语丝》的发行地找去。这么远的路，本应雇辆车去，但车钱比报纸贵得多，哪里掏得起？只好劳驾两条腿吧！想起少年时，略能识字，就沉浸于民党所办的《平民报》中，因为渴慕新书，往往与小妹同走十余里至城外购取，以不得为憾，现在已是青年，有的是力气，只要看到《语丝》，不管多苦多累，都跟吃了蜜糖一样，心里甜蜜蜜的，何在乎跑这点儿路呢！新潮社的一位年轻人热情接待了她，卖给她新一期的《语丝》，并说不用每期跑这么远来买，可以订阅，邮局给送。广平毫不犹豫地订了半年的《语丝》。

第二期头版头条刊登的是鲁迅先生的《记“杨树达”君的袭来》，广平看了立时觉得这位“杨树达”君实在太可气了，怎么那样莽撞无礼呢？但心底里又对先生的住处感到好奇，恍然间心生一念：有机会也去闯一闯？……

手里捧着的，是十二月一号邮局送到学校收发室的《语丝》第三期，她还是先细读鲁迅的文章。

“呵，野草，一秋夜！”广平默念着：“在我的后园，可以看见墙外有两株树，一株是枣树，还有一株也是枣树。”发出疑问：“说两株枣树就行了，为什么绕圈子，一株……还有一株？”

但很快就被那“奇怪而高的天空”、“星星的冷眼”、“极细小的粉红花”、“瘦的诗人”、“默默地铁似的直刺”天空的“枣树”、“夜游的恶鸟”、“夜半的笑声”、“猩红色的栀子”、“颜色苍翠得可爱”的“向日葵子似的”“白纸罩上的小青虫”，紧紧抓住了，想与鲁迅先生一起“对着灯默默地敬奠这些苍翠精致的英雄们”。

这份报纸已经拿到六天了，广平不断地品味、咀嚼，不忍释手，更加向往先生的住处，而第九版上先生的《关于杨君袭来事件的辩正》，说明杨树达原来患有精神病，并非有人蓄意干扰，对原来自己的疑误自责，又使广平对先生的自省精神油然而生敬意，禁不住忆起初见先生时的情景：去年，自己上二年级时，鲁迅先生来校教小说史，上课的瞬间，人们震于他的声名，每个学生都怀着研究这新先生的一种好奇心。在钟声还没有收住余音，同学照往常积习还没就案坐定之际，突然，一个黑影子投进教室来了。首先惹人注意的便是他那大约有两寸长的头发，粗而且硬，笔挺的竖立着，真当得“怒发冲冠”的一个“冲”字。一向以为这句有点夸大，看到了这，也就恍然大悟了。黑色的暗绿夹袍，褪色的黑马褂，差不多打成一片。手腕上、衣身上的许多补丁，则炫着异样的新鲜色彩，好似特制的花纹。皮鞋的四周也满是补丁。人又鹘落，常从讲坛跳上跳下，因此两膝盖的大补丁，也掩盖不住了。一句话说完，一团的黑。那补丁呢，就是黑夜的星星，特别熠耀人眼。小姐们哗笑了！“怪物，有似出丧时那乞丐的头儿。”也许有人这么想。“囚首垢面而读诗书”，这是古人的一句成语，拿来转赠给鲁迅先生，是很恰当的。

广平正如一般顽童，边听讲边把这位满身补丁，不，满天星斗，一团漆黑，长发直竖的先生速写起来。

讲授功课，在迅速的进行。当那笑声还没有停止的一刹那，人们不知为什么全都肃然了。没有一个人逃课，也没有一个人在听讲之外拿出什么东西来偷偷做。钟声刚止，还来不及包围着请教，人不见了，那真是“神龙见首不见尾”。许久许久，同学醒过来了，那是初春的和风，新从冰冷的世间吹拂着人们，阴森森中感到一丝丝暖气。不约而同的大家吐一口气回转过来了。被一致爱护的鲁迅先生，在学生中找不出一句恶评。他也曾经有过一次辞职的事，大家一个也不缺地挤到教务处，包围他，使得他团团地转，满都是人的城墙，肉身做的堡垒。这城堡不是预备做来攻击他，正相反，是卫护他的铁壁铜墙。接受了这一批青年热诚的先生，终于重又执掌教务。

这时候，初见时那种“乞丐的头儿”的印象没有了。广平发现鲁迅先生其实很美，很有风度，简直是很可爱。就大着胆子问先生：“您住家在哪里？”

先生竟诡秘地一笑，说道：“哪里是家，是‘窝’。但这是一个秘密，不能奉告。”

广平假装生气地噘着嘴说：“哼，不愿意告诉。好，我一定会揭穿这个‘秘密’的。”

广平知道曾经是同学、已经毕业到华北大学附中任教的许羡苏，是写了不少小说的许钦文的妹妹，跟先生是同乡，很熟，就主动和她拉关系，终于从许羡苏嘴里得知了先生的“秘密”。

广平正痴痴地想着，忽然被几个女孩子的叫喊惊醒了……

刘和珍

同室和邻室的五位姑娘从街上回来了。为首的是活泼、调皮的陆晶清，小巧玲珑，不住地跳来跳去，眼睛一眨一眨地，不断想“坏”主意，讲逗话，惹“娄子”，她一步跳到广平身前，扮了个小鬼脸，逗道：“还在思念逝去的情人啊！连街也不上，躲在屋里闷想。”

广平听了不高兴，知道这淘气的“小鹿”是在说自己想念小辉，戳痛她内心的伤口，怒气冲冲站起身，举拳要打“小鹿”。“小鹿”赶忙藏到一位姑娘身后，呼道：“啊呀！广平要打我呢！和珍，你这个学生自治会主席可得保护我啊！”

被称作学生自治会主席的刘和珍，不嗔不怒，总是温和地微笑着，细声说：“小鹿，这是你不对了，怎么能对广平说这话呢？”

陆晶清也悟出自己说错了话，连忙向广平作揖，赔罪道：“啊呀！我说错了，大人不计小人过，我这里赔罪了！我是懵懂糊涂的阿Q还不行吗？”

广平转怒为笑道：“这个死丫头！”

于是和解，五位姑娘一块儿进来。同室的林卓凤也是广东姑娘，她可比许广平更像广东人，黑瘦矮小，不爱说话，但对人却很亲切，一把拉过刘和珍坐到自己床铺上。另一位梳短发的湖南妹子杨德群，簇拥着和珍，三人坐在一起。陆晶清扶着一位戴深度眼镜、总蹙着眉、显得很忧郁的姑娘，坐在靠里的床上。这位姑娘是山西才女石评梅，已经从女师大毕业，在附中当体育教员，正和小鹿一起编辑《京报副刊·妇女周刊》，常和鲁迅接触，也常到女师大来玩。她俩常“鲁迅先生、鲁迅先生”地不离嘴。

是的，自打鲁迅到学校讲课起，他的口语、名言、警句，常在同学谈话中引用，有时在和鲁迅先生讲话时也搬用他的语言。他笔下的人物，如七斤嫂、九斤老太、杨二嫂、闰土等，同学们选用作对几位同学的戏称。阿Q的大名，常用来自称或称呼别人。

和珍看见广平手里拿着《语丝》，微笑着，和蔼地问：“广平拿的是《语丝》吧？我也买了，很喜欢！”和珍虽然是英文系的，却很喜欢国文，爱读鲁迅的文章。

广平举起手中的《语丝》，兴奋地说：“是呵！尤其是鲁迅先生的文章，让人百读不厌，读了还想再读！”

石评梅站起身说：“第三期开始的《野草》第一篇《秋夜》，真是充满诗意！”

陆晶清不再逗乐，严肃地说：“据鲁迅先生说，《野草》要一篇一篇写下去，

荆有麟 山西猗氏人。又名李林，笔名艾云、织芳、金林等。曾协助鲁迅创办《莽原》周刊等。

陶元庆 浙江绍兴人。字璇卿。画家。

章廷谦 浙江上虞人。字矛尘，笔名川岛。作家。

章衣萍 安徽绩溪人。名鸿熙，字衣萍。随笔作家，著有《古庙杂谈》等。

吴曙天 浙江杭州人。生于山西翼城。章衣萍之妻。随笔作家。

李小峰 江苏江阴人。名荣弟，字小峰，出版家。曾为北京大学新潮社成员，后参加编辑《语丝》，创办北新书局。

高长虹 山西盂县人。又名高仰愈，笔名残红、CH 等。作家，狂飙社主要成员。曾积极参与《莽原》编辑，著有《心的探险》等。

向培良 湖南黔阳人。作家。狂飙社成员。《莽原》主要撰稿人。

尚　钺 河南罗山人。字宗武。作家，历史学家。

李霁野 安徽霍邱人。翻译家。未名社成员。

台静农 安徽霍邱人。作家，书法家。未名社成员。

韦素园 安徽霍邱人。翻译家。未名社成员。

刘和珍 江西南昌人。号素予，女师大学生自治会主席。三一八惨案中牺牲。

杨德群 湖南湘阴人。女师大学生，三一八惨案中牺牲。

石评梅 山西平定人。原名汝璧，自号评梅，笔名波微。女师大附中体育教师，作家，有“京城才女”之称。

陆晶清 云南昆明人。原名陆秀珍，笔名梅影、娜君、小鹿。女师大学生，石评梅挚友。

张静淑 湖南长沙人。女师大学生，三一八惨案中受重伤。

方其道 江西南昌人。当过军人和编辑、记者，刘和珍未婚夫。

小　芬 河北三河小老妈子，三一八惨案中牺牲。

段祺瑞 安徽合肥人。字芝泉，北洋军阀皖系首领，曾任“中华民国临时执政”。

章士钊 湖南长沙人。字行严，笔名孤桐、青桐、秋桐等。曾任段祺瑞执政府司法总长兼教育总长，创办过《甲寅周刊》。

刘百钊 湖南武冈人。曾任北洋政府教育部专门教育司司长。

杨荫榆 江苏无锡人。早年留学日本、美国，曾任北京女子师范大学校长。离开女师大后，到苏州东吴大学任教授，后被日军杀害。

陈　源 江苏无锡人。字通伯，笔名西滢。现代评论派主要成员。

主要人物表

鲁　迅　浙江绍兴人。姓周，本名樟寿，初字豫山，入学时改字豫才，小名阿张，后改名周树人。一九一八年五月发表第一篇白话小说《狂人日记》时开始用鲁迅作笔名。

许广平　广东番禺人。号景宋，女师大学生，学生自治会总干事。后为鲁迅爱人。

周作人　鲁迅二弟，名櫆寿，字星杓，小名阿櫆，后改名周作人。

周建人　鲁迅三弟，名松寿，字乔峰，小名阿松，后改名周建人。

鲁　瑞　浙江绍兴安桥头人。鲁迅母亲。

朱　安　浙江绍兴城里凰仪桥（俗称黄泥桥）丁家弄人。鲁迅原配夫人。

许寿裳　绍兴赵家坂人。字季茀，号上遂，鲁迅至交。曾在北京女子高等师范学校等校任职。

齐寿山　河北高阳人。名宗颐，字寿山。鲁迅在教育部的同事、好友。

陈师曾　江西义宁人。名衡恪，字师曾，号槐堂。画家，篆刻家。鲁迅留日同学，教育部同事，好友。

陈寅恪　江西九江市修水县义宁客家人，生于湖南长沙，祖籍福建上杭，字鹤寿。集历史学家、古典文学研究家、语言学家、诗人于一身的中国现代最负盛名的人物。曾和鲁迅一同留学日本，鲁迅在教育部任职时与其有过交往。

孙伏园　浙江绍兴人。鲁迅学生。曾主编《晨报副刊》等，号称“副刊大王”。

许钦文　浙江绍兴人。鲁迅学生。作家，曾著《故乡》等小说。

许羡苏　浙江绍兴人。许钦文四妹，曾在女师大学习，后在女师大图书馆工作。在鲁迅家三次居住，并协助管理家务。

俞　芬　浙江绍兴人。鲁迅在砖塔胡同暂居时的邻居。

俞　芳　俞芬的二妹。

俞　藻　俞芬的三妹。

林卓凤　广东人。女师大学生，与许广平同宿舍，曾和许广平一起于一九二五年四月十二日首次拜访鲁迅。

王顺亲　浙江绍兴人。许广平同班同学，曾于一九二五年六月二十五日端午节与许广平一起到鲁迅家赴宴。

要写二十多篇呢！”

广平知道陆晶清、石评梅正在鲁迅先生指导下编报，她们说的消息会是确实的，羡慕地说：“你们能直接听鲁迅先生的指教，可真幸福！”盼望再读以后的《野草》，心里对自己说道：一定要篇篇细读。

林卓凤插嘴道：“我们如果也能面听鲁迅先生的教诲就好了。”

广平知道许羡苏之所以能够准确地告诉她“秘密”，是因为她有时住在鲁迅的宅院中，面听鲁迅先生的教诲，不禁心生羡慕。

和珍却说：“其实，我们能亲耳聆听鲁迅先生讲课、讲演就很不错了。”

石评梅神采奕奕地说：“去年这个时候，比今天还冷呢！那时学校刚演过《傀儡之家》，娜拉的出走成了同学们的话题。晚上，鲁迅先生在学校礼堂讲《娜拉走后怎样》，我不顾寒冷从附中跑来听。好些学校的学生也赶来听，把礼堂挤得满满的，走廊外面都站满了人。大家听讲的热情，冲破了寒气。讲完以后，许多人围着鲁迅先生问话，许久他才从人丛中挤出去，但是大家还是依依不舍。”

一直没讲话的杨德群应声道：“我还记得，鲁迅先生说：娜拉走出家庭以后，‘实在只有两条路，不是堕落，就是回来。’”

陆晶清抢着答：“我还是认为会到天桥唱大鼓！”

石评梅笑着说：“到东安市场卖冰糖葫芦！”

广平想起她的家乡广东正在打头“闹革命”，就说：“会到广东去参加革命！”

林卓凤默默地说：“我还是赞成《妇女杂志》的那篇文章，提倡‘独身主义’，一个人独自生活，不再结婚、嫁人、组织家庭！再不济，也能挣出自己的饭钱。”

刘和珍温和却坚定地说：“不改造这个社会，让妇女取得经济权，妇女是不可能自由的。走到哪儿也无能为力，难以生活！”

广平和其他几位姑娘都点头称是。

“砰”的一声，门被推开了，进来一个姑娘，带进一股寒气，是跟刘和珍很要好的教育系的张静淑。

她一进屋就搓着两手说："啊，屋里真暖和，外边真冷！"

广平起身关上门，禁不住想起前任校长许寿裳先生，感慨地说："这应该感谢许校长，许先生顾念各地远来的学生，多属南方人，经不起北方的天寒地冻，不惜借债替学生在宿舍里安热水汀，如今屋子里才会这么暖和。"

陆晶清应和着说："即此细微末节，也可见许先生办学的苦心孤诣，无所不至了。"又叹口气道："然而精诚所至，未必金石为开，而顽石点头，究竟有谁见过？忽然有一天，总务处的会计员不知因什么吵起来了。过了不久，学生里面也有在贴标语，反对许校长了。那时我刚到学校不久，没有详细了解那事的经过，总之许先生很快就洁身引退。马上展开许多宣传，说有一位杨荫榆其人的，刚回国不久，她从前曾在本校女子初级师范的时候当过舍监，以身作则，办事如何如何认真云云。而且又有补充，说女子有资格在专门以上学校当校长的实在不多，女人掌女校，在女权运动上应当拥护云云。在如此这般的鼓吹之下，杨荫榆走马上任了。"

广平嘴里叱了一声，朝窗外僻静处扫了一眼，鄙视地说："这位杨荫榆头戴白色绒花，身披黑缎斗篷，整天价急急忙忙，到处奔跑，学校公务，则交给她的两三亲信，代决代行。又制定种种清规戒律，学生必须住校，周末下午回家必须家长来接，学生一律穿草绿色布的衣裙制服，梳一把抓的高髻，白袜黑鞋，违者记过，记过三次开除。哼，你规定平日不许出校门，我偏要上街去买新书报。"

刘和珍一听见杨荫榆的名字就有气，一反向来的温和，愤怒地说："杨荫榆说什么学校犹如家庭，俨然以婆婆自居，对学生严加看管，看见一封信，就疑心是情书；听到一声笑，就以为是怀春；男人来访，便说是情夫；到公园去玩，则说是赴约。这学期有些学生因为战事返校晚了，她硬要跟她不好的三个国文系同学退学，跟她好的却不追究，把个女师大变成了她这个婆婆虐待儿媳妇的大本营！乌烟瘴气，鬼鬼祟祟，许多女教职员们都贼头鼠眼，怀着鬼胎般向学生探视、侦询，冀有所得，好去报功了。这成了什么样的世界！"

姑娘们一听，也都义愤填膺，恨不得把杨荫榆轰出学校。

杨荫榆

此时，杨荫榆恰恰正在离学生宿舍不远的校长办公室里。她黑黝黝的，双眼皮，眼睛炯炯有神，笑时两嘴角各有个细酒窝，牙也整齐，脸型不错，比中等身材略高些，虽然不是天足，穿上合适的鞋，也不像小脚娘。仔细看，会发现她是穿过耳朵的，不过耳垂上的针眼早已结死，人们从未见她戴过耳环。她不令人感到美，可是也不能算丑。她母亲一次当着她的面，拿着她的一张照片说："瞧她，鼻子向着天。"意即"鼻灶向天"。她气呼呼地说："就是你生出来的！"当时家里人传为笑谈。人们倒觉得她实在有理由和母亲生气，即使她是个丑女儿，母亲也不该对女儿这么说。

杨荫榆这时坐靠在高背沙发上苦苦地沉思默想，她百思不得其解的是：为什么自己一心一意要把学校办好，把女师大办成中国历来没有的出色女校，却越来越遭到这群女学生的反对？

是自己当真有什么过错吗？她静静地回顾自己的经历。

一八八四年她出生于江苏无锡的一个书香门第，是家里的第六个孩子，小名申官。父亲杨老圃为律师。比她大六岁的二哥杨荫杭，是中国著名的民主革命启蒙者、法学家。杨荫杭自日本回乡后办起了以培养近代师资和科技人才为宗旨的锡金公学。在兄长的影响下，杨荫榆和二姐一起得以入学，学习近代数理知识。这是最早有男女同学的补习学校，姐妹俩都不坐轿子，步行上学，令人称赞，而且开当地男女同校风气之先。

一九〇二年，她依靠二哥的帮助，进入景海女学堂学习两年。之后，转学到上海务本女中。

一九〇七年五月，她毕业了，赴江苏省参加官费留学考试合格后，七月启程去往日本，先入青山女子学院，后在东京女子高等师范学校理化博物科学习。

一九一三年，她从日本毕业归国，受聘于江苏省立第二女子师范学校，即苏州女师，担任教务主任，同时兼任生物解剖教师。

她在日本留学时，母亲只求门当户对，将她定亲给蒋家少爷。听二哥杨荫杭的形容，那位少爷是一个“低能儿”，老咧着嘴，露出一颗颗紫红的牙齿，嘴角流着哈喇子。二嫂在娘家时也听人说过那位蒋家的少爷，向婆母提出反对这门亲事，可是白挨了几句训斥，婆母看重的是蒋家的门户地位，并不是女儿的幸福。

杨荫榆从日本留学回来后，遵父母之命，与这位寓居在无锡的常州籍蒋姓人家的少爷成了亲。新婚之夜，她发现对方是个低能儿，和自己没有半点共同语言，为了自卫，撕破了新郎的脸，第二天一早就毅然返回家中。那位婆婆有名的厉害，先是让人抬轿子来接，遭拒，就派老妈子一同来接，杨荫榆只好硬给接走。可是有一次她死不肯再回去，结果婆婆亲自上门来接。杨荫榆对这个婆婆有几分惧怕，就躲在二嫂大床帐子后面。那位婆婆不客气，竟闯入二嫂的卧房，把杨荫榆揪出来。逼到这个地步，杨荫榆不再示弱，索性撕破了脸，声明怎么也不再回蒋家，从此就和夫家断绝了关系。那位傻爷是独子，有人骂杨荫榆为“灭门妇”，大概因为她不肯为蒋家生男育女吧？由于她的坚决态度，这桩封建包办婚姻终于告吹。而这时的杨荫榆，只有十八岁。后来在二哥资助下，在苏州景海女中学习时，一位亲戚家的小姐和她同学。那姑娘有点“着三不着两”，无锡土话称为“开盖”，略似上海人所谓“十三点”，北方人所谓“二百五”。她和蒋家是隔巷的街坊，可是不知道杨荫榆和蒋家的关系，只管对她议论蒋家的新娘子：“有什么好看呀！狠巴巴的，小脚鞋子拿来一剁两段。”杨荫榆在一旁听着，还很幽默，只笑着听她讲，既不点破，也不申辩。过了些时候，那姑娘回家弄清底里，就对杨荫榆骂自己：“开盖货！原来就是你呀！”杨荫榆到家跟家人讲的时候，细酒窝儿一隐一显，乐得不得了。

从此之后，她终生独居，再也没有结过婚。这桩荒唐的婚姻给了她很大的刺激，对她后来的人生产生了难以磨灭的影响。此后比一般女性更勇敢、自觉、超前，不屑做什么贤妻良母，对恋爱和婚姻全不以为然，一心投身社会，希望有所作为。

杨荫榆的日文是科班出身。日本是个多礼的国家，妇女在家庭生活和社交里的礼节更为繁重，杨荫榆则很内行，见到日本人就彼此频频的躬身行礼，像日本人一样规范。由于在日学习优异，获得奖章，回国后在苏州女师任教务主任，一九一四年又由教育部上调京城，出任北京女子师范舍监，工作谨严，深得师生拥护。她的小侄女，即有恩于自己的二哥的女儿，在附小上一年级。一次，小学生们正在饭堂，杨荫榆带了几位来宾进饭堂参观。顿时全饭堂肃然，大家都专心吃饭。小侄女背门而坐，饭碗前面掉了好些米粒儿。杨荫榆走过，附耳说了侄女一句，侄女赶紧把米粒儿捡在嘴里吃了。旁边的小同学看见舍监的侄女捡吃米粒儿，一个个都把桌上掉的米粒儿也捡来吃了。后来小侄女在家听见姑母和父亲形容这群小学生：背后看去都相像，一个白脖子，两橛小短辫儿。但一眼就看出了侄女，很喜欢。小侄女看到她讲的时候又笑出了细酒窝儿。

一九一八年杨荫榆赴美留学，离别时，有好些学生送行，哭得抽抽噎噎，她站在火车尽头一个小阳台似的地方，也只顾拭泪。火车鸣了两声汽笛，才慢慢走开。她到美国后，进入哥伦比亚大学学习，获教育学硕士学位。

一九二二年回国后，她一度在上海教书，不久又被教育部召至北京，担任女子师范学监。

一九二四年二月，她受教育部委任，接替许寿裳任北京高等女子师范大学的校长。同年，女高师改名为“国立女子师范大学”，杨荫榆成为中国近代教育史上第一位女大学校长。

作为大学校长的杨荫榆，强调秩序、学风，强调学校犹如家庭，需要一个稳定的局面。她曾在一篇文章中宣称：“窃念好教育为国民之母，本校则是国民之母之母。”所以被学生讽为“国民之母之母之婆”。她要求学生只管读书，不要参加和过问政治活动，把学生的爱国行为一律斥为“学风不正”，竭力阻挠。在校务方面，作为女强人，则免不了独断专行、处事不公的事情，难免激起公愤。

一九二四年秋季开学之际，由于南方发大水以及受江浙战争的影响，部分学生回校耽误了一两个月左右，没有按时报到。杨荫榆决定整顿校风。她在学生回来以后制定了一个校规，说凡是逾期返校的都要开除。但在处理具体学生时，却没有做到公正、公平，严厉处置了平时不听话的国文系三名学生，要求她们退学，而对于和自己关系较好的学生却放过不问。这一显失公平的做法引起了女校学生和教职工的严重不满，女师大驱杨风潮由此爆发。

杨荫榆坐靠在高背沙发上，身子不住地摇晃着，嘴里自言自语道："这究竟是因为什么呢？"

许寿裳

虽然洁身自退大半年了，许寿裳仍然在教育部任编审员，兼更名女师大的女高师教授，他一直念念不忘这所自己一心想办好的学校。他的寓所离教育部和女师大都不远，在绒线胡同附近的西单保安寺八号。此时，他正在书房中默默地考虑女师大的事情。

他脸稍长，戴着副金丝边眼镜，嘴唇宽厚，目光亲切，一看就知是位忠厚长者。他也在苦苦思索任女高师校长时，问题究竟出在哪里？

当时他不但延聘了许多东西洋留学的人来校教书，还多方邀请在北大任教的学者执教，经过调整的国文科教师阵容，除沈士远、沈尹默、沈兼士"三沈"和"二周"鲁迅、周作人外，还有钱玄同、马裕藻、朱希祖、林语堂、徐祖正、黎锦熙、郑奠等，可谓是群星灿烂，引人注目，大为满足了学生们的求知欲。

然而那时办校，也并非容易的事。段祺瑞执政府，完全依赖日本的支持，连日常政府开支，也全靠借债度日。因之学校经费，在省无可省的情况下就赊欠，寅吃卯粮，在举债度日的情况下讨生活。虽则如此，他还是顾念各地远来的学生，其中南方人居多，经不起北方的天寒地冻，不惜借债替学生在宿舍里安热水汀，终于在冬寒料峭之中，有满室生春之感，使常患感冒伤寒的学生，顿然减少。

然而忽然有一天，总务处的会计员不知因什么吵起来了。过了不久，学生里面也有在贴标语的了，他很快就洁身引退。

心情郁闷之时，挚友鲁迅在女师大讲完课后，下午来舍看望，极尽安慰，又批评他为人温和，与世无争，但老实有余机变不足。

时值二月，北京还很冷，鲁迅伸手进他那件灰色的爱国布棉袍的袋里去，要摸出哈德门牌的廉价烟来吸，许寿裳连忙递给他一支海军牌的好烟，说道：

"抽这个，到我这里还客气什么。"自己也点上一支。

鲁迅笑了笑，接过许寿裳的烟，点着深吸了一口，说道："你为什么被排挤？因有人想走进女师大校长室坐上校长交椅。同时，'官方'又正蓄谋策划夺取女师大校长这一职位，安排自己人。于是，前者投靠了后者，后者支持前者，相互勾结利用，主张'女人治女校'的谬论便散布开了。企图出任女师大校长的女人不止杨荫榆，还有一名也是留美得了学位回国的云南人李硕。李硕先杨荫榆露面，支持她的是几个年老的云南籍'京官'，出面为她活动的是教育部一名司长云南人李某。杨荫榆虽然后走一步，但她的靠山比李硕的硬，上有北洋军阀系统的官僚撑腰保镖，中有为她吹喇叭的一批'论客'，下有以女附中为基础的颇有力量的内应，所以她站出来后，一路顺风，而李某却销声匿迹了。"又吸口烟接着说："教职员工中都有与历届校长有关系的人。学生二百余人中，也是杂色，有每天由'老妈子'伴着坐马车来回的'名门闺秀'，有坐包车来回的'现任官员的女公子'，有在学校里显得突出的毕业后'保送'入大学的'附中派'，有来自各省市考送的'杂牌'。结果就造成'驱许拥杨'的潮流了。光一心教学，不留心世事是不行的。"

挚友的诤言，说得许寿裳边吸烟，边频频点头，深感鲁迅"知人论世，总是比别人深刻一层"。送鲁迅出来时，在冷风中望着他的车影，久久不愿回转，禁不住想起和鲁迅结识、过从的往事……

许寿裳一八八三年生于绍兴城内水澄巷，比鲁迅小两岁。一九〇二年初秋，以浙江官费派往日本东京留学，初入弘文学院学习日语，鲁迅已经在那里。鲁迅所在的江南班，共有十余人，也正在学习日语，比许寿裳早到半年。许寿裳的班也有十余人，名为浙江班，两班的自修室和寝室毗邻，当初却极少往来。

留学生初到，大抵留着辫子，把它散盘在囟门上，以便戴帽。尤其是那些速成班有大辫子的人，盘在头顶，使得制帽的顶上高高耸起，形成一座富士山，口里说着怪声怪气的日本话。小孩们见了，呼作"锵锵波子"。许寿裳不耐烦盘发，和同班韩强士，两个人就在到东京的头一天，把烦恼丝剪掉了。那时江南班还没有一个人剪辫的。原因之一，或许是监督——官费生每省有监督一人，名为率领学生出国，其实在东京毫无事情，连言语也不通，习俗也不懂，真是官样文章。可笑的是江南班监督姚某，因为和一位姓钱的女子有奸私，被邹容等五个人闯入寓中，先批他的嘴巴，后用快剪刀截去他的辫子，挂在留学生会馆里示众，许寿裳也兴奋地跑去看过的。姚某便只得狼狈地偷偷地回国去了。鲁迅剪辫是江南班中的第一个，大约还在姚某偷偷回国之先，这天，他剪去之后，来到许寿裳的自修室，脸上微微现着喜悦的表情。许寿裳说："啊，壁垒一新！"他便用手摸一下自己的头顶，相对一笑。此情此景，历久如新，从此俩人就成为相知，终生不渝。

那时的周树人，身材并不高，额头开阔，颧骨微高，双目澄清如水晶，其光炯炯而带着忧郁，一望而知为悲悯善感的人。两臂矫健，时时屏气曲举，自己用手抚摩着，脚步轻快而有力，一望而知为神经质的人。赤足时，常常盯住自己的脚背，自言脚背特别高，会不会是受着母亲小脚的遗传呢？

大家身在异国，刺激多端，有一天，他们谈到历史上中国人的生命太不值钱，尤其是做异族奴隶的时候，不禁相对凄然。从此以后，就更加接近，见面时每每谈中国民族性的缺点。又常常谈着三个相连的问题：一、怎样才是理想的人性？二、中国民族中最缺乏的是什么？三、它的病根何在？对于问题一，因为古今中外哲人所孜孜追求的，其说浩瀚，他们尽善而从，没有多谈。对于问题二的探索，当时他们觉得我们民族最缺乏的东西是诚和爱，换句话说，便是深中了诈伪和猜疑相贼的毛病。口号只管很好听，标语和宣言只管很好看，书本上只管说得冠冕堂皇，天花乱坠，但按其实际，却完全不是这回事。至于问题三的症结，当然要在历史上探究，因缘虽多，而两次奴于异族，被认为是最大最深的病根。做奴隶的人还有什么地方可以说诚说爱呢？唯一的救济方法是革命。他们两人聚谈每每忘了时刻。许寿裳从此就佩服周树人的理想之高超，着眼点之远大。

一九〇四年正是日俄战争前夕，各大帝国从四面八方侵入中国，国势危如累卵，旅顺已非常吃紧，而上海等地的人士，仍醉生梦死，无动于衷。因此树人在给上海友人的信中说："申浦宴游，依然如昔，不独足下目击伤心，而弟等亦为之浩叹！"同学少年，忧国忧民，沉痛心情，溢于字里行间。

不久，鲁迅到仙台医学专科学校去了，曾经解剖过许多男女老幼的尸体。他告诉许寿裳：最初动手时，颇有不安之感，尤其对于年轻女子和婴孩幼孩的尸体，常起一种不忍破坏的情绪，非特别鼓起勇气，不敢下刀。他又说，胎儿在母体中如何巧妙，矿工的炭肺如何墨黑，两亲花柳病的贻害于小儿如何残酷。总之，他的学医，是出于一种尊重生命、爱护生命的宏愿，以便学成之后，能够博施于众。他不但对于人类的生命，这样尊重爱护，推而至于渺小的动物亦然。许寿裳感到：从这一点就可以看出鲁迅的伟大之心！他后来所以决心学医以及弃医而学文学，都是由此出发的。许寿裳爱读鲁迅的小说《兔和猫》，因为白兔这两条小生命失踪了，生物史上不着一点儿痕迹，推论开去，说到槐树下的鸽子毛呀，路上轧死的小狗呀，夏夜苍蝇吱吱的叫声呀，于是归结到造物实在将生命造得太滥，毁得太滥了。

二十世纪初年，严复译的《天演论》影响很大，鲁迅有好几篇能够背诵，许寿裳呢，也有几篇能背的，于是二人忽然把第一篇《察变》背诵起来了——

> 赫胥黎独处一室之中，在英伦之南，背山而面野，槛外诸境，历历如在几下。乃悬想二千年前，当罗马大将恺撒未到时，此间有何景物？计惟有天造草昧，人功未施，其藉征人境者，不过几处荒坟，散见坡陀起伏间，而灌木丛林，蒙茸山麓，未经删治如今者则无疑也。……

鲁迅到仙台以后，对严复却不大佩服了。有一次给许寿裳通信，还提及《天演论》，开个玩笑。大意是说仙台气候寒冷，每天入浴取暖。而仙台浴堂，男女之分，只隔着一道矮的木壁。信中有云："同学阳狂，或登高而窥裸女。"自注："昨夜读《天演论》，故有此神来之笔！"

严复首开风气，有筚路蓝缕之功。鲁迅时常称道他的"一名之立，旬月踟蹰，我罪我知，是存明哲"，给他一个轻松的绰号，叫作"不佞"。——鲁迅对人，多喜欢给予绰号，总是有趣的。后来，因不大佩服严复了，不再称"不佞"，而改称“载飞载鸣”。

许寿裳感到，鲁迅的观察锐敏而周到，仿佛快镜似的使外物不能遁形。因之，他的机智也特别丰富，文章上固然随处可见，谈吐上尤其层出不穷。这种谈锋，真可谓一针见血，使听者感到痛快，有一种涩而甘、辣而腴的味道。友人邵铭之听他的谈话，曾当面评为“毒奇”。鲁迅对这“毒奇”的二字评，也笑笑首肯。

鲁迅学医时期的轶事很多，像独自一人去访朱舜水遗迹等。还有一次到东京，从东京出发再往仙台，付了人力车资，买了火车票之后，囊中只剩银币两角和铜板两枚了。因为火车一夜就到，他的学费公使馆已经直寄学校留交了，他便大胆买了两角钱的香烟塞在衣袋里，粮草既足，扬长登车。不料车到某站，许多乘客一拥而上，车中已无座位，鲁迅看见一个老妇人上来，便照例起立让座。这位妇人因此感激，谢了又谢，从此开始攀谈，并且送给他一大包咸煎饼。他大嚼一通，便觉得有点口渴，到了一站，便唤买茶，但是立刻记起囊中的情形了，只好对卖茶人支吾一声而止。可是已经被老妇人听见，以为他是赶不及买，所以一到第二站，她急忙代为唤茶，鲁迅只好推说现在不要了。于是由她买了一壶送给他，他就毫不客气，一饮而尽。鲁迅做事，不论大小，总带一点儿不加瞻顾、勇往直前的意味。

许寿裳记忆最深的是与自己有关的，一九〇五年春，他在东京高师学校修完了预科，趁樱花假期，便和钱均夫二人同往箱根温泉，打算小住十天，做点译书的工作。路上偏遇大雨，瀑布高高地飞着，云被忽然裹住了，景色实在出奇。所以住下旅馆，就写了好几张明信片，寄给东京的友人何燮侯、许缄夫、陈公孟、鲁迅等——鲁迅在春假中，也来东京，和许寿裳同住，不过他学校的假期短，须早回仙台去，但看到许寿裳报告寓址和冒雨旅行的所见，就暂缓回仙台了。隔了一二日，收到友人的回片，或称我们的韵人韵事，或羡我们饱享眼福，许寿裳看了不以为意。后来，公孟忽然到了，鲁迅也跟着来了，他自然不以为奇。大家忻然围坐谈天，直到夜半。第二天结伴登山，游“芦之湖”，路上还有冰雪的残块，终于爬到山顶。这个湖是有名的囱口湖，真是天开图画，风景清丽绝了。一排的旅馆临湖建筑着，他们坐在阳台上，只见四山环抱这个大湖，正面形成一个缺口，恰好有“白扇倒悬东海天”的“富士山”远远地补满。各人入浴既了，坐对“富士”，喝啤酒，吃西餐，其中炸鱼的味道最鲜美，各人都吃了两份。兴尽下山，大家认为满意，不虚此行。

谁知道公孟之来，原是有“特务”的。因为有章某向同乡造谣，说许寿裳等是为的“藏娇”到箱根去的。同乡友人们不相信,公孟也不信,却自告奋勇，要得个真相。鲁迅也不信，说假使真的“藏娇”，还会自己来报告寓址吗？天下没有这样的傻瓜！果然，后来情形大白了，同乡友人们均鄙视这造谣的人。这件事隔了好久，鲁迅才对许寿裳说穿，他们相视大笑！

一九〇八年春，许寿裳结束了东京高师学校的课业，打算一面补习国文，仍旧就学于章先生之门，一面练习德文，准备往欧洲留学。为要选择一个较优的环境，居然在本乡西片町寻到一所华美的住宅。这原是日本绅士的家园，主人要迁居大院，才租给他的。规模宏大，房间新洁而美丽，庭园之广，花木之繁，尤为可爱，又因为建筑在坂上，居高临下，正和小石川区的大道平行，眺望也甚佳。许寿裳招了鲁迅及其弟起孟、钱均夫、朱谋宣共五人居住，高大的铁门旁边，电灯上署名曰“伍舍”。

西片町是有名的学者住宅区，几乎是家家博士，户户鸿儒。他们一家偏是五个学生同居。房屋和庭园却收拾得非常整洁，收房租的人看了也很满意。由西片町一拐弯出去，便是东京帝大的所在，赫赫的赤门，莘莘的方帽子群进群出。此一带的商店和电车,多半是为这些方帽子而设的。方帽子越是破旧,越见他的年级高，资格老，快要毕业了。

鲁迅从小爱好植物，幼年时喜欢看陈淏子的《花镜》等书，常常到那爱种花木的远房叔祖的家，赏玩稀见的植物，在弘文学院时代，已经买了三好学的《植物学》两厚册，其中着色的插图很多。所以他对于植物的培养有了相当的素养。伍舍的庭园既广，隙地又多，鲁迅和许寿裳便发动来种花草，尤其是朝颜即牵牛花，因为变种很多，花的色彩和形状，真是千奇百怪。每当晓风拂拂，晨露湛湛，朝颜笑口常开，作啪啪的声响，大有天国乐园去人不远之感。傍晚浇水，把已经开过的花蒂一一摘去，那么以后的花轮便会维持原样，不会减小。其余的秋花满地，蟋蟀初鸣，也增添了他们的乐趣！

鲁迅生平极少游玩。他在仙台时，曾和同学游过一次松岛，有许多张海上小岛的松林雪景照片给许寿裳看。在东京伍舍时，有一次许寿裳和鲁迅同游上野公园看樱花，还是因为到南江堂购书之便而去的。上野的樱花确是可观，成为一大片微微带红色的云彩。花下的茶肆，接席连茵，铺以红毡，用清茶和樱饼饷客。

许寿裳和鲁迅不但同居，而且每每同行，如同往章太炎先生处所听讲，同往读德文呀——那时俄文已经放弃不读了。又同访神田一带的旧书铺，顺路观赏樱花，同访银座的规模宏大的丸善书店呀。因为他们读书的趣味颇浓厚，所以购书的方面也颇广泛，只要囊中有钱，便不惜“孤注一掷”，每每弄得怀里空空而归，相对叹道：“又穷落了！”这些苦的经验，回忆起来，还是很有滋味的。

可惜好景不长，盛会难再，到冬时，荷池枯了，菊畦残败了，他们的伍舍也不能支持了——因为同住的朱、钱两人先退，许寿裳第二年春要去德国，所以只好退租。鲁迅就在西片町，觅得一所小小的赁屋，预备他们三个暂时同住，许寿裳走后，则周氏兄弟二人同住。

后来鲁迅、许寿裳都回国了，仍然过从甚密。一九一二年一月一日临时政府成立，定都南京，蔡孑民先生任教育总长。其时一切草创，规模未具，部中供给膳宿，每人仅月支三十元。许寿裳被蔡先生邀到南京帮忙，草拟各种规章，日不暇给，乘间向蔡先生推荐鲁迅。蔡说：“我久慕其名，不拟驰函延请，现在就托先生代函敦劝，早日来京。”许寿裳即连写两封信给鲁迅，说蔡先生殷勤延揽之意。鲁迅接信来京，他们又复聚首，谈及故乡革命的情形，多属滑稽而可笑。他们白天同桌办公，晚上则联床共话，暇时或同访图书馆，或同访清朝驻防旗营的废址，只看见一片焦土，在瓦砾堆中，有一二年老的满洲妇女，住在没有门窗的破屋里，蠕蠕而动，见了他们，其惊惧似小鼠，连说没有什么，没有什么。鲁迅向许寿裳讲述当年在路矿学堂读书，骑马过旗营时，老是受旗人的欺侮，言下犹有余恨。

临时政府迁都北京，四月中，许寿裳和鲁迅同返绍兴，五月初，同由绍兴启程北上，还有蔡谷清和许寿裳侄世璿同行。在上海登轮之前，鲁迅买了一部有正书局出版的《红楼梦》，以备船中翻阅。在分配舱位时，鲁迅忽发妙语说："我睡上铺，谷清是被乌龟背过了的，我不愿和他同房。"于是他和世瓘住一间，许寿裳和谷清住一间。至于"乌龟背过"，乃系引用谷清的自述，说从前在北京时，曾到八大胡同妓院吃花酒，打茶围，忽遇骤雨，院中积水，无法出门了，由妓院男子背负涉水而出。鲁迅偶然想起提出，也是一种机智，令人发笑。

到北京后，同住山会邑馆，其时已改为绍兴会馆。许寿裳兄长许铭伯先生原居在这里的嘉荫堂，现在许氏兄弟二人同住，世瓘住对面的绿竹舫，鲁讯住藤花馆。许寿裳兄长和鲁迅一见如故，谈话很投机，此后过从也很密。鲁迅看见许铭伯的书桌上放置着《越中先贤祠目序例》多册，便索取一册去，这是到京馆第一天的印象。后来鲁迅锐意穷搜而结成《会稽郡故书杂集》，民国三年用周作人的名刊行，即此就可以见得鲁迅的牺牲精神，而以名利让给其弟。

一九一四年以后，鲁迅开始看佛经，用功很猛，别人赶不上。他买了《瑜伽师地论》，见许寿裳后来也买了，劝他说道："我们两人买经不必重复。"许寿裳赞成，从此以后就实行，例如鲁迅买了《翻译名义集》，许寿裳便不买而买《阅藏知津》，少有重复的了。鲁迅对许寿裳说："释迦牟尼真是大哲，我平常对人生难以解决的问题，而他居然人部分早已明白启示了，真是大哲！"

一九一四年，鲁迅还捐资刻印了《百喻经》。《百喻经》的原名即《痴华鬘》，僧伽斯那的弟子求那毗地法师来中国传教时，将其翻译成中文，因收寓言故事九十八则，故起名为《百喻经》。鲁迅捐刻之前，没有单刻本，而是收编在浩瀚的藏经当中。《百喻经》是佛教为宣传自己的教义而作，许多寓言都是选自民间老百姓的口语故事，具有很强的文学性。"除去教诫，独留寓言。"可以当作一本文学作品来读，恐怕是鲁迅捐刻《百喻经》的缘由。

在这本书的最后一页印有这么几行字："会稽周树人施洋银六十元敬刻。此经连圈点计字二万一千零八十一个，印送功德书一百本。余赀六元刻地藏十轮经。民国三年秋九月金陵刻经处识。"

一九一八年，许寿裳在江西南昌，不幸有"臼炊之梦"，妻子去世了。鲁迅远道寄信来慰唁，大意是说嫂夫人初到南昌，便闻噩耗，世兄们固然不幸，但我以为儿童们倘有慈母，或是幸福，然若幼而失母，却也并非完全的不幸，他们也许倒成为更加勇猛，更无挂碍的人。其言极为理致，但是也只有鲁迅能够写这样措辞的唁信。

不久，许寿裳看到《新青年》第四期有一篇署名鲁迅的《狂人日记》。疑是周树人所作，写信询问。鲁迅回信说：

> 《狂人日记》实为拙作，又有白话诗署“唐俟”者，亦仆所为。前曾言中国根柢全在道教，此说近颇广行。以此读史，有多种问题可以迎刃而解。后以偶阅《通鉴》，乃悟中国人尚是食人民族，因成此篇。此种发见，关系亦甚大，而知者尚寥寥也。

许寿裳觉得鲁迅是利用了医学的知识写《狂人日记》，而归结到善恶是非的判断，“有了四千年吃人履历的我，当初虽然不知道，现在明白，难见真的人！”这不是对于规范科学素有修养，明白了真善美的价值判断，哪里能够到这地步呢？我们要知人论世，要驳倒别人而自立于不败之地，都非有这种修养不可。鲁迅有了这种修养，所以无论在谈话上或写作上，他都不肯形容过火，也不肯捏造新奇。处处以事实做根据，而又加以价值的判断，并不仅仅以文艺技巧见长而已。

以后，许寿裳和鲁迅比亲兄弟还亲，一九二三年周氏兄弟失和，鲁迅搬到砖塔胡同暂居，穷病夹击，许寿裳和齐寿山合出八百大洋，借给鲁迅买下西三条的房子，才算有了安身之所。此时，许寿裳失了校长职位，鲁迅特来好言抚慰，并讲了只有他才能说的诤言，怎不令许寿裳感念呢？

第三章　过　客

“野草”十株

秋去冬来，经历了严寒的冬季，北京的春天就要来了，但满城春意全被灰土搅坏了。刮起了干风，闹得满天满地都是灰土，迷得路人睁不开眼睛。

一九二五年三月二日夜里，送走了来访的客人，鲁迅回到他的“老虎尾巴”里构思《野草》。这里每天到夜里十至十二时才能客散。之后，如果没有什么亟待准备的工作，鲁迅就稍稍休息，看看书，二时左右就入睡两三个小时，衣裳不脱，甚至不盖被。就这样，像兵士伏在战壕休息一下一样，又像北京话的“打一个盹”，翻个身醒了，抽一支烟，起来泡杯清茶，有糖果点心呢，也许多少吃些，又写作了。《野草》，大部分是在这个时候产生出来的。他打腹稿的习惯是喜欢斜躺在自己的铺板上，常常看到他手上拿着纸烟，头靠住白箱的一边，独自沉思。写作的时候则一定笔直地坐在藤椅上。

他想着，去年秋天皓月当空时写作《秋夜》，十二月一日在《语丝》第三期刊出以来，至今已经写作、刊出了十篇了，自己随意觅得的“野草”终于有十株了。

他回忆着这十株心血浇灌的“野草”……

第一篇《秋夜》刊出后，就引起了轩然大波，有赞不绝口的，认为是对秋夜景色的奇幻峭拔的描写，寓意深邃；也有提出疑问的：为什么偏说“一株是枣树，还有一株也是枣树”，说两株枣树就行了，为什么绕圈子，一株……还有一株？

鲁迅只当这些毁誉臧否是耳旁风，你不赞成，我偏要这般写下去。

《秋夜》发表之后的九月二十四日夜里，他给一位年轻朋友写信，信中说道：

> 我自己总觉得我的灵魂里有毒气和鬼气，我极憎恶他，想除去他，而不能。我虽然竭力遮蔽着，总还恐怕传染给别人，我之所以对于和我往来较多的人有时不免觉到悲哀都以此。

信写完，叠好，装进信封，在“老虎尾巴”里踱步，煤油灯光和从大玻璃窗透射的月光，使自己在地上拖长一个黑影，怎么都摆不脱，他躺倒在床上，黑影没有了。恍恍然进入梦中，梦见影子在对自己说话，自己无言以对。黑影憧憧，慢慢地影子变成了自己，喃喃地说着什么。他忽然梦醒，陡然起身，坐到桌前，铺开稿纸，写下《野草》之二：

影的告别

又从睡醒时开头：

> 人睡到不知道时候的时候，就会有影来告别，说出那些话——
>
> 有我所不乐意的在天堂里，我不愿去；有我所不乐意的在地狱里，我不愿去；有我所不乐意的在你们将来的黄金世界里，我不愿去。
>
> 然而你就是我所不乐意的。
>
> 朋友，我不想跟随你了，我不愿住。
>
> 我不愿意！
>
> 呜乎呜乎，我不愿意，我不如彷徨于无地。

他写着影子对自己所说的话：

然而我终于彷徨于明暗之间，我不知道是黄昏还是黎明。我姑且举灰黑的手装作喝干一杯酒，我将在不知道时候的时候独自远行。

“独自远行”——是十余年时时在脑际浮现的念头，但远方究竟会是什么样呢？也可能全是黑暗。“惟黑暗和虚无才是实有”，自己又不能确定。自己的思想太黑暗了！千万不要传染给别人，尤其是年轻人。

写完这个“自画像”，意犹未尽，又想起了去年春天在剥落的高墙边走路时，于灰土中遇见的求乞者，在稿纸上写下《野草》之三：

求乞者

我顺着剥落的高墙走路，踏着松的灰土。另外有几个人，各自走路。微风起来，露在墙头的高树的枝条带着还未干枯的叶子在我头上摇动。

微风起来，四面都是灰土。

一个孩子向我求乞，也穿着夹衣，也不见得悲戚，而拦着磕头，追着哀呼。

我厌恶他的声调，态度。我憎恶他并不悲哀，近于儿戏；我烦厌他这追着哀呼。

我走路。另外有几个人各自走路。微风起来，四面都是灰土。

一个孩子向我求乞，也穿着夹衣，也不见得悲戚，但是哑的，摊开手，装着手势。

我就憎恶他这手势。而且，他或者并不哑，这不过是一种求乞的法子。

我不布施，我无布施心，我但居布施者之上，给与烦腻，疑心，憎恶。

我顺着倒败的泥墙走路，断砖叠在墙缺口，墙里面没有什么。微风起来，送秋寒穿透我的夹衣；四面都是灰土。

我想着我将用什么方法求乞：发声，用怎样声调？装哑，用怎样手势？……

另外有几个人各自走路。

我将得不到布施，得不到布施心；我将得到自居于布施之上者的烦腻，疑心，憎恶。

我将用无所为和沉默求乞……

我至少将得到虚无。

微风起来，四面都是灰土。另外有几个人各自走路。

灰土，灰土，……

………………

灰土……

是的。他不想布施于人，也不想接受任何人的布施，只想独自远行，不管前面是什么？

当然，生活中有的只是苦闷懊恼，日本人厨川白村的《苦闷的象征》不是说得很分明吗？“生命力受压抑而生的苦闷懊恼乃是文艺的根柢”，鲁迅又想翻译早就熟读的日文版《苦闷的象征》。但实在太累了，天发白时，他和衣睡去……

两天后，一九二四年九月二十六日，《苦闷的象征》终于开译了。

十二月八日，《影的告别》《求乞者》连同十月三日写、后来增加了最后一节的《我的失恋》，作为《野草》二—四，刊登在《语丝》第四期。

会稽乃报仇雪耻之乡。复仇的情结郁积在鲁迅心底，他念念不忘复仇，但复仇的对象不是作恶者，而是围观的看客。家乡看杀革命者头的一堆人，颈项都伸得那样长，仿佛许多鸭，被无形的手捏住了似的，向上提着。多么令人憎恶！北京的羊肉铺前常有几个人张着嘴看剥羊，仿佛颇愉快，人的牺牲能给予他们的益处，也不过如此。而况事后走不几步，他们连这一点愉快也就忘却了。群众——尤其是中国的——永远是戏剧的看客。牺牲上场，如果显得慷慨，他们就看了悲壮剧；如果显得觳觫，他们就看了滑稽剧。“对于这样的群众没有法，只好使他们无戏可看倒是疗救，正无需乎震骇一时的牺牲，不如深沉的韧性的战斗。”

子夜醒来，他伏桌拾来了《野草》之五：

复 仇

……

……他们俩裸着全身，捏着利刃，对立于广漠的旷野之上。

他们俩将要拥抱，将要杀戮……

路人们从四面奔来，密密层层地，如槐蚕爬上墙壁，如马蚁要扛鲞头。衣服都漂亮，手倒空的。然而从四面奔来，而且拚命地伸长颈子，要赏鉴这拥抱或杀戮。他们已经豫觉着事后的自己的舌上的汗或血的鲜味。

然而他们俩对立着，在广漠的旷野之上，裸着全身，捏着利刃，然而也不拥抱，也不杀戮，而且也不见有拥抱或杀戮之意。

他们俩这样地至于永久，圆活的身体，已将干枯，然而毫不见有拥抱或杀戮之意。

路人们于是乎无聊；觉得有无聊钻进他们的毛孔，觉得有无聊从他们自己的心中由毛孔钻出，爬满旷野，又钻进别人的毛孔中。他们于是觉得喉舌干燥，脖子也乏了；终至于面面相觑，慢慢走散；甚而至于居然觉得干枯到失了生趣。

于是只剩下广漠的旷野，而他们俩在其间裸着全身，捏着利刃，干枯地立着；以死人似的眼光，赏鉴这路人们的干枯，无血的大戮，而永远沉浸于生命的飞扬的极致的大欢喜中。

使看客们无戏可看，这真是对这群无聊客最好的报复。鲁迅痛快地微笑了，他很久没有这样痛快了，点了一支烟，深吸一口，吐出一股烟雾，意犹未尽，想起了《新约》里耶稣被杀的圣经故事，又提笔写下《野草》之六：

复仇（其二）

因为他自以为神之子，以色列的王，所以去钉十字架。

兵丁们给他穿上紫袍，戴上荆冠，庆贺他；又拿一根苇子打他的头，吐他，屈膝拜他；戏弄完了，就给他脱了紫袍，仍穿他自己的衣服。

看哪，他们打他的头，吐他，拜他……

他不肯喝那用没药调和的酒，要分明地玩味以色列人怎样对付他们的神之子，而且较永久地悲悯他们的前途，然而仇恨他们的现在。

四面都是敌意，可悲悯的，可咒诅的。

丁丁地响，钉尖从掌心穿透，他们要钉杀他们的神之子了，可悯的人们呵，使他痛得柔和。丁丁地响，钉尖从脚背穿透，钉碎了一块骨，痛楚也透到心髓中，然而他们自己钉杀着他们的神之子了，可咒诅的人们呵，这使他痛得舒服。

十字架竖起来了；他悬在虚空中。

他没有喝那用没药调和的酒，要分明地玩味以色列人怎样对付他们的神之子，而且较永久地悲悯他们的前途，然而仇恨他们的现在。

路人都辱骂他，祭司长和文士也戏弄他，和他同钉的两个强盗也讥诮他。

看哪，和他同钉的……

四面都是敌意，可悲悯的，可咒诅的。

他在手足的痛楚中，玩味着可悯的人们的钉杀神之子的悲哀和可咒诅的人们要钉杀神之子，而神之子就要被钉杀了的欢喜。突然间，碎骨的大痛楚透到心髓了，他即沉酣于大欢喜和大悲悯中。

他腹部波动了，悲悯和咒诅的痛楚的波。

遍地都黑暗了。

“以罗伊，以罗伊，拉马撒巴各大尼？！”（翻出来，就是：我的上帝，你为甚么离弃我？！）

上帝离弃了他，他终于还是一个“人之子”；然而以色列人连“人之子”都钉杀了。

钉杀了“人之子”的人们的身上，比钉杀了“神之子”的尤其血污，血腥。

是呵,“人之子”才是真实的,立在现实中的,比“神之子”更伟大。然而，被他为之献身的同类所杀,又是多么痛苦！杀他的同类,又是多么可恶、可悲！所以，他不肯喝那用没药调和的酒，要分明地玩味这些人怎样对付他们的“人之子”,而且较永久地悲悯他们的前途,然而仇恨他们的现在。因为钉杀了“人之子”的人们的身上，比钉杀了“神之子”的尤其血污，血腥。

这两篇《复仇》，刊于一九二四年十二月二十九日的《语丝》第七期。

旧去新来。一九二五年一月一日，元旦到了。是个响晴天，中午孙伏园邀请俞芬三姐妹、许钦文、许羡苏兄妹到华英饭店吃饭。

俞芬和她的两个妹妹俞芳、俞藻是失去母亲的三个孤女。妈妈去世时，俞芬二十岁，俞芳八岁，俞藻六岁。俞芬当时在北京女高师上学，提议由她带两个妹妹从爸爸工作的哈尔滨到北京来。爸爸不放心，就和中东铁路局的同事钮伯伯商议此事。钮伯伯是南方人，家眷却在北京，租住在砖塔胡同六十一号。院里一共七间房子，除钮伯母外，只有一个女儿，也是八九岁，此外还有一个保姆，住房是够宽裕的。于是钮伯伯乘回北京探亲之便，就把三姐妹带到北京，住到同院西屋里。约莫过了两年，钮伯伯在南方找到工作，全家搬回南方，把他家住的北屋三间，让给王剑秋先生租用。一九二三年春，王先生一家搬到青岛去了，三间北屋一直空着。这年夏天，鲁迅和周作人“兄弟失和”，鲁迅要搬出八道湾，正好许钦文的妹妹许羡苏和俞芬同学，就介绍鲁迅搬到这里住了。一直住了九个月，直到大先生次年五月购买了西三条的房屋，才从砖塔胡同搬走，但和她们三姐妹仍然非常要好。

二妹俞芳清楚地记得，鲁迅，她们称为大先生搬来之前，七月下旬的一个晚上，大姐把才十二岁的她和十岁的三妹叫到跟前，激动而严肃地说："大先生一家就要搬来了，他们是喜欢安静的，以后你们不能吵吵闹闹，只能斯斯文文。"她看两个妹妹一时没有答话，就威胁说："不听话，小心我的扫帚柄！"俞芳想，大先生的母亲——太师母到自己家来做过客，她是一位慈祥的老人，很喜欢小孩子。她老人家的大儿子怎么样呢？不知道。听大姐的口气，大概有些"凶"吧？俞芳打定主意，以后要"多加小心"，不可"轻举妄动"，免得自讨苦吃。

八月二日下午，大先生一家搬来了。俞芳记得大先生初搬来时，身穿白夏布长衫，留着短胡须，神情严肃，脸上没有一点笑容。当时俞芳真有点怕他。她和三妹走上前去，叫了一声"大先生"，并向他深深地鞠了一个躬，再向站在他旁边的大师母也鞠了一个躬，就跑到自己住的西屋里去了。但又很好奇，从窗户里偷偷往外看他们。此后一连几天，都不敢轻易接近。又过了几天，情况有了转变。她首先发现大先生很注意小孩子的行动。她在院子南面小土堆上种了一株"独叶芋艿"，过去从来没人注意过，而大先生搬来不久就问她："为什么你种的芋艿总是只有一片叶子的呢？"她说："新叶出来了，又嫩，又绿，老叶颜色太深，不好看，我就把老叶摘掉了。"大先生告诉俞芳，这样芋艿是种不好的，叫她以后不要把老叶摘掉了。这时在一旁的大姐已经熬不住，在骂妹妹"呆"了，可大先生却微笑着对她说：小孩子总有小孩子的想法和做法的，对他们的幼稚可笑的行动，要多讲道理，简单的指责和呵斥，并不解决问题。

大先生搬来不久，就送俞芳和俞藻各一套积木，平时也常买糖果、点心给她们吃。她们玩着有趣的玩具，吃着美味的糖果，逐渐觉得大先生非但不"凶"，而且是一位和蔼可亲的长辈。于是，她们把大姐过去的一番"教训"、可怕的"扫帚柄"等，一股脑儿都丢在脑后了。

大先生平时很忙，但每当她们请他帮忙，向他提出这样那样的要求时，他非但不拒绝，而且总是尽快认真地办好。记得那时太师母和大先生常把烟盒里的图片和锡纸反面的衬纸，分给她们玩。俞芳把这些衬纸钉成一个小本子，写了一篇童话，文字当然是很不通顺的，什么老虎啊、兔子啊等动物都搬上去，请大先生批改，他高兴地接过去了，而且第二天就改好了，俞芳用铅笔写，大先生用毛笔改。错别字改正了，文字通顺了。俞芳不会标点符号，大先生给加了标点。大概为了尽可能保留原意吧，所以改动不大，但通篇都看过。交给俞芳时，大先生还说了几句鼓励的话，俞芳听了真开心。

想到一会儿就会见到大先生，和他一起吃饭，俞芳拉着妹妹连跑带跳，高兴极了。

许钦文是绍兴人，一九二〇年到北京大学旁听。一九二三年经孙伏园介绍认识鲁迅，一九二四年鲁迅为他编选小说集《故乡》，成为鲁迅亲密的青年朋友。他的四妹许羡苏，是周建人在绍兴女子师范学校任教时的学生。一九二〇年考入北京女子高等师范学校，寄住在八道湾。一九二四年毕业后，由鲁迅介绍到私立华北大学附属中学任教。他们兄妹先到西三条，然后陪鲁迅一起来到饭店，胖胖的孙伏园已经安排好包间静候了。见鲁迅先生来了，连忙起身迎接，扶先生坐在上座，点上烟，沏好茶，寒暄一番。许钦文兄妹也依次坐下。

一看到孙伏园，鲁迅就想起他当时从《晨报副刊》辞职的情景。

一九二四年，在北京学界最占势力的报纸，即销路最广、影响最大的报纸，要算“研究系”所办的《晨报》了。因为自“五四”新文化运动开始后，《晨报》便添设了副刊，除报道时事新闻外，还刊载起学术性研究文字与文艺作品，执笔的，多为权威的学者及提倡新文化的教授，故北方——尤其北京——学术界，无论教授与学生，大半多看《晨报》，而主编《晨报副刊》的，就是号称“副刊大王”的孙伏园。他是鲁迅的学生，在编辑副刊时，便常常请求鲁迅先生写稿子，鲁迅驰名于国际文坛的作品《阿Q正传》，就是在《晨报副刊》连载的。

孙伏园时时请求先生代副刊写文章，所以先生在民国十三年十月里，写了一首讽刺当时盛行的“阿呀阿唷，我要死了！”的失恋诗。题为《我的失恋》，以“某生者”署名，寄给伏园了，伏园是认识先生的笔迹的，虽以“某生者”名字出现，他还是晓得是谁写的，便立刻发排于副刊。可是，一位留学生，名叫刘勉己，当时刚刚荣任《晨报》总编辑之职，在不满意于副刊的借口下，待伏园发过稿子走后，跑到排字房检查副刊的稿子了。恰巧就看见鲁迅先生以“某生者”笔名写的那篇《我的失恋》诗，于是他以“不成东西”为理由，不得伏园同意，就将那篇稿子抽掉了。于是孙伏园气愤地跑到鲁迅那里说：

“我辞职了。可恶！”

不久，《京报》主编邵飘萍先生，听说孙伏园离开《晨报》了，很想请孙伏园到《京报》创办一个副刊。鲁迅力成其事，荆有麟就同孙伏园一起赶到京报馆，与邵飘萍谈过办法、薪俸、稿费等条件，一九二四年十二月八日，《京报副刊》即在孙伏园主持下与读者见面了。由出版之日起，《京报》的读者，就开始增加。一天比一天多，最多的一天增加了两千份以上的订户，印刷所加工了，送报的加人了。邵飘萍一次对荆有麟讲：印刷工人和发行部人，竟发出怨言，说：“这样下去，怎么得了呢？”从中倒可以看出，《京报副刊》影响之大了。而产生影响的主要原因是广大青年要看鲁迅的文章，因而纷纷订阅《京报》。鲁迅先生也没有使青年人失望，自《京报副刊》发刊后，鲁迅先生对于时事及学术、社会、文艺各方面，都有文章发出。而最引起广泛注意而得到各种反响的，是青年必读书问题，翻译问题，女师大风潮事件，开封铁塔强奸事件等，都是鲁迅先生在《京报副刊》上发表锋利的短评后而引起注意的。当时在京副上，鲁迅先生除译荷兰的短篇，日本的短篇之外，还以《咬文嚼字》为题，以《忽然想到》为题，以《并非闲话》为题，发表过二十多篇文章，特别是《忽然想到》，竟写过十一次之多。对于中国的政治问题，考古问题，创作问题，社会改良问题……都表示过独到的见解。

因了有鲁迅的热心支持，再加上当时在文艺界很享盛名的周作人等也都常有文章发表，《京报副刊》便风靡北方，“纸贵洛阳”。孙伏园“副刊大王”的称号叫得更响了。

这使《晨报》颇受些打击，找孙伏园来说和，孙伏园得意地以胜利者的笑容拒绝了。这样，《晨报》只好请诗人徐志摩来接编。

徐志摩是孙伏园的朋友，所以他们俩，虽编着几乎可以说是敌对的报纸，但并没因此减却他们俩见面的机会。相反地，因为志摩也编着副刊，为了拉稿的关系，倒容易常常与伏园碰头。因此，他们俩便相互交换着意见，交换着批评，甚至交换着旁人对他们所编的副刊的好恶消息。

有一次，徐志摩写了他那有名的杂感式论文:《政治生活与王家三阿嫂》。当时正是徐志摩走向社会活动的时期，每月以茶点召集贤人淑女举办新月会议；在北大等校，又讲授着英国历史上的诗人——拜伦与济慈；而他表扬他的客厅的新诗——《石虎胡同七号》,也正引诱青年去争相拜访。但他却忽然转兴，发表起有关政治的论文,多事的孙伏园,把徐志摩的《政治生活与王家三阿嫂》,拿去给鲁迅先生看，而且在鲁迅看完后，还问了鲁迅的意见。过几天，徐志摩又与孙伏园相见了。徐志摩便问起他那篇文章,不知鲁迅先生的意见怎样?

孙伏园便直爽地答:“鲁迅先生说那篇文章写得真好！”

然而，正以诗人身份在文坛上争辉的徐志摩，感觉到鲁迅是在讽刺他了，立刻说:“他骂得我好苦啊！”

孙伏园立即解释说:“这次鲁迅先生可不是骂，是说真好！”

徐志摩摇摇头说:“不过，鲁迅没有去过苏俄，就大加赞扬。我去过，在莫斯科参观过列宁遗体，还写过《欧游漫录》，感觉却与他和胡适之先生都不同。我在《漫录》中说过:苏俄人散布到中国来的那个主义:‘他们相信天堂是有的，可以实现的，但在现世界与那天堂的中间隔着一座海，一座血污海。人类泅得过这血海，才能登彼岸，他们决定先实现那血海。’我认为即便前面真有‘天堂’，也不是非泅过‘血海’的;倘若一定要泅，我宁愿不去‘天堂’，在现世界待着，只是尽力变革其弊端就是。”

孙伏园听了，一时悟不过来，但感到徐志摩不光是位诗人，还很有思想，很爱质疑与思考。鲁迅先生不是也并不相信什么“黄金世界”吗?多次说过“黄金世界里，也会有将叛徒处死刑”的……

孙伏园辞去《晨报副刊》职务还没有接编《京报副刊》的间隙，第一感觉到的，就是非弄个事情做做不可。第二是，常写文章的人，忽然没有合适的发表地方，也有些不舒服。因为当时的北京，杂志是意外地少,《努力评论》,是胡适之发表政论的机关杂志，刚出版的《现代评论》，又是有政府靠山的宣传机关。至于报章，虽然已经都有了副刊，但《顺天时报副刊》，是为日本而说话，邵飘萍的《京报副刊》，是专捧女戏子，《黄报副刊》，就是专登那“阿呀阿唷，我要死了！”的发源地。闹得当时原在《晨报副刊》上发表作品的人，简直没有插足的地方了，于是本来闲不住的伏园，在打听过报纸四开大的刊物，如印一千份，纸张印刷共总不过十元钱。于是便提议要自办刊物了，鲁迅自然答应愿意竭力“呐喊”。至于投稿者，倒全是他独力邀来的，记得是十六人，不过后来也并非都有投稿。于是印了广告，到各处张贴，分散，大约又一星期，一张小小的周刊便在北京——尤其是大学附近——出现了。这便是《语丝》。这名目的来源，是周作人等几个人聚集商议时，从顾颉刚携带的一本书《我们的七月》中，任意翻开，用指头点下去，那被点到的字，便是名称。是一次便得了《语丝》的名，还是点了好几次，而曾将不像名称的废去，就不得而知了。但即此已可知这刊物本无所谓一定的目标，统一的战线；那十六个投稿者，意见态度也各不相同。

那十六人是：孙伏园、周作人、鲁迅、李小峰、钱玄同、刘半农、章衣萍、章川岛、魏建功、许钦文、顾颉刚、王品青、林语堂、江绍原、俞平伯、张定璜。其中，写稿最多的，要算周作人与鲁迅了。

不大会儿，俞芬三姐妹来了，鲁迅对俞芳、俞藻逗笑道：“呵，‘野猪’‘野牛’来了！”然后亲切地拉过两个小姐妹，让她们坐在自己身边。

原来俞芳的生肖是猪，三妹的生肖是牛，鲁迅在砖塔胡同时就叫她们“野猪”“野牛”。鲁迅生肖是蛇，她们也没大没小地叫他“野蛇”。但这会儿有大姐在，她们可不敢叫了，只咧着嘴傻笑。

鲁迅却笑着说：“那时你俩不是叫我‘野蛇’吗？现在怎么不叫了？蛇全是野的，有不是野的吗？”一句话逗得大家都笑了。

俞芬瞪了两个妹妹一眼道：“没出息的孩子，怎么乱叫？能叫大先生‘野蛇’吗？”

鲁迅笑笑，冲俞芬说：“房东，别总训妹妹了！你不是一见柿子就没命地吃吗？”

原来鲁迅先生在沙滩红楼讲课时，有些职员和外校的学生也挤在一起听。那天俞芬也在座。鲁迅先生讲的是人间苦闷的来由："譬如柿子，即使很会吃，吃了两个再吃第三个，总也不能五六七八个的吞下去，因为胃是有限的，这也是限于自然所不能免的苦闷啰！"

听鲁迅先生这样说了，俞芬当即俯下头去，而且两颊红起来了，一时大家莫名其妙，事后打听才知道她原是贪吃柿子的，常常吃坏肚子。所以鲁迅才这样说。

这时，俞芬也有点儿不好意思，打趣道："今天我也没命地吃，非把大先生吃穷不可！"

鲁迅哈哈大笑道："怎么吃也吃不穷我的，因为今天是伏园先生做东，我不掏一分钱。"又逗得大家笑起来。

孙伏园待大家笑够了，解释道："有鲁迅等几位先生的努力支持，《语丝》的销路，一期比一期好起来，由一千五百份，而两千份，而三千份再后五千到八千，影响越来越大。每期都有鲁迅先生的文章，特别是连载的《野草》，观察深刻，文字简练，诗味很浓，可称是前所未有。《语丝》因而发皇起来，当然要报鲁迅先生的师恩了。"

原来《语丝》的销路增加起来之后，就不再来收取原定是撰稿者同时负担的印费了，因为收支已足相抵，后来还有了盈余。于是几个撰稿者便只好觧住了多眨眼而少开口的李小峰，加以"老板"荣名，勒令拿出盈余来，每月请一回客。这"将欲取之，必先与之"的方法果然奏效，从此东安市场中的茶居或饭铺的一房门外，有时便会看见挂着一块写着"语丝社"的木牌。倘一驻足，也许就可以听到钱玄同先生的又快又响的谈吐。但鲁迅那时因为"兄弟失和"，是避开有周作人在座的宴会的，所以从来没有参加过。孙伏园为了报恩，这次单独请鲁迅先生，鲁迅又推荐了许钦文兄妹和俞芬三姐妹。

俞芬听了说："其实，我想吃也吃不了多少。我一向胸无大志，毕业后能凑合有口饭吃，两个妹妹饿不着，就满足了。"

许羡苏凑过话说："可不是吗！凑合有口饭吃，有个地住，就不错啦，还求什么呀？"

鲁迅不禁摇了摇头。

吃完饭，大家又往中天看电影，晚上鲁迅才回到他的“老虎尾巴”。

他忽然感到无边的寂寞，五四时期青年们那股澎湃的热情又浮现在脑际。那时的热烈，更衬托出现在青年的消沉。即使“超人”有些渺茫，也不是人人都能当，但甘心做混日子的“末人”终归是不可取的。“寂寞新文苑，平安旧战场；两间余一卒，荷戟独彷徨。”他沉沉睡去，夜半醒来，忽有所悟，起身铺开稿纸，提笔写下《野草》之七：

希　望

我的心分外的寂寞。

…………

绝望之为虚妄，正与希望相同！

这篇《希望》，一九二五年一月十九日发表在《语丝》第十期。

内心的感受是刻骨铭心的，外界的自然风景又是激发诗情的。一九二四年十二月三十日北京下了一场大雪，鲁迅在这天日记里写道：“大风吹雪盈空际”，禁不住忆起少年时寄居在娱园时的那场难忘的南国的雪，与这北国的雪对比着，十九天之后，即一九二五年一月十八日，鲁迅写了《雪》，想象自己作为孤独的精魂，在无边的旷野上，凛冽的天宇下，闪闪地旋转升腾，永远如粉，如沙，决不粘连，看着雪人堆好之后的不断消逝，走向寂灭，向死而生……

《野草》之八《雪》发表在一九二五年一月二十六日《语丝》第十一期。

北京的冬季，地上还有积雪，灰黑色的秃树枝丫叉于晴朗的天空中，而远处有一二风筝浮动，孤独、寂寞中的鲁迅，忽然感到一种惊异和悲哀。

他想起故乡的风筝时节，春二月，那沙沙的风轮声和那淡墨色的蟹风筝或嫩蓝色的蜈蚣风筝，还有寂寞的瓦片风筝来了；想起自己呆看着空中出神的小兄弟来了，也想起当自己闯进小屋时，小兄弟惊惶地站起来，失了色瑟缩着的可怜表情和自己踩坏小兄弟苦心制作的蝴蝶风筝竹骨的傲然姿态，心中的惩罚终于到来了，他愧疚自己当时的家长式的专制作风，心也仿佛同时变了铅块，很重很重地堕下去了。

他苦想着补过的方法：送他风筝，赞成他放，劝他放，和他一同放。嚷着，跑着，笑着。——然而小兄弟其时已经和他一样，早已有了胡子了。他也知道还有一个补过的方法的：去讨他的宽恕，等他说，“我可是毫不怪你呵”。那么，自己的心一定就轻松了，这确是一个可行的方法。小兄弟一九一九年合家从绍兴迁居到北京八道湾时，见兄弟脸上和自己一样，都已添刻了许多“生”的辛苦的条纹，心情都很沉重。他们渐渐谈起儿时的旧事来，他便叙述到这一节，自说少年时代的糊涂。“我可是毫不怪你呵。”他想，兄弟要说了，自己也即刻便受了宽恕，心从此也宽松了罢。

“有过这样的事么？”兄弟惊异地笑着说，就像旁听着别人的故事一样。他什么也不记得了。

全然忘却，毫无怨恨，又有什么宽恕可言呢？无怨的恕，说谎罢了。

还能希求什么呢？自己的心只得沉重着。

鲁迅感慨久经逝去的儿时的回忆，而一并也带着无可把握的悲哀。他觉得倒不如躲到肃杀的严冬中去罢，——但是，四面又明明是严冬，正给他非常的寒威和冷气。

不管事情是否真如兄弟所说的：“有过这样的事么？”鲁迅还是深深感到自己心灵中深入骨髓的苍老与虚无以及沉重的愧疚与自责……

一九二五年一月二十四日，鲁迅写下了《野草》之九《风筝》，发表在一九二五年二月二日《语丝》周刊第十二期。

故乡的山水总时时在心中浮现，一九二五年一月二十八日，大年初五，夜里“打一个盹”醒来，坐在椅子上在灯下看《初学记》。

灯火渐渐地缩小了，在预告石油已经不多；石油又不是老牌，早熏得灯罩很昏暗。鞭炮的繁响在四近，烟草的烟雾在身边：是昏沉的夜。

他闭了眼睛，向后一仰，靠在椅背上；捏着《初学记》的手搁在膝髁上。他在蒙眬中，看见一个好的故事。这故事很美丽，幽雅，有趣。许多美的人和美的事，错综起来像一天云锦，而且万颗奔星似的飞动着，同时又展开去，以至于无穷。

他仿佛记得曾坐小船经过山阴道：

两岸边的乌桕，新禾，野花，鸡，狗，丛树和枯树，茅屋，塔，伽蓝，农夫和村妇，村女，晒着的衣裳，和尚，蓑笠，天，云，竹，……都倒影在澄碧的小河中，随着每一打桨，各各夹带了闪烁的日光，并水里的萍藻游鱼，一同荡漾。诸影诸物，无不解散，而且摇动，扩大，互相融和；刚一融和，却又退缩，复近于原形。边缘都参差如夏云头，镶着日光，发出水银色焰。凡是我所经过的河，都是如此。

……水中的青天的底子，一切事物统在上面交错，织成一篇，永是生动，永是展开，我看不见这一篇的结束。

河边枯柳树下的几株瘦削的一丈红，该是村女种的罢。大红花和斑红花，都在水里面浮动，忽而碎散，拉长了，如缕缕的胭脂水，然而没有晕。茅屋，狗，塔，村女，云，……也都浮动着。大红花一朵朵全被拉长了，这时是泼刺奔迸的红锦带。带织入狗中，狗织入白云中，白云织入村女中……。在一瞬间，他们又将退缩了。但斑红花影也已碎散，伸长，就要织进塔，村女，狗，茅屋，云里去。

他所见的故事清晰起来了，美丽，幽雅，有趣，而且分明。青天上面，有无数美的人和美的事，他一一看见，一一知道。

他正要凝视他们时，骤然一惊，睁开眼，云锦也已皱蹙，凌乱，仿佛有谁掷一块大石下河水中，水波陡然起立，将整篇的影子撕成片片了。他无意识地赶忙捏住几乎坠地的《初学记》，眼前还剩着几点虹霓色的碎影。

他真爱这一篇好的故事，趁碎影还在，要追回他，完成他，留下他。他抛了书，欠身伸手去取笔，——何尝有一丝碎影，只见昏暗的灯光，他不在小船里了。

但他总记得见过这一篇好的故事，在昏沉的夜……

他自己也感觉到汉语言文字在他手中越来越精微、灵验、委婉曲折、富于色彩了，可以描写出所有想写的物形，抒发想表达的情思，从容地铺开稿纸，提笔写下《野草》之十《好的故事》。

这篇故事发表在一九二五年二月九日《语丝》第十三期上。

回忆着这十株“野草”，一条贯串的线索在鲁迅心中更加明朗了——“独自远行”、不愿去天堂，也不乐意去地狱，更不愿去有些人许愿的所谓“黄金世界”；“不想布施于人，也不想接受任何人的布施”，只是不断地反省着改正着自己，孤独地不停地走，“好的梦”破碎了，也不停歇，只将“生命力受压抑而生的苦闷懊恼”升华为文学……

忆往昔之一 (1903—1908)

鲁迅又吸了一支烟，就合衣上床，进入梦乡。往昔的岁月像电影一样在梦中一幕幕浮现……

一九〇二年三月二十四日，在日轮“大贞丸”号上，天空明净高远，蔚蓝的大海泛着粼粼波光向天边涌去。这时才二十一岁、第一次坐海船的周树人，伫立在船舷栏杆边，穿一身黑色制服，英姿勃发，极目远眺茫茫海天，心潮澎湃。海风吹拂着额前的黑发，他不知将去的异国日本是何等模样，但心里却默念着一句话：救中国！

上午，江南陆师学堂总办俞明震先生亲自把他和其他同学一共五人送上轮船。树人早就知道总办是一个新党，他坐在马车上的时候，大抵看着《时务报》。船开了，他们站在船舷上回望着，看见俞总办在岸边朝他们频频招手，直到身影消失在海雾中。树人和同学们的眼睛都湿润了，心知总办对他们的殷殷期盼——成为有用之材，拯救危亡中的中国！

树人发现身边还有两个人，朝着俞总办招手，还不断叫着“舅伯”。回转身一看，见是一高一矮两个人。高个儿的是陈衡恪，身材瘦削，虽然才二十七岁，已然是小有名气的画家、金石家和诗人。矮个儿的，是只有十三岁的六弟陈寅恪，体质单薄，清癯俊秀的面孔还带着几分稚气，但坚定执着的眼神和紧抿的嘴唇却显出不凡的气质。俞明震总办是陈氏兄弟的大舅舅。

树人和陈衡恪紧紧握手，又拍拍矮小的陈寅恪的肩膀，显得很喜欢的样子。到了日本弘文学院以后，他们同住一舍，始终保持着深厚的情谊。

在日本弘文学院时，树人又结交了绍兴同乡、终生挚友许寿裳。那时候，美国传教士史密斯、即已在中国生活了二十多年的明恩溥写的《中国人气质》，一八九四年由美国佛来明公司出版，两年之后，即一八九六年，日本的博文馆就出了涩江保的日译本。他们读到了这个版本，两人如获至宝，一边读一边热烈地讨论中国人的国民性问题，常常通宵达旦，忘了吃饭、睡觉。

一九〇三年二月十七日，浙江同乡会在东京成立，并创办月刊《浙江潮》，初由孙江东、蒋百里等主编，树人特别喜欢蒋百里撰写的《发刊词》：

忍将冷眼，睹亡国于生前，剩有雄魂，发大声于海上。

看着《浙江潮》那潮水翻腾的封面，树人不禁想起留日前看钱塘潮的壮阔场面——

钱塘江东边入海口处涌现了一条白色的水线，向西边滚来，越来越粗，越来越快，渐渐变成水墙，翻起巨浪，浪花泛着白沫，像要席卷一切。岸边的人们由观赏，变为惊呼，靠近的人，急速逃离，稍慢，就可能被大浪卷入江中……

树人感到复兴中华、救国强国的思潮也像钱塘潮一样，翻卷着，呼啸着，滚滚而来！

自第五期起，《浙江潮》由许寿裳主编，树人开始为之撰写文章。

《斯巴达之魂》。署名“自树”。这是从以希腊历史故事为题材的日文小说重译出来，加以改写的。写的是一位希腊女子因丈夫没有参加战斗、生还回家抽剑自尽的故事，激昂慷慨，震动人心，表现了树人当时爱国的尚武精神。前部分发表于《浙江潮》第五期，后半段载同刊第九期。这篇文章以斯巴达人誓死不屈的精神，来唤醒国人沉睡的灵魂，很令人振奋，颇有“被发大叫，抱书独行，无泪可挥，大风灭烛”的气概，前言中所书“世有不甘自下于巾帼之男子乎？必有掷笔而起者矣！”一段，公认为妙句而传诵一时。树人自己也崇拜这种尚武精神，心中存有“戛剑生”的气概，觉得只有具备这种精神才可能“救中国！”

《哀尘》。署名“庚辰”。这是从日文转译的法国雨果（当时译为嚣俄）的短篇小说，并作《〈哀尘〉译者附言》。原作是雨果《随见录》中题为“芳梯的来历”的一篇，内容是作者叙述他在一八四一年见到一个女子被迫害的遭遇。树人在译文后的“译者曰”中对小说主人公“转辗苦痛于社会之陷阱”的悲惨经历寄予深切同情，慨叹道:“嗟社会之陷阱兮！莽莽尘球，亚欧同慨，滔滔逝水,来日方长！”对他后来写作被迫害者的小说影响甚大。发表于《浙江潮》第五期。

树人是把普及科学作为他写作初期的重点之一的。当时译为古篱夫人的居里夫人，十九世纪末叶发现了放射性元素“镭”，当时称为“鈤”，他就写了《说鈤》，欣喜称颂“鈤”的发现是“辉新世纪之曙光，破旧学者之迷梦”。最后总结说:“自X线之研究，而得鈤线；由鈤线之研究，而生电子说。由是而关于物质之观念，倏一震动，生大变象。最人涅伏，吐故纳新，败果既落，新葩欲吐，虽曰古篱夫人之伟功，而终当脱冠以谢十九世末之X线发见者林达根氏。”为自然科学的新发现而欢呼！载《浙江潮》第八期,署名“自树”。

那时，中国的土地、矿藏不断遭到外国侵略者的占领和掠夺，树人又写了《中国地质略论》,论述了祖国地质分布、地质发育和地下矿藏,疾呼道:

吾广漠美丽最可爱之中国兮！而实世界之天府，文明之鼻祖也。

中国者，中国人之中国。可容外族之研究，不容外族之探捡；可容外族之赞叹，不容外族之觊觎者也。

此篇发表在《浙江潮》第八期，署名“索子”。呼唤国人“奋袂而起”，挽救垂危的祖国！一九〇六年又与友人顾琅扩充、合编为《中国矿产志》，由上海普及书局出版发行。

树人开始把科学与文学结合起来。十月，根据法国儒勒·凡尔纳的科学幻想小说《月界旅行》日译本编译的中文本，由中国教育普及社译印。由于以三十元出售，改用了别人的名字。十二月又译了儒勒·凡尔纳的《地底旅行》第一、二回，载《浙江潮》第十期，署名“索子”。

很多中国留学生，只为镀金回去做官，不安心读书，整天吃喝玩乐，不是在会馆里“咚咚咚地”学跳舞，就是关起门来炖牛肉吃。树人对他们的行为很反感，想道:“炖牛肉吃，在中国就可以，何必路远迢迢，跑到外国来呢？”他著译不断，勤奋刻苦，同学们称赞他真实沉着，严谨正派，思想敏锐，“斯诚越人也，有卧薪尝胆之遗风。”

为了“救中国！”，救治像父亲似的被误的中国病人，树人决心学医。一九〇三年底将从弘文学院毕业之际，鲁迅在赠给许寿裳照片的背面书写了一首诗：

灵台无计逃神矢，风雨如磐闇故园。
寄意寒星荃不察，我以我血荐轩辕。

一九〇四年九月十一日，树人的学籍列在日本仙台医学专门学校里了。

令树人永远难以忘怀的是藤野先生。

解剖学是两个教授分任的。最初是骨学。其时进来的是一个黑瘦的先生，八字须，戴着眼镜，挟着一叠大大小小的书。一将书放在讲台上，便用了缓慢而很有顿挫的声调，向学生介绍自己道：

“我就是叫作藤野严九郎的……”

后面有几个人笑起来了。他接着便讲述解剖学在日本发达的历史，那些大大小小的书，便是从最初到现今关于这一门学问的著作。起初有几本是线装的；还有翻刻中国译本的，他们的翻译和研究新的医学，并不比中国早。

那坐在后面发笑的是上学年不及格的留级学生，在校已经一年，掌故颇为熟悉的了。他们便给新生讲演每个教授的历史。这藤野先生，据说是穿衣服太模糊了，有时竟会忘记带领结；冬天是一件旧外套，寒颤颤的，有一回上火车去，致使管车的疑心他是扒手，叫车里的客人大家小心些。

他们的话大概是真的，树人就亲见他有一次上讲堂没有带领结。

过了一星期，大约是星期六，他使助手来叫树人了。到得研究室，见他坐在人骨和许多单独的头骨中间，——他其时正在研究着头骨，后来有一篇论文在本校的杂志上发表出来。

“我的讲义，你能抄下来么？”他问。

“可以抄一点。”

“拿来我看！”

树人交出所抄的讲义，他收下了，过二三天便还给树人，并且说，此后每一星期要送给他看一回。树人拿过来打开看时，很吃了一惊，同时也感到一种不安和感激。原来自己的讲义已经从头到末，都用红笔添改过了，不但增加了许多脱漏的地方，连文法的错误，也都一一订正。这样一直持续到教完了他所担任的功课：骨学、血管学、神经学。

有一回藤野先生将树人叫到他的研究室里去，翻出树人那讲义上的一个图来，是下臂的血管，指着，向树人和蔼地说道：

“你看，你将这条血管移了一点位置了。——自然，这样一移，的确比较的好看些，然而解剖图不是美术，实物是那么样的，我们没法改换它。现在我给你改好了，以后你要全照着黑板上那样的画。”

解剖实习了大概一星期，他又叫树人去了，很高兴地，仍用了极有抑扬的声调说道：

“我因为听说中国人是很敬重鬼的，所以很担心，怕你不肯解剖尸体。现在总算放心了，没有这回事。”

但他也偶有使树人很为难的时候。他听说中国的女人是裹脚的，但不知道详细，所以要问树人怎么裹法，足骨变成怎样的畸形，还叹息道："总要看一看才知道。究竟是怎么一回事呢？"

有一天，本级的学生会干事到树人寓里来了，要借他的讲义看。树人检出来交给他们，他们却只翻检了一通，并没有带走。但他们一走，邮差就送到一封很厚的信，拆开看时，第一句是：

"你改悔罢！"

这是《新约》上的句子罢，但经托尔斯泰新近引用过的。其时正值日俄战争，托老先生便写了一封给俄国和日本的皇帝的信，开首便是这一句。日本报纸上很斥责他的不逊，爱国青年也愤然，然而暗地里却早受了他的影响了。其次的话，大略是说上年解剖学试验的题目，是藤野先生讲义上做了记号，树人预先知道的，所以能有这样的成绩。末尾是匿名。树人这才回忆到前几天的一件事。因为要开同级会，干事便在黑板上写广告，末一句是"请全数到会勿漏为要"，而且在"漏"字旁边加了一个圈。树人当时虽然觉到圈得可笑，但是毫不介意，这回才悟出那字也在讥刺他了，犹言他得了教员漏泄出来的题目。

树人便将这事告知了藤野先生；有几个和树人熟识的同学也很不平，一同去诘责干事托词检查的无礼，并且要求他们将检查的结果，发表出来。终于这流言消灭了，干事却又竭力运动，要收回那一封匿名信去。结末是树人便将这托尔斯泰式的信退还了他们。

中国是弱国，所以中国人当然是低能儿，分数在六十分以上，便不是自己的能力了：也无怪他们疑惑。但树人接着便有参观杀戮中国人的命运了。第二年添教霉菌学，细菌的形状是全用电影来显示的，一段落已完而还没有到下课的时候，其时正当日俄战争的时候，关于战事的画片自然也就比较的多了。有一回，树人竟在画片上忽然会见久违的许多中国人了，一个绑在中间，许多站在左右，一样是强壮的体格，而显出麻木的神情。据解说，则绑着的是替俄国做了军事上的侦探，正要被日军砍下头颅来示众，而围着的便是来赏鉴这示众的盛举的人们。

“万岁！”周围的日本同学们都拍掌欢呼起来。

这种欢呼，是每看一片都有的，但在树人，这一声却特别听得刺耳。

树人想起冬天到松岛看海的情景。他喜欢大海，喜欢浪潮，从离别祖国前，去看钱塘潮，到赴日时，在“大贞丸”号轮船上第一次看到广阔无垠的大海，每一想起大潮、大海，心胸就像海洋一般宽阔无边，波涛汹涌。松岛的海，却与别处不同——从披满白雪的松林间看见蓝色的海水，平静无波，沉默无声，像一个思想者在宁静地思考着什么。水静思深，海越是沉静，思考越是深沉……

树人如大海一样地思索着，他开始觉得医学并非一件紧要事，凡是愚弱的国民，即使体格如何健全，如何茁壮，也只能做毫无意义的示众的材料和看客，病死多少是不必以为不幸的。所以第一要著，是改变他们的精神，而善于改变精神的是，树人那时以为当然要推文艺，于是想提倡文艺运动了。

到第二学年的终结，树人便去寻藤野先生，告诉他自己将不学医学，并且离开仙台。先生的脸色仿佛有些悲哀，似乎想说话，但竟没有说。

“我想去学生物学，先生教给我的学问，也还有用的。”其实树人并没有决意要学生物学，因为看得先生有些凄然，便说了一个慰安他的谎话。

“为医学而教的解剖学之类，怕于生物学也没有什么大帮助。”先生叹息说。

将走的前几天，先生叫树人到他家里去，交给树人一张照相，后面写着两个字：“惜别”，还说希望树人也将照片送他。但树人当时适值没有照相了；他便叮嘱树人将来照了寄给他，并且时时通信告诉他此后的状况。

在东京的留学生很有学法政理化以至警察工业的，但没有人治文学和美术；可是在冷淡的空气中，也幸而寻到几个同志了，此外又邀集了必须的几个人，商量之后，第一步当然是出杂志，名目是取“新的生命”的意思，因为他们那时大抵带些复古的倾向，所以只谓之《新生》。

《新生》的出版之期接近了，但最先就隐去了若干担当文字的人，接着又逃走了资本，结果只剩下不名一钱的三个人。创始时候既已背时，失败时候当然无可告语，而其后却连这三个人也都为各自的运命所驱策，不能在一处纵谈将来的好梦了，这就是他们的并未产生的《新生》的结局。

树人感到未尝经验的无聊，是自此以后的事。他当初是不知其所以然的；后来想，凡有一人的主张，得了赞和，是促其前进的，得了反对，是促其奋斗的，独有叫喊于生人中，而生人并无反应，既非赞同，也无反对，如置身毫无边际的荒原，无可措手的了，这是怎样的悲哀呵，他于是以他所感到者为寂寞。

这寂寞又一天一天地长大起来，如大毒蛇，缠住了他的灵魂了。

何以解忧？唯有读书。他彻夜地苦读，苦思，苦写，到了第二天早晨，房东来拿洋灯，整理炭盆，只见盆里插满了烟蒂，像是一个大马蜂窝……

他又来到酷爱的大海边，望着蔚蓝色的海涛，思潮起伏，忧愤深广，深邃地思索着人的历史，人的根性，人的价值……

正好河南留学生刘师培主编的《河南》月刊出版了，树人便把办《新生》时准备写的几篇文言论文陆续寄给他们——

《人之历史》。载一九〇七年《河南》月刊创刊号，署名令飞。此文以解释德国生物学家海克尔的《人类发生学》为主，系统地介绍了达尔文的生物进化学说及其发展的历史，对达尔文等在生物科学研究发展史上的成就以及敢于坚持真理的精神，予以高度评价。并以“自卑而高，日进无既”的历史进化观，阐明了科学研究的重要性，对“抱残守阙”顽固派进行了抨击。

《摩罗诗力说》。载一九〇八年《河南》月刊第二、三号，署名令飞。专门介绍了西欧十九世纪以英国拜伦为代表的积极浪漫主义诗人，猛烈鞭挞了中国的封建专制文化，批判“中国之治，理想在不撄”，倘若有人反抗就“为帝大禁”，其目的“在保位，使子孙王千万世，无有底止”。如有叛逆的天才出现，“必竭全力死之”，致使人民“宁蜷伏堕落而恶进取”。拜伦等“摩罗诗人”“立意在反抗，指归在动作，而为世所不甚愉悦”之作，“其力如巨涛，直薄旧社会之柱石。”最后大声疾呼：“今索诸中国，为精神界之战士者安在？”“其亦沉思而已夫，其亦惟沉思而已夫！”

《科学史教篇》。一九〇八年六月《河南》月刊第五号，署名令飞。此文介绍了欧洲自然科学从希腊罗马到十九世纪的发展历史，阐述了发展科学对推动社会前进的重要性，表达了追本溯源，发展科学，振兴祖国，推动社会不断前进的宗旨。

《文化偏至论》。此文最为重要，正式提出了“立人”思想。载一九〇八年《河南》月刊第七号，署名迅行。针对盲目崇外、吹嘘西方“物质文明”的“质化”偏颇和鼓吹“竞言武事”、“制造商估立宪国会之说”的“辁才小慧之徒”,提出“掊物质而张灵明,任个人而排众数。”主张“骛外者渐转而趣内，渊思冥想之风作，自省抒情之意苏，去现实物质与自然之樊，以就其本有心灵之域；知精神现象实人类生活之极颠，非发挥其辉光，于人生为无当；而张大个人之人格，又人生之第一义也。”“内部之生活强，则人生之意义亦愈邃”，“取今复古，别立新宗，人生意义，致之深邃，则国人之自觉至，个性张，沙聚之邦，由是转为人国。人国既建，乃始雄厉无前，屹然独见于天下，更何有于肤浅凡庸之事物哉？”“根柢在人”，“首在立人，人立而后凡事举。”

《裴象飞诗论》。译自匈牙利籁息用英文写的《匈牙利文章史》一章的日译本，署名“令飞”，上半部分载一九〇八年八月五日《河南》月刊第七号，下半部分因《河南》月刊停刊未能刊出，原稿已佚。之所以译此诗论，是因为读了令人神旺。

《破恶声论》。载一九〇八年十二月《河南》月刊第八号，署名“迅行”。文中指出，必须“荡涤”打着科学文明幌子的“伪士”所制造的“恶声”，唤起人们心灵的光辉，来打破中国“缄口无言”的“寂寞”。本文没有写完，在举出的六种“恶声”中，只批判了“破迷信”“崇侵略”两种。但树人所主张的“人各有己，而群之大觉近矣”的个性解放思想，要求发扬“心声”和“内曜”的独立思考的见解，已经阐述得很鲜明了。

《过客》

回忆着往昔，酝酿近十年的构思逐渐成熟了。他想起一九二三年十二月到女师大讲《娜拉走后怎样》时，说过的一段话：欧洲有一个传说，耶稣去钉十字架时，休息在补鞋匠阿哈斯瓦尔的檐下，阿哈斯瓦尔不准他，于是被咒诅，使他永世不得休息，直到末日裁判的时候。阿哈斯瓦尔从此就歇不下，只是走，现在还在走。走是苦的，安息是乐的，他何以不安息呢？虽说背着咒诅，可是大约总该是觉得走比安息还适意，所以始终狂走的罢。鲁迅觉得自己不会做阿哈斯瓦尔那样的事，但是也总是走，从来歇不下。

一九二四年九月二十二日开译的《苦闷的象征》，十月十日就译完了，年底作为“未名丛刊”之一出版。封面设计出自陶元庆之手，毛边本。十二月三日陶元庆、许钦文来访，鲁迅看到陶元庆所作的封面稿样后，高兴地连声说：“很好，很好！”译完《苦闷的象征》之后不几天，鲁迅又接着译厨川白村的论文集《出了象牙之塔》，已经于一九二五年二月十八日译完。最后一章“十六　尚早论”中有这样的话：“不淹，即不会游泳。不试去冲撞墙壁，即不会发现出路。在暗中静思默坐，也许是安全第一罢，但这样子，岂不是即使经过多少年，也不能走到光明的世界去的么？不是彻底地误了的人，也不能彻底地悟。”“俗语说，穷则通，在动作和前进，生命力都不够者，固然不会走到穷的地步去，但因此也不会通。是用因袭和姑息来固结住，走着安全第一的路的，所以教人不可耐。”读着这些话，鲁迅更加感到不管前面的结果怎样，无论如何总须前进，总须走！只是在暗中静思默坐，唯求安全第一，只能被因袭和姑息来固结住。

他又读到日本作家伊东干夫的一首诗《我独自行走》，心中默默译道：

我的行走的路
险的呢，平的呢？
一天之后就完，
还是百年的未来才了呢，
我没有思想过。

暗也罢，
险也罢，
总归是非走不可的路呵。

我独自行走，

沉默着，橐橐地行走。

即使讨厌，
这也好罢。
即使破坏，
这也好罢。
哭着，
怒着，
狂着，
笑着。
都随意罢！

厌世呀，发狂呀，
自杀呀，无产阶级呀，
在我旁边行走着。

但是，我行走着，
现今也还在行走着。

由这首诗想到“影”曾向自己告别道：“我将在不知道时候的时候独自远行。”既不想布施于人，也不想接受任何人的布施，只想独自远行，不管前面是什么？只是不断地反省着改正着自己，孤独地不停地走，“好的梦”破碎了，也不停歇，鲁迅站起身，坐到藤椅上，铺开稿纸，写下《野草》之十一：

过　客

他仿佛看见自己走上了茫茫荒原，“约三四十岁，状态困顿倔强，眼光阴沉，黑须，乱发，黑色短衣裤皆破碎，赤足著破鞋，胁下挂一个口袋，支着等身的竹杖。”

噢，只是一个人独自行走还不成，要与人对话，说出自己的心声。设想遇到两个人罢！一个是老翁——约七十岁，白须发，黑长袍。另一个是女孩——约十岁，紫发，乌眼珠，白地黑方格长衫。

应该是什么场景呢？

荒原上，“东，是几株杂树和瓦砾；西，是荒凉破败的丛葬；其间有一条似路非路的痕迹。一间小土屋向这痕迹开着一扇门；门侧有一段枯树根。”

自己这位“过客”，是走向“坟”的，所以“西，是荒凉破败的丛葬”，再往西是落去的太阳。

过去在《故乡》结尾说过：“希望本是无所谓有，无所谓无的。这正如地上的路；其实地上本没有路，走的人多了，也便成了路。”现在面临的是不是路谁也不敢确定，因为走的人太少了，因而就写着“一条似路非路的痕迹”吧！

老翁和女孩准备回屋时，看见过客了——

（女孩正要将坐在树根上的老翁搀起。）

翁——孩子。喂，孩子！怎么不动了呢？

孩——（向东望着，）有谁走来了，看一看罢。

翁——不用看他。扶我进去罢。太阳要下去了。

孩——我，——看一看。

翁——唉，你这孩子！天天看见天，看见土，看见风，还不够好看么？什么也不比这些好看。你偏是要看谁。太阳下去时候出现的东西，不会给你什么好处的。……还是进去罢。

孩——可是，已经近来了。阿阿，是一个乞丐。

翁——乞丐？不见得罢。

（过客从东面的杂树间跄踉走出，暂时踌躇之后，慢慢地走近老翁去。）

客——老丈，你晚上好？

翁——阿，好！托福。你好？

客——老丈，我实在冒昧，我想在你那里讨一杯水喝。我走得渴极了。这地方又没有一个池塘，一个水洼。

翁——唔，可以可以。你请坐罢。（向女孩）孩子，你拿水来，杯子要洗干净。

（女孩默默地走进土屋去。）

老翁与过客，开始第一场对话。说什么呢？只能是人生本原的三个哲学问题："你是谁？""你从哪里来？""要到哪里去？"

翁——客官，你请坐。你是怎么称呼的。

客——称呼？——我不知道。从我还能记得的时候起，我就只一个人。我不知道我本来叫什么。我一路走，有时人们也随便称呼我，各式各样地，我也记不清楚了，况且相同的称呼也没有听到过第二回。

翁——阿阿。那么，你是从那里来的呢？

客——（略略迟疑，）我不知道。从我还能记得的时候起，我就在这么走。

翁——对了。那么，我可以问你到那里去么？

客——自然可以。——但是，我不知道。从我还能记得的时候起，我就在这么走，要走到一个地方去，这地方就在前面。我单记得走了许多路，现在来到这里了。我接着就要走向那边去，（西指，）前面！

对这三个问题，过客只能回答"我不知道"，对这种"永恒的追问"，别说是过客，就是整个人类也永远没有完满的答案。

第二场对话又来临了——

（女孩小心地捧出一个木杯来，递去。）

客——（接杯，）多谢，姑娘。（将水两口喝尽，还杯，）多谢，姑娘。这真是少有的好意。我真不知道应该怎样感激！

翁——不要这么感激。这于你是没有好处的。

客——是的，这于我没有好处。可是我现在很恢复了些力气了。我就要前去。老丈，你大约是久住在这里的，你可知道前面是怎么一个所在么？

翁——前面？前面，是坟。

客——（诧异地，）坟？

孩——不，不，不的。那里有许多许多野百合，野蔷薇，我常常去玩，去看他们的。

客——（西顾，仿佛微笑，）不错。那些地方有许多许多野百合，野蔷薇，我也常常去玩过，去看过的。但是，那是坟。（向老翁，）老丈，走完了那坟地之后呢？

前面是什么？正在少年期的小女孩只看到“那里有许多许多野百合，野蔷薇”，是前程乐观的一面；老年期的翁，却只看到“坟”，是前程悲观的一面；而正在壮年的过客，看到的是“野百合，野蔷薇”和“坟”，既乐观，又悲观。接着是第三场对话，更是难于解答：“走完了那坟地之后呢？”

翁——走完之后？那我可不知道。我没有走过。

客——不知道？！

孩——我也不知道。

翁——我单知道南边；北边；东边，你的来路。那是我最熟悉的地方，也许倒是于你们最好的地方。你莫怪我多嘴，据我看来，你已经这么劳顿了，还不如回转去，因为你前去也料不定可能走完。

客——料不定可能走完？……（沉思，忽然惊起，）那不行！我只得走。回到那里去，就没一处没有名目，没一处没有地主，没一处没有驱逐和牢笼，没一处没有皮面的笑容，没一处没有眶外的眼泪。我憎恶他们，我不回转去！

翁——那也不然。你也会遇见心底的眼泪，为你的悲哀。

客——不。我不愿看见他们心底的眼泪，不要他们为我的悲哀！

翁——那么，你，（摇头，）你只得走了。

他不愿意回转，“不愿看见他们心底的眼泪，不要他们为我的悲哀”。他只能走！因为——

客——是的，我只得走了。况且还有声音常在前面催促我，叫唤我，使我息不下。可恨的是我的脚早经走破了，有许多伤，流了许多血。（举起一足给老人看。）因此，我的血不够了；我要喝些血。但血在那里呢？可是我也不愿意喝无论谁的血。我只得喝些水，来补充我的血。一路上总有水，我倒也并不感到什么不足。只是我的力气太稀薄了，血里面太多了水的缘故罢。今天连一个小水洼也遇不到，也就是少走了路的缘故罢。

翁——那也未必。太阳下去了，我想，还不如休息一会的好罢，像我似的。

客——但是，那前面的声音叫我走。

翁——我知道。

客——你知道？你知道那声音么？

翁——是的。他似乎曾经也叫过我。

客——那也就是现在叫我的声音么？

翁——那我可不知道。他也就是叫过几声，我不理他，他也就不叫了，我也就记不清楚了。

客——唉唉，不理他……（沉思，忽然吃惊，倾听着，）不行！我还是走的好。我息不下。可恨我的脚早经走破了。（准备走路。）

这“前面的声音”来自哪里呢？有着不解佛缘的鲁迅，心底里牢记着一句话：“声发自心，朕归于我”他不会听信和服从任何来自外界的声音，无论是天神，还是旨意，更不是什么教条或者命令，他只可能自律，而不可能他律。

我还是走的好。我息不下。

“前面的声音”，只能来自他自己的内心。不停地走，是他自己的本能。老翁年轻时，可能也听到过叫他的声音，但这并不出于他自己的内心，所以“不理他，他也就不叫了”。过客“前面的声音”发自内心，因而他听到老翁说“不理他，他也就不叫了”，会感到吃惊，只能说“不行！我还是走的好。我息不下。可恨我的脚早经走破了”。

这样，就开始了关于布施的“第四场对话”——

孩——给你！（递给一片布，）裹上你的伤去。

客——多谢，（接取，）姑娘。这真是……这真是极少有的好意。这能使我可以走更多的路。（就断砖坐下，要将布缠在踝上，）但是，不行！（竭力站起，）姑娘，还了你罢，还是裹不下。况且这太多的好意，我没法感激。

翁——你不要这么感激，这于你没有好处。

客——是的，这于我没有什么好处。但在我，这布施是最上的东西了。你看，我全身上可有这样的。

翁——你不要当真就是。

客——是的。但是我不能。我怕我会这样：倘使我得到了谁的布施，我就要像兀鹰看见死尸一样，在四近徘徊，祝愿她的灭亡，给我亲自看见；或者咒诅她以外的一切全都灭亡，连我自己，因为我就应该得到咒诅。但是我还没有这样的力量；即使有这力量，我也不愿意她有这样的境遇，因为她们大概总不愿意有这样的境遇。我想，这最稳当。（向女孩，）姑娘，你这布片太好，可是太小一点了，还了你罢。

孩——（惊惧，退后，）我不要了！你带走！

客——（似笑，）哦哦，……因为我拿过了？

孩——（点头，指口袋，）你装在那里，去玩玩。

客——（颓唐地退后，）但这背在身上，怎么走呢？……

翁——你息不下，也就背不动。——休息一会，就没有什么了。

客——对咧，休息……（默想，但忽然惊醒，倾听。）不，我不能！

我还是走好。

翁——你总不愿意休息么？

客——我愿意休息。

翁——那么，你就休息一会罢。

客——但是，我不能……

翁——你总还是觉得走好么？

客——是的。还是走好。

翁——那么，你也还是走好罢。

客——（将腰一伸，）好，我告别了。我很感谢你们。（向着女孩，）姑娘，这还你，请你收回去。

（女孩惊惧，敛手，要躲进土屋里去。）

翁——你带去罢。要是太重了，可以随时抛在坟地里面的。

孩——（走向前，）阿阿，那不行！

客——阿阿，那不行的。

翁——那么，你挂在野百合野蔷薇上就是了。

孩——（拍手，）哈哈！好！

客——哦哦……

（极暂时中，沉默。）

翁——那么，再见了。祝你平安。（站起，向女孩，）孩子，扶我进去罢。你看，太阳早已下去了。（转身向门。）

客——多谢你们。祝你们平安。（徘徊，沉思，忽然吃惊，）然而我不能！我只得走。我还是走好罢……。（即刻昂了头，奋然向西走去。）

“明知前面是坟，却偏要走。”这就是过客最重要最根本的精神。并不真信佛的鲁迅，骨髓里却渗透着小乘教派的主张，要求在苦行修炼中自我解脱，在很大程度上保持了早期佛教的精神。他“以为坚苦的小乘教倒是佛教，待到饮酒食肉的阔人富翁，只要吃一餐素，便可以称为居士，算作信徒，虽然美其名曰大乘，流播也更广远，然而这教却因为容易信奉，因而变为浮滑，或者竟等于零了。

鲁迅就是永远进击的行走的过客。他祝老翁和女孩平安，是一种回应，也表明即使所有的人都“平安”了，“阖了门”睡去了，过客也只能告别众人，独自远行，向野地踉跟地闯过去，夜色跟在他后面。“再没有别的影在黑暗里”，世界上只有他一个人在走，不停地走……

《过客》作为《野草》之十一，发表在一九二五年三月九日《语丝》周刊第十七期。

一个月之后，即一九二五年四月十一日，鲁迅在给文学青年赵其文的信中说：

> 《过客》的意思不过如来信所说那样，即是虽然明知前路是坟而偏要走，就是反抗绝望，因为我以为绝望而反抗者难，比因希望而战斗者更勇猛，更悲壮。但这种反抗，每容易蹉跌在“爱”——感激也在内——里，所以那过客得了小女孩的一片破布的布施也几乎不能前进了。

第四章　丁香花开了

一个“小学生”的来信

一九二五年三月二日，午夜，女师大小饭厅里，许广平独自一人，伏在饭桌上专心地写信。

虽然严冬过去了，春寒仍然料峭，尤其是夜里，寒气袭人，手有些发僵。广平将两手放在口边呵呵气，搓一搓，握起自来水钢笔，在红格信纸上写起来。

她平常都是自上午至下午三四时上课，下课后赶紧跑到哈德门之东做“人之患”，也就是当家庭教师，挣点零用钱，直至晚九时返校，再到小饭厅自习至午夜始睡。这种刻板的日常行动，她倒以为身心舒适。但这时她不像平日那样平静，心怦怦地急跳着，好似要从喉头窜出来。

是呵，怎么能不激动呢？想了好久，犹豫了好久，还和同乡同室的林卓凤商量过，得到她的支持，所以从哈德门返回时，她下定决心：一定要给讲授小说史课程快两年的鲁迅先生写信！

每星期三十多点钟的课，她总翘首盼望着这一点钟的小说史课。虽然在班上个子最高，却偏要坐到头一排，还每每忘形地刚决、直率地发言。

刚决，是她从小形成的性格。广平字漱园，幼名霞。出身于广州世代官宦的许氏家族，父亲许柄樗依照许氏家族的男性辈分排名，给她起名许崇媊，取嫡星星日长寿之意。一八九八年二月十二日出生时，哭声异常洪亮，但还没有哭出声时就先撒出尿，按照当时观念，新生儿出现这种情况是克父母，只有将孩子过继给别人才能解此难。因此，广平父母找到家族中一个穷伯伯，表示即使贴钱，也要把广平过继给他。但不知什么原因，最终没有实行，倒是她父亲在广平出生后不久，在一次酒宴上，喝得酩酊大醉，与人“碰杯为婚”，将广平许配给一家姓马的土财主。

广平八岁时，母亲宋氏虽为广东香山澳门商人的女儿，却看重女孩裹足之事，硬给广平缠脚。第一天因为裹得比较松，广平还勉强接受。第二天就起来反抗，父亲支持她，因为早夭的姐姐就是裹足而死的，他用力摔了一个茶碗，对广平母亲说：“再缠足，就是这样！”随即抱起广平，解开裹足布，把她抱到祖母处。此后，广平就在祖母家里生活，直到生了一场重病，母亲才把她抱回去，细心照料。这时，她方明白母亲之所以给她和姐姐缠足，是社会旧习压迫的无奈之举，担心“两脚龙舟般大，会落得人家笑话”。她开始理解母亲，越来越敬仰母亲的才智和人格了，因而自号景宋。

母亲虽然因习俗被迫让女儿缠足，但却主张女子识字。广平八岁时，就让她跟着男孩们去家族学馆学习。这引起家族的轰动，有的女眷对广平的母亲说：“女孩子和男孩子一起读书，会夺掉男人的聪明。”广平母亲回应道：“不要紧的，我在家里也和兄弟们一起读书，并没有夺去他们的聪明。”于是，广平得以每天与哥哥们一起读书。母亲还让哥哥们教广平自修，给予他们一个铜板的奖励。

在读书中，广平的父亲考虑到儿子的仕途，让他们学习官话，但说广平不必学，女孩子认识几个字，能写信就行了，不可能出远门、做官的。广平心生一计，当老师教她粤语的时候就跟着读：“玉不琢，不成器；人不学，不知礼……”一共八句，默记下来。老师停下来，她也停下，显得自己笨拙。老师只得以官话教，刚教一遍，广平随即很熟练地用官话将八句话背诵一遍，由此老师很感欣慰，哥哥们更是高兴。于是广平的聪明才智在家族里广为传诵，学得的官话给她后来北上求学带来很大方便。

十二三岁时，广平知道了父亲“碰杯为婚”的荒唐事，她表示坚决反抗。

马家来人,她就冲出去。马家给她包银,她连纸带银都扔到地上。父亲申斥她,她宁死不屈。后来广平逐渐明白只有独立工作,自立生活,才能不受别人摆布。所以学习更加勤奋,一心想早日自立于社会!

一九一一年,辛亥革命爆发,广平全家搬到澳门。这年,母亲去世,父亲一度带着二哥前往北京,广平由大哥许崇禧照顾。大哥曾在南京求学,鼓吹民族民主革命,经常向广平介绍报纸上的新知识。由此,她知道了孙中山、黄兴的革命事迹,知道了世界共和的趋势,自恨年幼不能投身革命。一九一五年,袁世凯窃国称帝。全国各地起而反袁护国。广平热血沸腾,认为这正是报效国家之时,私自给一位女革命家庄君写信,希望能加入反袁行列。无奈,不慎此事为家人获知,在家人的压力下,她无法前往,这被广平引为毕生憾事。大局平定后,广平全家仍迁回广州。在父亲所看的几份报纸中,她最感兴趣的是《平民报》和《妇女周刊》,常和妹妹一同跑出十几里到城外购买。她这时已经立志到外边求学,绝对不能在家闭守了。不满"媚"字带着"女"字偏旁,就向已经病重的父亲请求另取名字,父亲又给她取名为"广平",意为广东太平。而且广平的母亲姓宋,唐玄宗时候的宰相宋广平以刚正不阿著称于世,父亲认为许广平三字"无论国语广东话平仄都协调,易读,最好不过了"。于是,"许崇媚"就成了"许广平"了。

一九一七年,父亲重病身亡,马家一定要把广平娶回家。这时,二哥许崇欢从北京回家奔丧帮助她解除了婚约。广平得到天津姑母资助,又以优异成绩考取直隶省立第一女子师范学校预科,奋志苦读,第二年即考入直隶省立第一女子师范学校本科,并获得公费。其时二哥将家藏古画出售,分给广平二百元。这笔钱,就成了广平在天津读书四年的费用。从此,广平开始了在北方刻苦读书、投身革命的征途。

一九一九年,五四运动爆发,浪潮冲卷天津,天津女界爱国同志会成立,广平任会刊《醒世周刊》主编,行销北京、上海、山东等地,置身斗争前列。一九二一年,广平从直隶省立第一女子师范学校毕业,次年考入国立北京女子高等师范学校国文系。入学不久,就参与了学生自治会活动,成为总干事。一九二四年十一月,国文系预科学生三人因战事受阻晚到两个月,杨荫榆勒令她们退学。一九二五年一月十八日女师大学生会召开紧急会议，发起驱“羊”运动。二月一日又在中山公园开茶话会招待新闻记者，散发第二次驱杨宣言。二月九日，一面致函杨荫榆，促其离校；一面致函全体教职员，请求照常上课，提出组织临时校务维持会。而杨荫榆则以“‘留学’‘留堂’，毕业后留本校任职”等诱饵收买学生，一时间蝇营狗苟之徒趋之若鹜，驱“羊”运动也就消沉下来。广平感到无比的苦闷。

终于，她拿出少年时代给女革命家庄君写信的勇气，提笔给鲁迅先生写下第一封信[①]：

鲁迅先生：

现在执笔写信给你的：是一个受了你快要两年的教训，是每星期翘盼着希有的，每星期三十多点钟中一点钟小说史听讲的，是当你授课时，坐在头一排的座位，每每忘形地直率地凭其相同的刚决的言语，在听讲时好发言的一个小学生：他有许多怀疑和而愤懑不平的久蓄于中的话，这时许是按抑不住吧，所以向先生陈诉。

…………

……五四以后的青年是很可以悲观痛哭的了！在无可救药的赤火红红的气焰之下，先生！你是放下书包，洁身远引的时候，是可以“立地成佛”的！然而先生！你在仰首吸那卷一丝丝醉人的黄叶喷出一缕缕香雾迷漫时，先生！你也垂怜、注意、想及有在蛮盆中辗转待拔的么？……先生，他自信他自己是一个刚率的人，他也更相信先生比他更刚率十二万分的人，因为有这点点小同，他对于先生是尽量地质言的，是希望先生收录他作个无时、地界限的指南诱导的！先生！你可允许他？

苦闷之果是最难尝的，虽然食过苦果之后有一点回甘，然而苦的成分大量了，也容易抹煞甘的部分，在饮过苦茶之后，细细的咣咣嘴唇皮。虽然有些儿甘香，但总不能引起人好食苦茶——药——的兴

① 以下鲁迅与许广平的通信都依据《两地书真迹（原信）》，上海古籍出版社1996年1月版。

味，……先生！你能否不像章锡琛先生在“妇志”中答话的那样模糊，而给我一个真切的明白的引导。

现在的青年的确一日日的堕入九层地狱了！或者我也是其中之一，虽然每星期中一小时的领教，可以快心壮气，但是危险得很呀！先生！你有否打算过救人一命，胜造七级浮屠呢！先生！你虽然很果决的平时是；但我现在希望你把果决的心意缓和一点，能够拯救得一个灵魂就先拯救一个；先生呀！他是如何的“惶急待命之至”！敬候

撰安！

谨受教的一个小学生许广平。十一，三，十四年。

广平写完信，又默读了两遍，才悄悄回到宿舍。但总是睡不着，清晨绝早起来，把信递给刚醒来的林卓凤看。林君看后同意，广平拿着信到离学校最近的邮政所去。临封口时，又把信抽出来再读一遍，在最后加了一段小字：

他虽则被人视为学生二字上应加一“女”字，但是他之不敢以小姐自居，也如同先生之不以老爷、少爷自命。因为他实在不配居小姐的身分地位。请先生不要怀疑，一笑。

然后将信细心地装进信封，写上从许羡苏那里得到的地址，封好，贴上邮票，投进邮筒里去。

可能是上天的意旨，广平早晨发出的信，鲁迅下午就收到了。不过，孙伏园午后冒大风带来他弟弟孙福熙的散文集《山野掇拾》五本。这是新潮社于一九二五年二月作为《新潮社文艺丛书》之一出版的，书中记述作者在法国里昂的旅游生活，按时序分八十二节，并配有自绘水墨画四幅。鲁迅于一九二三年八月十二、十三日为之校阅全稿。次年一月八日预订该书

五册。孙伏园送来后，分送给许寿裳、俞芬、许羡苏、向培良等。晚上孙伏园又和《语丝》编辑章川岛、撰稿人章衣萍一起来访，他便把信放在一边，没有拆看。

孙伏园不客气地往板床上一坐，章川岛和章衣萍在“老虎尾巴”西墙的椅子上坐下，鲁迅先生就捧过下午刚送到手的《山野掇拾》，说道：“我看写得很好嘛！伏园请叮嘱你弟弟，以后多写一些！”

孙伏园感到这是鲁迅先生随时随地尽力鼓励青年，感到极大的鞭策，连说：“不敢颓唐，不敢颓唐。以后兄弟两人要更加奋勉，竭力工作！”

章川岛也说：“我们年轻人，就是跑跑腿，多做点儿事嘛！”

鲁迅微笑着，对这两人的干劲很是称赞。

章川岛，名廷谦，字矛尘，川岛是他的笔名。浙江上虞人。一九一九年由江西大学转入北京大学哲学系，次年八月鲁迅兼任北大国文系讲师，他旁听鲁迅讲授中国小说史。一九二二年毕业后留校任职，常给孙伏园主编的《晨报》副刊投稿。一九二三年八月十二日与孙伏园往访鲁迅，遂与鲁迅交往密切。一九二四年与鲁迅、孙伏园创办《语丝》，工作认真努力。鲁迅的《中国小说史略》上卷出版时，正赶上川岛处于热恋中，鲁迅用绍兴话称他正是“魂出着”的时代，就在送给他的书上，题了一首诗：

请你
从“情人的拥抱里”，
暂时汇出一只手来，
接收这干燥无味的
《中国小说史略》。
我所敬爱的
一撮毛哥哥呀！

鲁迅

二三，十二，十三。

一时间传为佳话。至于“一撮毛”，是因为川岛当时留的头发是后来的所谓“学生头”，鲁迅就给他起这么一个绰号。

这时，后园养着的三只鸡又争斗起来了。个头矮小的章衣萍对鲁迅说:“鸡们斗起来了。”

鲁迅答道：“这种争斗我也看得够了，由他去吧！”

章衣萍听鲁迅说“由他去罢！”不由得想起鲁迅《我的失恋》结尾点题的一句：“由她去罢！”;《影的告别》中多次反复的话语：“我不愿意”，就郑重地对鲁迅说:“看来‘由他去罢！’就是先生对无聊行为的一种愤慨与反抗。”又笑笑说：“我却不能这样，我不能瞧着鸡们的争斗，因为‘我不愿意！’”

鲁迅深吸了一口烟，吐出浓浓的烟雾，明白地告诉章衣萍：“我的哲学都包括在我的《野草》里面。”

章衣萍点了点头，沉思着，对《野草》更感兴趣了，不久把鲁迅的这句话，写在自己的文章《古庙杂谈（五）》中,发表在一九二五年三月三十一日的《京报副刊》上，后来又收入北新书局一九二九年六月版的《古庙集》。

鲁迅又对章衣萍说：“你夫人曙天女士怎么没来？一月份她跟你来，还写了我的一篇文章。”

这是指吴曙天女士的《访鲁迅先生——断片的回忆》，发表在一九二五年一月八日《京报副刊》上，记述了第一次见到鲁迅时的印象：

> 我的脑中开始想象我理想中的鲁迅先生了。我读过他的《呐喊》，而且读过不止一次。我想象中的鲁迅先生大约是很沉闷而勇猛的罢。我觉得《呐喊》的味是辣而苦的，然而我不知道为了什么爱读它。
>
> 房门开了，出来一个比门房孙老头儿更老的老年人，然而大约也不过五十岁左右罢，黄瘦的脸庞，短胡子，然而举止很有神，我知道这就是鲁迅先生。
>
> 我们走进鲁迅先生的卧房了。

这是一间并不宽大的卧房，房门的右边，摆了一个书架，然而书架上的书籍并不多。接着是一个桌子，这就是《呐喊》的作者的著书桌罢。桌的旁边接着摆了一只箱子，箱子上也杂乱地堆了些书籍。卧床是靠着房的后墙的，这是很简单的床罢，因为是用两只板凳和木板搭成的。

大家乱七八糟地谈了半天。我只深刻地记得鲁迅先生的话很多令人发笑的。然而鲁迅先生并不笑。可惜我不能将鲁迅先生的笑话写了出来。爱听笑话的人，最好亲自到鲁迅先生那里去听。

作者以一个女士的眼光和笔调，活灵活现地再现了朴实、可亲的鲁迅先生的音容笑貌，成为回忆鲁迅真实生活的第一篇文章。

章衣萍笑笑说："曙天很幼稚，没把先生写好。"

鲁迅答说："我看写得很活，我就是那样子，才四十出头，就像'五十岁左右罢，黄瘦的脸庞，短胡子……'"

章衣萍连忙说："哪里，哪里，曙天写过了。"

为打破尴尬，孙伏园插过话对鲁迅说："新一期《语丝》发您的《过客》，更引人注意，都觉得里面含有您的哲学。但究竟是什么哲学，都还没有'吃'透。"

鲁迅听了迟疑着，猛吸一口烟，像在深思着什么。

孙伏园看时候不早了，连忙说："先生休息吧！我们走了。"说着，拉着章衣萍走出北屋，鲁迅像往常一样，端着煤油灯，一直送他们到大门口，连连说"再见"，目送他们的身影消失在黑暗中，才回转身，回到"老虎尾巴"，把灯放好，拆开许广平的信来看。

一看开头，鲁迅眼前立时浮现出坐在头一排的那位高个头儿女学生，她每每忘形地直率、刚决地发言，早就引起他的注意了。印象中，这学生虽然并不漂亮，却很有些女侠客之风，无论到了哪里都会引人注目的。

再往下看，就产生了同感："五四以后的青年是很可以悲观痛哭的了！……"是啊，"五四"文学革命的热情消退之后，自己不是又经验了一回大寂寞吗？

只能是“两间余一卒，荷戟独彷徨”吗？

及至读到“苦闷之果是最难尝的……现在的青年的确一日日的堕入九层地狱了！……先生！你有否打算过救人一命，胜造七级浮屠呢！先生！你虽然很果决的平时是；但我现在希望你把果决的心意缓和一点，能够拯救得一个灵魂就先拯救一个；先生呀！他是如何的‘惶急待命之至’！”鲁迅也禁不住“惶急”起来，要马上“救人一命”，给这位“谨受教的一个小学生许广平”复信。

真的铺开信纸、提笔写信时，鲁迅心情又平静了。他点着一支烟，默默地吸着，沉思片刻，才悠然、从容地写起来：

广平兄：

今天收到来信，有些问题恐怕我答不出，姑且写下去看。

接着分析学风和政治状态、社会情形是相关的，“正如人身的血液一坏，体中的一部分决不能独保健康一样，教育界也不会在这样的民国里特别清高的。”

然后，就直言自己没有“指导青年的本领”，“也没有指南针，到现在还是乱闯，倘若闯入深坑，自己有自己负责，领着别人又怎么好呢，我之怕上讲台讲空话者就为此”。至于苦痛，只有睡熟之际，才能离开，“醒的时候要免去若干苦痛，中国的老法子是‘骄傲’与‘玩世不恭’，我自己觉得我就有这毛病，不大好。苦茶加‘糖’，其苦之量如故，只是聊胜于无‘糖’，但这糖就不容易找到，我不知道在哪里，只好交白卷了”。

最后以墨翟见“歧路”“恸哭而返”与阮籍遇“穷途”“大哭而回”为例，说明：“对于社会的战斗，我是并不挺身而出的，我不劝别人牺牲什么”，而主张“壕堑战”，“专与苦痛捣乱，将无赖手段当作胜利，硬唱凯歌，算是乐趣，这或者就是糖罢。但临末也还是归结到‘没有法子’，这真是没有法子！”

时间不长，一篇潇洒自如、幽默风趣的美文，就在红格信纸上书写完了。看上去像是件艺术品，鲁迅不无自得地欣赏着，倒在床上睡去。第二天装进信封，投进路边的信筒。

“兄”字的解释

鲁迅的回信，不像许广平的来信那样投递快捷，三天后才到达广平手中。

广平急切地撕开信封，打开信一看，首先被自己名字后面的“兄”字惊呆了！怎么会称“兄”？这是为什么？拿给林卓凤看，她也觉得很奇怪，建议广平回信问一问。

她难以回复，隔了前后三天，才能拿起笔陈述她要说的话：

当我打开信封，抽出那红线的白纸，打开笺面，第一行那三个字中，看见贱名之后紧贴一个“兄”字；的确！先生吾师，原谅我太愚小了！我值得而且敢配当“兄”吗？不！不、……绝无此勇气而且更无此斗胆当吾师先生的“兄”的，先生之意何居？弟子乌得而知也。不曰“同学”，不曰“弟”而曰“兄”，游戏欤？——游戏欤？此鲁迅先生之之所以为“鲁迅先生”吾师也欤！？

接着，广平开始谈教育对人的影响，言道：“她们在学校中，除了利害二字之外，其余是痛痒无关的，所以出死力争的，不是事之‘是非’而乃事之‘利害’……”又想起鲁迅曾经在课余闲谈时，说过他当过“土匪”的笑话，对开玩笑道：“无怪先生要当‘土匪’去了，也杀个干净，痛快痛快！”

其实，这不过是开场白罢了，广平真想说的还是鲁迅的最新作品《过客》。她三月九日从新到的第十七期《语丝》上看到这篇奇特的独幕剧体的散文诗后，就想在第一封信中谈体会，但还是集中说“一个小学生”的渴求，未能谈及，这次可要说说了：

“许多烟卷，不过是麻醉药”，这是一部苦闷史。上函的说话，多么沉痛呀！人生，《过客》的“客”虽则不是按着自己的指南针行去，但是，“那前面的声音叫我走”，他何尝乱闯呢。除外，“老翁”才不理那叫声。那客人虽则“脚早经破了”，仍“息不下”“还是走好”的，他“不愿意喝无论谁的血”，在“许多伤”“流了许多血”之后，他的心地是何等光明悱恻，“流血”仍且前进，“闯入深坑”，再急急的或缓缓的起来，有多大关系呢？请先生不必怕上讲台讲话吧！……

……客说过一句话：“老丈，你大约是久住在这里的，你可知道前面是怎么一个所在么？”虽然“老翁”告诉他是“坟”，“女孩”告诉他是“那里有许多野百合、野蔷薇”二者似乎并不是一样，在“客人”知道了未必有多大益处或者“客人”。到了那里并不见所谓“坟”“花”，而为“客人”眼睛中所呈现者为另一个物事，而“客人”也不妨而且也似乎值得一问。

广平提到“过客”所言：“然而我不能，我只得走。我还是走好罢……”不由得表示愿陪“过客”一起走，“遇着‘穷途’的时候比较‘歧途’似乎多一点，我也相信，遇着荆棘，正可以尝尝荆棘刺到我的足上是哪种风味，刺到腿、身、手、面……是甚么味，各种花草树木的钩刺……是甚么味，对于我的触觉是否起同样的反应？我尝遍之后，然后慢慢一根根的从身上拔下那些刺来，或者也无须把那些刺拔下来：就做我后天的装饰品。总之，在‘歧路’头坐下来以后，先生能先‘睡一觉……遇见老实人……不问路……遇见老虎……没有树……’俱是最高超，最须要的办法。何幸！先生不以‘孺子为不可教而教之！’当‘书绅’以记。”

广平写完这第二封信，不再给林卓凤看，悄悄发走。当夜，她梦见鲁迅先生在无边荒原的“穷途”上，带着伤，流着血，不顾一切地往前走……她在先生身边紧跟着，陪着他经受各种荆棘、钩刺扎进肉里的滋味，不仅不以为疼，还感到是一种无上荣光的装饰品……老虎来了，他们一同上树，等着，等着……

鲁迅三月十八日给广平回第二封信，首先对“兄”做了解释：

广平兄：

这回要先讲“兄”字的讲义了。这是我自己制定，沿用下来的例子，就是：旧日或近来所识的朋友，旧同学而至今还在来往的，直接听讲的学生，写信的时候我都称“兄”。其余较为生疏，较需客气的，就称先生，老爷，太太，少爷，小姐，大人……之类。总之我这“兄”字的意思，不过比直呼其名略胜一筹，并不如许叔重先生所说，真含有“老哥”的意义。但这些理由，只有我自己知道，则你一见而大惊力争，盖无足怪也。然而现已说明，则亦毫不为奇焉矣。

解释过许广平最纳闷的“兄”字,鲁迅就对当下的教育进行了尖锐的批评:

现在的所谓教育，世界上无论那一国，其实都不过是制造许多适应环境的机器的方法罢了。要适如其分，发展各各的个性，这时候还未到来，也料不定将来究竟可有这样的时候。我疑心将来的黄金世界里，也会有将叛徒处死刑，而大家尚以为是黄金世界的事，其大病根就在人们各各不同，不能像印版书似的每本一律。

然后，鲁迅又说:“中国大约太老了，社会里事无大小，都恶劣不堪，像一只黑色的染缸，无论加进什么新东西去，都变成漆黑。可是除了再想法子来改革之外，也再没有别的路。”并认为自己的“作品，太黑暗了，因为我常觉得‘黑暗与虚无’乃是‘实有’，却偏要向这些作绝望的抗战，所以很多着偏激的声音。”最后又以子路“结缨而死”为例，进一步说明了“壕堑战”的必要。

许广平三月二十日收到鲁迅的第二封信，当日就回了长信。说自己明白了“兄”字的意思。并第一次以“小鬼”自称,“在先生最有用最经济的时间中，夹入我一个小鬼在中捣乱”，“小子惭愧则个”。

师生二人从三月十一日到四月十日一个月间，竟通信十一封，谈得越来越亲密，广平决定要去先生的“秘密窝”里“探险”了。

花香弥漫的小院

一九二五年四月十二日，星期日，午后起了风沙，许广平与林卓凤一起雇了辆人力车，往阜成门内西三条去。

虽然到北京已经三年了，广平却很少逛北京城，坐人力车更是稀少。她好奇地沿街观看着这座千年古城，出宣内的石驸马大街向北拐弯，行不多远再朝西拐，就看见矗立的西单牌楼，过了牌楼往北拐，是热闹的街市，有老牌的店铺，也有临街卖布头的，吆喝声，叫卖声，选货的，只看不买的，熙熙攘攘，好不引人。

再往北，就是有名的西四了。作为地名的西四，其实是西四牌楼的简称。四座牌楼是地标性建筑，与东四牌楼隔皇城相望。四座牌楼的规格、工艺、材质、造型全都一样，东牌楼额题“行仁”，西牌楼额题“履义”，南、北牌楼额题均为“大市街”。那阵儿，西四牌楼和西四牌楼南、北大街叫“西大市街”，明代时也叫“西市”。

清末慈禧六十大寿时要到颐和园去，西四牌楼是必经地，军机大臣世铎便在东北角和西北角各建了座木质结构的二层转角楼，屯兵保安全。在南边有建于元代的“万松老人塔”，俗称砖塔。广平听人说，鲁迅先生从八道湾搬出来后就曾经住在这里的砖塔胡同。

从西四西拐，就是白塔寺。白塔四周，大小店铺鳞次栉比，吃的、穿的、用的、玩的、看的，睡觉的客店、洗澡的堂子，应有尽有。一九二四年底北京城区开通了有轨电车，起点站在西直门的 1 路有轨电车从西四牌楼经过。没几年，环行有轨电车开通，始末站都在东单牌楼，也从西四牌楼通过，交通更为便利。

往西是高耸的阜成门，因为是明、清两代自门头沟运煤进城的重要通道，故有“煤门”之称。据说因为“梅”与“煤”谐音，城门洞内由煤栈客商募捐刻梅花一束记之。每当北风呼号，漫天皆白，烘炉四周之人皆赞：“阜成梅花报暖春。”

离城门不远处，人力车朝北拐进胡同，行二三百米远，又往西拐进一条小胡同，标为宫门口西三条。过了几个门看见一座后面耸立着两棵枣树的院子，门牌是二十一号。人力车停下来，车夫说：“到了。”

广平先下车，抢着付了车钱。林卓凤跟着下来道：“说好，回去可要我付。”

俩人在门口犹豫了一阵，广平看着新漆过的黑色门板上有一对黄铜的门环，上方一条镶铜边的信报口。禁不住心怦怦地急跳，心想日夜盼见的尊敬的鲁迅先生就住在这儿吗？

鼓足了勇气，广平终于拍响了门环。

院里传来女佣的声音：“谁？”

广平答道：“找鲁迅先生。我们是他的学生。”

只听院里喊：“大先生，有学生找。”

听得是鲁迅先生的声音：“好。请进！”

一位干净、麻利的女佣过来开门，门刚开，就有一股清馨的花香扑鼻而来。进门左转，只见四株丁香花开满雅致的小院，碧桃绽蕾红里透白，花朵娇艳，榆叶梅的叶子像榆树叶，花像小梅花，淡红色的一朵朵在叶子中间，幽静淡雅。一派树木丛生、花卉竞放的繁荣茂盛景象。

鲁迅先生正微笑着站在北屋门口，迎接这两位不速之客的到来。

广平和林卓凤赶忙跑过去，向先生鞠躬。鲁迅先生领着她们进了屋，过了中堂，进到一间向外伸出的房屋，幽默地说：“这就是我的灰棚，‘绿林书屋’是也。”

书屋西墙边两把椅子上坐着两位青年，见有新客来访，连忙起身招呼。其中一位，广平记得在光华电影院买《语丝》时，曾见他和孙伏园先生一起叫卖过。鲁迅先生指着他说：“这位是《语丝》的出版人李小峰。”又指着另一位说：“这位是专写散文随笔的章衣萍先生。”

广平鞠了一躬说：“我是许广平。她叫林卓凤。我们都是鲁迅先生的学生。”

屋子很小，几乎坐不开，李小峰识趣，见是女客，自己又不相识，就拉着章衣萍说：“已经谈完了，我们向先生告辞了。”

鲁迅先生也不挽留，送他们到门口，转身回来，坐到桌边的藤椅上，点了一支烟，乐开花似的说：“怎么不事先打个招呼，突然袭击？”

广平和林卓凤并肩坐在大玻璃窗下的床上，听出先生是嘴上责怪，心里高兴，就打趣道：“就是要让先生来个冷不防！”

鲁迅先生笑笑说：“我是不怕突然袭击的。因为过去也跟你们说过，我当过土匪呵！清末革命运动兴盛时期，我跟革命的土匪颇有往来，土匪就是大块吃肉的。”边说边用手比画着，“你要不全部吃下去，他们就会生气，认为你是在反对他。现在也是这样啊，‘正人君子’们不是骂我是什么‘学匪’吗？所以我干脆把这灰棚子叫作‘绿林书屋’。”

鲁迅先生杂着笑谈说的这话，把广平和林卓凤都逗笑了。

这时，一位老太太从东边房子，经过中堂进到“绿林书屋”来了。她看去有六十开外，但头发并不很白，面孔是细致、白皙而圆圆的，戴着蓝眼镜，穿着蓝色夹袍，实在足够精神。

鲁迅先生见姆娘来了，赶忙站起身说：“娘，女师大的两位学生来了！”

广平和林卓凤忙起身向太师母鞠躬。

鲁老太太和蔼地笑着说：“呵，是两位姑娘，真喜兴！我养了四个儿子，只生了一个女儿，不到一岁，就生天花过世了。所以我最喜欢女孩儿了。”

鲁迅喷了一口烟，从旁打趣说：“我的母亲如果年轻二三十年，也许要成为女英雄呢。”

鲁老太太也逗趣说：“说不定要跟秋瑾姑娘似的，出去闹革命呢！如果那样，也要杀头，你们可就没娘啦！”

鲁迅自信地说：“娘就是出去闹革命，也不会遭杀头的，”转身对广平和林卓凤说，“我娘是有心人，不会冒险赤膊上阵的。”

鲁老太太笑着点点头，看来同意儿子的观点。她对广平和林卓凤说：“你们跟先生谈吧！我去我屋里看我的书。”转身走了。

说着，西边屋子里走出一位四十多岁、旧式妇女模样的瘦小女人，只在中堂往里看了看，就走出屋门到院子里厨房去了。鲁迅也没有搭理介绍，广平估摸可能是先生的内人，俩人关系很冷漠。透过大玻璃窗朝外瞭望，想起《秋夜》里所写的那两株枣树，就建议说："咱们到后园去看看吧！"

鲁迅立刻响应，领着她们穿过北屋西边的夹道来到后园，园中间有一口水井，墙外东南角有株枣树，西北角也有一株枣树，两株枣树笔直地挺立着，遥遥相对。园中栽满了碧桃、花椒、刺梅、榆叶梅和青杨，像个有点儿野味的小花园。

鲁迅向广平、林卓凤解释说："其实，墙外的枣树，不止两棵，而是四棵，但东边的一棵早死了，只剩三棵，最西边的一棵，被房子挡住，看不到，所以现在看到的就是两株——枣树。去年秋天，还有一两个孩子来打别人打剩的枣子，闹得一个也不剩了，只剩下打枣的竿子留在树皮上的伤痕。"说到这里，不禁怆然。

广平注意到先生的表情，感到他是在为枣树悲哀，为缓和气氛，默诵起《秋夜》的开头："'在我的后园，可以看见墙外有两株树，一株是枣树，还有一株也是枣树。'"问鲁迅先生道，"说两株枣树就行了，为什么绕圈子，一株……还有一株？"

鲁迅吸了口烟，沉思地说："这是为了语气的曲折委婉，沉郁顿挫。五四时的文章，都太直白了，我的文章也有这种不足。后来写多了，写了又注意朗诵默念，体味其节奏，才感到语气沉郁顿挫的必要。"

广平听了，明白了一些，点了点头。

从后园返回院内，鲁迅指着院里四株丁香树说："东边是白丁香、紫丁香两株，西边也是一样一株，但紫丁香在前，白丁香在后。是去年四月五日，房子修好，还没有搬进来，向专卖盆景、树苗的云松阁订购的，商家代送代种，我还参与了种植呢！看，现在已经花开满树了！紫丁香春季盛开时，硕大而淡紫艳丽的花布满全株，芳香四溢，观赏效果甚佳，但矮小、纤弱。白丁香为紫丁香的变种，枝条粗壮，叶片较小，花密而洁白、素雅而清香。"鲁迅说着，不无自豪、自得之意。

广平和林卓凤两位姑娘低下头闻着花香，赞不绝口。广平想起《秋夜》中的诗句，对鲁迅说道："'这些细小的粉红花，梦见瘦的诗人将眼泪擦在她最末的花瓣上……'我们都成了'瘦的诗人'了。"

鲁迅指着院里四株丁香树说，紫丁香在前，白丁香在后。

鲁迅听到别人喜欢他的作品，总是异常兴奋，笑笑，请她们再到屋里聊聊。但广平和林卓凤觉得是第一次来，又没有事先约好，是突然袭击，不便多待，就告辞了。

鲁迅一直送她们到大门口，一再叮咛路上小心……

第五章　大苦闷

“秘密窝”

送走广平之后，鲁迅的心总不能平静下来。绝顶聪明的他，明白这次“突然袭击”，主谋肯定是“小鬼”，林卓凤不过是拉来做陪衬的。林君沉默矜持，不大说话,“小鬼”却总是不断地煽情、挑逗。鲁迅很清楚,“小鬼”是喜欢他的，第二封信不就明确表示要陪着他这个“过客”踏向荆棘，尝尝荆棘刺到足上是哪种风味吗？甚至无须把那些刺拔下来：就做后天的装饰品吗？

不知怎么,鲁迅眼前总浮现“小鬼”的身影,想挥之而去,却越挥越是“赖”着不走。他也总想靠近她,但总是不敢,只能到丁香花边去闻那花的清香。一闻，广平就带着浑身的香气向他贴近了，他赶快躲开，又躲不开。越躲，越想靠近；越靠近，越强迫自己躲开。她是喜欢我的，但我配得上吗？俩人相配吗？年龄相差十七岁，个头儿我矮小，她高大，旁人看了会觉得怎样？尤其中间有“障碍”——母亲给的“礼物”。这么多年了！好，好不了；弃，弃不掉。可怎么办？就这样犹豫着，对抗着，矛盾着，搞得心神不宁，陷入从未尝受的大苦闷。

过了两天，四月十四日，始终没有收到广平的来信，鲁迅有些急了，夜里禁不住挺直地坐在桌前，给广平写信：

广平兄：

有许多话，那天本可以口头答复，但我这里从早到夜，总有几个各样的客在座，所以只讨论天气之好坏，风之大小。因为虽是平常话，但偶然听了一段，即容易莫明其妙，还不如仍旧写回信。

又写了一段学校里的常事，还是归结到“苦闷”上来，明明自己陷入大苦闷，却要以广平信中写过的苦闷作托词——

“无处不是苦闷，苦闷，（以下还有六个和……）”我觉得“小鬼”的“苦闷”的原因是在“性急”。在进取的国民中，性急是好的，但生在麻木如中国的地方，却容易吃亏，纵使如何牺牲，也无非毁灭自己，于国度没有影响。我记得先前在学校演说的时候也曾说过，要治这麻木状态的国度，只有一法，就是“韧”，也就是“锲而不舍”。逐渐做一点，总不肯休，不至于比“轻于一掷”无效的。但其间自然免不了“苦闷，苦闷，（以下还有六个并……）”还是只好便与这“苦闷……”反抗。这虽然近于劝人耐心做个奴隶，其实很不同，甘心乐意的奴隶是无望的，但如怀着不平，总可以逐渐做些有效的事。

实际上，话里有话：不要“性急”，要慢慢来，我们之间的事情也是这样的。然后，又谈了些什么是“女性文章”的道理，结束语是：“我虽然忙，其实也不过‘口头禅’，每日常有闲坐及讲空话的时候，写一个信面，尚非大难事也。”实质上，是害怕许广平因为担心耽误他的时间而停止写信，他是盼着她的来信的。

这回邮路怎么不像第一次通信那样快捷？直到四月十六日，广平还没有收到鲁迅的信。当晚，广平又在小饭厅里给先生写了信：

鲁迅师：

“秘密窝”居然探险过了，归来的印象，觉得在熄灭了的红血的灯光，而默坐在那间全部的一面满镶玻璃的室中时：偶然出神地听听雨声的滴答；看着月光的幽寂；在枣树发叶结果的时候，领略它展动叶声的沙沙，和打下来熟枣的勃[①]；再四时不绝的，个多个多！“咯咯戈戈戈”的鸡声，晨夕之间，或者负于在这小天地中徘徊俯仰，这其中定有一番趣味，其味如何？——在丝丝的浓烟卷中曲折的传入无穷的空际，升腾，分散，是消灭！？是存在！（小鬼向来不善推想和描写，都恕唐突！）

接着，又谈了《京报副刊》王铸君的一篇《鲁迅先生……》和《现代评论》前几期那篇《鲁迅先生》，觉得“还合口味，但总喜欢听那《人体生理》的那类在教室所讲的话……”

广平所说的《现代评论》的那篇《鲁迅先生》，是张定璜，也就是张凤举，所写的著名长文。一九二五年一月二十四、三十一日在《现代评论》一卷七、八期上连载。文章首先细致描绘了鲁迅出现前中国精神文化界的令人难耐的寂寞，文艺园地让人作呕的污秽，人们无所作为、怨天尤人的平庸、麻木与懒惰，然后进入鲁迅不甘寂寞的梦，述说以前读末代小说苏曼殊《双枰记》《绛纱记》和《焚剑记》时的感觉，最后在两下比较中得出了结论：

我若把《双枰记》和《狂人日记》摆在一块儿了，那是因为第一，我觉得前者是亲切而有味的一点小东西；第二，这样可以使我更加了解《呐喊》的地位。《双枰记》等载在《甲寅》上是1914年的事情，《新青年》发表《狂人日记》在1918年，中间不过四年的光阴，然而他们彼此相去多么远。两种的语言，两样的感情，两个不同的世界！在《双枰记》《绛纱记》和《焚剑记》里面我们保存着我们最后的作风，最后的文言小说，最后的才子佳人的幻影，最后的浪漫的情波，

① 此处原手稿真迹如此。

最后的中国人祖先传来的人生观。读了他们再读《狂人日记》时，我们就譬如从薄暗的古庙的灯明底下骤然间走到夏日炎光里来，我们由中世纪跨进了现代。

文章中对鲁迅的评价有这样一段名言：

我们知道他有三个特色，那也是老于手术富于经验的医生的特色，第一个，冷静，第二个，还是冷静，第三个，还是冷静。

文章指出鲁迅是一位有良心的诚实的艺术家，促使中国人猛醒，认识自己和自己所处的世界：

他把他自己的世界展开给我们，不粉饰，也不遮盖。那是他最熟识的世界，也是我们最生疏的世界，我们天天过活，自以为耳目聪明。其实多半是聋子兼瞎子，我们视而不见，听而不闻。且不说别的，我们先就不认识我们自己，待到逢见少数的人们，能够认识自己，能够辨认自己所住的世界，并且能够把那世界再现出来的人们，我们才对于从来漠不关心的事物从新感到小孩子的惊奇，我们才明白许多不值一计较的小东西都包含着可怕的复杂的意味，我们才想到人生，命运，死，以及一切的悲哀。

由此，文章给鲁迅做出了这样的定位：

单在这个意义上，鲁迅先生也是新文学的第一个开拓者。

事实是在一切意义上他是文学革命后我们所得了的第一个作家。是他在中国文学史上用实力给我们划了一个新时代，虽然他并没有高唱文学革命论。

张定璜是鲁迅的朋友，也是周作人的朋友，在两兄弟之间，他只是尽量调和，并没有任何挑拨，与办《现代评论》的徐志摩也保持着良好的关系。

偏偏在许广平、林卓凤“探险”八天之后，四月二十日，鲁迅又要给她们上课。这天，新的讲义还没有印出来。鲁迅正预备讲书时，喜欢玩闹的女孩子们就和先生闹起来了。课堂前排许广平、陆晶清几个人最爱捣乱。她们一起喊道：“周先生，天气真好啦！”先生不理。“周先生，树枝吐芽啦！”还是不理。“周先生，课堂空气没有外面好啦！”先生笑笑。“书听不下去啦！”“不要上课，要去参观。”先生沉吟了一会儿，问道：“你们是不是全体都去？”先生是想测验一下是否是少数人捣乱，结果全体起立，大家都笑了，喊道：“先生，一致通过。”先生想了想，在黑板上写出“历史博物馆”几个字，又告诉女孩子们在午门集合，各人分头去，在那里聚齐。许广平和陆晶清是带头人，所以毫不客气，一边一个，拉着先生坐骡车前往。

原来这个博物馆是教育部直辖的，不大能够走进去，那时先生在教育部当佥事，所以那面的管事人都很客气地招待她们参观各种陈列：有大鲸鱼的全副骨骼，各种标本和古时用的石刀石斧、泥人、泥室，有从外国飞到中国来的飞机，也保存在一间大房子里。有各种铜器，有一个还是鲁迅先生用周豫才名捐出的。其他平常看不到的东西真不少，胜过她们读多少书，因为有先生随处给她们很简明的讲解。然后，又游了中山公园。

回来的当晚，广平又给鲁迅写了一封信，说道：今日讲堂的举动，太不合于绅士的态度了！“然而大众的动机的确与‘逃学’和‘难为先生’不同，凭着小学生的天真、野蛮，和出轨是有一点，回想起来，大家总不免好笑，觉得除了鲁迅先生以外，别的先生，我们是绝对不干的。”

其实，鲁迅不但不生气，还感到从未有过的愉快！跟这群天真、活泼的女学生们一起游玩，的确开心！鲁迅收到广平第二封信，信中询问寄去的信收到没有，就于四月二十二日回复了一封长信，说两封信都收到了，并说：“张王两篇，也已看过，未免说得我太好些。我自己觉得并无如此‘冷静’，如此纯粹，即如‘小鬼’们之光降，在未得十六来信以前，我还没有悟出已被‘探险’而去，倘如张君所言，从第一至第三，全是‘冷静’，则该早经知道了。”

四月二十三日晚上客散后，鲁迅在日记上写道：

昙。晨有麟来。寄许广平信。复梓模信。午后得李遇安信，即复，下午有一学生送梨一筐。夜有麟来。复蕴儒、高歌、培良信。

写到“下午有一学生送梨一筐”时，鲁迅犹豫了一下：究竟是谁送的呢？会不会是“小鬼”呢？

鲁迅怎能冷静？何况是“三个”？他怎么也睡不着，考虑着与“小鬼”的未来……

倒在床上，蒙眬中似醒非醒，似梦非梦。又回忆起往昔……

忆往昔之二 (1906—1913)

一九〇六年夏天，母亲来了电报，说她病危，要树人速回故乡。

树人回国了，到家一瞧，房已修理好，家具全新，一切结婚的布置都已停当，只等他回来做新郎了。

在清末的中国，包办婚姻是天经地义，悔婚是很严重的事。鲁瑞把大儿子骗回国，实为无奈之举。其实，这一天是迟早的事，逃避终究不是办法，树人不忍拂逆自己最亲近的人——遭受丧夫亡子巨大打击的母亲，那么就只能牺牲掉个人的意志，默默地接受这命运。

结婚那晚，树人穿靴，穿袍，戴红缨帽子，一切都照办。跪拜非常听话，像木偶一样任人摆布。由和房朝叔周冠五[①]与诚房子传奶奶的儿子周明山二人扶上楼。一座陈旧的楼梯上，一级一级都铺着袋皮。楼上是两间低矮的房子，用木板隔开，新房就设在靠东首的一间，房内放置着一张红漆的木床和新媳妇的嫁妆。当时，树人一句话也没有讲，人们扶他也不推辞。见了新媳妇，他照样一声不响，脸上有些阴郁，很沉闷。

① 周冠五：鲁迅的和房堂叔，谱名凤纪，字官玉，后改冠五，笔名观鱼，小名朝，鲁迅称他朝叔。

担心着新夫妇的动静，一到夜深，鲁瑞亲自到新房隔壁去听。发现他俩很少谈话，儿子总爱看书，迟迟才睡。

第二天早晨人们看见树人不高兴，印花被的靛青把他的脸也染青了，看来是伏在被子上哭过。两三天以后，树人住到母亲的房间里了，晚上先看书，然后睡在母亲床边的一张床上。

照老例新婚夫妇是要去老台门拜祠堂的，但树人没有去。

他即便没有拜老台门，依照老例，新婚第二天也还是有许多繁琐的仪式：

首先是“送子”，天甫破晓，新娘盥洗完毕，吹手站在门外唱吉词，老嫚一面把一对木制的红衣绿裤的小人儿端进来，摆放在新娘床上，说：“官官来了。”一面向新娘道喜，讨赏封。

一起吃饭，自然也只是一个仪式而已。之后要“上庙”，新夫妇坐着轿，老嫚、吹手跟在轿后，先到当坊“土谷祠”参拜，照例还要再到宗祠去参拜祖先。

当天上午要“拜三朝”，在大厅里供两桌十碗头的羹饭，家中男女老少拜完后，新郎新娘并肩而拜。然后“行相见礼”，依次按辈分拜族中长辈，与平辈彼此行礼，最后接受小辈的拜礼。

新婚夫妇一般在第三天要“回门”，亦叫“转郎”，新夫妇往女家回门，在老嫚、吹手的簇拥下，坐轿来到女家，至大厅拜女家祖先，参拜岳父岳母等。之后，还要请新郎进入内房，坐在岳母身旁听她致照例的“八句头”，八句头说完后新夫妇才辞别上轿。

树人是作为朱家姑爷来回门，没有辫子，大家很好奇，人们赶去看热闹。

虽然树人像木偶似的走完了这一系列麻烦的仪式，可是新婚燕尔却做得很决绝，搬出新房，睡到了母亲的房中。

我们不知道新婚之夜究竟发生了什么，树人为什么会这么失望。对此，周建人的解释是：“结婚以后，我大哥发现新娘子既不识字，也没有放足，他以前写来的信，统统都是白写，新娘名叫朱安，是玉田叔祖母的内侄女，媒人又是谦婶，她们婆媳俩和我母亲都是极要好的，总认为媒妁之言靠不住，自己人总是靠得住的，既然答应这样一个极起码的要求，也一定会去做的，而且也不难做到的，谁知会全盘落空呢？”俗话说：“生意做勿着，一遭；老婆讨不着，一世。”大哥是要难受一世了。

周作人则说“新人极为矮小，颇有发育不全的样子”。从照片来看，朱安的身材确实偏于矮小，人又古板、衰老，不仅是树人，别的男人也不会喜欢她。我们可以想象到：那时树人会想起美丽、端秀的琴姑，甚至想起虽然死了依然不失秀美、白皙的年轻女子的尸体，或者在给许寿裳信中所说的“同学阳狂，或登高而窥裸女”的婀娜窈窕的日本裸女，樱花烂漫时节绯红的轻云下富有性感的日本艺伎，而眼前的所谓新娘竟然是这般老丑、木呆，哪里还能引起男人的半点儿性趣？但是这婚事是母亲安排的，他只能默默承受，丑到什么地步也只能由她去了。但是，难道自己只能与这种人相伴一生？这样的人生有何意思？绍兴夏天热得无法盖被，只能放在床头当垫枕，树人伏在印花被上哭了，被面的靛青把他的脸染青了。结婚后他很少向外人诉说自己的婚姻生活，仅对好友许寿裳说过这么一句沉痛的话：

“这是母亲给我的一件礼物，我只能好好地供养它，爱情是我所不知道的。”

婚后第四天，树人就携二弟周作人去了日本，离开了母亲强加给他的女人。没有人提到，朱安在这新婚的三四天里是怎么熬过来的。不知她是一动不动呆坐在新房里，等待新郎的拥抱和爱抚，自己却做不出一点儿吸引男性的风姿，只能像拒绝放足、进学堂一样，依旧如呆木头和僵尸般死坐着呢？还是一边垂泪，一边听那些过来人的现身说法，教她如何慢慢熬出头？也许，就是在那一刻，她想到自己就像一只蜗牛，只要慢慢爬，慢慢熬，总能等到周家少爷回心转意的那一天。

树人回到日本后，就把喷火似的青春活力，全部倾注在文艺运动上。因为他认为第一要著，是在改变中国人的精神，而善于改变精神的，他那时以为当然要推文艺，于是想提倡文艺运动了。

只是他自己的寂寞是不可不驱除的，因为这于他太痛苦。于是用了种种法，来麻醉自己的灵魂，使自己沉入国民中，回到古代去，后来也亲历或旁观过几样更寂寞更悲哀的事，都为他所不愿追怀，甘心使他们和自己的脑一同消灭在泥土里的，但他的麻醉法却也似乎已经奏了效，再没有青年时候的慷慨激昂的意思了。

他默默地深刻探讨“立人”思想。《文化偏至论》《摩罗诗力说》等论文就是在这种状态下写作的。应验了一条佛学的定则：越是压抑越是深邃。

当时，梁启超的《论小说与群治之关系》风行一时，小说对于改革社会作用之巨大，使树人深信不疑。他把精力倾注于小说，夏目漱石作俳谐小说《我是猫》有名，俟其印本一出即陆续买读，又热心读其每天在《朝日新闻》上所载的《虞美人草》，并从日文报刊上剪下日译的俄国小说，细心装订成一册：灰色硬纸皮封面，绿色书脊，三十六开，封面无题字，扉页有手书目录，日文，竖写，如二叶亭译的果戈理著《狂人日记》《外套》等都在里面。放在手边，不时翻读，烂熟于心。

鲁迅自然而然想到向中国介绍外国文学的重要，一九〇六年九月携二弟回日本后就着手编译《域外小说集》，以“别求新声于异邦”。多采自显克微支北欧和东欧弱小民族的文学作品，俄国安特莱夫、迦尔洵的作品也有，因为当时俄国人民也身受压迫。一九〇九年二月，第一册在东京出版，三十二开毛边本，共印一千本。封面用蓝色的罗纱纸精印，上端印着一幅德国式的长方形图案画，一个穿着希腊古装的妇女在弹着弦琴，背景是光芒四射的朝阳，一只鸟儿正向高空飞翔。封面题字是树人的老友陈师曾题写的五个篆字，自右至左横排。书的下端印着“第一册”。整个封面设计显得典雅大方。扉页的右上角印着两行字：《域外小说集》第一册，会稽周氏兄弟纂译。版权页上既没有写清末的年号，也没有注明公历，只写了“己酉二月十一日印成”，定价小银元三角整。发行人周树人；印刷者东京市神田区锦町三丁目一番地神田印刷所的长谷川辰二郎；总寄售处是上海英租界后马路乾记弄广昌隆绸庄，这是周氏兄弟朋友蒋抑卮所开的店铺。

第一册正文共一百〇七面，书前印有周树人写的《序言》。《序言》后面是关于编印这本小说集的略例，共五条，对选题，装订形式，人名地名译法，标点及注释都做了说明。其中对采用毛边本装订特别说明道：“装订均从新式，三面任其本然，不施切割；故虽翻阅数次，绝无污染。前后篇首尾，各不相衔。

他日能说视邦国古今之别，类聚成书。且纸之四周，皆极广博，故订定时亦不病隘陋。”

第二册于一九〇九年六月十一日在东京出版，与第一册出版相距不过四个月，封面、扉页及版权页与第一册相同，正文共一百十二面，共印了五百册。

寄售的地方，是上海和东京。半年过去了，先在就近的东京寄集处结了账。计第一册卖去了二十一本，第二册是二十本，以后就没有人买了，那第一册何以多卖一本呢？原来是许寿裳担心寄售处不遵定价，额外加价，就去买了一本实验，果然划一不二，就放了心，第二册就不试购了。由此看来，那二十位读者，是有书必看，没有一人中止的。至于上海，也不过卖出了二十册上下。原本打算待到卖回本钱，再印第三第四册，以至第 × 册，如此继续下去，积少成多，也可以不断介绍外国作家的著作了。但这时只好到第二册就停版了。已成的书，都堆在上海寄售处堆货的屋子里，过了四五年，这寄售处不幸失了火，书和纸板，都连同化成灰烬。这样，周氏兄弟梦幻似的无用的努力，在中国也就完全消灭了。

一九〇九年七月，树人结束日本的留学生活回国了，他本来想去德国，但失败了，因为母亲和将与羽太信子结婚的周作人希望得到他经济上的帮助，因此，由先期回国的许寿裳推荐，到杭州浙江两级师范学堂任教。

他先回到故乡绍兴，辫子成了大问题。刚到上海时，装了假辫子，过了一个多月，他想，如果在路上掉了下来或者被人拉下来，不是比原没有辫子更不好看吗？索性不装了，贤人说过，一个人做人要真实嘛！但这真实的代价真也不便宜，走出去时，在路上所受的待遇完全和先前两样了。他从前是只以为访友做客，才有这种待遇的，这时才明白路上也一样的，一路有待遇。最好的是呆看，但大抵是冷笑，恶骂。小则说是偷了人家的女人，因为那时捉住奸夫，总是首先剪去他辫子的，大则指为“里通外国”，就是所谓“汉奸”。他想，如果一个没有鼻子的人在街上走，也未必至于这般受苦。这使他不禁对清王朝的种种对亡国奴的“规矩”更加愤慨了。

回故乡后，唯一得到慰安的是将带回的日本水野栀子移栽在庭院中，那鲜灵灵盛开的栀子花，的确给人传递了清水般爽润的生气。

见过久别的母亲和三弟后，自然还要见母亲送他的礼物——朱安。新婚四天就走了，一晃又过了三年，她已经三十二岁了。看起来比实际年龄还要老些，但无论怎样对她，她对自己的丈夫总很殷勤，不断地给他收拾这，整理那，俨然像位主妇。树人只得住到她和母亲布置好的屋里，但到晚上，不得不在一起时，又引起树人的反感，僵直着像具死尸，甚至于连死尸也不如，在日本仙台解剖室所见的年轻女子的尸体，还那样秀洁、丰满，眼前的朱安却干瘪得如枯柴一般。怎么与这样的“女人”亲热呢？只得作罢。两天后就回杭州去了。

到杭州师范后，树人总算有了自己独住的一间屋子。许寿裳任教务长，一切都由他照顾好了。他吸卷烟，是有名的，又是同事中最能熬夜的一个。在杭州的时候，所吸的是强盗牌。他晚上总睡得很迟，强盗牌香烟，条头糕，这两件是他每夜必需的粮。服侍他的斋夫叫陈福，陈福对于他的任务，有一件就是每晚摇寝铃以前替他买好强盗牌香烟和条头糕。友好的教员每夜到他那里去闲谈，到摇寝铃的时候，总见陈福拿进强盗牌香烟和条头糕来。星期六的夜里备得更富足。

树人教生理卫生，曾有一次，答应了学生的要求，加讲生殖系统。这事在今日学校里似乎也成问题，何况在二十世纪初的前清时代。全校师生们都为之惊讶，他却坦然地去教了。他只对学生提出一个条件，就是他讲的时候，不许笑。那回教授的效果很好，别的班的学生，因为没有听到，纷纷向他讨要油印讲义。这份讲义名为《人生象敩》，其附录为《生理实验术要略》，写得很简，而且还故意用着许多古语，用“也”字表示女阴，用“了”字表示男阴，在无文字学素养未曾亲听过讲的人看来，好比一部天书了。这是当时的一段珍闻。

但人心是险恶的。甚至于那些青年学生对苦心教育自己的老师，也心怀叵测。一次上化学课，做实验，正准备做氢气实验，树人突然发现忘了带火柴，便对学生们说：“我去取火柴，你们别去碰这个杯子，一旦空气进去了，再点火就会爆炸的！”等他拿来火柴，一点火，爆炸了！他手上的鲜血溅满了雪白的西装硬袖和讲台上的点名簿。他担心学生受伤，可抬眼一看，原先坐在前两排的学生都早已移坐到后排去了。树人当时并没有表露内心的气愤，但此事对他刺激很大，不免增加了树人对人世的怀疑，促使他更坚定地进行改造国民精神的工作。

树人平时很严肃，不苟言笑，给人的印象是沉默不多言，冷峻少结交，但表达对官吏的憎恶，却很诙谐，常模拟官场“今天天气哈哈哈”的习气，惹人大笑不止。

但学堂偏偏来了位引他反感的人物。一九〇九年十二月，浙江两级师范学堂监督沈钧儒被选为浙江省咨议局副议长，因而辞去监督职务，由当时任浙江教育总会会长忠于清帝的夏震武接任。

夏震武刚到两级师范学堂，就通知教务长许寿裳在礼堂设立孔子牌位，要许陪同谒圣，许拒绝了，说开学时已经拜过孔子，恕不奉陪。夏很不高兴，许也如此。接着因为夏对于住堂的教员们，仅仅差送一张名片，并不亲自拜会，夏便用当时官场下属见上司的“庭参”礼节，要求教员们着礼服到礼堂和他见面，在就职时举行祭孔礼。教师们大部分是留日学生，对这套官场陋习早就反对，于是坚决拒绝。特别是树人着西装、留西发站在夏震武的对面，使他更加气急败坏，厉声辱骂树人和两级师范学堂。树人与他针锋相对，毫不退让，教师们大哗，一哄而散。很快又集会于会议厅，请夏出席，夏还摆臭架子，拒不见面。教员们群情激愤，一起与夏震武斗争，宣布停课，树人和许寿裳等二十五名教员向浙江提学使辞职，并搬出校舍。

这时，夏震武怒言：“谁反抗就辞了谁！”一面写信给浙江巡抚增韫，请求支持他的强硬手段；一方面又指使在校同乡师生，为他奔走，劝诱教员们复课，但没收到什么效果。他们就用梁山泊上的诨名编排坚持斗争的教员，称鲁迅为“拼命三郎”。这时有人劝夏震武辞职，却有五六个人从旁力阻，夏震武也硬着头皮说：“兄弟一定要坚持到底。”这句话便成了树人等教员常常模仿的笑料。最后夏震武采取提前放假的办法遣散学生，企图借此使教员们屈服，反而引起杭州各校教员的反对。这次风潮，坚持了两个星期，有逐渐扩大之势，浙江巡抚增韫眼看教师心齐力坚，复课无望，只好叫夏震武辞职。

杭州俗语，凡是遇到木头木脑不懂事情的人，都名之曰“木瓜”。树人因之给夏震武起绰号为“夏木瓜”。所以这场反对夏震武的斗争，经教员张宗祥提议,取名为“木瓜之役”。坚持斗争的二十五名教员欢欣鼓舞地开了一个“木瓜纪念会”，并在湖州会馆合影留念。

“木瓜之役”胜利后，由新任提学使袁嘉谷权代，请浙江高等学堂监督孙智敏兼任代理监督。袁提学使于一九一〇年一月九日往湖州会馆拜会各教员，将以前缴存的聘书照旧送还。学堂气氛活跃而向上，树人的精神更加健旺了。

他经常和讲授植物学的日本教员一起带领学生到孤山、葛岭、北高峰、钱塘门一带采集植物标本，随时注意教育学生要实事求是。一次，他与铃木珪寿带领学生去南高峰、北高峰一带采集植物标本。路上，学生看到一株开着黄花的植物，问:“它叫什么名称？”铃木答:“一枝黄花。”学生大笑，说:“这个花是黄色的，就叫一枝黄花？它的学名呢，也是这样？”不大相信铃木的回答。树人严肃地说:“要批评人家的错误，自己要真懂。你们可以去查查植物大词典，这个植物是属于菊科，汉名叫一枝黄花嘛！为什么不懂装懂，乱批评呢？”指出对别人不信任应有根据。

他还常和同科教员去吴山圣水间采集植物，把一年来采集的植物，回校后细心制作成标本。又和生物教员张柳如一起根据法国恩格勒的分类法严格进行植物的分类、定名工作。然后将标本记录手稿编成一册，封面上画有一只小蜜蜂，里面还存有一九〇九年八月制作的部分蓼科植物标本。

当时树人很提倡种树，别人都笑他傻，因为树要十年才长成，而教员不过是“当一天和尚撞一天钟”。但树人不以为然，后来跟友人提起这件事时说:“只要给我当一天和尚，钟我总要撞，而且用力撞，认真地撞。”他在给三弟周建人的信中指出，采集标本比较容易，对农业又有益处，要求建人学着做。

一九一〇年四月初五，树人的继祖母蒋氏病逝，须回绍兴奔丧。族长、近房、祖母母家的亲丁、闲人，聚集了一屋子，预计树人的到来，应该已是入殓的时候了。寿材寿衣早已做成，都无须筹划；他们的第一大问题是怎样对付这新派的孙子，因为逆料他关于一切丧葬仪式，是一定要改变新花样的。

聚议之后，大概商定了三大条件，要他必行。一是穿白，二是跪拜，三是请和尚道士做法事。总而言之：是全都照旧。

他们既经议妥，便约定在树人到家的那一天，一同聚在厅前，排成阵势，互相策应，并力作一回极严厉的谈判。人们都咽着唾沫，新奇地听候消息；他们知道树人是“吃洋教”的“新党”，向来就不讲什么道理，两面的争斗，大约总要开始的，或者还会酿成一种出人意外的奇观。

树人的到家是下午，一进门，向他祖母的灵前只是弯了一弯腰。族长们便立刻照预定计划进行，将他叫到大厅上，先说过一大篇冒头，然后引入本题，而且大家此唱彼和，七嘴八舌，使他得不到辩驳的机会。但终于话都说完了，沉默充满了全厅，人们全数悚然地紧看着他的嘴。只见树人神色也不动，简单地回答道：“都可以的。”

这又很出于人们的意外，大家心上的重担都放下了，但又似乎反加重，觉得太“异样”，倒很有些可虑似的。打听新闻的人们也很失望，口口相传道，“奇怪！他说‘都可以’哩！我们看去罢！”都可以就是照旧，本来是无足观了，但他们也还要看，黄昏之后，便欣欣然聚满了一堂前。

先送了一份香烛；待到走到他家，已见树人在给死者穿衣服了。原来他是一个短小瘦削的人，长方脸，蓬松的头发和浓黑的须眉占了一脸的小半，只见两眼在黑气里发光。那穿衣也穿得真好，井井有条，仿佛是一个大殓的专家，使旁观者不觉叹服。绍兴老例，当这些时候，无论如何，母家的亲丁是总要挑剔的；他却只是默默地，遇见怎么挑剔便怎么改，神色也不动。旁边一个花白头发的老太太，便发出羡慕感叹的声音。

其次是拜；其次是哭，凡女人们都念念有词。其次入棺；其次又是拜；又是哭，直到钉好了棺盖。沉静了一瞬间，大家忽而扰动了，很有惊异和不满的形势。人们也不由得突然觉到：树人就始终没有落过一滴泪，只坐在草荐上，两眼在黑气里闪闪地发光。

大殓便在这惊异和不满的空气里面完毕。大家都怏怏地，似乎想走散，但树人却还坐在草荐上沉思。忽然，他流下泪来了，接着就失声，立刻又变成长嚎，像一匹受伤的狼，当深夜在旷野中嗥叫，惨伤里夹杂着愤怒和悲哀。

这模样，是老例上所没有的，先前也未曾预防到，大家都手足无措了，迟疑了一会，就有几个人上前去劝止他，越去越多，终于挤成一大堆。但他却只是兀坐着号啕，铁塔似的动也不动。

大家又只得无趣地散开;他哭着，哭着，约有半点钟，这才突然停了下来，也不向吊客招呼，径自往家里走。接着就有前去窥探的人来报告：他走进他祖母的房里，躺在床上，而且，似乎就睡熟了。

隔了两日，便听到村人都遭了魔似的发议论，说树人要将所有的器具大半烧给他祖母，余下的便分赠生时侍奉、死时送终的女工，并且连房屋也要无期地借给她居住了。亲戚本家都说到舌敝唇焦，也终于阻挡不住。

恐怕大半也还是因为好奇心，友人经过他家的门口，顺便又去吊慰。他穿了毛边的白衣出见，神色也还是那样，冷冷的。友人很劝慰了一番，他却除了唯唯诺诺之外，只回答了一句话：

“多谢你的好意。”

奔完丧事，树人回到学校。学期结束后，浙江两级师范学堂改聘御史出身的旧派人士徐定超继任监督。树人对徐的作为看不惯，决定辞去教职，回绍兴府中学堂任教。当时两级师范的代理教务长杨莘耜，极力挽留，树人不肯，临走提醒杨莘耜说:“徐之为人，未必有胜于夏，你要留心。”果不出所料，不久杨莘耜不堪徐的排挤，也辞职了。

一九一〇年七月，树人回到古老的聚族而居的大家族——新台门周家。进了大门，穿过一个铺着石板的天井，就到了大厅，穿过大厅向后面走去，走过几个天井，就看到一排五间楼房。一八八一年九月二十五日，阴历八月初三日，树人就诞生在从西首数起的第二间楼下。从杭州回来后，这间屋子便做了他的书房兼寝室，隔壁一间做藏书室。不与朱安同房。

每次树人从学校回到家里，总先走到母亲的房间门口，亲切地喊声：“姆娘！”声音十分爽朗响亮。然后跨进房间门，坐在靠铜面盆旁的椅子上，和母亲讲时事讲新闻，鲁老太太蛮有兴致地听着。谈完了话，鲁老太太就说:“休息去吧，老大！”这样树人才到自己的房里去休息。

树人吃饭吃菜不讲究。饭烂饭燥，菜咸菜淡，好好歹歹都不讲，有啥吃啥。平常树人也不差拨，自小就在周家帮工的王鹤照，从来没听他喊过："鹤照，做什么去，什么给我拿来！"有一次鹤照与建人在小堂前下象棋，鹤照输了，赌气管自走开。这时刚巧被树人看见，微笑说："鹤照，棋输了，发脾气了！"鹤照听了大先生的话，想想发脾气也不对，棋输了，就应该再来嘛！

晚上，树人睡得很迟。一个人在房间里点盏煤油灯看书、改簿本、写文章，常常到晚上一二点钟才困觉。他爱吸翠鸟牌香烟，十支装的，三铜板一盒，盒面青绿色，像冬青叶子的颜色一个样，上面画有一只彩色的鸟。喝茶，则爱用龙井茶叶，泡得很浓，晚上总要喝几杯振振精神。早上七八点钟起床，在小堂前洗脸，有时在老太太房里洗，鹤照打洗脸水去，树人总说："鹤照，随便些，我自来。"树人有时喝点绍兴老酒，但稍饮一些，就脸红。他还喜欢吃一种叫"马尔顿"的水果糖，四个角子一瓶，糖五颜六色，形状圆的，一瓶吃一个星期，这种糖只有教友会馆对面的一爿店里才买得到。

树人的衣裳是布做的，从未见他穿过绸。鞋子也是布底布面的，刚从日本回来的时候穿皮鞋，袜一般着黑色的，有时也着咖啡色的。绍兴尚黑，鲁迅像绍兴人一样喜欢黑色，衣服一律是黑色的。在这一点上，他的确根深蒂固地是位绍兴人。夜里看去，就是位黑夜里的黑衣人。

树人的房间是在前进靠西第二间，窗棂下放着一张四仙桌，一把圆的靠背转椅，椅的垫子是藤棚的。床朝东，床旁有一张灯台桌，对面有一张黑条桌，房间里还有一口书橱，一张八仙桌，八仙桌旁放着两把木头椅子。

一九一〇年八月，树人的二弟还在日本，每月要寄六十元钱给他，钱要到杭州拱宸桥日本邮局去汇。一天树人对鹤照说："带你和建人同去杭州一趟，下次汇钱，你就可独自去汇了。"树人叫鹤照去讨一只二道明瓦的乌篷船，夜饭吃过，天已暗沉沉，他们就从门口的张马桥下船，毯子是自己带去的，晚上就睡在船舱里，船摇到萧山西兴才天亮。摆渡过了钱塘江，他们就去拱宸桥。在日本人开的店里吃茶、吃点心，点心是大虾面，大虾对剖开，树人问鹤照："好不好吃？"鹤照说："蛮好吃！"几个女店员拿热毛巾来给鹤照揩，鹤照脸孔血红，羞煞哉，动也不敢动。树人笑笑说："鹤照只有介点本事，脸孔红红，像吹涨肺头介了。”树人还叫鹤照去理一理发，这家理发店也是日本人开的，理发员是女的，鹤照不好意思给她剃，正在犹豫，树人来了，说：“鹤照，怕什么羞呢，剃着好了！”当天下午树人陪鹤照去日本邮局寄了钱和信，从日本人的营业员手里接过信条就回来了。晚上，树人还约建人和鹤照一道去看电影，这是鹤照第一次看电影。

夏天，吃过晚饭乘风凉。树人常叫鹤照和鲁老太太讲故事、唱山歌、猜谜语、哼小曲。他对鹤照说：“鹤照，你有吗？讲一个听听。”鹤照问树人是做什么用的？他说：是记日记编越谚用的。鲁老太太爱出谜语，鹤照记得老太太出的谜语有这样几个。一个谜是“脚踏麻绳本姓路，别人看我日日吃饱饭，我实是一场欢喜一场空”。谜底是鸬鹚。另一个是：“两个姑娘，一个穿花衣裳，一个穿红衣裳，两个姑娘打相打，一脚跳纸墙搭泥墙，一个姑娘来领路，一朵鲜花满地红。”谜底是炮仗。还有眼镜也有一个谜：“奇里古，两个图，奇古怪，两根带，翘翘起，当马骑。”这些都是老太太给他们猜的。他们猜不着，就请老太太讲谜底。

有一天晚上在天井里乘风凉，树人要鹤照讲《龙虎斗》的“手执钢鞭将你打”是怎样唱的，做目连戏时，男吊死鬼怎样上七七四十九天吊，女吊死鬼怎样“奴奴本是良家女，呵呀，苦呀，天哪！——”叹吊。还有押牌宝，“青龙四百！”“咳——开——呀！”“天门啦——角回啦——！人和穿堂空在哪里啦——！”鹤照一边讲一边做给树人看，他静静地细听，记住了。

鹤照还陪树人、建人二兄弟游览过绍兴的一些著名古迹，采过标本，拓过碑帖。他记得一次是去会稽山下的大禹陵，树人、建人和他三个人同去的。他们出稽山门，沿筑在水中央的石塘板路走去，鹤照背了两只油漆过的马口铁筒，建人拿了把铜锸。他们到了大禹陵，游览了禹庙、窆石亭，就去会稽山上采标本，在山上看到一种叶子尖细、结红子，四五寸长的常绿树，鹤照就对树人说：“这是‘千年老勿大’。”树人记得当年给父亲找药时就问过这个，就说：“‘千年老勿大’呀，拔得去，拔得去！”他们在禹陵还掘了几株映山红花和牛郎花回来。

树人还叫鹤照陪他去过兰亭，这次也是树人、建人和鹤照三个人同去的。

他们乘一只乌篷中船，出偏门经鉴湖到娄宫就上岸，娄宫到兰亭十里旱路，树人骑一种叫“狸狗”的驴子，驴子要欺生，不会骑的坐上，它就故意靠边路走。吓吓你。树人会骑，骑得蛮稳，驴子也听话。树人骑的“狸狗”，项颈吊着一个铜铃，一路上唧唧唧响个不停。到了兰亭，“狸狗”停在桥外，他们就步行进去了。树人是头一次来，鹤照因为家就在兰渚山附近，小时候常常去，兰亭是比较熟悉的，树人就叫他领路走在前面，他们在流觞厅唱了茶，观看了晋朝大书法家王羲之亲笔写的、一笔到底、一气呵成的高大“鹅池”石碑。并游览了“右军祠”“墨池”“御碑亭”等胜迹。还去看了用乱石叠成的“流觞曲水”。相传一千多年前，王羲之就在这里写下了古今有名的《兰亭序》。树人对鹤照说：“入口处匾额上的‘兰亭’两个大字是乾隆皇帝写的。”

柯桥的七星岩，下坊桥的石佛寺，富盛的宋六陵，还有东湖、吼山，都去过，大半是为了拓碑帖、采标本去的。景色如画的石佛寺，有一块横碑，鹤照不知道怎样拓，树人就教他，先用连史纸铺上，再用墨轻轻刷一刷，就拓下来了。

在新台门里打短工的，有阿富、阿桂两兄弟。阿桂从前人蛮好、蛮老实的，树人从日本回来时，他早已住在塔子桥头的土谷祠里了，做小偷，还常与别人揪着辫子打架，衣服当掉去戏赌。阿桂常弄弄辫子胡说乱讲：“辫子甩一甩，人要死一万！”“辫子翘一翘，人要死多少。”有一天晚上，阿桂到新台门里偷东西，树人听见有人喊：“有贼！有贼！”就爬起来，推开窗门看看，这时阿桂正翻墙逃出，树人就指指说：“你阿桂，你阿桂！”看了阿桂这般光景，十分感慨。

树人回绍兴府中学堂任教时，正逢学生掀起学潮。绍兴府提学司派员来校查办组织风潮的校友会，命令交出校友会的印章，否则解散学堂。当学生们议论不决时，树人对学生们说：“要知道校友会的印子交出，就等于校友会解散，须慎重考虑。”表达了对学生的同情和谋略，这就是后来所说的树人回故乡后，“两遇于越”“经二大涛”中的第一次学潮。

这年九月，树人兼任绍兴府中学堂监学，业余仍然搜集古逸书，在给许寿裳的信中说：“此非求学，以代醇酒妇人也。”

秋天，树人又率领绍兴府中学堂学生，赴南京参观南洋劝业会。来到曾经读书的故地，他不禁想起一八九八年在南京读无须学费的江南水师学堂，一进仪凤门，便可以看见它那二十丈高的桅杆和不知多高的烟通。功课也简单，一星期中，几乎四整天是英文："It is a cat." "Is it a rat？"一整天是读汉文："君子曰，颍考叔可谓纯孝也已矣，爱其母，施及庄公。"一整天是做汉文：《知己知彼百战百胜论》《颍考叔论》《云从龙风从虎论》《咬得菜根则百事可做论》。

初进去当然只能做三班生，卧室里是一桌一凳一床，床板只有两块。头二班学生就不同了，二桌二凳或三凳一床，床板多至三块。不但上讲堂时挟着一堆厚而且大的洋书，气昂昂地走着，决非只有一本"泼赖妈"和四本《左传》的三班生所敢正视；便是空着手，也一定将肘弯撑开，像一只螃蟹，低一班的在后面总不能走出他之前。这一种螃蟹式的名公巨卿，现在发现在中国也颇普遍。

可爱的是桅杆。但并非如"东邻"的"支那通"所说，因为它"挺然翘然"，又是什么的象征。乃是因为它高，乌鸦喜鹊，都只能停在它的半途的木盘上。人如果爬到顶，便可以近看狮子山，远眺莫愁湖——但究竟是否真可以眺得那么远，现在可委实有点记不清楚了。而且不危险，下面张着网，即使跌下来，也不过如一条小鱼落在网子里；况且自从张网以后，听说也还没有人曾经跌下来。

原先还有一个池，给学生学游泳的，这里面却淹死了两个年幼的学生。树人进去时，早填平了，不但填平，上面还造了一所小小的关帝庙。庙旁是一座焚化字纸的砖炉，炉口上方横写着四个大字道："敬惜字纸。"只可惜那两个淹死鬼失了池子，难讨替代，总在左近徘徊，虽然已有"伏魔大帝关圣帝君"镇压着。办学的人大概是好心肠的，所以每年七月十五，总请一群和尚到雨天操场来放焰口，一个红鼻而胖的大和尚戴上毗卢帽，捏诀，念咒："回资啰，普弥耶吽！唵耶吽！唵！耶！吽！！！"

前辈同学被关圣帝君镇压了一整年，就只在这时候得到一点好处——虽然并不深知是怎样的好处。所以当这时，树人每每想：做学生总得自己小心些。

但总觉得水师学堂对他不大合适，于是不久又考矿路学堂去了，这回不是“It is a cat”，是 Der Mann，Das Weib，Das Kind。汉文仍旧是“颖考叔可谓纯孝也已矣”，但外加《小学集注》。论文题目也小有不同，譬如《工欲善其事必先利其器论》，是先前没有做过的。

此外还有所谓格致、地学、金石学……都非常新鲜。但是还得声明：后两项，就是现在之所谓地质学和矿物学，并非讲舆地和钟鼎碑版的。只是画铁轨横断面图却有些麻烦，平行线尤其讨厌。但第二年的总办是一个新党——俞明震，他坐在马车上的时候大抵看着《时务报》，考汉文也自己出题目，和教员出的很不同。有一次是《华盛顿论》，汉文教员反而惴惴地来问学生道：“华盛顿是什么东西呀？……”

看新书的风气便流行起来，树人也知道了中国有一部书叫《天演论》。星期日跑到城南去买了来，白纸石印的一厚本，价五百文整。翻开一看，是写得很好的字，开首便道：

> 赫胥黎独处一室之中，在英伦之南，背山而面野，槛外诸境，历历如在机下。乃悬想二千年前，当罗马大将恺撒未到时，此间有何景物？计惟有天造草昧……

哦，原来世界上竟还有一个赫胥黎坐在书房里那么想，而且想得那么新鲜？一口气读下去，“物竞”“天择”也出来了，苏格拉底、柏拉图也出来了，斯多葛也出来了。学堂里又设立了一个阅报处，《时务报》不待言，还有《译学汇编》，那书面上的张廉卿一流的四个字，就蓝得很可爱。

“你这孩子有点不对了，拿这篇文章去看去，抄下来去看去。”一位本家的老辈严肃地对树人说，而且递过一张报纸来。接来看时，“臣许应骙跪奏……”那文章现在是一句也不记得了，总之是参康有为变法的，也不记得可曾抄了没有。

树人仍然不觉得自己有什么“不对”，一有闲空，就照例地吃侉饼、花生米、辣椒，看《天演论》。

但他们也曾经有过一个很不平安的时期。那是一九〇〇年，听说学校就要裁撤了。这也无怪，这学堂的设立，原是因为两江总督，大约是刘坤一罢，听到青龙山的煤矿出息好，所以开手的。待到开学时，煤矿那面却已将原先的技师辞退，换了一个不甚了然的人了。理由是:一、先前的技师薪水太贵;二、他们觉得开煤矿并不难。于是不到一年，就连煤在哪里也不甚了然起来，终于是所得的煤，只能供烧那两架抽水机之用，就是抽了水掘煤，掘出煤来抽水，结一笔出入两清的账。既然开矿无利，矿路学堂自然也就无须乎开了，但是不知怎的，却又并不裁撤。到第三年他们下矿洞去看的时候，情形实在颇凄凉，抽水机当然还在转动，矿洞里积水却有半尺深，上面也点滴而下，几个矿工便在这里面鬼一般地工作着。

毕业，自然大家都盼望的，但一到毕业，却又有些爽然若失。爬了几次桅，不消说不配做半个水兵；听了几年讲，下了几回矿洞，就能掘出金、银、铜、铁、锡来么？实在连自己也茫无把握，没有做《工欲善其事必先利其器论》那么容易。爬上天空二十丈和钻下地面二十丈，结果还是一无所能，学问是“上穷碧落下黄泉，两处茫茫皆不见”了。所余的还只有一条路：到外国去。

那时学生和警察的制服相仿，而又都是吃的官饷的吧，每逢他们走到外面，路见不平干涉的时候，警察总是站在学生这一面的。所以他后来看见警察打学生，觉得是后退了。

那时树人最得意的是骑马，据说技术还不错，敢和旗人子弟竞赛。清朝旗人子弟以善于骑射自豪，对于汉人善骑马的不很满意。有一回就因竞赛而吃旗人暗算，他们把腿搁在马颈上，很快地奔过来，用马鞍来迅速刮别人的腿脚，有时甚至可以刮断的。树人几乎跌下马来。也有些小的有趣轶事，他们几个同学时常走到野外，看见路旁人家的一位“小家碧玉”，大约还相当标致吧，大家就徘徊不忍遽去，弄到人家的母亲出来质问，这才散去。但他们却并不屈服，仍然要去，而且邀着更多的同学去，走到她跟前了，大家一齐把头转到相反的一面，表示不屑看之意，那位母亲又不舒服了，叫他们不要转头，于是他们倒胜利了。树人也好奇心盛，会注意人们所忽略的，有一回至南京看到墙上贴有一个纸印类似广告的茶壶，接连地看到不止两次，他就沿着茶壶嘴的方向走，每逢到十字路口，茶壶就像示路碑似的安放在那里，照着这指示，愈走愈远，愈远愈荒僻，有些可怕，不敢再寻究竟了。过后细想，他以为一定是秘密组织者的符号，如果孟浪走到，是很危险的。

从南京回到绍兴去省亲，通常坐的“长江船”，做学生时的他，经济并不充裕，铺盖行李，照例是自己拿，绝对不肯花些小钱，叫脚夫代劳的。走到船舱里，一向的积习是有人先到，一件破衣，一条绳子，或一支担杆，各占一个床位。他一任那些强横者的恐吓，决不肯出钱来买床位。宁可守住行李，坐在行李上打盹儿，毫不理睬。等到船快开了，那些强横者赶他也不动，到最后，强横者没法子只好拿着绳、担和衣服，愤愤而去。任凭他从容地拣选最好的床位，打开铺盖，得意地休息，看来他后来所说天津青皮的“韧”的战略，是从做学生起就如此的。

这次，树人领着学生沿着杭州、嘉兴、苏州，最后抵达南京，游玩了一周左右，倒也少有的痛快！

一九一一年二月下旬，绍兴府学堂开学，树人继续担任监学，兼教植物学，陈子英当校长。当时绍兴政治环境十分险恶，因为清政府捕杀的革命党徐锡麟、秋瑾都是绍兴人，所以对当地具有革命思想的人非常注意，杀人很多。省提学司下了一道“限期蓄发”的命令，学校执行不坚决，对剪发的学生暗中保护，但又受到上面压力。树人慨叹“越中棘地不可居”，有意离绍北行。四月，南社中的宋紫佩等人到绍兴组织越社，树人积极参与。夏天，和陈子英都辞去学堂职务。但迫于经济压力，十月中下旬又回绍兴府中学堂任职。十月十日辛亥革命爆发，府中学堂原监督辞职，校务无人负责，学生推代表十人，坚请陈子英和树人回校主持工作。十一月五日，越社在开元寺召开百余人的群众大会，公推树人为主席。这时，传来谣言：残败的清兵将渡江骚扰，城内人心惶惶，树人便亲自组织学生武装上街，手拿一把钢刀说：“遇到万一，这把刀准能砍杀几下的。”这时，有一个学生问道：“万一有人阻拦，怎么办？”

树人回答：“你手上的指挥刀是做什么用的？！”

学生个个背着练操时用的毛瑟枪，拿着大刀，还敲鼓吹号，雄赳赳气昂昂地出发了。在树人率领下，一路经水澄桥、大善寺、县前街，绕城一周。

大家分发传单，张贴标语，呼喊口号，使浮动的人心安定下来了。

一九〇六年暑假，树人回国时，义房的周伯文叔发现树人装的是假辫子，准备去告官的。可是终于没去告，据说是他的兄弟仲翔吓了他一下："你去告官？这革命党的事是难说的呢！万一革命成功，你要倒霉。如果阿樟捉去杀头，灭起族来，说不定也有你一份。"这一吓，把伯文吓住了，树人才平安无事地离开了家乡。伯文平时最痛恨新党，却不料新党得了势。他以为新党一定要报复，绍兴一光复，他就要遭殃，心里慌极了，觉得还是走为上着，便走出台门，想逃到城外去，但不知怎的，两条腿却不听话，止不住索索地发抖。走到街上，越加觉得失了隐蔽，危险可怕，两腿也越抖得厉害，终于两腿软了下来，站不起来，先是蹲在地上，再是伏倒，最后为了逃命，只好爬了。恰巧遇着一个熟识的剃头司务，才把他扶起，并搀着他出了城。

台门外所有小店小铺，也在观望气候，探听消息，只有那个阿桂，在街上掉臂走着，兴奋地大声嚷道："我们的时候来了，到了明天，我们钱也有了，老婆也有了。"

"街楦"衡廷叔在街上探听消息，听阿桂这么说，小心翼翼地上前问道："像我这样，可以不要怕吧？"

阿桂说："你们总比我有。"

于是衡廷叔更恐慌了。

这时，曾经当过土匪的革命党人王金发率领敢死队最先攻入杭州，又要光复绍兴，树人甚高兴。十一月七日，与特地进城的留日同学范爱农一起上街，观看前一天光复的绍兴城，走了一通，满眼是白旗，宣布独立，然而貌虽如此，内骨子是依旧的，因为还是几个旧乡绅所组织的军政府。原绍兴知府程赞清被推举为绍兴军政府分府府长，参与杀害秋瑾的前清巡抚衙门的刑名师爷章介眉，也担任了治安队长，办理光复事宜。

终于迎来了早就认识的王金发的部队，一九一一年十一月九日，黄昏，十三只大船载着他的队伍，浩浩荡荡进了五云门。王金发的兵士都穿蓝色的军服，戴着蓝色的布帽，打裹腿，拿淡黄色的枪，都是崭新的。这一天晚上，整个绍兴城喜气洋洋，大街两边站满了密密麻麻的人，中间只留一条狭狭的路，让军队过去。这时大家都很兴奋，有的手里擎着贴有“欢迎”两字的纸灯笼，有的拿着小旗帜，还有人呼“革命胜利！”和“中国万岁！”的口号。进城头几天，王金发的军队的确号令严明，军纪很好。第三天，王金发就改组了绍兴军政分府，自任都督，实现绍兴合县光复，撤除章介眉等人的职务，继又采取免一年钱粮、粜平价米等政策，颁发安定民心的通告十则。并召开群众大会，说明自己来维持秩序，将来还要去北伐，表示遇事愿和大家商量。他接见了旧日的朋友树人。

之后，王金发任命树人为浙江山会初级师范学堂监督，请范爱农为监学，但仅拨给学校经费二百元。尽管经费少，树人坚毅地对学生说：“钱只有这么一些，但山会两县难道办个师范都办不好吗？一定要办下去。”树人办学的决心很大，非常认真。晚自修和熄灯时，总是亲自查看，见学生看到校长时都屏气息声，便说：“我又不是老虎，怕什么。只要大家遵守校规就是了。”他也常常为请假的教员代课，在代国文课时，曾出诱导学生独立思考的题目，如《杨子为我，墨子兼爱，何者孰是？》等，批改时多给以鼓励性的批语。他又多方引导青年学习，鼓励所接触的青年，学好一种外国语，专心一门科学，还指导学生读《名学浅说》等逻辑入门书。树人和师生的关系，一扫过去封建式的校风，深受师生的尊敬和爱戴。

但是绍兴军政分府和王金发却出现了变化，自绅士至于庶民，又用了祖传的捧法群起而捧之了。这个拜会，那个恭维，今天送衣料，明天送翅席，捧得他连自己也忘其所以，结果是逐渐变成老官僚一样，动手刮地皮。衙门里的人物也都上行下效，穿布衣来的，不上十天就换上皮袍子了，其实天气并不冷。后来很多大豪绅、大老板靠抬捧王金发，依旧做了官。新台门对面傅盛记米店的傅老板，送过二十担白米给都督府，因而受到过王金发的夸奖。当时很多戴小箬帽、卖金橘的王金发老乡——嵊县人，也丢掉扁担、箬帽，到都督府里当兵去了。王金发的手下这时也乱七八糟，嫖妓宿娼、敲诈勒索样样都来，因此遭到了大家的反对。

当时，树人任名誉总编辑的越社青年办的《越铎日报》要监督军政分府。树人撰写的《〈越铎〉出世辞》，声明办报宗旨在于“纾自由之言议，尽个人之天权，促共和之进行，尽政治之得失，发社会之蒙覆，振勇毅之精神”。于是《越铎日报》便开始骂军政府和那里面的人员，此后则骂都督，都督的亲戚、同乡、姨太太……这样骂了十多天，王金发便叫人送给报社五百元。树人不同意收，遭到报馆一些人的反对。又传说王金发要杀死树人。但树人照常独自外出行走，认为王金发“虽然绿林大学出身，而杀人却不很轻易”。他依然写信去要学校经费，又取了二百元。但王金发仿佛有些怒意，同时传令道：再来要，没有了！这使树人决定离开故乡。此时适值南京临时政府教育部成立，蔡元培为教育总长，在部里工作的许寿裳向蔡元培推荐树人，蔡元培说：“我久慕其名，正拟驰函延请，现在就托先生代函敦劝，早日来京。”许寿裳即连写两封信给树人，催他去南京教育部工作。范爱农也赞成，他头戴黑毡帽，身穿长袍子，脚着钉靴，打扮像个农夫，皮肤黑黝黝，喜欢喝酒、讲玩笑话，但这时却没心思玩笑，颇为凄凉地对树人说：“这里又是那样，住不得。你快去罢……”于是树人决计往南京就职。二月十三日，交卸山会师范学堂校长职。交出账目，余钱一角又两个铜板。由绍兴军政分府民事署学务科朱幼溪接受。二月十九日，发表辞职声明《周豫才告白》，载《越铎日报》。二月中旬，离绍兴到南京临时政府教育部担任部员。

王金发本意要为秋瑾先烈复仇，但后来却放了章介眉一马，章寿终正寝，他自己却在“二次革命”中被袁世凯派系的浙江督军朱瑞诱杀，年仅三十三岁。

树人到南京教育部后，不久又随部北迁，一九一二年五月五日，船靠天津。下午三时半，乘火车驰往北京，“途中弥望黄土，间有草木，无可观览”，这就是北方原野铭刻在他脑海中的最初印象。大约晚上七点时分，才到北京的前门火车站。暂时入住骡马市附近“长发客店”。当晚就去了绍兴会馆，拜会了许寿裳的兄长许铭伯，顺带熟悉一下未来的住处。

第二天，树人被安排住在会馆西北侧名为“藤花馆”的第二进院坐西朝东的一排屋子里，即坐骡车赴教育部报到。五月十一日，开始在教育部上班，被任命为社会教育司第一科科长，主管图书馆、博物馆、美术馆等事项。八月，又被任命为教育部佥事，同时还参加通俗教育研究会，担任小说股股主任。其实，这时的教育部完全是一个官僚机构，每天除签到之外基本无公可办，树人“枯坐终日，极无聊赖”。他便整天看书，不把时间浪费在闲谈上，同事们佩服他看书有恒心。反正这终归是一件挣钱养家的差事，每一拿到薪水，不管拖欠多少，树人第一件事，就是到邮局给绍兴的母亲和仍在日本读书的二弟周作人汇钱。

当时，北房中住着几位福建客人，始终喧闹得很，时常彻夜嘈杂，“至夜半犹大嗥如野犬”。树人忍不住大声怒斥，方稍有收敛，但隔不多时又吼起来，真是无可奈何。所幸入冬后他们搬走了，不仅使院里清静下来，而且把朝向较好的房间空出，树人和会馆的长班商量了一下，请工人稍加裱糊，自己迁了进去。这里阳光充足，又很背风，比原来的住处暖和不少。晚上燃起白泥炭炉，沏一杯热茶，伴着温红的炭火，在摇曳的油灯下闲读从琉璃厂买来的古书旧籍，抄写碑帖，仍然过着“古寺僧人”式的生活。

不幸的是，范爱农几次来信叙说境况凄然，失业无着，寄食友人家中的情况，七月十日落水身死。树人疑心他是自杀，异常悲痛，而这时同乡、知音蔡元培又被迫辞去了教育总长职务，在告别会上，树人作《哀范爱农三章》，最后一章是《哭范爱农》——

把酒论天下，先生小酒人。
大圜犹酩酊，微醉合沉沦。
幽谷无穷夜，新宫自在春。
旧朋云散尽，余亦等轻尘。

不幸中有幸的是，他一九一一年用文言作的小说《怀旧》，在一九一三年四月《小说月报》第四卷第一号上发表了，署名周逴。当时的主编恽铁樵对小说大为赞赏，做了十处随文评点和一篇《焦木附志》，认为“用笔之活可作金针度人”，“转弯处俱见笔力”，人物“写得活现真绘声绘影”，“状物入细”，“才解握管，便讲词章，卒致满纸饾饤，无有是处”的青年“极宜以此等文字药之”。这些文字是中国正式出版物对周树人作品的最早反响和评论，恽铁樵的确别具慧眼，固然他不可能想到这位周逴后来成为中国现代文坛的主将，然而他对这篇小说的评论却是异常中肯的。《怀旧》虽然是一篇文言小说，但是从情节结构到心理描写都是现代性的，在周树人的创作生涯和二十世纪中国文学史上都占有重要的位置。

即使如此，树人还是排解不了大苦闷，他和挚友许寿裳开始猛攻佛经。

他读的多是小乘佛经。以为坚苦的小乘教倒是佛教，待到饮酒食肉的阔人富翁，只要吃一餐素，便可以称为居士，算作信徒，虽然美其名曰大乘，流播也更广远，然而这教却因为容易信奉，因而变为浮滑，或者竟等于零了。这样的人们一多，佛教的精神反而会从浮滑，稀薄，以至于消亡。

人生本就是坚苦的。在坚苦中反倒得其无穷乐趣，就甘于这种坚苦吧！

所以，他对挚友许寿裳说："释迦牟尼真是大哲，我平常对人生难以解决的问题，而他居然大部分早已明白启示了，真是大哲！"

当时，袁世凯统治森严，满布侦探、特务，只见受了嫌疑而被捕的青年进去，却从不见他们活着走出来。北京文官大小一律受到注意，生恐他们反对或表示不满，因此人人设法逃避耳目，大约只要有一种嗜好，重的嫖赌蓄妾，轻则玩古董书画，也就多少可以放心，如蔡松坡之于小凤仙，就是有名的例子。树人洁身自好，别说去什么"八大胡同"，就是打麻将也不会，又买不起金石品，便限于纸片，收集些石刻拓本来看。就这样，也不能敷衍漫长的岁月，做不到每天买一张，于是动手来抄，在抄古碑、校古籍中熬煎着自己，也保护着自己。

这一时期的日记有着这样的记载——

一九一三年十月一日记："无日不处忧患中，可哀也。夜风。"

一九一六年七月十八日记："作札半夜，可闵！"

一九一七年一月二十二日记："旧历除夕也，夜独坐录碑，殊无换岁之感。"除夕之夜依旧"独坐录碑"，平日就不可思议了。足见当时树人是处于何等的孤独、寂寞中。

他就是在这种孤寂中，深思着中国的历史，也冷察着眼前的现实，思考着未见的将来，战胜着精神的大苦闷和性的大苦闷。

起来，惊起了较为清醒的几个人，使这不幸的少数者来受无可挽救的临终的苦楚，你倒以为对得起他们么？”

“然而几个人既然起来，你不能说决没有毁坏这铁屋的希望。”

是的，树人虽然自有他的确信，然而说到希望，却是不能抹杀的，因为希望是在于将来，决不能以自己之必无的证明，来折服了他之所谓可有，于是树人终于答应他也做文章了。

树人又拿出了那本剪报。果戈理的《狂人日记》不知看过多少回了，但他感到自己比果戈理忧愤深广，特别是对“家族制度和礼教的弊害”更是感受深切，曾经接待过的犯迫害狂的外甥阮久荪使他对于狂人有所了解，便写了一篇同题的《狂人日记》，署名鲁迅，发表在一九一八年四月《新青年》第五期上。借狂人之口说道：“翻开历史一查，这历史没有年代，歪歪斜斜的每叶上都写着‘仁义道德’几个字。我横竖睡不着，仔细看了半夜，才从字缝里看出字来，满本都写着两个字是‘吃人’！”其中最引人注意的是“吃人”二字。这实质是鲁迅猛攻佛经形成的潜意识发挥了作用，促他来了一声“狮子吼”：对在“铁屋子”里将要闷死却浑然不觉的人们，猛击一掌，敦促他们觉悟，猛醒！不再当奴隶，而做“真的人”。从此，鲁迅这个名字就出现在中国文坛上了。之所以起这个笔名，一是母亲姓鲁；二是周鲁是同姓之国；三是“迅”同“卂”，乃是鹰隼的意思。树人以之为笔名的还有旅隼、敖隼、翁隼等，绍兴方言中“鲁迅”与“旅隼”是谐音的。枭是鹰的另类，又叫猫头鹰，也是“隼”的意思。他还自名为“枭”，把自己的言论称为“枭声”。所以“鲁迅”中的“迅”，正是取鹰隼怪枭之惊世愚鲁而疾飞迅捷之意。

八个月之后，在一九一九年二月一日出版的《新潮》一卷二号上，出现了一篇署名记者的《书报介绍》，向广大读者推荐《新青年》杂志，文中首次对《狂人日记》做出了反响：

> 就文章而论，唐俟君的《狂人日记》用写实笔法，达寄托的(Symboism)旨趣，诚然是中国第一篇好小说。

叩问嵇康

久久使他惊悚的仍是少时所读的南朝宋代刘义庆所撰的《世说新语·雅量》中的那节记事——

> 嵇中散临刑东市，神气不变。索琴弹之，奏《广陵散》。曲终，曰："袁孝尼尝请学此散，吾靳固不与，《广陵散》于今绝矣！"太学生三千人上书，请以为师，不许。文王亦寻悔焉。

这个嵇中散是何等人物？他为什么弹奏《广陵散》的绝响而弃世？他还有哪些诗文？树人有些像初读《红楼梦》那样，一直被嵇康吸引着。

梦中似乎还在与这魏晋时代的人物对话。

在这种大苦闷的环境中，少年时代就令他惊异的名字——嵇康，越来越吸引他了。

一定要找到《嵇康集》仔细读一读！

一九一三年九月二十三日下午，树人就急急忙忙赶往琉璃厂。

琉璃厂西起南北柳巷、东至延寿寺街，全长八百米。远在辽代，这里并不是城里，而是郊区，当时叫"海王村"。到了元朝，在这开设了官窑，烧制琉璃瓦。自明代建设内城时，因为修建宫殿，就扩大了官窑的规模，琉璃厂成为当时朝廷工部的五大工厂之一。到明嘉靖三十二年修建外城后，这里变为城区，琉璃厂便不宜于在城里烧窑，而迁至现在的门头沟区的琉璃渠村，但"琉璃厂"的名字还保留在这里。清乾隆年间，京城实行"满汉分城居住"。琉璃厂恰恰是在外城的西部，当时的汉族官员多数都住在附近，后来全国各地的会馆也都建在附近，官员、赶考的举子也常聚集于此逛书市，使明朝时红火的前门、灯市口和西城的城隍庙书市都逐渐转移到琉璃厂。各地的书商也纷纷在这里设摊、建室、出售大量藏书。繁华的市井，便利的条件，形成了“京都雅游之所”，使琉璃厂逐渐发展成为京城最大的书市，形成了人文荟萃的文化街市，与文化相关的笔墨纸砚，古玩书画等，也随之发展起来。

清末，在原琉璃厂厂址上修建了师范学堂，这就是现在的师大附中的前身。在原厂址往南修建了海王村公园，成为了琉璃厂集市的中心，也是后来厂甸最为热闹的地方之一。分成了东琉璃厂和西琉璃厂。

琉璃厂有许多著名老店，如槐荫山房、茹古斋、古艺斋、瑞成斋、萃文阁、一得阁、李福寿笔庄等，还有中国最大的古旧书店中国书店，以及西琉璃厂原有的三大书局——商务印书馆、中华书局、世界书局，而琉璃厂最著名的老店则是荣宝斋。

有人说：琉璃厂因荣宝斋等著名文化老店而享有盛名。这种说法有它的道理。荣宝斋的前身是“松竹斋”，光绪年间取“以文会友，荣名为宝”之意，更名为“荣宝斋”。著名书法家陆润庠题写了“荣宝斋”三个字。清末，文人墨客常聚此地，而民国年间老一辈书画家如于右任、张大千、吴昌硕、齐白石等也是这里的常客。

清末民初时，荣宝斋、大千画廊等琉璃厂老店纷纷争悬名家书画于窗前，引来人们驻足观赏，成为琉璃厂的一道风景。当时，也是数荣宝斋名画最多而最为热闹。荣宝斋最著名的又要数木版水印和复制品。荣宝斋的木版水印融刻版、印刷、折裁等技术为一体，使水印品的艺术更臻完善。

由于这块风水宝地是仕人、举子、文人墨客、文化商人、梨园艺人聚居的地方，使得这里有着层次最为丰富的人文资源：典故、故事、人际等人文景观。

当年琉璃厂是一条土路，街道两旁都是一家挨一家的低矮店铺。一两间门脸的书店里，一进门四壁都是书架，摆满了书籍，每本书都附有标签，上边写明书目和价目。里间屋的临窗都有一张榆木擦漆的八仙桌，桌两旁是太师椅，壁间悬挂着对联，对联内容都离不开书——“得好友来如对月，有奇书读胜看花”；“万事莫如为善乐，百花争比读书香”；“有关国家书常读，无益身心事莫为”；“养心莫善寡欲，至乐无如读书”……

琉璃厂除去书店，就是古玩铺，那时“古玩”叫“骨董”，就是古董，后来才叫古玩。“古玩”在文人口中称“文玩”，意思是文人雅玩之物，若从历史文化的角度来说也是可以的，因为要玩这些古玩意儿，不是一般人都玩得通的，必须具备些历史文化知识才行，其意义比“古玩”还广泛，因它包含新的，而不仅仅是古的。古玩铺都是为富人、有权势者预备的，一般穷读书人不敢问津。在《藤阴杂记》中有程晋芳移民，以诗寄袁枚，诗中有“势家歇马评珍玩，冷客摊前向故书”句，就说明古玩铺历来都是权势豪绅者光顾的地方，一般人只能在旧书摊里选些物美价廉的旧书而已。

当年琉璃厂文化街对联不少，影响周围环境。在琉璃厂东口，有一住家门前有联曰：“琉璃掩映春堆厂，杨梅横斜香满街”，该住户系在杨梅竹斜街西口处，故有此联，颇有趣味。

《都门杂咏》中有竹枝词唱咏：“新开厂甸值新春，玩好图书百货陈。裘马翩翩贵公子，往来都是读书人。”

乾隆时修《四库全书》，编修者常到琉璃厂阅读书籍，各地书贾也纷纷在这里设摊出售大量的藏书。便利的条件，使这里形成了人文荟萃的文化街。这个时期除书肆外，古玩书画及文化有关的行业，也随之发展起来。古旧书业是琉璃厂的主要产业，甚而琉璃厂就是因书而起，没有古旧书这一行，也就没有琉璃厂。

树人一九一二年五月五日到京，十二日就到琉璃厂游览，日记上记道：

> 星期休息……下午与季茀、诗荃、协和至琉璃厂，历观古书肆，购傅氏《纂［籑］喜庐丛书》一部七本，五元八角。

其后，二十五日又去，二十六日、三十日又去。初到北京，风尘仆仆，朋友往来也很忙，却在不到一个月之间，去了四次琉璃厂，可见厂肆与树人的关系。渐渐地，书店的老板、伙计跟树人就很熟了，即使不买书，也常来坐坐，喝杯茶。有什么难找的书，也托他们设法找到。

琉璃厂的古旧书店还有修整古书的技艺，能够整理古书，重新修订，换护页、书衣，配制书套，仿制抄本和缺页。一部破烂霉蛀的书，到高明师傅手里，重新拆开，轻轻地一张张地摊平，去掉霉迹，托上衬纸，补好蛀处，再一张张折拢，理齐，先用纸捻订好，压平，再配上旧纸护页，配上栗壳色或瓷青色旧纸的书衣，用珠子线，即丝线订好，贴上旧纸题签，配上蓝布、牙签书套。用这样水磨的细功夫，一部破烂的旧籍便成为面目一新的善本了。高明师傅做起这些工作来，真有得心应手、起死回生之妙。

树人常常委托书店重新装订旧书。一九一三年九月十四日日记记道：

上午本立堂书贾来持去破书九种，属其修治，预付工价银二元。

十月五日又记道：

往本立堂问所订书，大半成就。见《嵊县志》一部，附《郯录》，共十四册，以银二元买之，令换面叶重订。

十二月十九日再记道：

下午留黎厂本立堂书估来取去旧书八部，令其缮治也。

同月二十九日又记：

晚留黎厂本立堂旧书店伙计持前所托装订旧书来，共一百本，付工资五元一角五分。惟《急就篇》装订未善，令持归重理之。

长期目睹书店修书工艺，树人也逐步学会一些，自备修书工具，自己能修补的就不花钱找书店了。

对于古砖及拓本，鲁迅更是兴趣浓厚，有的在市场购买，有的系朋友馈赠。据日记载，一九一五年十月二十七日，陈师曾赠给他“后子孙吉”砖拓两枚；十一月六日，在琉璃厂买到“正光”砖拓一枚；十二月五日，在琉璃厂买到砖拓十六枚。一九一六年九月十九日，“陈师曾赠古专（通‘砖’。下同）拓片一束十八枚”。一九一七年三月二十五日，在琉璃厂买得砖拓二十一枚；十月五日，“季市（许寿裳）持来专拓片一枚，‘龙凤’二字，云是仲书先生所赠，审为东魏物，字刻而非印，以泉百二十元而得之也。”此价格相当昂贵，是鲁迅买古砖拓本中少有的大投入。一九一八年五月二十三日，在琉璃厂德古斋买到恒农墓砖拓片大小百枚，价二十四元；九月二十七日，在琉璃厂买砖拓二十枚，花费二元。一九一九年十月十七日，他在琉璃厂买到张俊妻墓砖三枚；十二月十四日，“买专一枚，上端及左侧有字，下端二字曰‘虞凯’，馀泐，泉五角。”然而，几天后卖主反悔了，十八日，“估人又取‘虞凯’专去，言不欲售，遂返之”；十二月三十一日，在琉璃厂得墓志砖四块。一九二〇年一月五日，鲁迅买了一块古砖，因怀疑是伪作，次日又调换另一款。一九二一年九月八日，在琉璃厂买砖拓片二十六枚。至于实物，也偶有所获。

与此同时，在绍兴的周作人仍在收购古砖及拓片，有的寄给鲁迅，如一九一五年七月二十八日鲁迅日记载：“晨得二弟信并‘河平’专、‘甘露’专文拓本各一枚”，九月六日，友人转来二弟的信“并‘马卫将作’专一块”，托人把砖和拓片从绍兴捎到北京，应该费事不小。一九一五年十一月二十一日鲁迅“得二弟信并‘永和’专拓本 一枚”，可能就是从阿桂手上买到的那块砖的拓片。又一九一八年七月十三日，“午得二弟所寄专拓片一包……粘专拓”，这应该是收到家乡来件后初步的整理或修复。鲁迅有时也把自己在北京得到的拓片寄给二弟，如一九一五年十月三十日寄周作人“后宜子孙”砖拓本两枚。

周氏兄弟本来想编一本《越中专录》，可惜兄弟失和，鲁迅不得已搬出八道湾十一号寓所。他离开时只带走一块砖，即大同十一年砖，其余皆为周作人据有。计划中的《越中专录》无法实现，鲁迅只好从自己所藏拓本中选出汉魏六朝出品一百七十件、隋朝两件、唐朝一件，编成《俟堂专文杂集》。

兴趣最为浓厚的还是嵇康的文集，但这次去找《嵇中散集》，却没有得手。在一九一三年九月二十三日日记中记道：

下午往留黎厂搜《嵇中散集》不得，遂以托本立堂。

没多久书终于找到了。他日记中连续记道：

一九一三年十月一日："午后往图书馆……借《嵇康集》一册。是明吴匏庵丛书堂写本。……写书时头眩手战，似神经又病矣，无日不处忧患中，可哀也。"

一九一三年十月十五日："夜以丛书堂本《嵇康集》校《全三国文》，摘出佳字，将于暇日写之。"

一九一三年十月十九日："夜续校《嵇康集》。"

一九一三年十月二十日："夜校《嵇康集》毕，作短跋系之。"

一九一三年十二月三十日："夜写《嵇康集》毕，计十卷，约四万字左右。"

这是树人第一次校《嵇康集》。试想：当初他刚刚拿到这部丛书堂本《嵇康集》，看到盼望已久的文字时，该是怎样地激动啊！他在空白宣纸上，工工整整地抄写着嵇康的文字，一笔不苟，全神贯注，完全将精神倾注在这魏晋文章上。抄书，已经成为他的嗜好，笔直地坐在桌前，心无旁骛地抄写古籍，眼看着象形的汉字奇妙地出现在宣纸上，排成散淡而齐整的行列，真有无穷的趣味。人生几何，何以解忧？曹孟德是"唯有杜康"，周树人则是唯有读书、抄书、拓古碑。他一九〇九年至一九一一年在杭州、绍兴任教时，抄了《古小说钩沉》等;一九一〇年至一九一四年间,抄了《岭表录异》《云谷杂记》等;一九一二年四月至一九一四年三月在教育部任职时，抄了《谢承后汉书》《谢沈后汉书》和《虞预晋书》等；一九一四年抄了《会稽郡故书杂集》《会稽先贤著述缉存》等；一九二〇年在北京大学讲授中国小说史时期，抄了《唐宋传奇集》等；而《嵇康集》的抄录、辑校次数最多，先后九次，一九一三年是第一次手抄。嵇康成为周树人一生的精神伴……

夜里，睡梦中，他遇见了嵇康:早孤，有奇才，远迈不群。身长七尺八寸，

夜里，睡梦中，他遇见了嵇康：早孤，有奇才，远迈不群。

美词气，有风仪，而土木形骸，不自藻饰，人以为龙章凤姿，天质自然。恬静寡欲，含垢匿瑕，宽简有大量。学不师受，博览无不该通，长好《老》《庄》。与魏宗室婚，拜中散大夫。常修养性服食之事，弹琴咏诗，自足于怀。以为神仙禀之自然，非积学所得，至于导养得理，则安期、彭祖之伦可及，乃著《养生论》。

得见这位同是会稽人，又同是早孤的奇人，树人如见神仙，躬身问道："先生著有《养生论》，爱护又善于涵养自己的生命，何又不能保护自己，落得被杀害的境地？"

嵇康从容不迫，顺然答道："夫称君子者，心不措乎是非，而行不违乎道者也。何以言之？夫气静神虚者，心不存于矜尚；体亮心达者，情不系于所欲。矜尚不存乎心，故能越名教而任自然；情不系于所欲，故能审贵贱而通物情。物情顺通，故大道无违；越名任心，故是非无措也。是故言君子则以无措为主，以通物为美；言小人则以匿情为非，以违道为阙。何者？匿情矜吝，小人之至恶；虚心无措，君子之笃行也。是以大道言'及吾无身，吾又何患'。无以生为贵者，是贤于贵生也。由斯而言，夫至人之用心，固不存有措矣。故曰'君子行道，忘其为身'，斯言是矣。君子之行贤也，不察于有度而后行也；任心无邪，不议于善而后正也；显情无措，不论于是而后为也。是故傲然忘贤，而贤与度会；忽然任心，而心与善遇；傥然无措，而事与是俱也。"

闻听此言，树人肃然起敬，言道："以先生之才情胸襟，世人难企，又何能交友？"

嵇康慨然应道："胸怀所寄，以高契难期，每思郢质。所与神交者惟陈留阮籍、河内山涛，豫其流者河内向秀、沛国刘伶、籍兄子咸、琅邪王戎，遂为竹林之游，世所谓'竹林七贤'也。戎自言与康居山阳二十年，未尝见其喜愠之色。"

树人更是仰之，从野史中知嵇中散一轶事：嵇康曾采药游山泽，遇到得志的时候，便忘记了返回。当时正好有砍柴的人遇上他，都称他为神人。游到汲郡的山里遇见了孙登。嵇康于是跟从他行动。孙登沉默不言，自己做自己的事。嵇康临别要走，孙登说："你性格刚烈而有才，难道能免祸吗！"嵇康又遇到了王烈，一起进到山里。王烈曾经得到像软糖一样的石髓。马上自己吃了一半，剩下一半给嵇康，石髓都凝结成石头了。王烈又在石室中看到一卷白色的书。马上叫嵇康去拿，可是书马上又不见了。王烈于是叹息道："叔夜志向与情趣都不平常，却总是不能遇上成仙的契机。这真是命运啊！"他的神智和心灵能感应到他向往的事情，所以总是遇到像这一类神秘的、遁世的事物。

树人仰之若神，对其行为更是疑惑不解，又问："你说河内山涛为你好友，乃'竹林七贤'之一，为何又与他绝交呢？"

嵇康不屑言道："此'山巨源'，虽为吾之友，'竹林七贤'之一，但'高平政变'后委身司马氏，任吏部选曹郎。景元二年，又高升为司马昭大将军从事中郎。他还想起了我，推荐我继任吏部选曹郎。官阶六品，级别不高，但是负责官员任用，权力极大。多少人打破头想争得这个'肥缺'，吾却视若粪土，曰：'闻足下迁，惕然不喜，恐足下羞人之独割，引尸祝以自助，手荐鸾刀，漫之膻腥'。'其意如此，既以解足下，并以为别'，只能与之'绝交'矣！"

多少人打破头想争得这个"肥缺"，嵇康却视若粪土，更使树人仰视，又想起嵇康家境贫寒，曾经和向秀一起在大树下打铁来补贴家用。颍川钟会，是个出身高贵的公子。精明干练有才华，善辩论，于是去拜访嵇康。嵇康不以礼对待他，继续打铁不停下来。过了很久，钟会要离开了。嵇康对他说："你听到什么消息跑来的？又看到什么东西离开了？"钟会说："听到我所听到的东西所以来了，看到了我所看到的东西所以走了。"钟会因此怀恨。到嵇康下狱时，因为憾，恨，心中不满。对司马昭说："嵇康，是条盘踞着的龙，不能让他腾起。你不用担心天下不在你的掌握中，只有嵇康必须顾虑罢了。"趁机进谗："嵇康本来想要帮助毋丘俭谋反，全依靠山涛不让他这么做。以前齐国姜太公杀华士，鲁国孔丘杀少正卯。正因为他们扰乱破坏当时的秩序与教化，所以圣贤把他们铲除了。嵇康和吕安言论放荡，诽谤社会公德和国家政策，这是做帝王的不应宽容的，应当乘这个机会铲除掉他们，来使风俗醇正。"司马昭听信了钟会的话，就把那两人都杀了。嵇康即将在东市被处刑，三千个太学生请求让嵇康作他们的老师，上面没答应。嵇康瞭看了一下太阳的影子，要来了琴弹奏。说："以前袁准曾跟从我学习《广陵散》。我老是严守秘密不教他，《广陵散》从此断绝了啊！"当时嵇康年仅三十九岁。

树人不禁冒问："《广陵散》到底是怎样的曲子啊？"

想不到嵇康滔滔不绝大说起来："这是一首千古绝唱，是'聂政刺韩相'之曲，其姐为披露弟弟的义举，哭尸于刑场，悲愤而死。按谱弹之，觉指下一片金革杀伐之声，惊心动魄，忘其琴曲，乃有深重寄托也！"

正说着，树人一觉醒来，龙章凤姿的嵇康不知去向，但此生却与自己永不相离。但又要汲取他教训：善于保护自己，不去做无谓的牺牲。

《死火》

鲁迅从忆往昔中醒转来，回到现实中的"老虎尾巴"，但就在这个值得永远纪念的一九二五年四月二十三日夜里，他突又陷入梦中。

梦见自己在冰山间奔驰。

这是高大的冰山，上接冰天，天上冻云弥漫，片片如鱼鳞模样。山麓有冰树林，枝叶都如松杉。一切冰冷，一切青白。

但他忽然坠在冰谷中。

上下四旁无不冰冷，青白。而一切青白冰上，却有红影无数，纠结如珊瑚网。他俯看脚下，有火焰在。

曾经猛攻过的《法华经·譬喻品》中，这样写道："三界无安，犹如火宅，众苦充满，甚可怖畏，常有生老病死忧患，如是等火，炽燃不息。""三界"指的是欲界、色界、无色界，泛指世界。回忆往昔，深感自己有如火宅中的死火。有炎炎的形，但毫不摇动，全体冰结，像珊瑚枝；尖端还有凝固的黑烟，这才令人怀疑是从火宅中出来的，所以枯焦。这样，映在冰的四壁，而且互相反映，化为无量数影，使这冰谷，成红珊瑚色。

嗨！他也曾经是早熟多情的人，那样小就痴爱上琴表妹，本是一场多么好的姻缘！却被慈母误进的毒药扑灭了，可怜的琴姑也在孤独中含恨而死，这是多么悲苦啊！他简直不敢想象琴姑临死时的景况，但又时时难忘。每一想起，心里就流血，所以无论在言谈中还是在文章上，从来就没有提起过。只是深埋在心中，越是怀念越不能提；越是不提，越是悲苦。嗨，这又是怎样的悲苦！？然后就是慈母误送的“礼物”，怎可能与她产生爱情？十几年来，只好在抄古碑中度过余生。请好友陈师曾刻过一枚图章“俟堂”，就有“待死堂”的意味，当时革命党不断命令党人去实行暗杀，现在周围形势又那样险恶，说不定什么时候像徐锡麟、秋瑾那样死于刑场，或如眼下捕进去的青年一样一死了之，尽管听从命运的安排吧！可是挨到“不惑之年”，仍然活着。但人虽没死，心却早死了！那青春的烈火早已死灭了！呼唤“精神界之战士”之心，也近于破灭。莫非自己就是那“死火”？

忽然有一个人把自己这“死火”拾起来了，还高兴地说道：“哈哈！当我幼小的时候，本就爱看快舰激起的浪花，洪炉喷出的烈焰。不但爱看，还想看清。可惜他们都息息变幻，永无定形。虽然凝视又凝视，总不留下怎样一定的迹象。死的火焰，现在先得到了你了！”

他拾起死火，正要细看，那冷气已使他的指头焦灼；但是，他还熬着，将“死火”塞入衣袋中间。这时“死火”才发现拾起自己又搂在怀里的是一位女性，一位年轻的胸脯丰满富有弹性的姑娘。这一发现使冰谷四面，登时完全青白。“死火”和她思索着走出冰谷的法子。

在她温暖的胸怀里，“死火”的身上喷出一缕黑烟，上升如铁线蛇。冰谷四面，又登时满有红焰流动，如大火聚，将他俩包围。她低头一看，“死火”已经燃烧，烧穿了她的衣裳，流在冰地上了。

“唉，朋友！我用了我的温热，将你惊醒了。”她说。她连忙和“死火”招呼，问“死火”名姓。

“我原先被人遗弃在冰谷中，”“死火”答非所问地说，“遗弃我的早已灭亡，消尽了。我也被冰冻冻得要死。倘使你不给我温热，使我重行烧起，我不久就须灭亡。”

“你的醒来，使我欢喜。我正在想着走出冰谷的方法；我愿意携带你去，使你永不冰结，永得燃烧。”

“唉唉！那么，我将烧完！”

“你的烧完，使我惋惜。我便将你留下，仍在这里罢。”

“唉唉！那么，我将冻灭了！”

“那么，怎么办呢？”

“但你自己，又怎么办呢？”

“我说过了：我要出这冰谷……”

“那我就不如烧完！”

她忽而跃起，如红彗星，并“死火”都出冰谷口外。有大石车突然驰来，“死火”终于碾死在车轮底下，但“死火”还来得及看见那车就坠入冰谷中。

“哈哈！你们是再也遇不着死火了！”“死火”得意地笑着说，仿佛就愿意这样似的。

但想到：她会怎样呢？舍身相救的恩人？……

鲁迅又想到这势利的人世，这狗都不如的心中只知道分别铜和银、布和绸、官和民、主和奴……的所谓的“人”，而把自己拾起捧在怀中的她，却如此地不计利害，誓愿救“死火”出冰谷与自己这个“过客”同行。“合法也罢，不合法也罢，都不在乎。”但自己又生怕辱没了对手，一径逃走，直到逃出梦境，躺在自己的床上。稍歇口气，禁不住翻身起来，连写了《野草》之十二与十三：《死火》和《狗的驳诘》，两篇同时发在一九二五年五月四日的《语丝》第二十五期上，称她们为“姐妹篇”。

第六章　青年们

许钦文兄妹和俞芬姐妹

青年们成为解除鲁迅大苦闷的良药，只要青年们来了，他就感到高兴。

许钦文和许羡苏兄妹俩，是周家最亲近的青年人。许钦文是鲁迅一手培养的青年作家，又是绍兴同乡和学生，来往最无拘束。妹妹许羡苏是周建人在绍兴女子师范教书时候的学生，她一九二〇年，也就是五四运动的第二年，听说北京大学已经招收女生，并且在学的女生也可以住在学校附近的公寓里。就在这一年的秋天来到北京，投考之前，原来也想在公寓里住一段时间，不料公寓不收未入学的女生。她没有住处，就找到周建人。建人听了她的请求之后，进去和二太太羽太信子商量，决定她可以住在他们家里。许羡苏就在当天下午搬到八道湾十一号第三进东边尽头的一间内客房里。靠西是建人一家，再靠西是周作人一家。老太太和朱氏住在第二进的三间北屋，位置和后来西三条的相当，即老太太住靠东一间，朱安住靠西一间，中间是吃饭和洗脸的地方，靠后也有一个和“老虎尾巴”相当的木制的长炕，也有很大的玻璃窗，但比西三条的面积大得多。

老太太，许羡苏她们称她为太师母，初来北京，听不懂八道湾的门房兼采买齐坤的话，吃不惯厨师王师傅做的北方菜。她自己在绍兴时用惯了的工人王鹤照，因为妻子的丧事没有一同出来，后来到了北京也因为方言关系不便于买东西，或者干别的活路。而且这时候太师母已经不再当家，当时的家长是鲁迅先生，内当家是二太太，即周作人的妻子羽太信子。许羡苏考入北京女子高等师范学校之后，虽然住校，离开了八道湾，但是星期天或别的假期也常常去看太师母。不久发现在女高师附中上学的俞芬也是绍兴人，还是建人在绍兴女子师范教书时候的学生。能说流利的北方话，也能说道地的绍兴话，并且善于买东西，炒好吃的绍兴菜。虽然因为死了母亲带着两个幼小的妹妹寄住在砖塔胡同六十一号，但她天真活泼，是一个喜欢交际的超龄的中学生。所以许羡苏就时常同她一道去看太师母。她们每一两星期往八道湾去看望太师母一次，经常是完成了“任务”，又带回来新的“任务”。人称“活脚船”。

一九二三年八月，鲁迅与二弟失和，搬离八道湾，就是许羡苏托俞芬找的房。其实，在鲁迅搬进砖塔胡同之前，太师母就到俞芬家做过客。那是一九二二年初夏的一个星期天，俞芳十一岁，妹妹俞藻才九岁。她们常听大姐和她在绍兴读书时的老同学许羡苏谈到太师母，知道太师母从绍兴搬到北京，话听不懂，生活不习惯，每遇到绍兴人，听到乡音，就非常高兴。

太师母是贵客临门，记得当时俞芳又激动、又兴奋。那天一清早起来，就主动地帮着大姐姐们做准备工作。十点钟左右，太师母到了。她是一位六十多岁的老人，头上梳着发髻，瘦高身材，腰不弯，背不驼，虽是放大脚，走起路来却很利落。目光慈祥有神。上身穿着藏青色上衣，下系黑色绸裙。给人以整洁、健朗的印象。那天俞芬很忙，又做点心、又烧菜。许羡苏负责招待，连忙迎接、让座。俞芳和三妹有些怕生，很拘束，站在一边，有点手足无措的样子。谁知太师母一看到她们，和蔼又怜惜地问：是老二、老三吧？拉她们到自己身边，就和她们谈开了，问她们几岁了，在什么学校读书，她老人家已经知道她们是没有母亲的孩子，就问想不想爸爸，等等。她们一一做了回答。她老人家给俞芳姐妹的印象是：喜欢孩子，同情孩子，是一位慈祥可亲的老人。特别是在吃饭的时候，太师母非常照顾俞芳和三妹，经常提醒大姐姐们给她们搛菜。这一天，她们过得很愉快。这之后，太师母还来过两次，每次都受到俞芳和三妹发自内心的欢迎。当然，也受到大姐姐们的热情款待。

一九二三年八月二日至一九二四年五月二十五日这一段时期，大先生携朱安从八道湾搬到砖塔胡同六十一号暂住，和她们住在同一个院子里。这期间，太师母以住在八道湾为主，有时来砖塔胡同住。每当太师母到砖塔胡同时，她们真开心呵！她老人家很理解孩子们的心情，当她知道她们没有什么玩具时，就送给她们皮球、毽子、气球等，另外，还把香烟盒里的图片收集起来，分给她们。这些都是她们当时最喜欢的玩具。她老人家还常讲故事给她们听，有时也讲讲绍兴的风俗习惯。特别是吃过晚饭，大先生到太师母屋里谈天，她们也挤进太师母屋里，听他们谈时事、讲故事、说笑话……那热烈、欢乐的气氛至今还萦绕心头。

一九二四年五月二十五日，鲁迅先生家搬到西三条新屋。大姐事前也在别处租到两间房子，并和大先生商量好，和他们同日搬离砖塔胡同六十一号。

搬到新的地方，俞芳和三妹经常想念大先生一家，也很想去看看他们的新屋，大姐总是以他们要收拾东西，不要去打扰他们为由，不肯带她们去。大概是搬家两个星期后的一个星期天，同是绍兴同乡又是女师大同班同学的许羡苏、王顺亲两位姐姐来了，大姐才和她们带着她和三妹到大先生的新屋去。她们走到门口，只见墙和门都粉刷、油漆一新。走进大门，首先使俞芳感到新奇的是门洞里摆着的一辆人力车。起先，俞芳以为是大先生新买的，后来才知道是一位接送大先生的人力车工人向车行租来的。因为考虑到这位人力车工人的家不在城里，住在外面开销大，又不方便，所以大先生就让他住在家里。

她们一行五人，刚走进院子，太师母、大先生和大师母，都迎了出来，大概是她们第一次到新屋去的缘故吧，那天他们一家人都把她们当成客人，盛情招待。大先生亲自陪着她们参观新屋和院子。

以后，每逢星期日，许钦文和许羡苏以及俞芬姐妹，就常去那里做客，看望太师母、大先生、大师母，像走亲戚一样。

鲁迅一见俞芳、俞藻，又逗笑道："呵，'野猪''野牛'来了！"亲切地拉过两个小姐妹，让她们坐在自己身边，问道："你们还记得'剪刀阵'和'壶瓶骂’吗？”

俞芳听了，有点不好意思。原来在砖塔胡同时，有一次大先生给她们讲绍兴女人吵架时常提到的“剪刀阵”和“壶瓶骂”，他连说带比画，引得她们笑弯了腰。他说：绍兴女人吵架，有一种架势是摆“剪刀阵”。“什么是摆剪刀阵呀？是不是每个人拿着剪刀打架？”俞芳连忙问。“不是的，”大先生答道，“你们看我。”大先生说着起身做了两脚分开，两手叉腰的姿势，还微笑着叫俞芳照他样子做。俞芳做了，他收起姿势，指着俞芳问大家：“你们看这样子像不像一把剪刀口朝下的剪刀？”大家都笑了。俞芳当时似乎觉得有些“上当”，怪不好意思地慌忙放下双手。大先生对俞芳说：“做做样子有什么关系？因为你比她们瘦，做起来更像一把‘剪刀’。”他这几句话又引得她们大笑，连俞芳也忍不住笑了。大先生接着说：相骂的双方都摆着这种“剪刀”架势，互相抓住对方的缺点骂，然后又转过身拍屁股，骂得响、拍得快的得胜。大先生又说：摆剪刀阵的，中年妇女居多，她们精力旺盛，阅历多，相骂的内容丰富；年轻人阅历不够，老年人经历虽多，但精力不足，气头也没有中年人急。大先生还进一步分析“剪刀阵”的姿势说：两手叉腰是为了壮气，两腿分开，重心低，站得稳。他接着说绍兴妇女动手打架的并不多，相骂、转过身拍屁股的确是常见的；大概妇女平时在家里积在心里的怨气，要在相骂中发散发散吧。这时，大先生问太师母是不是这样，老人家微笑着点头，表示同意。

那么“壶瓶骂”又是怎样呢？这次大先生自己示范了。只见他左手叉腰，右臂向右前上方伸直，并用食指指向对方做骂人状。他问大家：这样子像什么？像不像一把茶壶？大家懂了，那叉腰的左手表示壶柄，伸直的右手便是壶嘴了。大先生的“壶瓶”姿势又引得她们笑得前仰后合。

那时俞芳和三妹喜欢用彩色油光纸做“小人”玩，可是不会画人头，就请大先生画。对于这些小事，他也是一口答应，而且要俞芳提出具体要求，如头型大、小及男、女、老、少等。他有时即刻画，“立等可取”；有时晚上画，第二天给俞芳。他画得又认真，又好。由于他既不拒绝，画得又好，于是俞芳就经常去麻烦他了。

那时，俞芳在笃志小学读书。有一次，她们班地理常识课老师，要部分学生请家长把各省的省会、主要出产、气候，等等，用毛笔填写在卡片上。俞芳和三妹分配到长江流域各省的卡片，她们就请大先生写。他不但供应俞芳卡片纸，而且用正楷书写。俞芳拿到卡片时，非常高兴，第二天，到学校马上交给老师。老师认为她的这套卡片写得特别好，在班级上表扬了她。回家时，俞芳向大先生说了，他微笑着说:“我写的卡片受到你们老师称赞了吗?真是不胜荣幸之至。”这套卡片后来在学校展览会展出过，留在学校了。大先生知道这事后，又幽默地说：“不胜荣幸之至”。

大先生还特别爱讲笑话。有一次，他讲了一则笑话：有一家人家，只有三个人：爸爸、妈妈和一个十来岁的孩子。一天，爸爸妈妈出去了，家里只留孩子看家。孩子正感到寂寞无聊，忽然听到敲门声，开门一看，是个陌生人，来找爸爸妈妈的。他问孩子：“令尊、令堂在家吗？”孩子不懂令尊、令堂是什么意思，瞪着眼睛发呆，想了半天，才说:我吃过许多“糖”，可没有吃过“令糖”。来人笑笑走了。爸爸妈妈回来后，孩子告诉了他们。不料他爸爸不听则已，越听越气，拍桌大骂：“令尊就是我，令堂就是你娘，呆虫！”孩子被骂得糊里糊涂，又看到爸爸生这样大的气，虽然不懂，也不敢问，这几句话却记住了。过了几天，爸爸妈妈又出去了，还是留下孩子看家。凑巧，上次来过的陌生人又来了，问道：“令尊、令堂呢？”孩子马上回答：“令尊就是我，令堂就是你娘，呆虫！”逗得俞芳和三妹笑得肚子痛。

过后，许钦文独自留在“老虎尾巴”，许羡苏和俞芬、俞藻到东边屋子和太师母聊天，俞芳到西边屋子里看大师母朱安。她总觉得大师母人很善良，挺可怜的。记得有一次在砖塔胡同，一天俞芳和大姐闹僵了，大姐压不服她，居然不让她进屋睡觉。夜深了，大师母走过来调解，劝大姐先让她睡觉，大姐就是不转弯，俞芳也不让步，最后还是大师母想出办法，叫俞芳那晚和她一起睡。到她床上，俞芳满腹委屈，哭了，大师母劝她说：明天还要上学，不要哭了;又提醒俞芳,大先生还在写文章,不要吵他。俞芳当时也真感到有些累，不久睡着了，第二天按时上学去。这件事过了一夜，大家似乎都已忘记，可俞芳一直记着，待太师母过来时，俞芳告诉她老人家。太师母说这是大先生叫大师母出面来劝解的，最后又深情地说：你大姐虽比你大十几岁，但也还年轻，有孩子气，但她毕竟是你的姐姐，不是妈妈，你也不要多怪她。俞芳听了，是多么感激太师母和大先生、大师母啊！

俞芳还记得有好几次大师母叫她和三妹不要吵大先生，有时甚至是恳求她们：大先生回来时，你们不要吵他，让他安安静静写文章。俞芳想：大师母是关怀大先生的。

大师母对大先生是很尊敬的。她佩服他的才能，很明显地表现出“自愧不如”的严重自卑感。两人的差距太大了，看上去她似乎也不想努力缩小“差距”，她只想尽全力照顾好大先生和太师母的生活。但看起来，她对大先生是有感情的。大先生在砖塔胡同时，曾教俞芳和三妹做体操，她们常常练习。有几次大先生不在家，大师母也和她们学着做，当时俞芳不懂得她这么大年纪的人，为什么对小孩子做的体操会发生兴趣？说实话，俞芳当时心里有些好笑，心想她年纪老了，腰、腿都不灵活，再加上小脚，弯不下，跳不起，何苦来呢！后来才悟出，这是大师母对大先生的尊敬和爱慕的一种表现。她认为大先生说的做的都是正确的，她在暗暗努力跟上大先生的步伐。

东边屋子里，太师母跟许羡苏她们讲起了古书。她记忆力很强，平时看过的书很多，举凡《三国志》《三国演义》《红楼梦》《水浒传》《官场现形记》《西游记》《镜花缘》等书，她不知看过多少遍。随时拈起一本就津津有味地讲起来，许羡苏她们一边听，一边笑。

“老虎尾巴”里，许钦文见没有外人了，悄悄拿出一本书给鲁迅先生。鲁迅接过一看，见是《短篇小说三篇》，书面无装饰，仅有五十余页，由《晨报》代印，显系作者自费印行。书的扉页上说明：“一九二五年四月出版——有版权。卖洋两角。函购处——北京宣外南半截胡同四号许钦文。”此处正是许钦文所居的绍兴会馆。鲁迅一边翻看，一边说：“不断写作，又能舍本自印出来，就是好的开始。我看看以后能否加几篇正式出版一本厚实些的。”

许钦文高兴地说：“那当然好，全靠先生提携。”又悄声对鲁迅先生说：“还有几本，我晚上带来，请先生代送他人。”

鲁迅点头答应，把书小心地放进自己的书箱。

开始做午饭了，大师母亲手炒菜，许羡苏和俞芬帮着潘妈做下手。许钦文插不上，只得继续思考他喜欢的文学问题：在《呐喊》和《彷徨》上，鲁迅先生常常凭着主观的感觉把静物描写得很生动。譬如在《明天》里的“纺车静静的‘立’在地上”；和《示众》里，“二三十个馒头包子，毫无热气，冷冷的‘坐’着。”平常我们总都当作被动的“摆”在那里，他却作为自动的存在。又如他描写人走得快，往往不用“跑”字，却用“飞”字来形容。在“老虎尾巴”的时候，鲁迅先生的谈话中，也时常出现这种字眼。当初觉得有点异样。可是这一天，对于用“飞”不用“跑”这一点，他忽然悟着了，觉得的确要这样才形容得恰当。当时他正在“老虎尾巴”里坐着，接连噗噗的响了阵脚步声以后，一个影子，宛然是只白蝴蝶，因为全身素装，从太师母的房间里闪出，直向院子飘去，实在是一个飞的感觉。——这个白蝴蝶般的本体，就是他家密司——许羡苏。许羡苏个儿矮小，但却有江南少女的秀气，人安分守己，周家把她当作完全信赖的自家人，她自己除了哥哥，没有其他亲人。过去父母给她与一个不相识的男人订了亲，“五四”新思潮到来，哥哥就帮她退掉了，之后没有交过男朋友，她将周家事看作自己应尽义务的分内事，忠实地帮周家做事，但又丝毫不过界。

客散尽以后，鲁迅才喜滋滋地拆看早晨收到的许广平来信，原来是二十五日写的：

> 鲁迅师：
>
> 先后的收到信和《莽原》，使我在寂寞的空气里，不知不觉地发生微笑。此外有《猛进》《孤军》《语丝》《现代评论》等周刊，接连地源源而来。居然关心大局的人多起来了！小鬼每周中得着这些师资，多么快活呀！

接着对《莽原》的命名和设计提出自己的看法，谈了些期刊内容等琐事，还是回到“秘密窝”上来：

> 那“秘密窝”的屋顶大体是平平的，暗黑色的。这是和保存国粹

一样，带有旧式的建筑法。在画学中的美的研究，天——屋顶——是浅色的，地是深色的。如此才是适合。否则天地混乱，呈不安的现象。在“秘密窝”中，也可以说呈神秘的苦闷的象征，靠南虽然有门口，因为隔了一个过道的房子，所以表现暗的色彩，左右也不十分光亮。惟有前面——北——一大片玻璃，这似什么呢？光的部分就似喇叭口，其余那上下左右和后面，就是喇叭管。后面——南——有点光线。喇叭的小口——发音机处——那面横断之亦有光线。从前后沟通之，这是什么解释呢？我摆起八卦阵，薰沐斋戒的占算一下吧！……

俏皮一段后，又回到最得意的“逼去故宫”：

午门之游，归来总夹杂得胜的微笑，在洋车中直至学校，以至良久，更回思及在下楼和内操场时的泼皮，真是得意极了！人们总是求自我的满足的，何尝计及被困者的窘状。其实被困者那天心理测验也尽施行够了！命大家起立，以占是否多数再下楼迟延，以察是否诚意，然而终竟被“煽动”了！在最新的分数计算，全对就满分，一半对一半，错就抵消了，一分也没有。如果（终被煽动了）全失败了，自不待言是等于0，“六十分”？太宽了吧！那天何尝“被逼”而“失败”，其实“摇身一变”的法术还未凑上乘，否则变成女先生，就不妨“带队”！其实我的话是岂有此理，男先生“带队”有甚么出奇——或者变成女……就不妨冲锋突围而出，可是终于“被逼”。这是界限分得太清的原故吧？！是世俗积留之不易打除吧？！

又说了番陆晶清的文章之类才结束了，后署——

小鬼许广平

四月廿五晚

夜里，鲁迅在一九二五年四月二十七日日记上写道：

晴。晨得许广平信。得向培良信并稿。下午得李遇安信，知前日之梨，其所赠也，在定县名黄香果云。晚钦文来并赠小说集十本。夜目寒、静农来，即以钦文小说各一本赠之。

确知梨为李遇安所送，鲁迅心里踏实了一些，但“小鬼”的面影还总在他眼前晃动。他感到：无论许羡苏和俞芬姐妹对他怎样敬重，自己对她们又怎样信任，之间的感情都是与许广平不一样的。看着许广平的信，鲁迅心里总是乐滋滋的。第二天一早又细读了 遍，就回了信，也打趣道：

……前回的不肯听讲而逼上午门，也就应该记大过若干次。而我的六十分，则必有无疑。因为这并非“界限分得太清”之故，我无论对于什么学生，都不用“冲锋突围而出”之法也。况且，窃闻小姐之类，大抵容易“潸然泪下”，倘我挥拳打出，诸君在后面哭而送之，则这一篇文章的分数，岂非当在0分以下？现在不然，可以定为六十分者，还是自己客气的。

自此，俩人的信不再师生般“客气”，而是越来越“调皮”了。

《莽原》

广平收到的《莽原》，是鲁迅主编的新周刊。

《语丝》发刊，日益畅销。孙伏园在《晨报》辞职的事，被《京报》主编邵飘萍晓得了。便聘了伏园去，为他编副刊。当时的《京报》，以消息灵通见长。故在政界上很有势力，但因编辑方法呆板，又少学术空气，所以在青年界，没有引起注意，可是伏园一进去，情景便大不同了。当时报纸的销路增加，连邵飘萍本人，都为之吃惊，他看出了文化的力量。便约人在七种附刊之外，再编一种周刊，一星期周而复始，这办法，在上海《民国日报》实行过，但在北方，还系创举。——《京报》当时共出了文学、妇女、图画、戏剧、民众文艺，等等。俟后，因思想关系，进步人士都很反对专捧女戏子的戏剧周刊，邵飘萍很痛快地将戏剧周刊停刊，要荆有麟约鲁迅先生办新的周刊，鲁迅很赞成，当时说："我们还应该扩大起来。你看，《现代评论》有多猖狂，现在固然有《语丝》，但《语丝》态度还太暗。不能满足青年人要求，稿子是岂明他们看的，我又不大管，徐旭生先生的《猛进》，倒很好，单枪匹马在战斗，我们为他作声援罢，你去同飘萍商议条件，我就写信约人写文章。"

第二天晚上，便聚集在鲁迅先生家里吃晚饭，当时到场的有：荆有麟、许钦文、章衣萍、高长虹、向培良、韦素园，等等。

荆有麟，山西猗氏人，二十二岁，一九二四年在北京世界语专门学校，听鲁迅先生讲《苦闷的象征》。有一天，他为劳动文艺研究会所出版的《火球周刊》写了一篇文章，自己不大有胆子敢于拿出去，便怀着虚心，初次拜访鲁迅先生的寓所了，先生在听了他的来意后，不特接受了代为修改文章的请求，还鼓励着："要多看书，多写作，慢慢就会进步的。"

由此，他无论写作或翻译，每篇都送给鲁迅先生过目，有时一个形容词不知道应该怎样表达，或者某一个字不知道该怎样写法，便将它空起来，先生在看时，总是代为填进去。从此，凡他在北京时，为各杂志报章所写的一切东西，都经过鲁迅的过目与修正。事实上，浪费先生的精力，又还不止于此，《民众文艺周刊》由他负责编辑时，连外面投来的稿件，一律都送给鲁迅去校阅。

这样，从一九二四年到一九二六年，整整两年时光中，他常常——几乎是每天，出入于鲁迅之门，不特听多了先生的谈论与意见，也熟知了先生的日常生活同家庭情形，直到鲁迅离开北京为止。

高长虹，山西盂县人。二十七岁，穿着布长衫，矮个子，戴副眼镜，眼睛总向上看，充满诗人气质，又狂傲不羁。他本名高仰愈，长虹是他的笔名。一九一四年考入山西省立第一中学，后来退学自修。一九二四年九月，创办《狂飙》月刊，从此文名远播，引起鲁迅的注意。一九二四年十二月十日，高长虹初次晤见鲁迅，给鲁迅留下深刻印象。一九二五年三月，《狂飙》停刊，四月，鲁迅就要创办新的文学刊物《莽原》，所以他很是热心。这时，鲁迅对他印象很好，在给许广平的信中说他是“今年新认识的，意见也有一部分和我相合，而似是安那其主义者。他很能写文章，但大约受了尼采的作品的影响之故罢，常有太晦涩难解处”。

向培良，湖南黔阳县人，只有二十二岁。当时在《女师大周刊》上曾使用过静芳、静、青方、白蚁等笔名。一九二三年至一九二五年，先后在北京私立中国大学、北京世界语专门学校学习，主攻戏剧。与高长虹一起办《狂飙》，是非常好的朋友。因而他也像高长虹似的有一股傲气，也有一种不惜力气的锐气。鲁迅在给许广平信中称赞他的“识力”比别人“坚实得多”。

韦素园，安徽霍邱县人，二十几岁，专攻俄国文学翻译。他不像一般年轻人似的爱嬉笑，总是沉默的时候居多，穿着黑色的背心，身体微微地弯曲，在别人谈笑时，他总爱咬着指甲，静坐在一角向上凝视。然而在他沉着开口说话时，大家注意力都集中在他身上，听他用缓慢但却洪亮的声音，说出考虑过的意见。这常常是热烈争论的终结。

荆有麟报告了同邵飘萍接洽的经过，几个人都赞成办周刊。当时便想到刊物的名称。最后还是向培良，在字典上翻出“莽原”二字，报头是荆有麟找一个八岁小孩写的,鲁迅先生也很高兴那种虽然幼稚却很天真的笔迹。于是，这一个星期五,一九二五年四月十七日,《莽原》就在北京初刊了，除随《京报》附送外，另外，还由《京报》赠印三千份，作为写文章人的报酬，这被赠送的三千份，是交由北新书局李小峰发卖的。当时《莽原》的经常撰稿人有:鲁迅、尚钺、高长虹、向培良、韦丛芜、韦素园、台静农、李霁野、姜华、金仲芸、黄鹏基，等等。

谈定《莽原》周刊的事后，高长虹还在兴头上，不禁大谈其诗，还给大家朗诵了一首自己新写的诗。韦素园感到时候不早了，该让鲁迅先生休息或工作了，就示意同仁们辞别。鲁迅照例举着煤油灯送他们出大门口。

走在坑洼不平的土路上，荆有麟讲要多注意鲁迅先生的身体，不要过多浪费他的时间，并说了两件颟顸青年做的糊涂事:

一是北大旁听生冯省三，有一天跑到鲁迅先生家里，向鲁迅先生床铺上一坐，将两脚跷起，说：“喂，你门口有修鞋的，把我这双破鞋，拿去修修。”

鲁迅先生毫不迟疑，将冯省三的破鞋，拿去修好后，他还为他套到脚上。可是，冯省三连谢都没有说一句，悻悻地走掉了。

鲁迅先生，在每提到这件事时，总是说：“山东人真是直爽哇！”

其次，是一个中国大学旁听生钟青航。

在一个夏天的夜晚十二时以后，鲁迅刚刚开始写东西，“砰砰砰”，有人打门了。鲁迅放下笔，跑出去一看，来者是一个面善的青年，穿着长到拖地的睡衣。对鲁迅先生说：

“我睡不着觉，特地跑来同先生谈谈。”

“好，请进来！”鲁迅开了门，将青年人让到书房里。

青年人开始滔滔不绝讲述了，但出乎意料之外的，来者并没有失眠的痛苦，也没有失恋的悲哀。青年人是高兴了，叫了一辆汽车，在北京城兜了一圈，付不出十五元车钱，却打了开车的一个耳光，于是被关进警察厅两星期。吃着黑面馍馍，受着蚊子臭虫围攻，虽然只有两星期，人却是可怕地变瘦了。同鲁迅一直谈到天亮，鲁迅先生所要写的文章，只能以后再说了。因为天亮了，他还须去上课。但鲁迅先生对此事，并不懊悔，他总好说，四川青年真勇敢，因为那位钟青航正是四川人氏。

荆有麟讲完这两个故事，感慨地说：“从中看出鲁迅先生对青年实在是太好了，简直有些过分了，我们万不要像那两个人一样，要尽少打扰他。”

韦素园点头称是，补充道：“鲁迅先生最勤于写作，也最鼓励人写作。他会不惮烦的几天几夜的在替一位不认识的青年，或一位不深交的朋友，改削创作，校正译稿。其仔细和小心远过于一位私塾的教师，但却不一定有好报。一位不相识的青年寄一篇稿子来请求他改，他仔仔细细的改了寄回去。那青年却写信来骂他一顿，说被改涂得太多了。第二次又寄一篇稿子来，他又替他改了寄回去。这一次的回信，却责备他改得太少。”

“现在做事真难极了！”荆有麟慨叹地说道，“对于人的不易对付和做事之难，他这几年来时时的深切地感到。但他并不灰心，仍然在做着吃力不讨好的改削创作、校正译稿的事，挣扎着病躯，深夜里，仔仔细细地为不相识的青年或不深交的朋友在工作。”

高长虹、向培良听了，倒无所谓，只是“哼”了一声。

当时中山先生北上病逝，刺激着青年。广大的青年群，活跃了。这时，有些人肆意攻击中山先生的缺点，极尽讥笑糟蹋之能事。三月二十四日，鲁迅在《京报》附刊《民众文艺周刊》发表了《战士和苍蝇》一文：

……他就和我们一样，不是神道，不是妖怪，不是异兽。他仍然是人，不过如此。但也惟其如此，所以他是伟大的人。

战士战死了的时候，苍蝇们所首先发见的是他的缺点和伤痕，嘬着，营营地叫着，以为得意，以为比死了的战士更英雄。但是战士已经战死了，不再来挥去他们。于是乎苍蝇们即更其营营地叫，自以为倒是不朽的声音，因为它们的完全，远在战士之上。

的确的，谁也没有发见过苍蝇们的缺点和创伤。

然而，有缺点的战士终竟是战士，完美的苍蝇也终竟不过是苍蝇。

去罢，苍蝇们！虽然生着翅子，还能营营，总不会超过战士的。你们这些虫豸们！

鲁迅像钢刀一样锋利的文字，解了大家的气，大家感到无比痛快，更加喜欢鲁迅的文章了。无论走到哪里总是三三五五的，在讨论什么，争辩什么。而所争辩讨论的，多与鲁迅先生有关。一九二五年一月，《京报》征求青年必读书问题时，鲁迅“多读外国书，少读中国书”的主张，又引起广泛的论争。他新近主编的《莽原》周刊一出世，就引起广泛的注意。

沙滩“红楼”

从西三条往东走，过了故宫、景山，就到了一条路。路牌上写着“汉花园”，人们却叫作沙滩。沿街尽是小吃棚摊，很简陋，仅一张破桌，两条长凳，破棚遮着，卖些粗食。路北边有座大楼，因为是红色的，所以称作“沙滩红楼”。这就是有名的北京大学一院。

鲁迅先生上课，到得特别早；离开却很迟。常挟书包，至大红楼前，列席棚中，吃便饭。玉蔌窝头，荞面条子，与人力车夫，卖报童叟，共坐一桌，欣然大餐。有时与学生相遇，便点头微笑，暗示来此一试？味至美也。

那时，在北京各大学，先生所教的，是他有特殊研究的《中国小说史略》，及先生所译的日本厨川白村的《苦闷的象征》，先生当时所用的讲义稿，是给印刷所，依照了所拟的版本样，用中国出产的水廉纸，正面有亮光，背面粗糙，单面印起来。先生在上讲堂之前，交由学校教务处散发。可是先生的讲义数目，是依照学校选科人数散发的。而听讲者，无论在哪一个学校，都有非选科的学生自动来听讲。甚至在北大，每次遇到先生讲课时，连校外人都有许多去听讲。讲义不够是小事，校外人常常将课堂坐满，而选先生课的学生，反无座位可坐，亦是常有的事。而学校其他学院或其他学系的学生，有时来了找不到座位，找不到站位，坐在窗台上，又是常有的事。先生对于青年的感召，可见一斑了。

上课之前，教室里一片喧闹。当鲁迅先生仰着冷静的苍白的面孔，走进北大的教室时，立刻安静得只剩了呼吸的声音。他站在讲桌旁，用着锐利的目光望了一下听众，就开始了“中国小说史”那一课题。

教室里两人一排的座位上总是挤坐着四五个人，连门边、走道都站满了校内的和校外的正式的和非正式的学生。

鲁迅的身材并不高大，常穿着一件黑色的短短的旧长袍，不常修理的头发下，露出方正的前额和长厚的耳朵。两条粗浓方长的眉毛平躺在高出的眉棱骨上，眼窝是下陷着的，眼角微朝下垂着，并不高大的鼻子，给两边深刻的皱纹映衬着，显得挺高大的，上唇上浓密的短须掩着他并不宽阔的上唇，看不出来有什么奇特，既不威严，也似乎不慈和。说起话来，虽不及老牌北京人讲话清朗、干脆，但简单、明了、确切、清楚，虽然是一口绍兴音，后音略带一点江浙味道，但是大家都能听懂：声音是平缓的，既不抑扬顿挫，也无慷慨激昂的音调，吐字又很真切，就像他写的文章一样，一字不多，一字不少，恰到好处。

常常杂以一句讽刺的或是幽默的话，听课的人都笑了，但他自己一般是不笑的。

他那拿着粉笔和讲义的两手，从未用姿势帮着他的语言，他的脸上也老是那样的冷静，薄薄的嘴唇完全是凝定着的。

上课时，青年们将眼睛死盯住先生，先是一阵微笑，接着先生便念出讲义上的页数，马上开始讲起来，滔滔如瀑布，但不是在讲台上旁若无人、口若悬河滔滔不绝自说自话，也不是用记录速度念讲义，更不走人云亦云的路子，而是根据自己的研究，用自己的语言介绍古代作家，剖析作品内容及艺术分析，使学生们感到“新鲜”，同时获得新的知识。

鲁迅先生的讲课很有幽默感，如果一天到晚，板起面孔，无论对于什么人先拿出教训的态度，或者仁义道德的讲空话一堆，大抵听的人也会头痛的。而鲁迅先生就刚刚取了相反的态度，不论讲什么，他总能将那奇异的特点，用常人所不大应用的语句，形容出来，听的人便会起一种兴味感。

对于每一个问题的起源、经过，先生都能谈出个人特殊的意见。先生又善用幽默的语调，讲不到二十分钟，总会听见一次哄笑，先生有时笑，有时并不笑，仍在继续往下讲。一次，在北大讲《苦闷的象征》时，书中举了一个阿那托尔法郎所作的《泰倚思》的例子，先生便将泰倚思的故事人物先叙述出来，然后给以公正的批判，而后再回到讲义上说明举例的原因。先生授课，两小时排在一起，连讲两个钟头，中间不下堂，时间虽然长些，而听的人，却像入了魔一般。随着先生的语句和思想，走向另一个境界中了。要不是先生为疏散听者的脑筋，突然讲出幽默话来，使大家哄然一笑，恐怕听的人，会忘记了自己是在课堂上的，而先生在中国历史人物中，特别佩服曹操，这是在讲授的时候，以幽默的口吻送出的。他默然而有趣地说道：“我们讲到曹操，很容易就联想起《三国志演义》，更而想起戏台上那一位花面的奸臣，但这不是观察曹操的真正方法。现在我们再看历史，在历史上的记载和论断有时也是极靠不住的，不能相信的地方很多，因为通常我们晓得，某朝的年代长一点，其中必定好人多；某朝的年代短一点，其中差不多没有好人。为什么呢？因为年代长了，做史的是本朝人，当然恭维本朝的人物，年代短了，做史的是别朝人，便很自由地贬斥其异朝的人物，所以在秦朝，差不多在史的记载上半个好人也没有。曹操在史上年代也是颇短的，自然也逃不了被后一朝人说坏话的公例。其实，曹操是一个很有本事的人，至少是一个英雄，我虽不是曹操一党，但无论如何，总是非常佩服他。”

在讲《儒林外史》时，教学生理解究竟什么才是讽刺。说吴敬梓的行文“戚而能谐，婉而多讽。”以马二先生游西湖和范进吃大虾圆子为例，讲得有声有色。马二先生身边没有多少钱，吃了十六文钱的一碗面不饱，再买两文钱的处片嚼嚼倒有味。寒酸得很，却要游西湖。他在西湖边上闯来闯去，没有一定的目的，也看不出什么来。后来闯进净慈寺。他的身子很长，戴着一顶高方巾，一幅乌黑的脸，腆着个肚子，穿着一双厚底破靴，横着身子乱跑，只管在人窝子里撞。女人也不看他，他也不看女人。鲁迅先生做着手势讲，突然哄堂大笑。范进死了母亲，丁忧，不去会试，在汤知县家里不肯用镶银的杯子和筷子，连象牙筷子也不用。可是见到燕窝碗里有虾圆子，就用竹筷拣了一个大的送到嘴里。鲁迅先生做了个手势，又是一阵哄堂大笑，可是鲁迅先生自己一点也不笑。他半仰着脸，微翘着胡子，严肃地站在讲台上等候笑声停止以后再讲课。

同学们在笑声中悟出了很深的道理。

在深入浅出地讲解教材时，联系实际，提出问题并引导学生思考、分析问题。每听鲁迅先生讲一次课后，学生们都要议论、咀嚼多时。班上同学大多数爱读、勤读鲁迅先生的著作，特别是经常看到鲁迅先生在报刊上发表的杂文。有些同学熟记了鲁迅先生的口语、名言、警句，常在讲话中引用，有时在和鲁迅先生讲话时也搬用他的语言。

鲁迅先生又是博学而多能的。他受过军事训练，学过采矿同医药，研究的是文学与艺术。他做过学校校长及教职员，当过长久的政府官吏。因有此种经验与实生活，所以无论他讲什么，不管是引证或比喻，那材料便格外丰富而生动了。

因而鲁迅先生在北大等校的教课，获得了空前的成功。

当时，钱玄同也在北大授课。他不但与鲁迅同事，还是同乡，留日时期又一同受业于章太炎先生帐下。他们两人好互开玩笑。一次，在北大教员休息室里，钱玄同对鲁迅说：我的儿子那样小，居然也会玩滑头闹恋爱。鲁迅就开玩笑地说：这叫有其父必有其子啊！而钱玄同马上就向当时还不曾生儿子的鲁迅反驳，说：有的人是将这套把戏永远保持着，留给自己用，连后都不想传呢。当时两人好开玩笑，可见一斑。所以一九二三年，即民国十二年，《呐喊》要付印时，鲁迅在《自序》里便把金心异[①]三个字拉出来了。不过，这一回，鲁迅却没有开玩笑的意思，因为他当时想不起用什么名字好代替，而既是小说，又不便用真名，便把这仨字写上了。鲁迅那样说。

鲁迅先生上课时，总把铅笔恒置右耳上，备把更正讲义中之错字。有时畅谈，一小时不动讲义，其笔仍置耳上亦不动。下课后先生至棚中吃饭，有的学生蹒跚随行，至御河桥上，北望五龙亭，挟书伫立。只见鲁迅先生口衔纸烟，囚发蓝衫，坐人力车过此，微笑点头，视之，其笔仍在耳上也。学生们不禁笑起来，但又不能出声，只得缩紧了腹部，颇为难受。

忆往昔之三 (1914—1922)

鲁迅先生并不把讲课当作劳役，他很爱去上课。因为这样可以与青年接触，感受到青年心中潜藏着的热流，觉得青年们和自己都会像五四时期那样，重又焕发出青春的热情。这又使他回忆起自己的往昔——

树人确实由衷地喜欢那些致力于坚实学问的青年。一九一四年十一月，多年汇录的《会稽郡故书杂集》刻成，订成三册。周作人新翻译的《炭画》，又由至交陈师曾题写书名。一九一五年春天，曾在赴日本的海船上遇到的陈师曾堂弟陈寅恪，一度担任过经界局局长蔡锷的秘书，到北京来了。鲁迅见他已经从十三岁的孩子，成长为沉毅博学的青年学者，非常高兴！和他来往

① 金心异：指钱玄同。

频繁。

清明节后的一天，到蔡将军府看他，见陈寅恪正埋首在案前一摞卷宗中，鲁迅和他打招呼，他竟没有反应。鲁迅把特地赠给他的《域外小说集》第一、第二集，和周作人新翻译的《炭画》各一册，往他案前一放，他才回过神来。原来是陈寅恪读书太专心了，没有听见鲁迅的招呼，连忙找茶杯给鲁迅沏茶。然而，每一只茶杯都积满了茶垢，只好让门房端来两盏热茶。两人喝着茶，聊起天。

鲁迅说："刚出版几册书，送来请贤弟指正。《炭画》的书名还是令兄题写的。"

陈寅恪恭敬地拿过书翻着，说："记得留学日本时，你就尽找外国小说看，翻译的功底从那时就打下了。"

鲁迅笑笑说："我是官费生，听课只是应付。你们兄弟是自费生，所以读自己爱读的书。我记得你们兄弟都是读书不要命，过目不忘，天资聪颖。"

陈寅恪谦虚一番，连说："哪里，哪里！家兄是非常敬佩先生的，常跟我说起。"

这次谈话虽时间不长，鲁迅却很重视，在一九一五年四月六日日记中做了记载。后来陈寅恪很快又出国留学，一九二六年学成回国，始终是一位学院派的教授，虽然与鲁迅往来不多，互相也没有文字评价，但从精神之独立、思想之自由上看，他们颇有相通之处。

一九一六年六月六日，袁世凯称帝失败，忧惧而死，政治气氛有所松动。头一年，即一九一五年九月十五日，陈独秀主编的《青年杂志》在上海创刊，次年新任总统黎元洪任命蔡元培为北京大学校长，蔡元培邀请陈独秀来校任教，并把更名为《新青年》的《青年杂志》带到学校，开始了五四运动的前奏。一九一六年五月六日，为避免喧闹，鲁迅移入"补树书屋"。

这里有三间屋，相传往昔曾在院子里的槐树上缢死过一个女人的，现在槐树已经高不可攀了，而这屋还没有人住；许多年，树人便寓在这屋里抄古碑。客中少有人来，古碑中也遇不到什么问题和主义，而他感到自己的生命却暗暗地消去了，这也就是他唯一的愿望。夏夜，蚊子多了，便摇着蒲扇坐在槐树下，从密叶缝里看那一点一点的青天，晚出的槐蚕又每每冰冷地落在头颈上。

补树书屋的生活实在无聊，只有抄古碑。而在写碑中，树人不但从中了解了历史，而且借碑文涵养自己的阳刚、古朴、雄健、厚重之气。他并不过于刻意描摹其圭角突兀之形，而是融合多家，饶有碑意而又不泥于某碑面目。从而形成了自己独具的古朴、厚重、拙讷的书法风格，也熔铸了简劲、刚烈、质朴的为人与为文格调。

除抄古碑外，树人还养壁虎。壁虎有毒，俗称五毒之一。树人却说："壁虎确无毒，有毒是人们冤枉它的。"将壁虎养在一个小盒里，天天拿东西去喂。

树人自小热爱美术，所以有时也应人之请做些设计。一九一一年的窄领制服，就是他自己设计的。一九一七年八月七日，他应新任北京大学校长蔡元培先生之邀，为北京大学设计了校徽。这是"北大"两个篆字的巧妙组合，上部的"北"字是背对侧立的两个人像，下部的"大"字是一个正面站立的人像，有如一人背负二人，构成了"三人成众"的意象，予以"北大人肩负重任"的寓意。

一九一八年初，偶或来谈的是留日的老朋友钱玄同，将手提的大皮夹放在破桌上，脱下长衫，对面坐下了，因为怕狗，似乎心房还在怦怦地跳动。

"你抄了这些有什么用？"有一夜，他翻着树人那古碑的抄本，发了研究的质问了。

"没有什么用。"

"那么，你抄他是什么意思呢？"

"没有什么意思。"

"我想，你可以做点文章……"

树人懂得他的意思了，他们正办《新青年》，然而那时仿佛不特没有人来赞同，并且也还没有人来反对，树人想，他们许是感到寂寞了，但是说：

"假如一间铁屋子，是绝无窗户而万难破毁的，里面有许多熟睡的人们，不久都要闷死了，然而是从昏睡入死灭，并不感到就死的悲哀。现在你大嚷

假如一间铁屋子，是绝无窗户而万难破毁的。

这就是五四时期的中国精神文化界对鲁迅作品的第一次评论，应该看作是鲁迅研究的发轫点。鲁迅的出世本身就是一种精神文化现象，鲁迅研究也必然是作为一种精神文化现象适应时代潮流而兴起的，从一开始就不同于一般性的纯学术研究。

唐俟，是鲁迅发表《随感录》时用的笔名。写这篇《书报介绍》的记者是傅斯年，和鲁迅有通信来往，因为《随感录》发表在《狂人日记》之前，所以称鲁迅为唐俟君。

一九一九年四月，傅斯年又以孟真为笔名在《新潮》一卷四号上发表了《一段疯话》，更详尽地抒发了读《狂人日记》之后的感想：

> 鲁迅先生所作《狂人日记》的狂人，对于人世的见解，真个透彻极了；但是世人总不能不说他是狂人。……文化的进步，都由于有若干狂人，不问能不能，不管大家愿不愿，一个人去辟不经人迹的路。最初大家笑他，厌他，恨他，一会儿便要惊怪他，佩服他，终结还是爱他，像神明一般的待他。所以我敢决然断定，疯子是乌托邦的发明家，未来社会的制造者。

这段话可以说是对《狂人日记》思想内涵的最早理解，应该说是深刻的。

这一号的《新潮》上，在“对于《新潮》一部分的意见”一栏中，还刊登了鲁迅和傅斯年关于《狂人日记》的通信。鲁迅在信中说：“《狂人日记》很幼稚，而且太逼促，照艺术上说，是不应该的。”

从此以后，鲁迅便一发而不可收，不断写些小说模样的文章，又做各种杂论。一九一九年四月，以夏瑜隐喻清末被杀的女革命党人、同乡秋瑾，写了《药》，发表在《新青年》第六卷第五号上；十月，又根据生活中看到的连四嫂子那类新寡而又丧子的妇女形象，写成了《明天》，发表在《新潮》月刊第二卷第一号上；以“表现的深切和格式的特别”以及“安特莱夫式的阴冷”，颇激动了一部分青年读者的心。

同时又在《新青年》第六卷第六号发表了署名唐俟的杂论《我们现在怎

样做父亲》，一再强调：

> 中国觉醒的人，为想随顺长者解放幼者，便须一面清结旧账，一面开辟新路。就是开首所说的“自己背着因袭的重担，肩住了黑暗的闸门，放他们到宽阔光明的地方去；此后幸福的度日，合理的做人。”这是一件极伟大的要紧的事，也是一件极困苦艰难的事。

他始终念念不忘青年时代提出的“立人”思想，渴望见到“真的人”，使此后的年轻人能够“幸福的度日，合理的做人”。

在他自己，本以为现在已经并非一个切迫而不能已于言的人了，但或者也还未能忘怀于当日自己的寂寞的悲哀吧，所以有时候仍不免呐喊几声，聊以慰藉那在寂寞里奔驰的猛士，使他不惮于前驱。至于自己的喊声是勇猛或是悲哀，是可憎或是可笑，那倒是不暇顾及的；但既然是呐喊，则当然须听将令的了，因为当时《新青年》的主编陈独秀对他创作的小说非常赞扬，鼓励他多写。而此时的陈独秀对革命的前景充满了乐观情绪，所以他往往不恤用了曲笔，在《药》的瑜儿的坟上凭空添上一个花环，在《明天》里也不叙单四嫂子竟没有做到看见儿子的梦，因为那时的主将是不主张消极的。至于自己，却也并不愿将自以为苦的寂寞，再来传染给也如他那年轻时候似的正做着好梦的青年。

鲁迅悬揣人间暂时还有读者，则究竟也仍然是高兴的。

这样，鲁迅在文坛名望越来越高。同事刘半农先生赠给鲁迅先生一副联语：“托尼学说，魏晋文章。”当时的朋友都认为这副联语很恰当，鲁迅先生自己也不加反对。

所谓“托尼学说”，“托”是指托尔斯泰，“尼”是指尼采。这两个人都是十九世纪思想界的巨星，著作都极丰富，对于社会的影响都深而且大。鲁迅先生的思想之博大精微，自然与他们相比也很恰当。鲁迅先生在学生时代，很受托、尼二家学说的影响。

鲁迅先生研究汉魏六朝思想文艺最有心得，而且他凭借的材料都是以前一般学人不甚注意的，例如小说、碑文、器铭，等等。尤其对于碑文，他所手抄的可以说是南北朝现存碑文的全部，比任何一家搜集的都丰富。而且工作态度最为精审，《寰宇访碑录》和《续录》所收的原拓本他都一一校勘过，改正许多差讹以外，还增出不少的材料。因此在他的写作上，特别受魏晋文章的影响。

托尼二家的学说，一般的说法，是正相反的。尼采的超人论，推到极端，再加以有意无意地误解，在德国，便成了第一次世界大战前的裴伦哈特的好战论和后来纳粹主义的侵略论。鲁迅先生却特别欢喜他的文章，例如查拉图斯特拉语录，说是文字的刚劲，读起来有金石声，而汲取他的学说的精髓，则在鼓励人类的生活、思想、文化，日渐向上，不长久停顿在琐屑的、卑鄙的、只注意于物质的生活之中。

至于托尔斯泰的大爱主义，那是导源于基督教的精神，与后来思想上的平民主义，民族自决主义，国际平等主义，都有精神上的联系。直到第二次世界大战时的反侵略阵线，例如对于欧洲被侵略的各小国，虽然军事势力已在国内被侵略国家所摧毁，但是作家们还全力支持反侵略的微薄势力，这与托尔斯泰的大爱主义有密切的关系。

托尼学说的内容有很大的不同，鲁迅先生却同受其影响，是因为鲁迅先生确不像一个哲学家那样，也不像一个领导者那样，为别人了解与服从起见，一定要将学说组成一个系统，有意地避免种种的矛盾，不使有一点罅隙，他只是一个作家，学者，乃至思想家或批评家。

小说积久了就有了十余篇，为敷衍朋友们的嘱托，鲁迅将他的短篇小说结集起来，由新潮社于一九二三年八月付印了，又因为上面所说“铁屋子里的呐喊”的缘由，称之为《呐喊》。鲁迅自己为《呐喊》设计了大红的封面。

其实，鲁迅对《呐喊》中的小说，最喜欢的是《孔乙己》。“咸亨酒店”却是一个店的真号，就在东昌坊，鲁迅故里的斜对门，不久倒闭了。最火旺的是西口的谢德兴酒店，《孔乙己》中的主角孔乙己，实有其人，此人姓孟，常在咸亨酒店喝酒，人们都叫他“孟夫子”，其行径与《孔乙己》中所描写的差不多。

《孔乙己》的主要用意，是在描写一般社会对苦人的凉薄。

对于苦人是同情，对于社会是不满，鲁迅本蕴蓄着极丰富的情感。不满，往往刻画得易近于谴责；同情，又往往描写得易流于推崇。《呐喊》中有一篇《药》，其中的夏瑜影射秋瑾。也是一面描写社会，一面描写个人；读完以后，觉得社会所犯的是弥天大罪，个人所得的却是无限同情。而这篇《药》和《狂人日记》等篇，用绍兴话说有些“气急虺隤”，意思是“从容不迫”的反面。

而篇幅最长、影响最大的，自然是《阿Q正传》。鲁迅清楚地记得，当时孙伏园正在晨报馆编副刊。不知是谁的主意，忽然要添一栏称为“开心话”，每周一次。他就来要鲁迅写一点东西。

阿Q的影像，在鲁迅心目中似乎确已有了好几年，阿桂就是最主要的一个。但鲁迅一向毫无写他出来的意思。经这一提，忽然想起来了，晚上便写了一点，就是第一章：序。因为要切“开心话”这栏目，就胡乱加上些不必有的滑稽，其实在全篇里也是不相称的。署名是“巴人”，取“下里巴人”，并不高雅的意思。谁料这署名又闯了祸了，鲁迅在《现代评论》上看见涵庐（即高一涵）的《闲话》才知道的。那大略是——

……我记得当《阿Q正传》一段一段陆续发表的时候，有许多人都栗栗危惧，恐怕以后要骂到他的头上。并且有一位朋友，当我面说，昨日《阿Q正传》上某一段仿佛就是骂他自己。因此便猜疑《阿Q正传》是某人作的，何以呢？因为只有某人知道他这一段私事。……从此疑神疑鬼，凡是《阿Q正传》中所骂的，都以为就是他的阴私；凡是与登载《阿Q正传》的报纸有关系的投稿人，都不免做了他所认为《阿Q正传》的作者的嫌疑犯了！等到他打听出来《阿Q正传》的作者名姓的时候，他才知道他和作者素不相识，因此，才恍然自悟，又逢人声明说不是骂他。

鲁迅说自己对于这位“某人”先生很抱歉，竟因他而做了许多天嫌疑犯。可惜不知是谁，“巴人”两字很容易疑心到四川人身上去，或者是四川人罢。

阿 Q 的影像，在鲁迅心目中似乎确已有了好几年。

直到这一篇收在《呐喊》里，也还有人问鲁迅：你实在是在骂谁和谁呢？鲁迅只能悲愤，自恨不能使人看得自己不至于如此下劣。

其实，鲁迅的取材，“多采自病态社会的不幸的人们中，意思是在揭出病苦，引起疗救的注意。”所写的事迹，大抵有一点见过或听到过的缘由，但决不全用这事实，只是采取一端，加以改造，或生发开去，到足以几乎完全发表他的意思为止。人物的模特儿也一样，没有专用过一个人，往往嘴在浙江，脸在北京，衣服在山西，是一个拼凑起来的角色。有人说，鲁迅的那一篇是骂谁，某一篇又是骂谁，那是完全胡说的。《阿Q正传》的主要模特是阿桂，但周桐生向老妈子跪下求爱等好多人的事端都写进去了，还加进了自己的许多想象和虚构。他只是想画出沉默的国民的魂灵，给中国人塑造一面镜子，从中照出自己的弱点，以便改正。

潜移默化中，夏目漱石、森鸥外嘲讽中轻妙的笔致和熟读并捐资刻印的《百喻经》，给鲁迅以艺术的助力，用一个个自创的寓言式的小故事将阿Q“精神上的胜利法”刻画得惟妙惟肖。

第一章登出之后，便“苦”字临头了，每七天必须做一篇。鲁迅那时还住在八道湾，虽然并不忙，然而正在做流民，冬天的夜晚睡在也称作“老虎尾巴”的长炕上，这屋子只有一个后窗，连好好写字的地方也没有，哪里能够静坐一会，想一下。孙伏园虽然还没有现在这样胖，但已经笑嘻嘻，善于催稿了。每星期来一回，一有机会，就是：“先生《阿Q正传》……明天要付排了。”于是只得做，心里想着：“俗语说：‘讨饭怕狗咬，秀才怕岁考。’我既非秀才，又要周考真是为难……”然而终于又一章。但是，似乎渐渐认真起来了；伏园也觉得不很“开心”，所以从第二章起，便移在“新文艺”栏里。

这样地一周一周挨下去，于是乎就不免发生阿Q可要做革命党的问题了。据鲁迅的意思，中国倘不革命，阿Q便不做，既然革命，就会做的。自己的阿Q的运命，也只能如此，人格也恐怕并不是两个。民国元年已经过去，无可追踪了，但此后倘再有改革，鲁迅相信还会有阿Q似的革命党出现。他也很愿意如人们所说，他只写出了现在以前的或一时期的，但他还恐怕他所看见的并非现代的前身，而是其后，或者竟是二三十年之后。其实这也不算辱没了革命党，阿Q究竟已经用竹筷盘上他的辫子了。

《阿Q正传》大约做了两个月，做得很苦，写到阿Q被抓进监狱时，鲁迅没有监狱生活，为了写得真实些，甚至想到街上打巡警，好被抓进监狱体验一下。鲁迅实在很想收束了，但似乎孙伏园不赞成，或者是疑心倘一收束，他会来抗议，所以将“大团圆”藏在心里，而阿Q却已经渐渐向死路上走。到最末的一章，孙伏园倘在，也许会压下，而要求放阿Q多活几星期的吧。但是“会逢其适”，他回家乡了，代庖的是何作霖君，于阿Q素无爱憎，鲁迅便将“大团圆”送去，他便登出来。待到孙伏园回京，阿Q已经枪毙了一个多月了。纵令孙伏园怎样善于催稿，如何笑嘻嘻，也无法再说“先生，《阿Q正传》……”从此鲁迅总算收束了一件事，可以另干别的去了。

第七章　端午节

“害马”

女师大的风潮越来越激烈了。杨荫榆被教育部正式委任为国立北京女子师范大学校长之后，初进“红楼”，便忙于与她带进学校的人在西院校长室开会密谋排除异己、安排私人秉承她的后台意旨“整顿学校”，四处奔走。她有时也坐在舍务处和那两个面无表情、专门想方设法和学生为难的舍监密谈。当时，到女师大探访学生的人，须在传达处填写一张项目颇多的“会客单”。杨荫榆每天都翻阅当天的“会客单”。女师大学生会公用电话设在舍务处，她抓住一切机会，千方百计监听同学们与校外人通电话。还安排了几个不称职的人负责掌管校务。为了安排私人，开了莫名其妙的课程。例如在陆晶清所在班就增开了一门“演说辩论”课，教课的是一个与杨荫榆同时由美国回来的人，很像好莱坞影星罗克。此人的发型是罗克式，戴一副罗克式的宽边大眼镜，表情和举动也模仿罗克。讲课内容是盛赞美国这样好、那样好及传播一些低级趣味的美国新闻。学生们三番五次向教务处表示反对开这门课，竟然无效，后来只好采取在课堂上直接对付的办法，把他轰下讲台。

女师大原有的一套束缚学生的清规戒律，杨荫榆认为还不够，她又增添了几条“不许……”和“要严格遵守……”最令人反感的是她印发给学生填写的那张“调查表”，简直是一份极恶劣、极侮辱人的审讯记录。学生们拒绝填交那张表，有人甚至愤怒地把它撕碎。

这样，许多教师鄙视她不学无术、来路不正，联名辞职反对她长校。其中也有鲁迅先生，经过同学们的恳求后，才恢复教课。在一九二四年秋季开学前，鲁迅先生又于八月十三日“寄还女师大聘书”。后来又是经同学们一再到西三条二十一号苦苦恳求，最后还使用了鲁迅先生说的“你们的武器——眼泪，感动了他”，只好收下再送去的聘书，自十月十三日起，又每周到校讲课一次。

许广平和同学们多是历经千辛万苦，经过家庭多少斗争才获准升学的一群人，怎么能够忍受杨荫榆婆婆式的管教？在她们的印象中，这位校长，就只是扎着白头绳带子的人，穿着黑花缎的旗袍和斗篷，像一个阴影，移来移去。如果有人真个去请教时，据说又有事出去了。否则，如卧室在校舍的幽静的一角，学生们除了去开储藏室的门，是不会听到紧邻她的房间的嘁嘁喳喳，低声媚笑的。原来这里集合了一群拥护女人长校，而又以她做轮轴，争相献媚讨好的无耻的一群。为了那娇声戏谑、那酒气熏腾的散播，怕惹是非或稍重自爱的都不大愿意到储藏室去领东西，有时就必定等到两三个人一起才敢走去。这是魔窟，是虐待儿媳妇的参谋大本营！乌烟瘴气，鬼鬼祟祟，许多女教职员们都贼眉鼠眼，怀着鬼胎般向学生探视、侦询，冀有所得，好去报功。这成了什么样的世界！正本清源，为了女学前途，非扫去这些渣滓不可的感觉弥漫在全校学生的心中。

杨荫榆的胆量并不大，白天看不到踪影，夜里会偷偷地回来，许多公务仍然像没有她主持的样子。

杨荫榆的行动，引起同学公愤，女师大的“驱羊”运动已直线上升、扩大，学生自治会召开大会通过了反对杨荫榆继续长校的决议，随即采取行动，一方面到教育部陈述杨荫榆长校以来的专横劣迹，请求撤她的职。同时，举行记者招待会，揭发杨荫榆长校前后的种种见不得人的行为和不称职的事例，争取社会的公正舆论与正义支持。杨荫榆及其爪牙们虽然设法予以护卫，但“大势已去”，连她身边的一个亲信都哀鸣“看样子是干不下去了！”

但一九二四年五月初，司法总长章士钊兼任教育总长，大嚷要整顿学风，颁布了防止学生借故捣乱的“训令”。这让杨荫榆吃了定心丸，得到鼓舞。

这时，又有一事最引起学生们的反感：孙中山先生在北京逝世的消息一经传出，立刻举城哀悼，学生们哭倒在课室的真不少，自动走到东城协和医校处吊唁，路为之塞。后来决定在中央公园公祭的时候，各校学生一致排队到东城接灵，自然女师大也不能例外，于是由学生会代表，向学校全体请假，这已是万不得已的办法了。照理，学校教职员由校长率领，去给为中国争取解放实行革命数十年的伟杰、为民族尽忠至死者致敬，并不是过分之举，现在既然学校负责人没有表示，学生自动参加，也没有什么话好说。然而出乎意外，杨荫榆居然当面对学生会代表说：“孙中山是实行共产公妻的，你们学了他没有好处，不准去！”学生们不顾一切，不管学校的不准请假，怀着愤怒悲怆的心情，宁可回来被革除也要出发，慷慨就义式地踏着坚定的步伐，整队而去了。这样，杨荫榆在每个有正义感的学生们心目中引起了极大的公愤。

一九二五年五月七日，是军阀政府与日本签订二十一条的“国耻日”。这天，杨荫榆布置了一个讲演会，请校内外人士演讲，借此以校长资格出面。对于纪念国耻，学生会的人一定出席的，但却不愿意杨荫榆的阴谋得逞。闻讯即派代表到总务主任处请主任出席，不要让已被反对当校长的杨荫榆出来使学生难堪。这意见不被接受，杨荫榆就摆下了天罗地网，要以“国耻日”不守秩序而惩罚学生。当时学生会议决，一面招待演讲者登台，一面婉言请她不要走入会场，使学生们以不信任了的面目听受训导。执行这一个决议的是几个学生会的职员，除许广平之外，还有刘和珍、郑德音、张平江、姜伯谛和蒲振声，教育或文科的预科同学共六人。

五月七日早上，大礼堂的内外都布满了学生，杨荫榆和几位演讲者一同走来，挺胸扬眉地神气起来。她企图在讲演会上亮相一番，恢复她在学校的地位。有些人迎上去同杨说话，还有些同学很有礼貌地请演讲者入内讲演。杨一面答话，一面就走进会场，但被学生们识破了，学生自治会会长刘和珍、总干事许广平出面，拦阻杨荫榆进入。但是，杨荫榆不顾一切冲上主席台。整个礼堂顿时哗然、骚动，嘘嘘之声震耳欲聋。几乎全场要求杨荫榆退席。

杨荫榆落得个自取其辱，被轰下台，讲演者亦草草退场。一位既是教育部官员又是教育系教员的人，竟然当场说“国耻日”应当纪念而不应当扰乱。学生自治会看情形很不好，估计可能有几个人会被开除。晚上，派许广平和刘和珍作为代表到杨荫榆家里，劝她从长计议，好自为之。但当场就领教了这位校长的赫赫震怒，要领头的学生切实认错，她才可以转圜，余下的只有被开除这一条路可行。许广平表示，这是全体同学当场的表示，不是我们几个人私下可以认错的。她自小养成的侠客犟劲被激起了，以手加颈，表示头可断、错不可认。在场的一位先生婉斥杨荫榆，对许广平、刘和珍好言理喻，送她们出来。第二天大清早，还没有吃早点，有人走过公布处，看到挂着的小黑板上有了一张文告，用胡桃大的字，颁布告示：宣布开除张平江、蒲振声、郑德音、刘和珍、许广平、姜伯谛六个学生自治会职员，用来报复全体同学的嘘嘘。其辞为——

本校布告

本校为全国策源之地，学风纯谨，最属要端。近数月来，查有学生蒲振声、张平江，郑德音、刘和珍、许广平、姜伯谛不守本分，违背校规，甚且鼓动风潮，妨碍公众学业。曾经屡次宽容，予以自新之路，讵意前日礼堂开会，来宾讲演之时，复敢群集守门，拦阻校长到会，并在会场哗噪，扰乱秩序，侮辱师长。如此怙恶不悛，目无规纪，不独自玷性行，实乃败坏学风。兹经提交评议会公同议决，将该生蒲振声、张平江、郑德音、刘和珍、许广平、姜伯谛等开除学籍，即令出校，以免害群。为此布告，仰该生等知照毋违。切切此布。

中华民国十四年五月九日

一时间，全校大哗，像捅了马蜂窝，到处听到不平的悲鸣，许多比较沉静的同学都被这非法手段激恼了，不少同学气愤得哭起来。立刻在操场集合，当场议决对待杨荫榆的示威，同学们的对策是：(一) 把那块贴布告的牌子取下来扔了，被“开除”的六个人照常上课。(二)在召开一次全体紧急会后，在校门口贴出一张给杨荫榆的警告，警告她已被否认为本校校长，不许她擅自入校。(三)致函杨荫榆御用的评议会，表示要将驱杨运动进行到底。(四)发表《为反对杨荫榆开除六同学呼吁本校先生予以声援书》。并分头访谒各系主任及一些教员，恳求他们明辨是非，同情学生，出面维持校务。并派许广平依照公众命令执行，她和同学们一起把开除布告取下来丢在教室讲台里的地板内，使杨荫榆四处搜索无着。当天，学生自治会召开紧急会议，颁发致评议会诸先生公开信，宣布开除六学生的牌示“自归无效”。

五月十一日，女师大学生在操场举行全体大会，决议驱逐杨荫榆出校。全体决定，排队走向校西办公处，当场由代表宣言：“校长早已被学生会反对辞职出走了，没有再开除学生的权力！全体学生是拥护我们的代表的，许广平是我们的总干事，要她亲手拿封条去封校长的办公室！”广平遵照同学们的公意，封锁了杨荫榆的办公室、寝室、秘书办公室。学生会还派人轮流封锁校门，严禁杨荫榆入校，并在校门口张贴了一张布告：

> 杨荫榆先生注意！同人等早已否认先生为校长，请以人格为重，幸勿擅入校门。
>
> 学生自治会启五月十一日

但是，许广平在被公布开除之后，又感到了人间的世态炎凉，有些同学开始疏远她，连同一宿舍里的女生们都结群避开她。过了几天，五月二十七日，早上第一节课是沈兼士先生的形义学课，照例是点名的，沈兼士却没有点她的名字，许广平下课后，特意去看点名册，才发现自己的名字被墨水涂掉了。

这一天，广平感到全校都处在紧张情绪中，关系好的同学知道后安慰她，但也有个别人暗暗嘲笑她：好出风头，总没有好结果的。

还是同乡林卓凤最为关心，问许广平，应该怎样善后？广平说：“被开除了几个不要紧，要紧的是请出几位说人话的先生来，勿要让这批狐鼠盘踞作恶。其实，有正义感的先生们这时应该出来说几句公道话了。”林君颇以为然。于是她和别的同学分头去谒见各级主任和教员，而鲁迅先生就是由她去申诉要求出来主持正义的。

鲁迅先生首先做出反应，亲自拟写了《关于北京女子师范大学风潮的宣言》，与马裕藻、沈尹默、李泰芬、钱玄同、沈兼士、周作人等联名发表在五月二十七日《京报》上。为无辜学生辩诬，指责杨荫榆的做法，声言“公论尚在人间，曲直早经显现，偏私谬戾之举，究非空言曲说所能掩盖也”。鲁迅等先生对学生的公开支持和声援，要冒很大风险，也使许广平等学生对这些“站出来说话的人”更加尊敬，倍感温暖。

所谓“开除”的风波暂时过去了，许广平因此得了一个“害马”的绰号。五月底的一天，许广平特地到西三条向先生表示感谢。

一进“老虎尾巴”，鲁迅就幽默地说：“‘害马’来了。”

太师母听见，过来招呼了一下，问道：“怎么是‘害马’？”

鲁迅笑笑说：“学校布告上说她和另外学生自治会的同学，一共六人‘害群’，可不就是‘害群之马’么？所以简称‘害马’。”

太师母笑起来，就转身回去，到东边自己屋里了，还在不住地笑。

“害马”是一个人独自来的。她再次感激先生站出来说话，才使开除一事落空了，她得以照常上学。说着说着，竟哭了起来。

鲁迅先生开玩笑道：“看，鼻涕眼泪‘四条胡同’又来了！”

广平不禁破涕为笑，撒娇地“骂”道：“你这位先生，人家差点儿被开除，你还笑！”

鲁迅赶快宽慰道：“别哭了！这不是没事了吗？”

广平笑着告辞，她在先生那里得到了最大的安慰。鲁迅要留她吃饭，她推辞了，快步向大门走去。鲁迅追到门口，朝她挥手告别。忽然间，两人都感到有了别样的感情。

杨荫榆从石驸马大街失踪到她出现于新平路“女师大校长临时办公处”后，女师大学生曾两次呈请教育部撤杨荫榆的职，另委任校长主持校务，呈文都是鲁迅先生代拟的。杨荫榆因而再次“失踪”。

地狱里的梦

几天来，“害马”的影子总在鲁迅眼前转，怎么也离不开。六月十六日晚，他写了篇较长的杂文《杂忆》，最后写道：

……我根据上述的理由，更进一步而希望于点火的青年的，是对于群众，在引起他们的公愤之余，还须设法注入深沉的勇气，当鼓舞他们的感情的时候，还须竭力启发明白的理性；而且还得偏重于勇气和理性，从此继续地训练许多年。这声音，自然断乎不及大叫宣战杀贼的大而闳，但我以为却是更紧要而更艰难伟大的工作。

否则，历史指示过我们，遭殃的不是什么敌手而是自己的同胞和子孙。那结果，是反为敌人先驱，而敌人就做了这一国的所谓强者的胜利者，同时也就做了弱者的恩人。因为自己先已互相残杀过了，所蕴蓄的怨愤都已消除，天下也就成为太平的盛世。

总之，我以为国民倘没有智，没有勇，而单靠一种所谓“气”，实在是非常危险的。现在，应该更进而着手于较为坚实的工作了。

结束了这篇杂文，不禁又想起四月二十四日为《莽原》第一期写的《杂语》开头的话：

称为神的和称为魔的战斗了，并非争夺天国，而在要得地狱的统治权。所以无论谁胜，地狱至今也还是照样的地狱。

有些疲倦，倒在床上睡去。昏昏沉沉进入梦乡——

我梦见自己躺在床上，在荒寒的野外，地狱的旁边。一切鬼魂们的叫唤无不低微，然有秩序，与火焰的怒吼，油的沸腾，钢叉的震颤相和鸣，造成醉心的大乐，布告三界：地下太平。

有一伟大的男子站在我面前，美丽，慈悲，遍身有大光辉，然而我知道他是魔鬼。

“一切都已完结，一切都已完结！可怜的鬼魂们将那好的地狱失掉了！”他悲愤地说，于是坐下，讲给我一个他所知道的故事——

“天地作蜂蜜色的时候，就是魔鬼战胜天神，掌握了主宰一切的大威权的时候。他收得天国，收得人间，也收得地狱。他于是亲临地狱，坐在中央，遍身发大光辉，照见一切鬼众。

“地狱原已废弛得很久了：剑树消却光芒；沸油的边际早不腾涌；大火聚有时不过冒些青烟，远处还萌生曼陀罗花，花极细小，惨白可怜。——那是不足为奇的，因为地上曾经大被焚烧，自然失了他的肥沃。

“鬼魂们在冷油温火里醒来，从魔鬼的光辉中看见地狱小花，惨白可怜，被大蛊惑，倏忽间记起人世，默想至不知几多年，遂同时向着人间，发一声反狱的绝叫。

“人类便应声而起，仗义执言，与魔鬼战斗。战声遍满三界，远过雷霆。终于运大谋略，布大网罗，使魔鬼并且不得不从地狱出走。最后的胜利，是地狱门上也竖了人类的旌旗！

“当鬼魂们一齐欢呼时，人类的整饬地狱使者已临地狱，坐在中央，用了人类的威严，叱咤一切鬼众。

“当鬼魂们又发一声反狱的绝叫时，即已成为人类的叛徒，得到永劫沉沦的罚，迁入剑树林的中央。

“人类于是完全掌握了主宰地狱的大威权，那威棱且在魔鬼以上。人类于是整顿废弛，先给牛首阿旁以最高的俸草；而且，添薪加火，磨砺刀山，使地狱全体改观，一洗先前颓废的气象。

“曼陀罗花立即焦枯了。油一样沸；刀一样铦；火一样热；鬼众一样呻吟，一样宛转，至于都不暇记起失掉的好地狱。

“这是人类的成功，是鬼魂的不幸……

“朋友，你在猜疑我了。是的，你是人！我且去寻野兽和恶鬼……"

霍然间，梦醒了，翻身起来，拧高了煤油灯灯芯，铺开稿纸，掭掭"金不换"，写下《野草》之十四：

失掉的好地狱

写完，又想起了四月二十九日作的《灯下漫笔》中概括中国历史的话：

一，想做奴隶而不得的时代；

二，暂时做稳了奴隶的时代。

这一种循环，也就是"先儒"之所谓"一治一乱"；那些作乱人物，从后日的"臣民"看来，是给"主子"清道辟路的，所以说："为圣天子驱除云尔。"

现在入了那一时代，我也不了然。但看国学家的崇奉国粹，文学家的赞叹固有文明，道学家的热心复古，可见于现状都已不满了。然而我们究竟正向着那一条路走呢？

而创造这中国历史上未曾有过的第三样时代，则是现在的青年的使命！

"第三样时代"，不应再是神和魔争夺地狱统治权的时代。因为如果那样，无论谁胜，地狱也还是照样的地狱，不会根本改变的。可是，既没有奴隶也没有奴隶主的"第三样时代"，应该怎样创造呢？连自己也说不清。

是啊，现在自己不就正处在"冰谷"——不幸婚姻的"地狱"中？"害马"将自己这团"死火"暖活了，但是能够冲出这"冰谷"吗？一旦传出去，会带来无数的麻烦和指责，可能还不如"死"在这"失掉的好地狱"里面为是。但是，"小鬼""害马"又是多么真诚、可爱啊！拒绝得了吗？

第二天，鲁迅起得很迟，脸色也很不好，仿佛是还待在地狱中。

上午，章衣萍来访。大谈刚刚发生的五卅惨案，说如何抗议，如何辩诬，辩解自己并非“赤化”，并非“暴徒”，大叫伪文明的破产等。鲁迅听了，摇了摇头，感慨万分地说道:“但英国人究竟有真的文明人存在。英国人的品性，我们可学的地方还多着。我们的辩诬，不过想得点轻微的补偿。其实，最重要的是反省自己的短处，他国的好石，大可以借此来磨练。试练自己，以求生存，不要偏注于表面的宣传。”

停了会儿，鲁迅深深吸了口烟，沉重地叹道：“我不是说：我的哲学都在《野草》里吗？不断地反省自己，解剖自己，剖露出自己的血肉，就是我的哲学。当然，反省自己，解剖自己，会是非常痛苦的！但一定要这样做，否则，无论是自己，还是国家、民族，都是很难长进的。”

章衣萍听着，似懂非懂，待了会儿就告辞了。

晚上，鲁迅还是思考着上午与章衣萍所说的话，痛感国民的不自省，永远干着这些不争气的事，青年时代的“立人”思想仍然在脑海中翻腾。国民性如何才能得到些许改造呢？他扪心自问。又感到自己苦于背了古老的鬼魂，摆脱不开，时常感到一种使人气闷的沉重。就是思想上，也何尝不中些庄周韩非的毒，时而很随便，时而很峻急。一切事物，在转变中，是总有多少中间物的。动植物之间，无脊椎和脊椎动物之间，都有中间物；或者简直可以说，在进化的链子上，一切都是中间物。所有人的终点，就是：坟。逝去，逝去，一切一切，和光阴一同早逝去，在逝去，要逝去了。自己的确时时解剖别人，然而更多的是更无情面地解剖自己。索性全露出自己的血肉来，末路怎样全不去管。自己有时也想就此驱除旁人……

他昏昏睡去，梦见自己在荒野的孤坟前，正和墓碣对立，读着上面的刻辞。那墓碣似是沙石所制，剥落很多，又有苔藓丛生，仅存有限的文句——

……于浩歌狂热之际中寒；于天上看见深渊。于一切眼中看见无所有；于无所希望中得救。

……有一游魂，化为长蛇，口有毒牙。不以啮人，自啮其身，终以殒颠。……

……离开！……

他绕到碣后，才见孤坟，上无草木，且已颓坏。即从大阙口中，窥见死尸，胸腹俱破，中无心肝。而脸上却绝不显哀乐之状，但蒙蒙如烟然。

他在疑惧中不及回身，然而已看见墓碣阴面的残存的文句——

……抉心自食，欲知本味。创痛酷烈，本味何能知？……

……痛定之后，徐徐食之。然其心已陈旧，本味又何由知？……

……答我。否则，离开！……

他就要离开。而死尸已在坟中坐起，口唇不动，然而说——

“待我成尘时，你将见我的微笑！”

他疾走，不敢反顾，生怕看见死尸的追随。

鲁迅猛然间醒了，起身执笔，在稿纸上写下《野草》之十五：

墓碣文

写完之后，他长舒了一口气，点上烟，深深地用力吸了一口，吐出浓浓的烟雾，又细看了两遍——

“于浩歌狂热之际中寒；于天上看见深渊。于一切眼中看见无所有；于无所希望中得救。”嗯，五四文学革命的狂热冷了下来，我在冷冽的“中寒”和“冰谷”中病了；我在被人描绘得天堂一样的所谓“黄金世界”中，看到了人间地狱般的深渊；我在似乎存在于别人眼里的一切事物中，看到了“无所有”的虚无。与其让我未熟的果实偏偏毒死了偏爱我的果实的人，倒不如是一“无所有”。倘若我的病最终无法救治，那还不如像“死火”一样“烧完”，从而在超脱中“得救”。

“有一游魂，化为长蛇，口有毒牙。不以啮人，自啮其身，终以殒颠。……离开！……”嗯，我身上“毒气和鬼气”就像“游魂”，不咬别人，专咬我自己，以致使我死去。如果知道我竟是这样的，于是嫌弃，就索性“离开”我吧！

“我绕到碣后，才见孤坟，上无草木，且已颓坏。即从大阙口中，窥见死尸，胸腹俱破，中无心肝。而脸上却绝不显哀乐之状，但蒙蒙如烟然。”嗯，有些曾经提倡“新文化”的人，反过来嘲骂“新文化”了，只希图多留几天“僵尸”。而这“死尸”，“胸腹俱破，中无心肝”。因为这“心肝”，已经被我“抉心自食”了。哪里还会有呢？

但是，这又何其痛苦啊？！抉心自食，欲知本味。其创痛极为酷烈，怎能尝出本味？痛定之后，徐徐食之。然而那心已经陈旧，本味又怎能知道？

回答我。否则，离开！……

梦中被他要求回答的人即将离开，自己也要离去。而死尸已在坟中坐起，口唇不动，然而说——

“待我成尘时，你将见我的微笑！”

噢，旧文化的“僵尸”是难以消亡“成尘”的。即使“成尘”了，所谓“新文化”还会遇到新的问题和矛盾，只能让旧的看新的笑话，因而不禁微笑。

他疾走，不敢反顾，生怕看见死尸的追随。他本来附有“僵尸”的阴魂，想摆脱也难，如果追上，可怎么办？

看过两遍后，鲁迅自己也感到阴森、恐怖。自己怎么会写出这样的文字？但却是真实的，比自己别的文字更露出血肉。确实是这样的，那“毒气和鬼气”的旧文化的“僵尸”本来就是极其可怕的！而可能这就是真实的自己。倘若看到自己的真实，原来爱自己的人还会继续她的爱吗？

他马上想到了许广平。她知道自己先生的真实吗？如果知道了，会离开吗？

到那时还不唾弃自己的，即使是枭蛇鬼怪，也是自己的朋友，这才真是自己的朋友。倘使连这个也没有，则就是自己一个人也行。

但心中还是依恋着这可爱又大胆的姑娘，盼着见到她，希望她读到自己的这两篇新作。

于是,《失掉的好地狱》和《墓碣文》作为《野草》之十四、十五,一同发表在一九二五年六月二十二日出版的《语丝》第三十二期上。

"酒戏"

一九二五年六月二十五日，中国传统的端午节到了。

鲁迅很想借这个机会，见见广平，尤其是四月份收到她一文稿，竟不署名，让他"捏造"一个。回信批评她"油滑"后,又来信说用"西瓜皮"或"小鬼"，很可爱，但又不好惹。"西瓜皮"是她们同学间互相起的诨名，恐怕暗指的是:吃完了西瓜，就扔掉西瓜皮，没准会让她把你滑倒呢？倒真有点儿"滑稽之趣"，鲁迅打算这天中午请她到家里来吃饭。许羡苏是常客，少不了的；俞芬三姐妹是砖塔胡同的"二房东"，老朋友了，当然也应该请。女师大只请许广平一人，显然不妥，上次一起来的林卓凤有些拘谨，不好再来。忽然想起一位绍兴同乡、又和许广平一个班的王顺亲来，不觉暗暗叫好：让她跟广平一起来，既顺理，又使广平不孤单，而且母亲一月二十五日就邀请过她和许羡苏、俞芬三姐妹午餐，也是母亲的同乡、熟人，真是太好了！于是周日许羡苏和俞芬三姐妹来玩时，就告诉她们，星期四,二十五日是农历端午节，请她们来吃午饭，并让许羡苏通知许广平、王顺亲也来。

端午节这天上午，天气晴好，刚过夏至，不冷不热，小风和煦。许羡苏为了帮忙，前一天晚上住在了南屋，第二天一早俞芬三姐妹就来了，于是半开了大门，好让许广平、王顺亲不用敲门，直接进来。果然如此，她们一步就踏进了小院。羡苏一见到广平和顺亲，马上跑过去，三个姑娘搂抱在一起。这时，鲁迅正在"老虎尾巴"殷候，一听到声音，立即出来迎接。他看见广平特意打扮得比平时漂亮，身着绣花衫，肩披绿纱巾，与院里绿盈盈的丁香树叶相衬托，再有五月二十三日云松阁送来的两盆鲜红如火的月季花摆在北屋门口陪衬，显得格外亮眼。禁不住赞道:"好，比平常好看多了！"

俞芬立刻反驳道:"那先生的意思是广平平常不好看。"

鲁迅意识到自己让姑娘们抓住了话柄，忙解释道:"我是说更好看了。几位姑娘都好看！”

俞芬知道大先生是最会以理宽人的。她过去常向大先生诉说，自己的父亲如何如何不好，娶了后母，不按时寄钱来。她希望大先生帮助她想办法，向父亲施加点压力。大先生想了想说，依我看，你父亲还算好的。至于娶后母，这是他的自由，你们要体谅。现在父母不能干涉子女的婚姻，子女当然也不应干涉父亲的婚姻。至于寄钱养子女，那要看他的经济状况，有些人，家里没有积蓄，把子女养到一定的年龄，就让他们独立谋生，这是完全可以的，何况他现在还一直寄钱来呢，俞芬听了，无话可说，以后就不再说这些话了。只好说："大先生真会讲话。谁都不得罪！”

号称“害马”的许广平抢上来说："鲁迅先生可不是谁都不得罪，他的笔可厉害了，把那些‘正人君子’们骂得还不了嘴！”

许羡苏最喜欢月季花，又走到花边闻那沁心的清香，向鲁迅询问月季花的知识。

俞芬、王顺亲都是周建人在绍兴时的学生，和鲁迅又是同乡，想借机闹一闹，就趁鲁迅与许羡苏说话之机，把许广平拉到一边，小声串通，说这次一定想法把先生灌醉。广平也悄悄答应，只说别让先生喝得太多了。

俞芳不吭声，只看着几位姐姐嘀咕。许广平在她眼里是这样的：人高高的，比姐姐她们都高。人很大方，眼睛挺有神，也比较大。好像她们说，眉目之间好像很粗，很有点聪明的样子。俞芳想起，那时她们在砖塔胡同一起住的时候，在太师母房里，最感兴趣的一项事是敲大先生的“竹杠”。事情总是大姐带头，她和三妹帮腔。虽然她们事前并没有约定过，但每次大姐一提出，她和三妹是一定响应——孩子们嘛，哪有不喜欢吃东西的呢？那时北京冬天的晚上，在刺骨的西北风中，常夹着卖萝卜的叫卖声。这是穷苦人谋生的一种办法。他们冒着寒风，走街串巷，做点薄利生意。一个大萝卜只卖一两个铜板，空的辣的还要调换。你向他调，他又向谁去调呢？简直是赔本生意。

萝卜是去煤气的。北京冬天很冷，家家屋里都烧炉子取暖，门窗又关得严严实实，屋里有煤气是难免的。卖萝卜的小贩一声吆喝“萝卜赛梨哟——辣了换”。大姐就带头敲大先生的“竹杠”，要大先生请客。遇到这种情况，十有八九，他是同意的。为什么他不拒绝呢？原因之一是他的好心肠，他看着孩子们“垂涎三尺”的顽皮的样子，就同意了。另一个原因是他身后还有心肠更好的太师母在，如果遇到大先生没答应，多坚持些时候，太师母就会出来打“圆场”。老人家笑笑说：这次让我来请客吧！指着俞芳说：“老二去叫潘妈买几个萝卜来，给大家解解煤气。”太师母这几句话一说，全屋里顿时活跃起来，忙乱一阵，大家都吃到美味的萝卜，真开心啊！话说回来，大先生每次请客，连女工在内，全都请到。她们吃着“赛梨”的萝卜，滋味那个美啊，甭提了。

当时，北京晚上，还有一种挑担卖桂花元宵的，这种东西比较贵，她们不但没吃过，连想也没想过。有一次，大姐异想天开，竟向大先生敲“竹杠”，要他请她们吃桂花元宵。俞芳和三妹当然同意，你一言，我一语，大先生，桂花元宵多甜哪，可香呢，热腾腾的，多好吃啊，吃一碗文章多写出些，吃一碗睡觉都睡得香些……大先生看她们垂涎欲滴的样子，又同意了。太师母、大先生、大师母、大姐、俞芳和三妹、潘妈、大先生家的女工王妈、俞芳家的女工齐妈，每人一碗，共九碗。她们吃到又香又甜的桂花元宵，觉得格外有味道。第二天晚上，卖桂花元宵的又来了，在门口吆喝了好几声“桂花——元宵”。大姐大笑着说：唉！昨晚买了九碗，今天卖元宵的不肯走了。……大先生回答说：唉！昨晚买了九碗，我今天早上出门，他早已走掉了。大先生这话逗得大家都笑了。太师母说：这些小贩的生意，一定不大好的，晚上吃元宵的人总不会太多的吧。大先生说：他们的生意是不会太好，这些夜点心主要供应吃鸦片烟的，如斜对面住的溥仪本家“王府”，好吃懒做惯了，他们晚上睡不着觉，肚子饿了，想吃夜点心。另外，一些赌博的人，夜里赌饿了，也要吃夜点心，一般人家是不会天天买夜点心的。大先生就这样巧妙地对付了大姐想再次敲竹杠的“苗头”。

此外，大先生也常给她们讲些医学知识。有一次，他讲人的血管，他伸出左手示范，把衣袖卷到上臂，用右手捏紧左臂，眼看着他下臂和左手的筋粗起来了。俞芬、俞芳和三妹也学着他的样子做，大先生看了说：还是老二手臂的筋明显粗起来。俞芳听了很高兴。为什么呢？因为她的筋也像大先生的一样，会粗起来的。于是，有一段时期她没事时常捏着左臂，看静脉血管逐渐变粗。直到后来，每遇到验血要抽血，或注射静脉针时，她手臂上的血管，医生总是很容易找到的。

这时，太师母也出来了，把大家迎进北屋中堂，然后说不陪年轻人吃饭，回自己屋去了。中堂一张圆桌周围摆着七把椅子，鲁迅安排大家坐好，示意许广平坐在他右边，王顺亲坐在他左边，许羡苏和俞芬姐妹依次坐下。

朱安先是在她屋里抽水烟，到炒菜时出来跟诸位点点头，到厨房掌勺去了。她炒得一手上好的绍兴菜，女佣只能打下手，主角还得她担当。

上菜了，第一道是葱焖鲫鱼，鲜香入味，骨酥肉嫩。第二道是糟熘虾仁，洁白、鲜嫩，糟香诱人。第三道是清汤越鸡，皮薄肉嫩，骨松汤鲜。陆陆续续上了七八道，大家都叫不出名来了。最后又上一肴，用白薯蓣切片，鸡蛋和面粉涂之加油炸熟，女佣王妈告知：这是大师母特地为大先生做的，是他生平嗜好，因称鲁迅饼云。

鲁迅请大家下箸，许广平跟王顺亲、俞芬敬鲁迅先生酒。敬酒以后，说葡萄酒太轻了，就变成黄酒了。说黄酒又太轻了，有没有胆量吃白酒。鲁迅先生说，吃白酒就吃白酒。于是王顺亲斟满一杯奉上，鲁迅一饮而尽。许广平和俞芬也各满一杯敬上，鲁迅只好都喝下。不知不觉喝得有些头重脚轻，醉眼蒙眬，就坐在椅子上吸烟，不知哪位姐姐说，喝酒后是不好吸烟的。俞芳和俞藻忙上前去抢他手上的香烟，鲁迅先生把烟藏在身后，她们没有抢到，姐姐们都笑了。于是鲁迅就回到“老虎尾巴”半躺在床上，但又觉得在众小姐面前未免有点失礼，重又坐起，依然跟她们随意谈笑。

俞芬打趣说：“你们快看，大先生要醉了！”

鲁迅辩解道：“嘿！喝酒我是不怕的。”

俞芬笑道：“听，这就是一句醉话！喝醉的人，总是偏说自己不醉。”

俞芳帮着姐姐说话：“我们听太师母说，大先生醉过好多次呢！”

许广平也帮着二俞向鲁迅“进攻”，说道：“是呀！要是不醉，何至于居然睡倒，重又坐起呢？”

淘气的俞芬又起哄说："太师母说，大先生醉过许多次不说，还吐过好些次呢！"

鲁迅在几位姑娘"围攻"下，只有招架之力，没有还手之功，说道："真醉的人，说不清故事，我却能把经过的事情说得清清楚楚，不信，你们听着。"

他说：早上坐着人力车去教育部上班，路上遇到北大的某教授，他坐着人力车迎面过来。平时这位教授和鲁迅只是"点头之交"，那天这位教授却意外地热情，叫自己的车停下，同时招呼鲁迅的车也停下，好像见到了老朋友，有什么重要的事情要谈似的。鲁迅只得莫名其妙地停了车。这位教授下车后慌忙走向鲁迅，并从衣袋里取出一包东西，交给他，一面连连向鲁迅道歉，说："昨晚我带的钱太少，付不出现钱，真对不起你，请你点一点，数目对不对？"鲁迅连忙把钱还给他，同时说："教授你弄错了？"这位教授误以为数目不对，忙问："少了多少？"鲁迅还是这句话："教授，你弄错了，你没有欠我钱。"这位教授认为鲁迅客气，不肯收钱，就略带责备又自责的口气说："周先生，你这样不好，我们打牌前，就说清楚的，是'真刀真枪'的，只怪我自己带的钱少了些，我事前也没想到昨天赌运这样不好，以致欠了债。……你不要过意不去，过两天我们还可以再来过的。……"鲁迅这才明白这包钱原来是这位教授欠下别人的赌账，看来他一夜没睡，糊里糊涂，竟记错了债主。鲁迅耐心地告诉这位教授说，自己从来不打牌，对这玩意儿没兴趣，因此无从做"赌账"的"债主"。教授听了这番话，敲敲自己的脑袋，醒悟过来了。他承认自己记错了，连连向大先生道歉、告别。大先生讲完了这个"故事"，逗得大家都笑了。俞芳在砖塔胡同时就听鲁迅说过这个故事，连问："是真事吗？"鲁迅说："当然是真的。"最后又说：这种教授，打牌熬夜，弄得神志不清，连赌账都还错了人，真是在"发昏"。

鲁迅对当时的有些学者、教授，不学无术，不求上进，误人子弟，浑浑噩噩混日子的现象，是十分不满的，以前也跟多人说起过。

俞芬马上说："大先生还能讲故事，说明他的确有酒量，来，再满一杯。"说着，给鲁迅敬上一杯白的。

鲁迅一饮而尽，兴致更高了，又讲了一个绍兴读书人的故事："从前绍兴有个读书人，评论文章的好坏时说：‘天下文章，算我浙江，浙江文章，算我绍兴，绍兴文章，算我家兄，家兄的文章，还要我批改批改呢！’”鲁迅说到这里，把话一顿，两眼看着大家，广平抢着说：“那末是他自己的文章最好啦！”鲁迅笑笑说：“是啊，他的文章最好。”

许广平听了，哈哈大笑起来。她用乡间的话说是“生野不羁”的：生，就是有些食人生番的意思，跟谁都不生，跟谁都可以见面熟；至于野，当然是野姑娘的意思了，风风火火闯九州；至于不羁，就是没有什么约束，不知道啥是规矩。她不但会喝酒，而且酒量相当好，性格开朗，能说善辩，行动举止活泼伶俐，与许羡苏的文静，王顺亲的老成相比，大不一样。宴会开始，许广平就说要敬酒，她邀王顺亲一起向鲁迅先生敬酒，王顺亲一向不会喝酒，只干了那一杯以表敬意，许广平和鲁迅却都干了杯。之后，许广平就单独敬酒，进攻目标当然是鲁迅先生。俞芬，自己虽不会喝酒，却很喜欢跟着起哄，主动为他们斟酒助兴。后来不知怎么一来，敬酒演变成比赛酒量，鲁迅先生的酒量本不很大，他一向喝的是绍兴酒，而且是一小口一小口慢慢地喝的；这次改喝白酒，而且是一口气喝干一杯，看来有点招架不住许广平的凌厉攻势，但他决不示弱，大有奉陪到底的气概。太师母走出屋，看着很为难，连连说：慢慢喝，慢慢喝，多吃点菜，菜凉了就不好吃。俞芳一边吃，一边看，觉得很热闹，很有趣。散席后，王顺亲悄悄说：鲁迅先生真的有些醉了。

鲁迅的确有一点醉，他站起来轻击了俞芬、俞芳的手背，按了一下许广平的头。

在旁边一直不说话的许羡苏不高兴了，说：“你们闹得过分了，太师母说过大先生是不能多喝酒的。”一气之下，离席而走。

在一边没怎么说话的俞芳倒觉得没有什么。在砖塔胡同时，一次，鲁迅和她们开玩笑。鲁迅伸出右手，捏着拳头，放在桌上，叫她们用拳头打，并说他不怕痛。鲁迅的手很瘦，捏着拳头，骨头都很明显。三妹第一个打，恰好打在先生拳头的骨头上，没把先生打痛，自己的手倒震痛了，大姐也一样，打痛了自己的手。鲁迅笑着说：你们打人，挨打的人没有痛，打人的人倒痛了。这次是鲁迅笑弯了腰，连连说：“‘肠肚’啊，‘肠肚’！”绍兴话是“活该”的意思，还有讥笑对方“偷鸡不成，蚀了一把米”之类的意味吧。俞芳觉得鲁迅先生真是太有趣了，别人打疼了手，他要笑，可是冬天房里烧的煤，大块的需要敲成小块才能用，鲁迅就亲自用大榔头去敲煤。有一次他敲破了手，鲜血淋漓，也满不在乎，照样敲打，直到敲完为止。

还是许广平聪明，一看许羡苏生气走了，感到不妙，打趣地叫道：“咱们赶快逃吧，要不先生会拿东西打人的！”临走，又开玩笑道：“我倒不怕‘殃及池鱼’，可打痛了俞家小妹妹怎么好呢？我们要到白塔寺赶庙会去了。”

鲁迅见许广平脸颊绯红，又笑道：“游白塔寺？恐怕你倒要在路上呕吐呢？还说我醉，我看是你们小姐醉了！醉了！哈哈！”

许广平、王顺亲和俞芬三姐妹到东屋跟太师母打了个招呼，就“逃走”了。

其实，鲁迅的确喝高了点儿，说完就回“老虎尾巴”，倒头大睡。

朱安在厨房早让专门服侍太师母的女佣潘妈，把分成小份的菜送到东屋请婆母吃。自己只在厨房略尝了些，就默默回自己屋里去，把门关得死死的……

女佣王妈悄悄收拾碗筷杯盘，擦洗桌椅，原本一团哄笑的中堂，静了下来，掉根针都听得见响声……

忆往昔之四 (1922)

鲁迅在“老虎尾巴”的木板床上呼呼大睡，又梦见自己的往昔……

一九二二年二月二十四日，还是“兄弟怡怡”时，一个外国人出现在八道湾。周氏兄弟热情地把他安排在东屋，那是周作人一家所住的后院的东边。这人是经蔡元培特聘，到北京大学教授世界语的。

梦里还依稀记得，坐在自己身边的这个外国人：胡乱卷着头发，微露笑容，因目盲而认真谛听着四周动静，衣着故乡乌克兰的刺绣小衫，手端着六弦琴。他就是对人世充满着爱意的盲诗人——爱罗先珂。此前鲁迅刚编完《爱罗先珂童话集》，这是用日文写的，很是优婉。鲁迅觉得那是诗人的童话集，含有美的感情与纯朴的心灵。作者所要叫彻人间的是无所不爱，然而不得所爱的悲哀，而所展开的是他的童心的，美的，然而有真实性的梦，表现了“俄国式的大旷野的精神”。

他是乌克兰人，出身于农人家庭，幼时因患麻疹而失明，后在莫斯科盲童学校读书，在那里他的童真受到粗暴的对待。后来，凭借自己的勤奋和音乐天赋，靠弹唱积攒了一些钱，在国际世界语协会协助下，赴伦敦皇家盲人师范学校学习。一九一四年，前往日本，后被逐出，流浪于泰国、缅甸、印度。一九一九年，又被英国殖民当局视为“革命党”和“德国间谍”，先是被拘禁，后被驱逐，他只好又辗转去了日本，但又于一九二三年因“宣传危险思想”罪再被日本政府所驱逐。当时他想回国去盲校当音乐教师，可从海参崴抵赤塔时，却被拒绝入境，只好转往了中国，受到了上海世界语协会的热情帮助，遇到了一批知音。

出自对一位弱势者的同情，尤其是对一位蒙获“思想罪”迫害的异国人的深切同情和奥援，鲁迅还译了爱罗先珂的剧本《桃色的云》，这不仅出于对盲诗人及其瑰丽色彩的童话和“奇花瑶草”般的剧本的喜爱，而且是传播被虐待者的苦痛的呼声并借以激发国人对于强权者的憎恶和愤怒。鲁迅在译书时，用自己灰色的体验，重染了爱罗先珂的感伤，《野草》《彷徨》里就有着爱罗先珂式伤感调子。

鲁迅和爱罗先珂常常用日语谈到半夜，一次，爱罗先珂向他诉苦说：“寂寞呀，寂寞呀，在沙漠上似的寂寞呀！”

这应该是真实的，但在鲁迅却未曾感得；住得久了，“入芝兰之室，久而不闻其香”，只以为很是嚷嚷罢了。然而鲁迅之所谓嚷嚷，或者也就是他之所谓寂寞罢。

鲁迅觉得在北京仿佛没有春和秋。老于北京的人说，地气北转了，这里在先是没有这么和暖。只是总以为没有春和秋；冬末和夏初衔接起来，夏才去，冬又开始了。

这一日正是冬末夏初的时候，爱罗先珂独自靠在自己的卧榻上，很高的眉棱在金黄色的长发之间微蹙了，是在想他旧游之地的缅甸，缅甸的夏夜。“这样的夜间，”他说，“在缅甸遍地是音乐。房里，草间，树上，都有昆虫吟叫，各种声音，成为合奏，很神奇。其间时时夹着蛇鸣：‘嘶嘶！’可是也与虫声相和谐……”他沉思了，似乎想要追想起那时的情景来。

鲁迅开不得口。这样奇妙的音乐，在北京确乎未曾听到过，所以即使如何爱国，也辩护不得，因为他虽然目无所见，耳朵是没有聋的。

“北京却连蛙鸣也没有……”他又叹息说。

“蛙鸣是有的！”这叹息，却使鲁迅勇猛起来了，于是抗议说，“到夏天，大雨之后，你便能听到许多虾蟆叫，那是都在沟里面的，因为北京到处都有沟。”

“哦……”

过了几天，鲁迅的话居然证实了，因为爱罗先珂君已经买到了十几个蝌蚪。他买来便放在他窗外的院子中央的小池里。那池的长有三尺，宽有二尺，是周作人所掘的种荷花的荷池。从这荷池里，虽然从来没有见过养出半朵荷花来，然而养虾蟆却实在是一个极合适的处所。蝌蚪成群结队的在水里面游泳；爱罗先珂君也常常踱来访它们。有时候，孩子告诉他说，“爱罗先珂先生，它们生了脚了。”他便高兴地微笑道，“哦！”

然而养成池沼的音乐家却只是爱罗先珂君的一件事。他是向来主张自食其力的，常说女人可以畜牧，男人就应该种田。所以遇到很熟的友人，他便要劝诱他就在院子里种白菜；也屡次对周作人夫人劝告，劝她养蜂，养鸡，养猪，养牛，养骆驼。后来周作人家果然有了许多小鸡，满院飞跑，啄完了铺地锦的嫩叶，大约也许就是这劝告的结果了。

从此卖小鸡的乡下人也时常来，来一回便买几只，因为小鸡是容易积食，发痧，很难得长寿的；而且有一只还成了爱罗先珂君在北京所作唯一的小说《小鸡的悲剧》里的主人公。有一天的上午，那乡下人竟意外地带了小鸭来了，咻咻地叫着；但是周作人夫人说不要。爱罗先珂君也跑出来，乡下人就放一只小鸭在他两手里，小鸭便在他两手里咻咻地叫。他以为这也很可爱，于是又不能不买了，一共买了四只，每只八十文。

小鸭也诚然很可爱，遍身松花黄，放在地上，便蹒跚地走，互相招呼，总是在一处。大家都说好，明天去买泥鳅来喂它们吧。爱罗先珂君说，“这钱也可以归我出的。”

他于是教书去了；大家也走散。不一会，周作人夫人拿冷饭来喂它们时，在远处已听得泼水的声音，跑到一看，原来那四个小鸭都在荷池里洗澡了，而且还翻筋斗，吃东西呢。等到拦它们上了岸，全池已经是浑水，过了半天，澄清了，只见泥里露出几条细藕来；而且再也寻不出一个已经生了脚的蝌蚪了。

“爱罗先珂先生，没有了，虾蟆的儿子。”傍晚时候，孩子们一见他回来，最小的一个便赶紧说。

“唔，虾蟆？”

周作人夫人也出来了，报告了小鸭吃完蝌蚪的故事。

“唉，唉！……”他说。

待到小鸭褪了黄毛，爱罗先珂君却忽而渴念着他的“俄罗斯母亲”了，便匆匆地向赤塔去。

待到四处蛙鸣的时候，小鸭也已经长成，两个白的，两个花的，而且不复咻咻地叫，都是“鸭鸭”地叫了。荷花池也早已容不下它们盘桓了，幸而周作人的住家的地势是很低的，夏雨一降，院子里满积了水，它们便欣欣然，游水，钻水，拍翅子，“鸭鸭”地叫。

现在又从夏末交了冬初，而爱罗先珂君还是绝无消息，不知道究竟在哪里了。

只有四个鸭，却还在沙漠上“鸭鸭”地叫。

鲁迅把这件事写成了《鸭的喜剧》，发表在一九二二年十二月上海《妇女杂志》第八卷第十二号。

鲁迅还翻译了爱罗先珂的《春夜的梦》，在附记中说：“作者曾有危险思想之称，而看完这一篇，却令人觉得他实在只有非常平和而且宽大，近于调和的思想。但人类还很胡涂，他们怕如此。其实倘使如此，却还是人们的幸福，可怕的是在只得到危险思想以外的收场。”

是啊，鲁迅之所以与爱罗先珂如此一见如故，就在于他们有相通的思想，有对人类和宇宙间一切生命的大爱，希望大家“幸福的度日，合理的做人”。

从这种爱出发，鲁迅又写了《兔和猫》，说的是两只可爱的小兔被大黑猫吃掉的故事。最后鲁迅感叹道：

> 自此之后，我总觉得凄凉。夜半在灯下坐着想，那两条小性命，竟是人不知鬼不觉的早在不知什么时候丧失了，生物史上不着一些痕迹，并S也不叫一声。我于是记起旧事来，先前我住在会馆里，清早起身，只见大槐树下一片散乱的鸽子毛，这明明是膏于鹰吻的了，上午长班出来一打扫，便什么都不见，谁知道曾有一个生命断送在这里呢？我又曾路过西四牌楼，看见一匹小狗被马车轧得快死，待回来时，什么也不见了，搬掉了罢，过往行人憧憧的走着，谁知道曾有一个生命断送在这里呢？夏夜，窗外面，常听到苍蝇的悠长的吱吱的叫声，这一定是给蝇虎咬住了，然而我向来无所容心于其间，而别人并且不听到……
>
> 假使造物也可以责备，那么，我以为他实在将生命造得太滥了，毁得太滥了。

连蝌蚪、小兔、小狗、鸽子这样的小生命，鲁迅都发自心底的疼爱，何况人呢？

一九二二年的一个久雪初晴的一天，北京天气很冷，鲁迅为教育部办完事后坐车回寓，穿着厚外套，戴着手套的双手插在衣袋里。那车夫穿得却很单薄，风寒路滑，他忽然以“迅雷不及掩耳之手段”，自己跌倒了，并将鲁迅从车上摔出。鲁迅手在袋里，来不及抵按，结果便自然只好和地母接吻，以两颗门牙为牺牲了。

车夫急忙爬起来，搀扶鲁迅，非常愧疚。鲁迅不仅不责备他，还连问他摔伤没有，令车夫感激万分，车夫的腿受了伤。鲁迅的门牙撞掉，满口是血，到家时，大家的惊慌是不用说的，而他反而含笑地说：“世道真是变了，靠腿吃饭的，跌伤了腿，靠嘴吃饭的，撞坏了嘴。”弄得人哭也不是，笑也不是。一个冷酷的人，能够忘了自己的痛苦，反去安慰别人、鼓励别人吗？

东安市场的小宴

当然，鲁迅对俄国人也不全像对爱罗先珂那样相信。一九二四年冬天，北平世界语专门学校，从哈尔滨请来一位俄国教授，名谢利谢夫，这人好像是白俄，思想糊涂得很，但他的世界语，却是透熟，无论讲话，写文，都很流利。

他到北平后不久，也慢慢探听中国的作家。当时别人灌输他脑子最深的，是鲁迅。因此，他时时想会见鲁迅。

这意思，他通知了学校教务处陈空三先生，陈空三就同荆有麟商议，要荆有麟带谢利谢夫去会见鲁迅。

有一天，荆有麟同鲁迅先生谈起，鲁迅先生说：

“好的。不过不一定请他到家里来，随便在什么地方谈谈都可以。”

这意思，是不愿意有人带那俄国人登门拜访。荆有麟当时说：

“那么，到东安市场去，我请你和谢利谢夫吃晚饭。”

“今天么？”鲁迅先生考虑他自己的时间。

“就今天罢，你从家里直接去，我到学校去约他。谁先到谁等着。”荆有麟便拿起大衣，帽子，预备先动身，恰巧，孙伏园、章衣萍来访鲁迅先生了。此时，鲁迅先生手里正拿起围巾，先进来的衣萍说：

“怎么？你们出去么？”

鲁迅先生笑了，又放下围巾，他说：

“有麟要请客，难得的机会，一块儿去东安市场罢。”

伏园“啊”了一声，又幽默起来：

“要作陪客，也未尝不可以，我们俩是预备找地方吃饭呢。”

说得大家都笑了，荆有麟便要三位一块儿走，他跑学校去约谢利谢夫。

谢利谢夫意外了，他认定，要拜访一位名人，最好先期约定，然后再照了时间去赴约，比较客气些。荆有麟晓得，他的白俄脾气又发了。便告诉他：这就是同鲁迅先生约好的时间，所以要马上就去，在他明白了马上非去不可之后，便手忙脚乱起来。要洗脸，要擦皮鞋，要换衣服，要给头上打油。然而，无论怎么弄，总是不满意。荆有麟催的次数太多了，他才随他下楼，早已雇好的街车，将他们一直送到目的地。

鲁迅，伏园，衣萍，早已坐好在约定的饭馆里，荆有麟进门后，给谢利谢夫一一介绍过。即刻说明，他的世界语还没学好，不能任翻译。但当场又没有人懂得俄语，这是大家都知道的，于是鲁迅先生吃惊了。

“是客气？还是真的？我们谁也不懂俄文。”眼睛一直瞪着荆有麟。

荆有麟说：“我只能听得懂，却讲不出。”

伏园笑起来了，问荆有麟谢利谢夫能不能讲英文，如果能讲英文，就要衣萍做翻译，章衣萍虽然摇着头，荆有麟还是问谢利谢夫能不能讲英文。

谢利谢夫也不懂英文。

他说，他能讲德国话，日文也能对付，荆有麟才高兴了，因为荆有麟晓得，鲁迅先生能讲日本话，德文也可以对付，于是将这意思向鲁迅先生与谢利谢夫说穿，要他们直接谈话。

鲁迅与谢利谢夫开始谈话了。谢利谢夫开口的是德语，他以为鲁迅能懂德国话。鲁迅讲出的，却是日语，他以为谢利谢夫能懂日本话，两人都选取了自己的熟悉语言应用。无法顾到对方对另一种语言、听觉的能力，这会谈，是干干脆脆失败了，谢利谢夫噘着嘴，摸起他的长胡子。鲁迅先生皱起眉头，拼命在抽烟。本来说不好世界语的荆有麟，不能不用世界语再维持场面。

吃饭间，谢利谢夫不问鲁迅先生对于俄国革命的意见，对于高尔基和托尔斯泰的意见，他一心一意地选取着他最可口的菜，只顾吃。鲁迅先生也再不讲日语了，他应了伏园指斥侍者将手指甲放进汤盘里的事，讲起卫生论来，他说：

“在中国饭馆吃东西，你无法讲求清洁的。除非不要吃。我有一次，也是在东安市场吃饭，好像是与马先生罢，发现菜盘里一个苍蝇，便把茶房喊来，问他：‘那是什么东西？怎么可以给人吃？’不料茶房将苍蝇用手指夹起，在他自己眼前一晃，一下放进嘴里去，还说：‘不是苍蝇，不是苍蝇，’笑嘻嘻走出去了。你说，你嫌不卫生，他先吃苍蝇给你看，你说，菜里不应当有苍蝇，他说没有，反正苍蝇已经吃进他肚里，你再找不出证据。……”

说得大家全笑了，谢利谢夫放下筷子，问荆有麟是怎么一回事，荆有麟略将大意告诉了他，也不知道是荆有麟词不达意，还是他听误会了。竟放下筷子，再不拿起来。鲁迅先生晓得，荆有麟的传语出了毛病，要有麟再告诉他，菜有苍蝇，同茶房吃苍蝇，都是过去的笑话，并不是现在的事情。请他安心吃下去。可是，无效。虽经荆有麟解释，谢利谢夫再不动筷子了。

饭后，他们就在原地方，吃茶，谈天，伏园又从隔屋里拉来当时正在北大读书的王捷三。谈话更加热闹了。忽然谢利谢夫悄悄告诉荆有麟他要出去，出去做什么？有一专名词，荆有麟听不懂。

荆有麟要他对鲁迅讲，他便用德语对鲁迅说，然而鲁迅听不懂，用日语反问他，谢利谢夫又答复不出日语来。

最后，他脸红了，长胡子一束一束抖动着，他索性弯着腰，撅起屁股，两只手在屁股上做了一个姿势，大家恍然了，立刻喊茶房，带他出去“大便”。

他一出去，房内立刻爆发出哄笑。鲁迅先生怨荆有麟了：

“你真捣乱，自己世界语弄不好，就乱作翻译，闹得大家受窘。”

荆有麟立刻反驳：“我一进来，就声明：我不能翻译呀。”

“那你弄一个语言不懂的外国人来，什么意思呢？”鲁迅先生严肃起来。

“他要认识你，你也承允，所以就带他来了。我只负介绍责任。”

“介绍他不讲话么？你真捣乱得可以。该好好罚一下。”

伏园、衣萍也赞成鲁迅先生的提议。主张罚荆有麟一下，荆有麟说：“罢了，下次再请你们吃饭，另外带一个朵落贝夫来。”因为荆有麟想起，世界语专门学校，又向哈尔滨请了一位教世界语的俄国人，不过当时还未到北平。

鲁迅先生笑了，大家都笑了。鲁迅先生还附加着说：“还要再捣乱一次么？”

笑声中，谢利谢夫又进来了。大家再没谈下去的意思。于是一齐离开了东安市场。

事后，鲁迅先生告诉荆有麟，谢利谢夫是什么也不懂得的。思想恐怕还有点“可恶”。荆有麟于是才开始向陈空三等人，打听谢利谢夫的来历。据说，他是俄国革命后，逃出来的白俄，还是俄国的旧教授。当时介绍他来学校教书的人，信上还写着：

“为了世界语的传播，就介绍他来吧。他的世界语是相当流利的。不过不要让他担任其他功课。他的思想与行动，可不很高明。”

果然，不到半年工夫，他就厌烦了他的工作，辞别了学校，另做黄金梦去了。鲁迅先生观察的深刻，竟有如此之敏锐。——虽然他与谢利谢夫只讲过那么几句不很能互相明了的话。

第八章　“训词”·“嫩弟”·“小刺猬”

“训词”

端午节“酒戏”后第三天，鲁迅收到了许广平前一天写的道歉信。信中说许羡苏事后对她讲：“这样灌酒会酒精中毒的，而且先生可喝多少酒，太师母订有戒条。”许广平听后大惊，“诚惶诚恐的赔罪不已”，并附一首小诗。鲁迅看了信，禁不住笑了，“小鬼”敬酒时的顽皮相又浮现在眼前，晚上铺开信纸，舔了舔“金不换”，使用他嬉笑怒骂的杂文笔法给他心爱的姑娘写了篇妙文——

训词：

你们这些小姐们，只能逃回自己的窠里之后，这才想出方法来夸口；其实则胆小如芝麻（而且还是很小的芝麻），本领只在一齐逃走。为掩饰逃走起见，则云“想拿东西打人”，辄以“想”字妥加罗织，大发挥其杨家的勃谿式手段。呜呼，“老师”之“前途”，而今而后，岂不“棘矣”也哉！

不吐而且游白塔寺，我虽然并未目睹，也不敢决其必无。但这日二时以后，我又喝烧酒六杯，蒲桃酒五碗，游白塔寺四趟，可惜你们都已逃散，没有看见了。若夫“居然睡倒，重又坐起”，则足见不屈之精神，尤足为万世师表。总之：我的言行，毫无错处，殊不亚于杨荫榆姐姐也。

又总之：端午这一天，我并没有醉，也未尝“想”打人；至于“哭泣”，乃是小姐们的专门学问，更与我不相干。特此训谕知之！

此后大抵近于讲义了。且夫天下之人，其实真发酒疯者，有几何哉，十之九是装出来的。但使人敢于装，或者也是酒的力量罢。然而世人之装醉发疯，大半又由于倚赖性，因为一切过失，可以归罪于醉，自己不负责任，所以虽醒而装起来。但我之计划，则仅在以拳挈“某籍”小姐两名之拳骨而止，因为该两小姐们近来倚仗“太师母”之势力，日见跋扈，竟有欺侮“老师”之行为，倘不令其喊痛，殊不足以保架子而维教育也。然而“殃及鱼池”，竟使头罩绿纱及自称“不怕”之人们，亦一同逃出，如脱大难者然，宜不为我所笑？虽“再游白塔寺”，亦何能掩其“心上有杞天之虑”的狼狈情状哉。

今年中秋这一天，不知白塔寺可有庙会，如有，我仍当请客，但无则作罢，因为恐怕来客逃出之后，无处可游，扫却雅兴，令我抱歉之至。

“……者”是什么？

“老师”

六月二十八日

这份“训词”，怒里含笑，嗔内藏喜，真乃一绝。鲁迅自读一遍，也不禁笑出声来，意犹未尽，又对广平附来的诗发了一番议论：

那一首诗，意气也未尝不盛，但此种猛烈的攻击，只宜用散文，如“杂感”之类，而造语还须曲折，否，即容易引起反感。诗歌较有永久性，所以不甚合于做这样题目。

沪案以后，周刊上常有极锋利肃杀的诗，其实是没有意思的，情随事迁，即味如嚼蜡。我以为感情正烈的时候，不宜做诗，否则锋芒大露，能将“诗美”杀掉。这首诗有此病。

我自己是不会做诗的，只是意见如此。编辑者对于投稿，照例不加批评，现遵来信所嘱，妄说几句，但如投稿者并未要知道我的意见，仍希不必告知。

迅六月二十八日

看来，许广平道歉信中所附的诗并非她自己所作，而是代人投稿的。

鲁迅以“诗美”的眼光将其否了。

第二天，信发走之后，又收到许广平二十八日信，还是“诚惶诚恐的赔罪不已”，鲁迅觉得“必须写几句回答”，说“小鬼”之所以这样，也许听了“某籍”小姐、即许羡苏的什么谣言，于是“辟谣之举，是不可以已的。第一，酒精中毒是能有的，但我并不中毒。即使中毒，也是自己的行为，与别人无干。”“第二，我并不受布何种‘戒条’，我的母亲也并不禁止我喝酒。”“所以，此后不准再来道歉，否则，我‘学笈重洋，教鞭十载’，要发宣言以传小姐们胆怯之罪状了。看你们还敢逞能么？”

称呼回到过去的“广平兄”，自署却是“迅”。而话中则充满了对许广平的怜惜与疼爱。

两天后，收到了许广平的回信。称呼是“鲁迅师”，告知“训词”和“回话”都接到了。下面却开起了玩笑：

老爷倒想“自夸”酒量，岂知却临阵败北，何必再“逞能”呢！？这点酒量都失败，还说“喝酒我是不怕的”，羞不羞？我以为今后当摒诸酒门之外，因为无论如何辩护，那天总不能不说七八分的酒醉，其“不屈之精神”的表现，无非预留地步，免得又在小鬼前作第三……次失败耳，哈哈，其谁欺，欺天乎。

一个“羞不羞？”打情骂俏之态尽显。信中还称鲁迅为“撒谎专家”，自诩“灌醉了一位教育部的大老爷”，自己则和两位同伴“都到寺内逛去而且买些咸脆崩豆一边走一边食，出了寺门”，颇为潇洒。“小鬼许广平”已经主动跨过了师生的界限！

鲁迅这次回复时没有再用训词语气，而转为尊称“广平仁兄大人阁下敬启者”，告诉她“前蒙投赠之大作，就要登出来，而我或将被作者暗暗咒骂。因为我连题目也已改换”。还玩笑道:“贵骂,勿露‘勃豁’,暂羁‘害马’之才，仍复源源投稿，以光敝报，不胜徼幸之至！”

“嫩弟”

鲁迅接到广平七月十三日写的回信后，一看称呼就惊笑了。原来是：

嫩弟手足：报读七、九日来札，且喜且慰，缘愚兄忝识之无，究疏大义，谬蒙齿录，惭感莫名前者数呈贱作，原非好意，盖目下人心趋古，好名之士，层出不穷。愚兄风头有心而出发无术，倘无援引，不克益彰，若不“改换”，当遗笑柄。我……

嫩弟手足情深恐遭牵累，引己饥之怀，行举斧之便。如当九泉，定思粉骨之报，幸生人世，且致嘉奖之词，至如“专擅”云云。只准限于文稿，其他事项，自有愚兄主张一切毋得滥为妄作。否则“家规”犹在，绝不宽容也。

嫩弟近来似因娇纵过甚，咄咄逼人，大有不恭之状以对愚兄者，须知“暂羁”“勿露”……之口吻殊非下之对上所宜出诸者,姑念初次，且属年嫩，以后一日三秋则长成甚速，决不许故态复萌也，戒之念之。

又文虽做得稍久，而忽地一心以为有鸿鹄将至，或以事牵，竟致潦草，此乃兄事烦心乱无足为奇者。好在嫩弟精力充足，自可时进针贬，愚兄无不乐从也，手动数行即询。

英国的香烟可好？

愚兄手即七、十三

信后附有文稿《罗素的话》。

竟然称比自己年长十七岁、负有盛名的先生为“嫩弟”，称自己为“愚兄”，这个玩笑开得可不小！然而，又多么富有才气和幽默感！玩笑当中含着炽热的爱，愿以“粉骨之报”！爱得多么坚定！多么不惜牺牲一切！

鲁迅被深深地感动了。他感到温暖，感到不再孤单。

他也再开玩笑，当日寄出一方剪裁的一九二五年七月十二日京报，右方题道：

京报的话　鲁迅

在报后括弧里写上“未完”，并书一短信：

“愚兄”呀！我还没有将我的模范文教给你，你居然先已发明了么？你不能暂停“害群”的事业，自己做一点么？你竟如此偷懒么？你一定要我用“教鞭”么？？！　　七、十三

许广平七月十五日收到后，立即回复了一封长信。

嫩棣棣：

你的信太令我发笑了，今天是星期三——七、十五——而你的信封上就大书特书的“七、十六”。小孩子盼日子短的，好快快地过完节，又过年，这一天的差误，想是扯错了月份牌罢，好在是寄信给愚兄，若是和外国交涉，那可得小心些，这是为兄的应该警告的。还有，石驸马大街在宣内，而写作宣外，尤其该打。

鲁迅看完这封信后，愈加跟“小鬼”调笑，竟诙谐地来了幅自画像：

第一章“嫩棣棣”之特征。

1. 头发不会短至二寸以下，或梳得很光，或炮得蓬蓬松松。

2. 有雪花膏在于面上。

3. 穿莫名其妙之材料（只有她们和店铺和裁缝知道那些麻烦的名目）之衣；或则有绣花衫一件在箱子里，但于端午偶一用之。

4. 嚷；哭……（未完）

许广平也给鲁迅画了一幅像：

“嫩弟弟之特征”：

想做名流，或（初到女校做讲师）测验心理时，头发就故意长得蓬蓬松松长乱些。

（冬秋春）有红色绒袜子穿在足上。

专做洋货的消耗品，如洋点心、洋烟、洋书……（未完）或有蟒袍洋服多件在箱子里，但于端午……则绝不敢穿。

总在小鬼前失败，失败则强词夺理以盖羞，“嚷，哭”其小者，而“穷凶极恶”则司空见惯之事。

好食辣椒，点心，糖、烟、酒——程度不及格……

一声声叫娘，犹有童心。

外凶恶而内仁厚的一个怒目金刚，慈悲大士。

信中的揶揄玩笑、调侃亲昵显现他们的关系已经绝不一般了。

“小刺猬”

自此，广平到西三条的次数更勤了。有时陆晶清、张静淑等也一起来，甚至不请自来。一九二四年十二月十九日，北京有了有轨电车。当时的《晨报》上报道说：“北京电车业于前日开行，此次仅系西大干线先行通车，由正阳门直达西直门。东北两干线之通车期现尚有待……第一日并不售票，该公司事前曾发出优待券，所有第一日之乘客，均系持有优待券者。昨日始行售票营业，各站之乘客异常拥挤……昨日正阳门内至西直门大街，沿途极为热闹，每至一站，即有多数之男女，挨车轨观看。”有轨电车人们俗称其为“当当车”，因为它一面行走一边发出“当当”的声音。这声音来自司机脚下的铃铛，司机一边驾驶车辆一边不断踩动脚下的铃铛，以提醒马路上的车辆和行人注意安全，于是留下一路“当当”声。有轨电车的售票员每个人都有一枚哨，那哨不同于体育老师和裁判员吹的那种哨，它是长圆形的，有些像钢笔帽，吹起来发出“嗡……嗡……”的声音。当关好车门可以开车的时候，售票员便吹响哨子，向司机发出可以行车的信号。有轨电车开始运行时，它的票价高于乘人力车的票价，当时报纸上写道:“车价比人力车还贵，市民将群起反对。”所以许广平她们还是坐人力车前往，鲁迅对她们的到来非常欢迎，态度格外亲切，就像对自己的家人一样，还常爱跟“小鬼”“愚兄”和她的同伴吹吹牛。

鲁迅有两把短刀，一把短些，两边有刃，作短剑形，装黄漆的木头短柄，有黄漆木套，是在日本留学未久，因为觉得样子有趣买来的。曾经送给三弟玩，一直放在三弟那里，直到迁居北京后又放在他那里了。一把长些，作刀形，式子很旧，两面平的，没有血槽。装一个白木头的柄与套。套两半合拢，用白皮纸条卷转黏住，是一点也不坚固的。鲁迅说:这一把刀是日本一个老武士送给他的。他怎么与那老武士认识，没有人问他。听他所讲的情形猜想起来也许是他的房东或者近邻，所以常会遇见。老武士告诉他:那刀曾经杀过人的。刀面除却略有锈斑之外，别的地方很光滑而亮。但钢质让看见的人疑心并不怎样好，因为三弟把它戳在板壁上，拔下来时仿佛刀头有点歪了。不过杀人还是可以的，因为人的皮肉没有那么硬。

那个送刀给鲁迅的老武士还讲些故事给他听，其中有日本人戳美国教士的故事。老武士说日本维新以前，有一回杀了三四个美国教士，的确弄死得很惨，但不愿发表。不久美国就起兵问罪，兵船开进东京湾。日本无法抵抗，就叫闯事的人对美国谢罪。于是迎接美国军官上陆，坐在一边，闯事的人都跪在下面，一一切腹。其中一个，切到中途，肠子流出来了，切腹者便拿住流出来的肠，拔出刀，将外露的一段割下，向美国军官投去，然后再用刀将自己切死。但到第七个切死后，美国军官不忍再看下去，便止住他们，不必再切。事情就此结束了。

老武士又说：闯的乱子是这样结束了，但日本认为是件耻辱，许多人遂觉得自谋自强，决不可缓。这是给日本维新的一个很大的刺激！

说着，鲁迅从褥子底下拿出了刀子，比画了一下，说：“可厉害了！这东西杀过人呢！”又在许广平、陆晶清、张静淑面前显示了一下，才藏回去。

广平知道了刀子就藏在鲁迅褥子底下，一次，就跑来缴械，从褥子下面取出了刀。

鲁迅急忙来夺，广平将刀藏在身后，说：“没收了，不能再给你！”

鲁迅笑道：“傻孩子，你以为我会用这刀自杀呀？才不会呢！我要多活几年，让那些‘正人君子’多不舒服些日子！”

广平嗔怒道：“那也不行，存在我这里，不许你再动。”

鲁迅过去要抢，广平躲来躲去，还是年轻人身子灵活，鲁迅总也抢不到。只好哀求道：“还我吧，存这刀子，是为了防身的。我保证绝对不会自杀行吗？”

广平嗔笑道：“那要写保证书。”

鲁迅假装怒道：“天下哪里有这样的规矩，先生给学生写保证书？”

广平不相让，也怒道：“在我这里，就有这规矩，必须写！先生忘了‘家规犹在’吗？！”

当时，荆有麟也在场，看着他们相讥骂，相打闹，觉得正是在这种打情骂俏中种下了他们爱情的根。赶忙圆场道：“算了，算了。我替鲁迅先生保证：他绝对不会自杀的！”

这样，广平才把刀子又放回褥子底下。

多数时间，在鲁迅家中，许广平是为鲁迅抄书稿，她抄写的速度很快，有一天，抄《古小说旧闻钞》，她一天连续抄了一万多字。鲁迅见了，不住地称赞，感谢。

七月的北京，常常下雨，气候很湿润，小昆虫、小动物出来活动了。西三条小院里，丁香花虽然早谢了，月季花和别的野花、野草却开得正盛。广平抄累了，就跑后园欣赏花草，散步嬉闹。一天，意外地在园子里捉到两只小刺猬，太师母珍重爱护地养起来了。广平和同学们去了，也拿出来玩，两只手一去碰它，缩作一团了，大大的毛栗子，那么圆圆滚滚的可爱相。走起来，那么细手细脚的，大家都喜欢逗这小动物。可是不知怎么它们逃脱了，无论怎样也找不着。偶然看见一个小小的洞，人们说："一定是逃到这里了，因为它喜欢钻洞。"

鲁迅叹道："可能像养过的小兔一样钻到洞里了，千万别让大黑猫吃了。幸好这里没有猫。"

广平说："猫全让先生打没了。大家都知道，鲁迅先生是仇猫的。"

鲁迅说："就是有猫，也吃不了小刺猬。它会竖起刺儿，扎猫的。"

广平说："是呵，小动物跟人一样，就是要有刺儿，才能不受欺负。"

鲁迅笑道："'害马'身上就满是刺儿。"

广平嗔道："有刺儿，先生还动不动要施教鞭呢！如果没刺儿，那还不让先生的教鞭打烂了。"

鲁迅笑了笑，没有言语。

有一天，落雨了，广平撑着伞到了鲁迅先生寓所。后来收到鲁迅的一封信，里面附了一张图：一只小刺猬拿着伞走，真神气。比他手写的"无常"还要美……

第九章　颓败线的颤动

难忘的日记

许广平这位带有野性和才气的姑娘，大胆闯入鲁迅的生活，使鲁迅感到快乐而幸福，但阴影还是难以从他心底消除。一九二五年六月二十九日，他收到许广平信并稿，立即复信。刚完毕，高长虹就来了，交荆有麟信和一本纪念册。鲁迅觉得他大约受了尼采作品的影响之故罢，常有太晦涩难解处，似是安那其主义，即无政府主义者，头总仰得很高，睥睨一切的架势，但很能做文章，有一种锐气。在这沉闷时期，很需要这种让人震醒的文字，他为《莽原》奔走最力。不管怎样，对新文学工作有益，但有了成就之后就很难说了。

夜里下了雨，在雨声中，鲁迅准备写日记。顺手拿起去年，即一九二四年的日记册随意翻阅，忽然看到自己去年六月十一日的记事：

> 十一日晴，风。晨得杨（陈）翔鹤君信。上午寄郑振铎信。寄阮和森信。往山本医院为母亲取药。寄伏园校稿。下午往八道湾宅取书及什器，比进西厢，启孟及其妻突出骂詈殴打，又以电话招重久及张凤举、徐耀辰来，其妻向之述我罪状，多秽语，凡捏造未圆处，则启

孟救正之，然终取书、器而出。夜得姚梦生信并小说稿一篇。

鲁迅的日记一般只记要事，非常精短，唯独这篇较长，叙述了到八道湾取书、器遭到周作人夫妇打骂的经过。这是少有的。

整整一年了，始终难忘：他刚一到，羽太信子就打电话唤救兵，欲假借外力以抗拒，周作人则用一本书远远地掷入，鲁迅置之不理，专心检书。一忽儿外宾来了，正欲开口说话，鲁迅从容辞却，说这是家里的事，无烦外宾费心。到者也无话可说，只好退出。这时，周作人竟拿起尺高的铜香炉，朝鲁迅头上打去，幸亏别人接住，抢开，才不致打中。取回书籍的翌日，鲁迅说给许寿裳听。许问他："你的书全部都已取出了吗？"他答道："未必。"许问他："我所赠的《越缦堂日记》拿出来了吗？"他答道："不，被没收了。"

骨肉手足竟然反目到如此境地，令鲁迅难以想象。

家中失怙，长兄为父。他把弟弟当作自己的亲子，处处呵护，一心希望他们成材，像母亲叮嘱的那样："穷出山！"为周家争气。虽说用心过切，有时态度粗暴，也全是一片好意。启孟与羽太信子结婚后，需要经济上的帮助，他毅然提前回国工作，每月渡江给他们寄去六十元钱。要知道那几乎是自己薪金的一半！开始带着王鹤照去，熟悉后由鹤照一人去。到京后，先是设法安排后来回国的启孟到补树书屋读书、工作。然后又用卖出绍兴老屋的钱，几经周折购买、修葺了八道湾的房子，让启孟一家先住进里面最好的屋子，自己住外面。启孟有病，自己又屡屡焦急，到西山碧云寺赁屋装修，不远迢迢多次前去看望；特别是那次他患了急病，误诊猩红热，鲁迅心焚如火，结果知是出疹子，才放下心来。那时，鲁迅的工资收入，全行交给羽太信子，连周作人的，不下六百元，而每月总是不够用，要四处向朋友借钱，有时借到手连忙回家。又看到汽车从家里开出，鲁迅想："我用黄包车运来，怎敌得过用汽车带走呢？"原来家内人大小轻重的生病，都常常请医生到家里来，还不管是否急需，往日本商店买东西，食的，用的，玩的，从腌萝卜到玩具，一买就一大批，钱很快就花光了，只得借债度日。鲁迅向周作人提出过意见，周作人也说过羽太信子，但羽太一犯病，周作人就退缩了。甚至于好心好意给周作人的小孩买些糖果，羽太信子竟然不让他们接受而抛弃掉，还不准孩子们到鲁迅这里玩，叫作“给他冷清冷清，冷清得他要死！”因为鲁迅家里是没有孩子的。周作人为了家里安宁，可以一心一意读书、写作，把大哥牺牲也在所不惜。原来兄弟怡怡、亲如手足，现在却这般仇恨！

由此又想起许多文学青年需要自己时则尽加利用，不需要时就弃置一边，甚至痛加攻击。自己一点点以血饲人，结果却是不得好报……

人，为什么是这样的呢？

难道都是如此忘恩负义、恩将仇报、以怨报德？不。像对母亲、祖母、长妈妈……自己就只能牺牲自己，而不能给她们一点儿伤害。对自己的老师老寿先生、藤野先生、章太炎先生……自己也永远怀着尊敬和感激！

知恩报德——当是做人的道德底线，突破了这个底线，即非人也！

而先驱者的命运往往是这样的。想起以前写的《复仇》(其二)：“兵丁们给他穿上紫袍，戴上荆冠，庆贺他；又拿一根苇子打他的头，吐他，屈膝拜他；戏弄完了，就给他脱了紫袍，仍穿他自己的衣服。看哪，他们打他的头，吐他，拜他……”“四面都是敌意，可悲悯的，可咒诅的。”“路人都辱骂他，祭司长和文士也戏弄他，和他同钉的两个强盗也讥诮他。”“遍地都黑暗了。”“钉杀了‘人之子’的人们的身上，比钉杀了‘神之子’的尤其血污，血腥。”

鲁迅超出了自己的恩怨得失，想到整个人类，做人的最起码道德底线。“改造国民性”，应当从这个底线做起。人，才能算一个起码的人！

他昏昏沉沉睡着，“梦见自己在做梦”，夜半，雨声淅沥，想到最为惨苦的莫过于年轻时用自己的身体养育了儿女、晚年却遭遗弃的妇女了，在梦中成熟了一个故事。爬起身来，点亮油灯，坐在桌前，掭掭“金不换”，在稿纸上写着……

颓败线的颤动

我梦见自己在做梦。自身不知所在，眼前却有一间在深夜中紧闭的小屋的内部，但也看见屋上瓦松的茂密的森林。

板桌上的灯罩是新拭的，照得屋子里分外明亮。在光明中，在破榻上，在初不相识的披毛的强悍的肉块底下，有瘦弱渺小的身躯，为饥饿，苦痛，惊异，羞辱，欢欣而颤动。弛缓，然而尚且丰腴的皮肤光润了；青白的两颊泛出轻红，如铅上涂了胭脂水。

灯火也因惊惧而缩小了，东方已经发白。

然而空中还弥漫地摇动着饥饿，苦痛，惊异，羞辱，欢欣的波涛……。

“妈！”约略两岁的女孩被门的开阖声惊醒，在草席围着的屋角的地上叫起来了。

“还早哩，再睡一会罢！”她惊惶地说。

“妈！我饿，肚子痛。我们今天能有什么吃的？”

“我们今天有吃的了。等一会有卖烧饼的来，妈就买给你。”她欣慰地更加紧捏着掌中的小银片，低微的声音悲凉地发抖，走近屋角去一看她的女儿，移开草席，抱起来放在破榻上。

“还早哩，再睡一会罢。”她说着，同时抬起眼睛，无可告诉地一看破旧的屋顶以上的天空。

空中突然另起了一个很大的波涛，和先前的相撞击，回旋而成旋涡，将一切并我尽行淹没，口鼻都不能呼吸。

我呻吟着醒来，窗外满是如银的月色，离天明还很辽远似的。

我自身不知所在，眼前却有一间在深夜中紧闭的小屋的内部，我自己知道是在续着残梦。可是梦的年代隔了许多年了。屋的内外已经这样整齐；里面是青年的夫妻，一群小孩子，都怨恨鄙夷地对着一个垂老的女人。

“我们没有脸见人，就只因为你，”男人气忿地说，“你还以为养大了她，其实正是害苦了她，倒不如小时候饿死的好！”

“使我委屈一世的就是你！”女的说。

“还要带累了我！”男的说。

我们没有脸见人，就只因为你。

“还要带累他们哩！”女的说，指着孩子们。

最小的一个正玩着一片干芦叶，这时便向空中一挥，仿佛一柄钢刀，大声说道：

“杀！”

那垂老的女人口角正在痉挛，登时一怔，接着便都平静，不多时候，她冷静地，骨立的石像似的站起来了。她开开板门，迈步在深夜中走出，遗弃了背后一切的冷骂和毒笑。

她在深夜中尽走，一直走到无边的荒野；四面都是荒野，头上只有高天，并无一个虫鸟飞过。她赤身露体地，石像似的站在荒野的中央，于一刹那间照见过往的一切：饥饿，苦痛，惊异，羞辱，欢欣，于是发抖；害苦，委屈，带累，于是痉挛；杀，于是平静。……又于一刹那间将一切并合：眷念与决绝，爱抚与复仇，养育与歼除，祝福与咒诅……。她于是举两手尽量向天，口唇间漏出人与兽的，非人间所有，所以无词的言语。

当她说出无词的言语时，她那伟大如石像，然而已经荒废的，颓败的身躯的全面都颤动了。这颤动点点如鱼鳞，每一鳞都起伏如沸水在烈火上；空中也即刻一同振颤，仿佛暴风雨中的荒海的波涛。

她于是抬起眼睛向着天空，并无词的言语也沉默尽绝，惟有颤动，辐射若太阳光，使空中的波涛立刻回旋，如遭飓风，汹涌奔腾于无边的荒野。

我梦魇了，自己却知道是因为将手搁在胸脯上了的缘故；我梦中还用尽平生之力，要将这十分沉重的手移开。

一九二五年六月二十九日。

这篇《颓败线的颤动》，作为《野草》之十六，发表在一九二五年七月十三日《语丝》周刊第三十五期上。

忆往昔之五 (1923—1924)

往昔的种种人与事，又浮现在眼前——

至今一想起仍然浑身的神经都会颤动。这是怎样的亏损和冤诬？自己倾全力购买、设计、修整的八道湾大院子拱手让人了。本想兄弟三人永远不分家，永远在一起，结果一九二一年三弟周建人就被迫到上海商务印书馆供职，三年之后自己又被逼迁出，到砖塔胡同破旧的小屋里暂居，还背上一个对弟媳妇非礼的污名。这是何等巨大的损失和污辱？！

决定迁居砖塔胡同的时候，鲁迅征求过朱安的意见：“你是否仍住在八道湾，或者你回绍兴娘家去，我每月给你寄钱去。”朱安回答说：“八道湾我不能住，因为你搬出去，娘娘迟早也要跟你去的，我独个人跟着叔婶侄辈过，算什么呢？绍兴我也不想去。你搬到砖塔胡同，横竖总要人替你烧饭、缝补、洗衣、扫地的，这些事我可以做，我想和你一起搬出去。”这样，鲁迅就先把汉唐石刻等拓片装成十二箱存到教育部储藏室里，于一九二三年八月二日携朱安一同搬进砖塔胡同六十一号三间北屋里去了。

中间一屋，约莫十四平方米，是鲁迅的会客室兼餐室与卧室，夜间还是他的工作室。室内有木板床、八仙桌、洗脸架、书箱等等，屋子小，用具多，不免有些拥挤，但由于摆设得体，井井有条，整然有序，显出主人的爱好整洁与艰苦朴素。那张八仙桌，虽已半旧，但用得仔细，还很牢固，并不陈旧。它既是饭桌，又是鲁迅夜间写作用的书桌，他常常在这张书桌上工作到深夜一两点钟，甚至通宵达旦。一杯浓茶，一盏油灯，吸着香烟，静静地写作着。

西边的屋子，是朱安的卧室，鲁迅一直使用的三屉桌放在窗下，桌上文房四宝俱全，大笔筒里插着两根大孔雀翎，据说是从日本带来的。鲁迅白天在这里写作，因为这里光线好，安静。

中屋和西屋各处堆满了线装书，鲁迅正在撰写《中国小说史略》，需要众多的参考书。

朱安白天常在厨房张罗菜饭等事，轻易不进屋打扰他。要说打扰，倒是俞芳和三妹，当时她们是不懂事的孩子，常请鲁迅画人头，做玩具，请他批改不通顺的作文，为了这些不相干的琐事，不知耗费了鲁迅多少宝贵的精力。而鲁迅总是和蔼地接受她们的请求，尽快完成她们交给自己的“任务”。

东边的屋子，是太师母的卧室。太师母一般仍然住在八道湾，每隔两三天到砖塔胡同来一次，天色晚了，就住在这里，不回去了。

离开自己一手买进、改造的八道湾宽敞的住宅，搬进狭窄又破旧的砖塔胡同，鲁迅的心情当然是凄苦的。但他从不把自己的苦恼向外人倾吐，只是深深地埋在心底。“细嚼黄连不皱眉”，真是苦上加苦！更使他不停地工作，整天价忙这忙那，以便忘记种种痛苦。过分的辛劳和苦痛终于把他折磨病了，据医生诊断是肋膜炎，起不了床，吃不下饭，只能吃粥。朱安每次烧粥前，先把米弄碎，烧成容易消化的粥糊，并托俞芬到稻香村等有名的食品商店去买糟鸡、熟火腿、肉松等鲁迅平时喜欢吃的菜，给鲁迅下粥，使之开胃。她自己却不吃这些好菜。朱安对鲁迅生活上照顾得无微不至。

朱安终于打动了鲁迅，病好些，精力恢复了。朱安特具一肴，用白薯蓣切片，鸡蛋和面粉涂之加油炸熟，鲁迅觉得很好吃，对朱安很感激。他感到实在应该尽尽丈夫的责任了，晚上叫朱安不要走，合睡一张床。朱安受宠若惊，愿意接受丈夫晚到的爱抚，但是婚前就要求她放的足，至今仍然缠着长长的裹脚布。朱安坐在鲁迅床边解她的脚布，一股难闻的气味儿立时闹得鲁迅一点儿兴致也没有了，只好推说身体又不好受，以后再说吧！朱安惊呆了，不知所从，慢慢又缠上脚布，默默地走了出去。自此，俩人连这种亲近也不再有了。鲁迅想起这情形就恶心，跟关系亲密的荆有麟说过：“Wife，多年中，也仅仅一两次。”就是这一两次，还是以不悦告终。

所以早在一九一九年，鲁迅曾经收到一个不相识的少年寄来的一首新诗，题为《爱情》，诗中叹道：“我是一个可怜的中国人，爱情！我不知道你是什么……我生十九，父母给我讨老婆，可是这婚姻，是全凭别人主张，别人撮合……仿佛两个牲口，听着主人的命令，‘咄，你们好好的住在一块儿罢！’……”鲁迅看了以后，在一九一九年一月十五日《新青年》第六卷第一号上发表了署名唐俟的《随感录四十》中写道：“这是血的蒸气，醒过来的人的真声音。”又说：“但在女性一方面，本来也没有罪，现在是做了旧习惯的牺牲。我们既然自觉着人类的道德，良心上不肯犯他们少的老的的罪，又不能责备异性，也只好陪着做一世牺牲，完结了四千年的旧账。”他只能为了母亲，跟朱安做着名义上的夫妻，“陪着做一世牺牲”。

即便这样，鲁迅对朱安和她娘家朱宅一直以礼相待；他曾帮助朱安弟弟朱可铭的儿子找工作，有时还寄钱资助朱宅。朱宅也常送些家乡土产给鲁迅。可见鲁迅承认朱安的家庭地位，在经济方面给予信任，提供她的物质生活，尽了应尽的义务。可就是没有感情，更不可能产生性爱。

每逢佳节倍思亲。过去的春节，都是一大家人其乐融融地过，一九二四年的旧历年底，鲁迅在砖塔胡同却很是孤单、凄清。只和母亲、朱安以及许钦文、许羡苏、俞芬三姐妹过了个简单的除夕，以后就少有人来了。八道湾周作人那里却异常热闹，他把鲁迅住过的中院西屋辟为“苦雨斋”，把门徒们请来，说诗谈文，饮酒品茶，灯火通明地欢腾到半夜。信息传来，鲁迅不免凄凉。越是凄凉，越是怀想嵇康，酒后梦中又与嵇中散相遇了。

再问嵇康

嵇中散飘然而至了。鲁迅立即施礼，请坐。

嵇中散坐下言道：“先生又有何难？”

鲁迅忙道：“于中散面前，哪里敢称先生？！便是弟子也妄称也。”

嵇中散笑曰：“那便说弟子有何难也？”

鲁迅苦笑道：“读中散先生赠兄秀才入军十八诗，有几首深有同感。”

嵇中散问：“哪几首？”

鲁迅吟道：“鸳鸯于飞。肃肃其羽。朝游高原。夕宿兰渚。邕邕和鸣。顾眄俦侣。俛仰慷慨。优游容与。”停顿一下，又吟：“鸳鸯于飞。啸侣命俦。朝游高原。夕宿中洲。交颈振翼。容与清流。咀嚼兰蕙。俛仰优游。”顿挫后再吟：“我友焉之。隔兹山梁。谁谓河广。一苇可航。徒恨永离。逝彼路长。瞻仰弗及。徙倚彷徨。”又长吟道：“特别是第三首：泳彼长川。言息其浒。陟彼高冈。言刈其楚。嗟我征迈。独行踽踽。仰彼凯风。涕泣如雨。”说着，不禁痛哭流涕。

嵇中散沉默一会儿，说：“弟子与诸弟不是也很亲密吗？”

鲁迅答道：“是呵，曾经‘兄弟怡怡’。”便吟诵起年轻时写于庚子年，即一九〇〇年三月的《别诸弟》三首：

谋生无奈日奔驰，有弟偏教各别离。
最是令人凄绝处，孤檠长夜雨来时。

还家未久又离家，日暮新愁分外加。
夹道万株杨柳树，望中都化断肠花。

从来一别又经年，万里长风送客船。
我有一言应记取：文章得失不由天。

第二年，即辛丑年，一九〇一年四月，又叠《别诸弟》元韵作了三首忆念诸弟的诗，吟诵起来：

梦魂常向故乡驰，始信人间苦别离。
夜半倚床忆诸弟，残灯如豆月明时。

日暮舟停老圃家，棘篱绕屋树交加。
怅然回忆家乡乐，抱瓮何时共养花？

春风容易送韶年，一棹烟波夜驶船。
何事脊令偏傲我，时随帆顶过长天。

吟毕叹道：“仲弟次予去春留别元韵三章，即以送别，并索和。予每把笔，辄黯然而止。越十余日，客窗偶暇；潦草成句，即邮寄之。嗟乎！登楼陨涕，英雄未必忘家；执手消魂，兄弟竟居异地！深秋明月，照游子而更明；寒夜怨船，遇羁人而增怨。此情此景，盖未有不悄然以悲者矣。”

嵇中散听后言道：“写得很好！比我的还感人！真是‘兄弟怡怡’。”

鲁迅啼道：“那是过去的。现在已经‘兄弟失和’，有如仇敌，我从自己一手建立的大家庭里搬出来，暂居这破旧的小屋。”

嵇中散向四围扫了一眼，也觉甚为陋旧，面有同情之意。沉静一会儿，言道：“嗨！人生祸福难避，你知道我的《幽愤诗》吧？”

鲁迅答道：“当然熟知。”就势背诵起来：

嗟余薄祜，少遭不造。哀茕靡识，越在襁褓。母兄鞠育，有慈无威。恃忧肆姐，不训不师。爰及冠带，凭宠自放。抗心希古，任其所尚。托好老庄，贱物贵身。志在守朴，养素全真。曰余不敏，好善暗人。子玉之败，屡增惟尘。大人含弘，藏垢怀耻。民之多僻，政不由己。惟此褊心，显明臧否。感悟思愆，怛若创痏。欲寡其过，谤议沸腾。性不伤物，频致怨憎。昔惭柳惠，今愧孙登。内负宿心，外恧良朋。仰慕严郑，乐道闲居。与世无营，神气晏如。咨予不淑，婴累多虞。匪降自天，寔由顽疏。理弊患结，卒致囹圄。对答鄙讯，絷此幽阻。实耻讼冤，时不我与。虽曰义直，神辱志沮。澡身沧浪，岂云能补。嗈嗈鸣雁，奋翼北游。顺时而动，得意忘忧。嗟我愤叹，曾莫能俦。事与愿违，遘兹淹留。穷达有命，亦又何求。古人有言，善莫近名。奉时恭默，咎悔不生。万石周慎，安亲保荣。世务纷纭，祇搅予情。安乐必诫，乃终利贞。煌煌灵芝，一年三秀。予独何为，有志不就。惩难思复，心焉内疚。庶勖将来，无馨无臭。采薇山阿，散发岩岫。永啸长吟，颐性养寿。

鲁迅诵毕，不觉泪流满面。

嵇中散也不禁流泪，哀道：“弟子有这般好记性，简直倒背如流。”

鲁迅说:“这是小时在私塾练就的，何况崇拜先生，先生文集已校七遍，时在心中默诵。吾亦忧愤深广，时念古代先贤之忧愤，所以对中散大人此诗记忆犹深。”

嵇中散十分感动，说道:“多谢弟子！这首诗因吕安事被冤陷囹圄忧愤不平所作，抒写生平忧郁和对时世的愤慨。我最后被司马氏杀于东市。先生即使愤懑，也强于我吧！多保重！多努力！”说完，飘然而去，不知所向。

自此，嵇康更加成为鲁迅的精神知己，一九二四年五月搬到西三条后，六月就开始八校《嵇康集》。有日记为证：

> 一九二四年五月三十一日：“往商务印书馆买《新语》、《新书》、《嵇中散集》、《谢宣城诗集》、《元次山集》各一部。”
>
> 一九二四年六月一日：“夜校《嵇康集》一卷。”
>
> 一九二四年六月三日：“夜校《嵇康集》一卷。”
>
> 一九二四年六月六日：“终日校《嵇康集》。”
>
> 一九二四年六月七日：“校《嵇康集》至第九卷之半。”
>
> 一九二四年六月八日：“夜校《嵇康集》了。”
>
> 一九二四年六月十日：“夜撰校正《嵇康集》序。”

十一天时间，倾如此巨大精力与心血校正《嵇康集》，实乃世上少有。从一九一三年到一九二四年，鲁迅校勘《嵇康集》已历整整十年，历经八校。嵇中散真正成为鲁迅心中的至交。

士穷而后文工

一九二三年八月搬至砖塔胡同陋室，大病一场，陷于“绝境”。然而越是艰难越是要写作，大年初三，即二月七日，鲁迅着笔写作酝酿已久的《祝福》。

少年时所见和房女佣阿祥嫂的悲惨遭遇，坟邻的儿子被马熊吃掉的故事，等等，都在眼前浮现了。连成一片，逐渐升华，形成虚拟又实际的形象世界……

“士穷而后文工”。跌入病苦交加的境地，尤其是躺在床上起不来，只能静思的时候,鲁迅对文字的感觉倒更灵敏了。深省自《狂人日记》以来的作品，尤其《自言自语》《随感录》等篇的语言过于直白，应该有一种杜甫那般沉郁顿挫、内含情韵、曲折婉致的文字更好。要写的文字，常常在心中默念，有时诵读出来，以检验语调节奏。夜里似乎听见他在与人说话，其实是鲁迅在诵念自己的文章。

> 旧历的年底毕竟最像年底，村镇上不必说，就在天空中也显出将到新年的气象来。灰白色的沉重的晚云中间时时发出闪光，接着一声钝响，是送灶的爆竹；近处燃放的可就更强烈了，震耳的大音还没有息，空气里已经散满了幽微的火药香。

笔调是行文的格调，文学作品的语言艺术最重要的是笔调，也可以称之为语气系统，决定了整篇作品的基调和品位。这个“毕竟”二字最是有味，加重了笔调的婉转，又使人预感到了小说的悲剧气氛与“我”的无奈。嗯，经过回还往复的含咏，鲁迅首肯了这个开头。

“村镇上不必说，就在天空中也显出将到新年的气象来。”又是一种婉曲的笔调，那种“咸酸之外”的味道，标志着鲁迅的语言文字之功力又进入了更高的境界。

“灰白色的沉重的晚云中间时时发出闪光，接着一声钝响，是送灶的爆竹；近处燃放的可就更强烈了，震耳的大音还没有息，空气里已经散满了幽微的火药香。”“晚云”而“沉重”，“闪光”又“钝响”；然后由“远”而“近”，从天空到近处，由色彩、声响到气味的浓幽，形色音味俱全，将读者带入了历史的现场。人们进入了祥林嫂那曲折、悲惨的故事世界。

《祝福》的文笔较前更加婉转有致了，而且深入到了人究竟有没有魂灵的根本哲学问题。

《祝福》发表于一九二四年三月二十五日上海《东方杂志》半月刊第

二十一卷第六号。从此，祥林嫂的悲剧形象活在人们的心中，她“我真傻”的话几乎成了人们口头的“成语”，隐喻一个人神经受到严重刺激后的絮叨。

二月十六日，正月十二，正赶上星期六，他又着笔写了《在酒楼上》。小说中的主人公吕纬甫很有些自己的影子。虽然春节已过去十二天，但北京的冬天还没有消尽，枯枝棱瘦，风景凄清，懒散和怀旧的心绪联结起来，回忆起故乡的酒楼。鲁迅在西边屋子写字台上，又开始了到砖塔胡同后的第二篇小说《在酒楼上》。自一九一九年购买了八道湾的房屋，携全家到北京以来，还不曾到南方去过，不禁使他怀念起江南的冬景：“几株老梅竟斗雪开着满树的繁花，仿佛毫不以深冬为意；倒塌的亭子边还有一株山茶树，从暗绿的密叶里显出十几朵红花来，赫赫的在雪中明得如火，愤怒而且傲慢，如蔑视游人的甘心于远行。我这时又忽地想到这里积雪的滋润，著物不去，晶莹有光，不比朔雪的粉一般干，大风一吹，便飞得满空如烟雾。……”

鲁迅的作品很少有风景描写，这一段老梅斗雪的景致很是突兀。

他想象自己要了一斤绍酒，十个油豆腐，在“空空如也”的楼上独酌独饮。来酒客了，分明是他的旧同窗，也是做教员时代的旧同事，当年敏捷精悍、现在却变得格外迂缓的吕纬甫。俩人曾经同到城隍庙里去拔掉神像的胡子，连日议论些改革中国的方法以至于打起来，但现在却是颓唐，又浓又黑的眉毛底下的眼睛也失了神采，但当他缓缓四顾的时候，却对废园忽地闪出他在学生时代常常看见的射人的光来。

他们又要了酒菜，吕纬甫聊起了自己的经历。他本是奉母亲之命，给三岁就死去的小弟弟迁坟，但真去迁时才发现早已踪影全无，只得仍然铺好被褥，用棉花裹了些他先前身体所在的地方的泥土，包起来，装在新棺材里，运到父亲埋着的坟地上，在他坟旁埋掉了。这样总算完结了一件事，足够去骗骗母亲，使她安心些。这里分明闪现着鲁迅四弟椿寿的行迹和坟影。

又奉母亲之命，给邻居长富的女儿阿顺，送红的剪绒花，哪知她已死了。记得当时新台门西邻确实有过一个叫阿有的正经劳动者，他有一个女儿，父女勤劳节俭，生活还过得去。只是阿有的弟弟阿桂不争气，常来借钱。一次阿桂来时，只女儿一人在家，把他顶了去。阿桂报复地说：“你不要骄气，你的男人比我还不如呢！”自此女儿忧郁成疾，得了伤寒，又不小心吃了石花，不久死了。出丧时，人们看见了她的未婚夫，原来是个小店伙，人很老实。由阿有女儿的死，鲁迅不禁想起了琴表妹，描写她的眼睛时写道：独有眼睛非常大，睫毛也很长，眼白又青得如夜的晴天，而且是北方的无风的晴天……

吕纬甫一手擎着烟卷，一只手扶着酒杯，似笑非笑地说。“我在少年时，看见蜂子或蝇子停在一个地方，给什么来一吓，即刻飞去了，但是飞了一个小圈子，便又回来停在原地点，便以为这实在很可笑，也可怜。可不料现在我自己也飞回来了，不过绕了一点小圈子。又不料你也回来了。你不能飞得更远些么？”

一个曾经英气勃勃的上进少年，后来变得这般死气沉沉，随随便便，敷敷衍衍，难道人世就是这样的么？不行！自己只能是明明感到绝望，却要反抗绝望。

小说写完了，刊载在一九二四年五月十日《小说月报》第十五卷第五号。鲁迅好像舒了一口气，了却了一件心事。

环境越苦闷,创作的兴头越激荡,两天之后,即二月十八日,鲁迅又写了《幸福的家庭——拟许钦文》。

许羡苏的哥哥许钦文是鲁迅在砖塔胡同时期唯一亲近的学生和文学青年。他的忠厚、老实、刻苦勤学的品德，使鲁迅把他视为自己最为信赖的年轻人。记得一九二〇年冬，在《晨报副刊》上看到两篇署名“钦文”的文章，就问主编孙伏园：“钦文是谁？”孙伏园答：“就是许小姐的哥哥。”搬到砖塔胡同以后，孙伏园带着一个衣着破旧的瘦小青年来了，说这就是许钦文。自此不断来往，在报纸上一看到钦文的文章就很注意，常常通过孙伏园或者直接对许钦文说哪里写得不对，应该怎样修改；哪里写得还可以，不过欠深刻。无论是思想、立意，还是语法、措辞，都一一指出。许钦文不像有些文学青年，只听好话，不听批评，而是非常谦虚，仔细倾听，一一改正。鲁迅对他印象很好。一九二三年五六月间《晨报副刊》进行过“爱情定则”的讨论;《妇女杂志》有关于理想配偶的征文，第九卷第十一号又出版了“配偶选择号”。鲁迅在《晨报副刊》上看见许钦文的应征小说《理想的伴侣》的时候，就忽而想到《幸福的家庭》的大意，且以为倘用了他的笔法来写，倒是很合适的；然而也不过单是这样想，没有动笔。到了《祝福》写毕十天之后的二月十八日，又忽而想起来，正适值没有别的事，于是就写下来了。

鲁迅写道：许钦文感到"须得捞几文稿费维持生活了；投稿的地方，先定为幸福月报社，因为润笔似乎比较的丰。但作品就须有范围，否则，恐怕要不收的。范围就范围……现在的青年的脑里的大问题是？……大概很不少，或者有许多是恋爱，婚姻，家庭之类罢。……是的，他们确有许多人烦闷着，正在讨论这些事。那么，就来做家庭。然而怎么做呢？……否则，恐怕要不收的，何必说些背时的话，然而……。他跳下卧床之后，四五步就走到书桌面前，坐下去，抽出一张绿格纸，毫不迟疑，但又自暴自弃似的写下一行题目道：《幸福的家庭》。"

这幸福的家庭应该安排在什么地方呢？他想："北京？不行，死气沉沉，连空气也是死的。假如在这家庭的周围筑一道高墙，难道空气也就隔断了么？简直不行！江苏浙江天天防要开仗；福建更无须说。四川，广东？都正在打。山东河南之类？——阿阿，要绑票的，倘使绑去一个，那就成为不幸的家庭了。上海天津的租界上房租贵……假如在外国，笑话。云南贵州不知道怎样，但交通也太不便……。"他想来想去，想不出好地方，便要假定为A了，但又想，"现有不少的人是反对用西洋字母来代人地名的，说是要减少读者的兴味。我这回的投稿，似乎也不如不用，安全些。那么，在那里好呢？——湖南也打仗；大连仍然房租贵；察哈尔，吉林，黑龙江罢，——听说有马贼，也不行！……"他想来想去，想不出好地方，于是终于决心，假定这"幸福的家庭"所在的地方叫作A。

随意一笔，就将全国各地的形势勾勒出来了。说明当时的中国，无论哪里都难以幸福的。

"主人和主妇，自由结婚的。他们订有四十多条条约，非常详细，所以非常平等，十分自由。而且受过高等教育，优美高尚……。东洋留学生已经不通行，——那么，假定为西洋留学生罢。主人始终穿洋服，硬领始终雪白；主妇是前头的头发始终烫得蓬蓬松松像一个麻雀窠，牙齿是始终雪白地露着，但衣服却是中国装……”

刚刚设想得异常美好，买二十五斤劈柴的吵嚷声就传来，他吃惊地回过头去看，靠左肩，便立着他自己家里的主妇，“两只阴凄凄的眼睛恰恰钉住他的脸”。

原来她正为二十五斤劈柴是给两吊六还是两吊五，与卖劈柴的争执不下。

接着构思，为桌中央的菜“龙虎斗”是蛇和猫还是蛙和鳝鱼？反复斟酌。回过头时，就在他背后的书架的旁边，已经出现了一座白菜堆，下层三株，中层两株，顶上一株，向他叠成一个很大的A字。

“啪”的一声，主妇的手掌打在三岁女儿的头上。“阿阿，好好，莫哭莫哭，”他把妻了发抖的叫骂放在脑后，抱孩子进房，摩着她的头，说，“我的好孩子。”于是放下她，拖开椅子，坐下去，使她站在两膝的中间，擎起手来道，“莫哭了呵，好孩子。爹爹做‘猫洗脸’给你看。”他同时伸长颈子，伸出舌头，远远地对着手掌舔了两舔，就用这手掌向了自己的脸上画圆圈。

于是《幸福的家庭》写不下去了，一座六株的白菜堆，屹然地向他叠成一个很大的A字。

最根本的是经济和生存。离开这个基础，家庭幸福不了，创作也进行不下去——这就是鲁迅在这篇小说中贯彻的他一贯的思想。

第二天，许钦文来了，鲁迅把刚写好的《幸福的家庭》原稿，交给他看。说是早就拟了腹稿，忙于杂务，迟迟未写。“现在总算已经写出来了。”他微笑着说，很高兴。许钦文认真阅读以后，先在西边房间观察了一下，再到中间吃饭间去看了些时候，才明白鲁迅写实的功力，原来《幸福的家庭》所写的环境跟鲁迅住处很相像。表示看后很感激，完全赞成，于是鲁迅晚上又加增删，加上了“拟许钦文”的副题，结尾又加了附记。发表于一九二四年三月一日上海《妇女杂志》月刊第十卷第三号。

过了个把月，已仲春时节，北京的天气却还不见得怎样暖和。许钦文仍然穿着破棉袍，罩着破旧的竹布长衫，匆匆忙忙走到沙滩“红楼”去听每周一次鲁迅先生的课。跨上大楼扶梯，远远听到从一院最大而挤满人的教室里传来谈话声，比往常高些。鲁迅先生的课，不但文科的学生要听，理科的学生也要听；不但在校的学生要听，已经毕业的也要回校来听。因为鲁迅先生常常结合时事讲，是不会听厌的。许钦文一进教室，刚在靠西面的一边坐下，突然听到有人说："许钦文大概已经长了胡子。"又有人说："许钦文的年纪总是不小了。"原来鲁迅的《幸福的家庭》在《妇女杂志》上发表后，从上海运到北京，在东安市场等处出售，许多听讲的人都已看过。许钦文在这满教室的人中只熟悉少数几个，坐在附近的都不相识，一时不知道怎样才好，窘得很，俯着头不敢作声。幸而不久鲁迅先生走进教室，谈话声戛然而止，他才松了一口气。后来看到《妇女杂志》，才知鲁迅先生加上了"拟许钦文"的副题和短短的附记，产生了很大影响。许钦文觉得这是对自己的鼓励和鞭策。

鲁迅闲空时，每每爱在胡同里散步，一边悠闲地吸着烟，一边散淡地观察着周围景物、人事。

他出门张望，见胡同东口有一座八角七重檐的青灰色砖塔，据说这座塔是元代名臣耶律楚材的老师，金元之际的高僧万松老人的葬骨塔。胡同因此得名。元、明、清三代，作为戏曲活动的中心，曾是北京城最热闹的地方之一。一九〇〇年，八国联军入侵北京，这里的戏班、乐户纷纷逃回家乡，从此砖塔胡同渐渐变成了居民区，归于宁静。街门口站着或坐着闲眺的居民，擦肩而过的路人急匆匆地走着，时而有了什么事情，一帮闲人就聚拢一圈围观。

一次，鲁迅看到一圈人正围观两个女乞丐，一老一少。驻步察看，才知这是奶奶和孙女在讨饭。一旦好心人给了一点儿吃的，孙女立即献到奶奶面前，让奶奶吃，情愿自己饿着。好心人不禁称之为"孝女"，再送些吃的来。

有好心人，也有痞子、流氓。两个光棍儿竟肆无忌惮地说："阿发，你不要看得这货色脏。你只要去买两块肥皂来，咯支咯支遍身洗一洗，好得很哩！"

一位圆圆胖胖的道学先生，手里拿着一块葵绿色纸包的肥皂，呆看了老半天，一会儿朝少女乞丐溜几眼，一会儿又侧耳倾听光棍儿的淫话，两眼色迷迷的。

鲁迅蔑视地瞥了道学先生一眼。他向来最憎恶终日大骂新文化、道貌岸然却灵魂肮脏的"假道学"，忽生灵感，三月二十二日又写成了入住砖塔胡同后的第四篇小说《肥皂》，在一九二四年三月二十七、二十八日《晨报副刊》上连载。

鲁迅在胡同里还注意到一对年轻的情侣搬到一户人家去了，开始恩恩爱爱。不久就渐疏远，后来女的走了，不知到哪里去了。男的也穷困潦倒，过不下去的样子。身后跟随着一只瘦弱的满身灰土的小狗……

鲁迅看着这情景，忽然灵感一闪，想起一篇小说，结构、层次，都想好了，单等有机会写出来。

在砖塔胡同的九个月是艰苦、凄凉的，也是收获丰盛的。鲁迅写了四篇小说，一九二三年十二月十一日，《中国小说史略》上卷由北京大学新潮社出版，一九二四年上半年完成下卷，并交给了出版社，一九二四年六月出版。

鲁迅迁居砖塔胡同后，周作人虽有男女仆人，但仍然叫鲁老太太自炊而食，老太太不能安住，加之对大儿子的思念，经常白天来砖塔胡同，晚上回八道湾，或者在砖塔胡同住上一两天。鲁迅深深体谅老人的处境和心愿，为了使母亲能跟自己同住，想方设法另找房子。

一九二三年十月二十日，鲁迅几经周折，终于议定购买阜成门内宫门口西三条二十一号旧房宅一所，议价八百，付定金十元，至翌年一月二日，交余款三百元，始接受买屋。因之，鲁迅向好友许寿裳、齐如山各借款四百元。

西三条原为一所旧独院，有陈年老屋六间，依照鲁迅亲自设计的方案进行了整修，焕然一新。鲁迅于一九二四年五月二十五日搬入，离开了砖塔胡同。

第十章　七月的晚风

“立论”

北京的七月，进入夏季，白天有时很热，傍晚却常常吹来一股清风，使人立感凉爽。晚上的西三条“老虎尾巴”往往坐满了各方汇聚来的仰慕鲁迅的文学青年。

一九二五年七月六日，许广平、许羡苏、王顺亲三人一同来了，算是了结了端午节那场“酒戏”。荆有麟也正好在，都是熟人，荆有麟并无走意，鲁迅也不让他回避，于是一块儿聊起了大天。

鲁迅忽然灵起，跟他们讲起一个故事：

> 我……在小学校的讲堂上预备作文，向老师请教立论的方法。
>
> “难！”老师从眼镜圈外斜射出眼光来，看着我，说。“我告诉你一件事——
>
> “一家人家生了一个男孩，合家高兴透顶了。满月的时候，抱出来给客人看，——大概自然是想得一点好兆头。
>
> “一个说：‘这孩子将来要发财的。’他于是得到一番感谢。
>
> “一个说：‘这孩子将来要做官的。’他于是收回几句恭维。

“一个说：‘这孩子将来是要死的。’他于是得到一顿大家合力的痛打。

“说要死的必然，说富贵的许谎。但说谎的得好报，说必然的遭打。你……”

“我愿意既不谎人，也不遭打。那么，老师，我得怎么说呢？”

“‘那么，你得说：‘啊呀！这孩子呵！您瞧！多么……。阿唷！哈哈！Hehe！ he，hehehehe！’”

一时间，逗得三位姑娘都捧腹大笑起来。

荆有麟听了，解释道：“一九二四年暑假，陕西督军刘振华氏，代表西北大学向北平各大学校教授及各报记者，请求前往西北大学讲演。当时鲁迅先生便是被聘请的一位。鲁迅先生因从来没有去过西北。很想借此机会，去看一看。当时同去的，《京报》代表是该报记者王小隐，孙伏园是代表《晨报》去的。据鲁迅先生回来时形容，王小隐那次穿的是双梁鞋——即鞋面前头有两条鼻梁。当时北京官场中人及遗老多穿此种鞋。——一见人面，总是先握手，然后便是哈哈哈。无论你讲的是好或坏，美或丑，是或非，王君是决不表示赞成或否定的。总是哈哈大笑混过去。鲁迅先生当时说：‘我想不到，世界上竟有以哈哈论过生活的人。他的哈哈是赞成，又是否定。很不赞成，也似不否定。让同他讲话的人，如在无人之境。’”

鲁迅先生补充：“这种天气哈哈论，我一从长安回来就想写。”

荆有麟解释说：“先生的《说胡须》，开头是这样：‘今年夏天游了一回长安，一个多月之后，胡里胡涂的回来了。知道的朋友便问我：“你以为那边怎样？”我这才栗然地回想长安，记得看见很多的白杨，很大的石榴树，道中喝了不少的黄河水。然而这些又有什么可谈呢？’底下，先生写他在长安所见的奇闻奇谈。先生且感慨，无论你讲真话或者说别的什么，旁人总以为是哈哈哈的笑话，先生于是接着说：‘凡对于以真话为笑话的，以笑话为真话的，以笑话为笑话的，只有一个方法：就是不说话。于是我从此不说话。然而，倘使在现在，我大约还要说：“嗡，嗡……今天天气多么好呀？……”因为我实在比先前似乎油滑得多了。'这里也可以看出，今天天气哈哈哈，是在游长安时才在先生的思想中具体化的。因为王小隐君代表了这个典型，在鲁迅面前活现了。"

三个姑娘听着先生的解释和荆有麟的解说，好像明白了一些。许广平说道："其实，生活中不就是这样吗？说真话的要倒霉！只能 hehe 地混世，才能不惹事，世事也就永远黑暗下去。"

鲁迅先生听了，很赞赏许广平的领悟力，说道："人人都有一双眼，除了盲人，都可以看到世上发生的事情。但多数人是靠'瞒和骗'活着，我们应该睁开眼来看！"

大家都表示赞同，可都觉得说真话是很难的。

时候不早了，三个姑娘告辞。鲁迅吩咐荆有麟送行。端着煤油灯走到门口，一再叮嘱荆有麟说："送到街上，给她们叫两辆洋车。"并往荆有麟手里塞了几角钱。

八日夜里醒来，鲁迅起身写了《立论》，作为《野草》之十七，与《颓败线的颤动》同时发在一九二五年七月十三日《语丝》第三十五期上。

九天以后，鲁迅又在杂文《论睁了眼看》中写道：

> 中国人的不敢正视各方面，用瞒和骗，造出奇妙的逃路来，而自以为正路。在这路上，就证明著国民性的怯弱，懒惰，而又巧滑。一天一天的满足着，即一天一天的堕落着，但却又觉得日见其光荣。在事实上，亡国一次，即添加几个殉难的忠臣，后来每不想光复旧物，而只去赞美那几个忠臣；遭劫一次，即造成一群不辱的烈女，事过之后，也每每不思惩凶，自卫，却只顾歌咏那一群烈女。仿佛亡国遭劫的事，反而给中国人发挥"两间正气"的机会，增高价值，即在此一举，应该一任其至，不足忧悲似的。自然，此上也无可为，因为我们已经借死人获得最上的光荣了。沪汉烈士的追悼会中，活的人们在一块很可景仰的高大的木主下互相打骂，也就是和我们的先辈走着同一的路。
>
> 文艺是国民精神所发的火光，同时也是引导国民精神的前途的灯

火。这是互为因果的，正如麻油从芝麻榨出，但以浸芝麻，就使它更油。倘以油为上，就不必说；否则，当参入别的东西，或水或硷去。中国人向来因为不敢正视人生，只好瞒和骗，由此也生出瞒和骗的文艺来，由这文艺，更令中国人更深地陷入瞒和骗的大泽中，甚而至于已经自己不觉得。世界日日改变，我们的作家取下假面，真诚地，深入地，大胆地看取人生并且写出他的血和肉来的时候早到了；早就应该有一片崭新的文场，早就应该有几个凶猛的闯将！

此文发表于一九二五年八月三日《语丝》周刊第三十八期头条。

尚　钺

一九二五年七月的一天晚上，尚钺来看望鲁迅先生。他是通过高长虹认识鲁迅的，但后来与鲁迅很熟，就常一个人来访。

尚钺，河南罗山人。他知道鲁迅先生是远在八九年前的事。那时他是一个中学生，一个孩子，最初读到鲁迅的文章是在《新青年》上。当然那时候他是不了解鲁迅的文章的。他是如孩子吸收一切知识一样在《新青年》上读着所有作者的文章。就在这种吸收知识的热情中，有一个倾向渐渐朦胧地建立起来，这就是反封建，尤其是反对封建制度的重要工具——旧文化，更正确一点说，是反旧文字。在《新青年》的许多作者中最使他能在浑然的头脑中构成明确概念的便是鲁迅。这不只是因为他偏爱文学，同时也是由于鲁迅文字的具体性、单纯性、明确性和平凡性，最能打入他生活的核心。譬如在《狂人日记》中，鲁迅提出“救救孩子”。那时他虽然还不十分了解《狂人日记》，但“救救孩子！”这句口号，的确在他头脑中引起了许多问题。最主要的是为什么要救救孩子及如何救自己。最初，他曾反对过白话文，因意识到如果废除了文言文，自己学的一手好诗词便无处卖弄，私塾先生的各种夸奖即成胡说，中学教师的鼓励和赞扬也成了白费。但鲁迅却向他提出“救救孩子”，把“海乙那”式的学究的原形剥给他看，才使他由好奇追索鲁迅文章的内容而进入另一境界，吸收《新青年》上一切的知识，渐渐走上救自己的道路。

一九二二年尚钺考入北京大学，满以为立刻可以受到鲁迅的教育了。但开学时，他们的课程表上竟没有鲁迅的名字，询问老同学，才知道他没有预科的课程。于是尚钺只得到第一院本科国文系的课程表上去查。查是查着了，但鲁迅上课的时间正与他们的文法课冲突，于是他不得不牺牲两点钟必修的文法课程，跑去听鲁迅的讲授。因为他自计没有修完大学六年学级的富裕基础，必要的课程就不得不提前了。而第一次上课，是一个晴朗的秋日，由于他性急，没有仔细看学校中所有的布告和规则，吃罢午饭就跑到教室中去。但教室并不如他所想象的有大满之患的情形，而且相反，一直等到上课钟响后很久，还没有一个人来，更无须说鲁迅先生了。后来才知道本科开课比预科迟一礼拜。

一个礼拜后，星期五下午，是尚钺第一次看见先生的时刻。他依旧未打预备钟就到了教室。但他来的虽然早，教室中已无空虚的座位了。于是他只得挤到最后一排的座位上，等着他幻想了多年的鲁迅先生。

预备钟，上课钟都响过了，先生还未来。教室的人虽多，但秩序很好，好像每一个人都彼此不相认识似地沉默着。有的在看书，有的在准备笔记本，但大多数都如他一样痴呆地看着黑板上的裂纹，约有五分钟的工夫，一群青年拥拥挤挤地走进教室来。在青年中间夹着一个身材并不高，穿着一件大概还是民国初年时代的“时新”小袖长衫的中年先生。他的头发很长，脸上刻着很深的认真和艰苦的皱纹。他离开这些青年走到讲台上，两只虽不发光却似乎在追究什么的微微陷入的眼睛，默默地缓缓扫视着渐渐静下来的学生群众，这是一个道地中国的平凡而正直的严肃先生，既无名流学者自炫崇高的气息，也无教授绅士自我肥胖的风度。这典型，他们不仅只在《呐喊》这本著作中到处可以看见，即在中国各地似乎也处处都有着他的影子。

三年中，鲁迅虽然对尚钺已经很熟识了。但他还没有一次直接去找鲁迅谈一谈他脑中所积存的许多问题。这一是怕先生忙，二是有点惧怯传言鲁迅的脾气不好，不敢去麻烦鲁迅，只在教室中等着鲁迅讲授完毕的机会。但鲁迅每次下课时，许多同学都挤着跟他到休息室去发问，甚至一连几个礼拜，尚钺都没有挤到鲁迅面前。鲁迅虽然经常上课前半小时就坐在休息室中，但他一来，许多早已在等候他的青年，便立刻把他包围起来。于是鲁迅便打开手巾包将许多请校阅、批评及指正的稿件拿出来，一面仔细地讲解着、散发着，一面又接收着新的。一直到上课钟响时，他才拿起手巾包，夹在这些青年之间走上讲堂。在课程进行中，他似乎不愿意牺牲十分钟的时间，总是把两小时连堂上。其实就是他不连堂上，大学中的十分钟的休息时间也不是为他预备的，被学生包围起来，比上课还忙碌。第二小时下课钟响时，鲁迅似乎都觉着还未将问题交代清楚，而加速地讲说着迟迟不肯下堂，有时甚至等着第三小时的教授来拉开门，立在门外等待，微笑着催促他。而其他许多的教授呢？固然也有些对学生负责的，但大部分都是上课钟响后一刻钟才匆匆忙忙地赶来，而下课钟还有二十分钟就在看表了。

在鲁迅讲授的场合，最不幸的人物要算教育部不时派来查学的督学了。这些人尽管把查堂的规则背得十分熟，并是奉有命令，不得不然；他们的到来对于学生和讲师——鲁迅先生没有丝毫妨害；他们在未进教室之前，还仔细研究过参观条例，在进课堂时又是贼一般窃窃地把门推开，打怕了的狗一般蹑手蹑脚地溜进来，但是他们一进来立刻就使学生们感觉到，一种官僚的庸俗面孔击破了沉寂的学校的凝静空气。于是“嗤——”的驱逐声，便立刻在教室中四面八方腾起。这场合，先生总是平静地沉默下来，一面轻轻地把书本放在桌上，一面在不满方丈的讲台上来回地散步，等待学术空气的澄清。“嗤”的声音把督学一送出教室时，他又立刻继续讲授起来，宛若教室中不曾有过任何事件发生。只有一次尚钺听见先生在继续讲授之前，这样幽默地微笑着说：“我恐怕搅扰他检查，所以才停下，他却不检查便回去做报告了。”

早年故去的母亲所遗留给尚钺的一份重要遗产——气管炎，因北京冬季寒冷而爆发了。这病，使他在床上躺了十天还未痊愈。穷剥夺了他到医院去治疗的机会，同时也延长了他的苦痛。旬日间，由于他生性焦躁，使他气管炎刚好，又陷入严重的神经衰弱病症中。到他能走到街上去的时候，《莽原》已经又出了两期了。又隔了些日子，他才带着在病中写的几篇稿子，跑到鲁迅家中去。

鲁迅早已从朋友们那里知道了尚钺得病的消息，因此尚钺一进门，鲁迅马上就仔细问他病的症状，以及现在的情形。尚钺很疲弱地告诉了鲁迅。鲁迅如医院的老医生一样，静静地听了他的叙述后，安慰尚钺说："研究文学的人，最易患神经衰弱，以后你不要深夜读书写稿子，也许会好起来。现在病刚好，需要有充分的休息。我这里有一个医治神经衰弱的药方，是曾经试验有效的。你去买来吃着试试看。"说着，鲁迅便开了一个药方给尚钺，要他到药房去买。

"先生还能临床？"尚钺接过药方笑着问。

"我原来是半途丢下医学的"，鲁迅微笑着说，这引起尚钺的好奇心，追问鲁迅这段过去的故事。于是鲁迅便告诉尚钺：他原来到日本去学海军，因为立志不杀人，所以才弃海军而学医。后来因受西欧革命和人道主义思潮的影响，思想起了变迁，又放弃只能救个人和病人的医学而改学文学，想传播人道主义以救大多数思想有病的人。

这一段故事，尚钺记得鲁迅曾在《语丝》上发表过，但据尚钺所知，《语丝》上所写的，还不及此时跟他所叙述的详细和有趣。在每一变迁上都有有趣的故事促成他，都有热诚的人物在热情而精细地指导鲁迅。譬如他学医学时，曾有一位日本人道主义的教师，如何热诚地教导他，想由他把科学的医学传达到中国来的故事，是先生曾经发表过的。可惜由于尚钺神经衰弱症逐渐加剧，使他把这些人物和故事，几乎都忘记了，不能做有系统的叙述。

尚钺起身走的时候，大概是由于他问鲁迅药的价钱，鲁迅立刻觉出他的穷困，从抽斗中取出三块钱给他，慎重地叮咛着："你刚好不能多跑路，坐车去，有三块钱大概差不多了。"

这是尚钺第一次接受先生友谊的援助，他的心立刻被惊喜和羞赧的感情压榨得不安地震颤起来。鲁迅担负了他创作的指导责任，还在物质上给他以必要的补助，觉得鲁迅不仅在精神上思想上医治着自己，而且也在物质上扶持着自己。但鲁迅的收入，他知道这时并不丰裕。鲁迅在大学中，对青年负着比任何教授更重大的责任，但他所拿的只是一个讲师的薪金。

于是他更加努力创作，这次来是给《莽原》送一篇新写的小说的。

鲁迅一看他带稿子来了，分外高兴，接过用食指弹着说："太好了，你创作态度严肃，取材广泛，比你过去写的那篇《黎明》进步多了！"

坐下之后，鲁迅让他自己从烟筒里拿烟，自己点着抽，然后深吸了一口烟，说：“现在《莽原》来稿很多，看不过来，但好的很少。无论创作是长篇或短篇，哪怕三言两语的短文，第一个问题当然是思想，而能使思想充分表达的便是‘忍耐’。只有忍耐，才能对问题和材料有周详的思考和观察，因技术是需要忍耐才能练习纯熟的，认识是需要忍耐才能锻炼敏锐的；只有忍耐，观察才能由皮肤更深地挖到血肉里边去，也只有忍耐才能使浮在意识中的字句，恰到好处地适宜运用在人物的动作上，在背景和感情的表现上，没有作者深切忍耐的观察，人物自身便会现出二重或多重人格的分裂现象。作者如果缺少了深切忍耐的功夫，不是人物逃出了作者所要把握的范围，便是许多人物因作者的复杂经验而互相对立起来，比辜鸿铭到北大来讲皇恩更使人觉着不调和，这就是各个人物因处置的不得当，各人都在干自己的事，说自己的话，与全场无关。这样，一篇作品的全景便因一句或一字，而使人感着灭裂，文字虽是小的缺点，但却有大作用。”

这时，尚钺感到心中有一种崭新的热腾腾的光明和希望，顿然明朗地展开，这希望是一个自来不曾感受过恳挚热爱而为苦闷和孤独锁闭的青年，突然自一位他所敬爱的前一辈先生的充满着期望与体贴的热爱中，得到自信的启示所共同有的感觉吧。这刹那他的心最平静，平静得如无风的春水一般，除了宁静的笑颜以外，再没有其他了。他所经历的身世，都如游丝一般重新在脑中浮起：零落破败的家庭，一向活动的范围和朋友，受教育的经过，以及时时对自己的期许，这刹那都换了一种颜色，如忧郁的霞笼罩着的山峰一般，走进了一里比一里清朗的光明自信的希望中了。

正在沉思中，忽然进来几个人，原来是高长虹、向培良带着一对年轻夫妇来了。他们是常客，所以不用交名片，女佣就放进来了。

一进屋，高长虹就指着年轻夫妇，向鲁迅介绍道：“这是章恩钰先生，批评家。那是他新婚的太太。”

鲁迅站起施礼，尚钺从椅子上让开，坐到板床上。

章恩钰毫不客气地朝鲁迅点点头，恭敬地请自己的夫人坐在西墙边尚钺空起的椅子上，自己螃蟹一般懒散而骄傲地堆在另一张椅子上，伸手就从烟筒里掏出一支烟，点着吸起来。

高长虹、向培良往尚钺两旁一坐，也皱着眉头吸烟。“老虎尾巴”顿时挤得满满的。

几个朋友集在鲁迅的小书斋中，谈起《莽原》外来稿件的问题。鲁迅说外来的稿件并不少，但大多都是“言中无物”之类，只要“言中有物”，即使文字技巧差一点，《莽原》也是非常欢迎的。因为《莽原》本身并不是一种什么“纯文艺”或据有什么崇高水准的刊物。但有一点似乎是大家一致的感觉:“脂粉骷髅”式的散文或小说和“祖母教训”式的大小诗，即使文字技巧上很优美，作者的名望也很大，《莽原》为着自身不愿做隔靴搔痒的无病呻吟，保持它的粗糙泼辣的青年态度，也不得不向作者表示歉意，退稿。

因此，鲁迅提出一位当时发表文字很多的作家来。这位作家第一次投稿当然是用原名，看罢之后，鲁迅说“不必借重”，退回了。不久变了名字，又投来一篇，鲁迅说还是那位作家的，但为着这位作家的热心，不得不多看几遍来稿。而结果还是“《莽原》无须有这种光荣”，又退了。迟些时，这位作家的稿子又来了，可是这次不光是变了名字，而且连稿子也请人另外抄过。于是这稿子便成了“编辑”的苦痛了。当时长虹说:“他何必一定要到这里来当‘文学家’呢？”

于是大家便把这位作家搁在一边，由文学家的问题乱扯开了。从托尔斯泰直到鲁迅最近在《语丝》第二十六期发表的小说《高老夫子》里的“高尔础”，以及林纾做的许多西洋名家著作，的确，文学史和文学外史或野史中的花头真不少。尚钺向先生提出这样一个问题:

“文学史上许多文学家为什么大多要前一辈的老文学家来提拔？好像拔萝卜一样，即使拔起来许多须根都被拔断了，就让被拔出头也很痛苦呵。”

鲁迅笑着回答:“所以拔，还是因为他有块茎，如果没有这点块茎”，鲁迅说着用手向上一提表演着，“像那位作家一样，提起来只是像所有的草一样的一点细根，谁又肯费这个气力？”

向培良又问鲁迅:“像林纾有那样的文学技术，为什么不创作几本中国名作，而偏偏去做西洋名作呢？”

鲁迅很幽默地笑着说:“如果没有一个‘西洋通’做助手，给他设计取材，恐怕林先生做的西洋名著也很难出版,那么,这些名著的作者是谁,还得有‘考古癖’的人去研究一下。”

逗得大家捧腹大笑。

这时，许钦文来了，见人已坐满，就从中堂吃饭间移拢一个凳子坐在“老虎尾巴”的门口，不作声。只听得里面笑声高于谈话，嘻嘻哈哈，不像平时那样严肃。

鲁迅站起身，介绍说:“这就是青年作家许钦文先生。”

那位章恩钰听了猛地站起，蔑视地说:“就是你在《幸福的家庭》里拟的许钦文？”

鲁迅点点头说:“是的。”

章恩钰立即大声说道:“这个许钦文也值得拟？我就是不写，如写出来，比他强多了！”

许钦文老实厚道,一听这样说自己,马上低下头,不敢吭声。待抬起头看时,见鲁迅先生坐的那藤椅空了，瞥见鲁迅在他母亲房里的藤椅上躺着，用绍兴话对母亲说:“他们同我开玩笑！”

不久,鲁迅的母亲走出房门,来到许钦文身边,向里面说:“老大喝了点酒,醉了，时候也不早了，大家回去罢，明天再来。”

于是里面的人有的伸伸舌头，有的眨眨眼，轻手轻脚地走出“老虎尾巴”，散开了。

许钦文也怏怏地离开，回到绍兴会馆，郁闷了一夜。想起那个姓章的话就气愤不已：你不写，如果写，比我强多了！那么你为什么不写呢？高长虹、向培良的确有些高傲，但人家还是很能写的。你呢，一个字没见，却号称“批评家”，批评了这个，又批评那个，却从来见不到你自己的作品。第一次到鲁迅先生家里就这般狂言，可见不是走正路的。

第二天上午，四妹许羡苏突然来到会馆，没有坐下，轻声告诉许钦文:“大先生叫我来同你说，昨天晚上他的生气，不是为着你，不要误会。”说了就匆匆走了，显得很忙。可能她到西三条去，鲁迅先生叫她特地来做解释，也可能鲁迅先生是托了别人叫她来说的。

许钦文明白了，鲁迅先生是对那个叫章恩钰的生气，他从来看不起嬉皮笑脸、浮而不实的青年。对有些笨、但不断努力的老实人，总是关怀帮助的。想起鲁迅先生多年的爱护，许钦文眼睛湿润了，不觉间流下泪来。

《死后》

鲁迅确实是对那个章恩钰反感至极，以后再不许他来了。由此，不禁想到自己死了以后，这类人会怎样对待。

七月十二日夜里，他昏昏沉沉做了一个梦，“梦见自己死在道路上”。

恐怖的利镞忽然穿透他的心了。过去曾经玩笑地设想：假使一个人的死亡，只是运动神经的废灭，而知觉还在，那就比全死了更可怕。

陆陆续续地是脚步声，都到近旁就停下，还有更多的低语声——引出了第一层——看客们的议论：

“死了？……”——对躺在地上的人，是死是活，略带关心，但无动于衷，麻木不仁。

“嗡。——这……”——确认人已经死了，但见此状不置可否。

“哼！……”——只是一种哼然，略带蔑视。

“啧。……唉！……”——知道地上的人是死者，但毫无同情，叹息而已。

死者十分高兴，因为始终没有听到一个熟识的声音。否则，或者害得他们伤心；或则要使他们快意；或则要使他们加添些饭后闲谈的材料，多破费宝贵的工夫。现在熟悉的人，谁也看不见，就是谁也不受影响。——这样，既不使亲者痛，也不让仇者快了！

进入第二层——虫蚁的打扰，使死者从“懊恼”“烦厌”到“愤怒得几乎昏厥过去。”但一点也不能动，已经没有除去虫豸的能力了。

表现了鲁迅一向对苍蝇、蚊子的厌恶！

第三层是“入殓”。死者听到装殓的人埋怨：“怎么要死在这里？……”死者愤慨至极——先前以为人在地上虽没有任意生存的权利，却总有任意死掉的权利的。现在才知道并不然，也很难适合人们的公意。可惜自己久没了纸笔；即有也不能写，而且即使写了也没有地方发表了。只好就这样地抛开。

第四层是“入棺”。“六面碰壁，外加钉子。真是完全失败，呜呼哀哉了！……”使死者像生前一样“忧愤深广”——“看客”、“正人君子”、当权者的“国民性”都须“改造”，但都无效。

第五层是在不舒服的棺材里躺着，还被当作盈利的对象——勃古斋旧书铺的跑外的小伙计，问他买不买明版《公羊传》？

最后，作者对自己一生的爱与恨、友与仇做了一次汇集和总结：“有一种力将我的心的平安冲破；同时，许多梦也都做在眼前了。几个朋友祝我安乐，几个仇敌祝我灭亡。我却总是既不安乐，也不灭亡地不上不下地生活下来，都不能副任何一面的期望。现在又影一般死掉了，连仇敌也不使知道，不肯赠给他们一点惠而不费的欢欣。……

我觉得在快意中要哭出来。”

结尾只看见眼前仿佛有火花一闪，作者于是坐了起来，醒了。

这火花，可能是斗争中迸发出的，也可能是爱他的人以爱情激励他醒来继续生活和战斗……

子夜起身，在稿纸上写下《野草》之十八《死后》。

这篇《死后》发表在一九二五年七月二十日《语丝》第三十六期上。

许广平看到了，为先生“眼前仿佛有火花一闪”“于是坐了起来”而感到欣慰。

第十一章　酷暑八月

酷　暑

一入八月，北京就陷进酷暑的蒸热中。七月，有时晚上还吹来股凉风，八月就连夜晚也难熬了，许多人干脆睡在外面树荫下的竹床上，还要不断地挥动芭蕉扇。扇子一停，就浑身冒汗。

女师大学潮也像天气一样，越来越酷热了。五月十二日，章士钊请辞所兼教育总长职务，于十八日携眷出京。段祺瑞一再挽留也暂无效应。七月十八日，章士钊在北京重办他一九一四年在日本创刊的《甲寅》杂志，并将月刊改为周刊。二十八日，段祺瑞政府复他的教育总长职。因为《甲寅》封面上画有老虎，章士钊因而获“老虎总长”荣称。杨荫榆觉得又有了后台，开始策划镇压“女师大风潮”。二十九日，突然贴出布告，借口修理校舍，迫令学生全行搬出校外。三十日夜，乘在校学生熟睡之际，派人潜入校内，张贴布告，解散女师大学生自治会。三十一日，又假借女师大名义致函京师警察厅，提出：“此次因解决风潮，改组各班学生，诚恐某校男生来校援助，恳请准于八月一日照派保安警察三四十名来校，借资保护。”果然，八月一日清晨七时许，杨荫榆带武装军警百余人包围女师大，把守要道，割断电线，紧锁校门。继而亲率打手及私党二十余人入校，贴出布告，解散“驱杨运动”

最坚定的四个班：大学预科甲、乙两部，国文系三年级和教育预科一年级，并以武力严饬住校学生三十余人即刻离校。刘和珍、郑德音、许广平等识破杨荫榆以改组学校为名镇压学潮的阴谋，并与之坚决斗争。于是学生遭警察殴打驱赶，十余人受伤。并被断绝交通、水电、饮食。晚上，只能借烛光照明，饿着肚子与各界慰问者和亲人，隔着大门相对饮泣。然而，所谓“正人君子”们却说杨荫榆是为了“以免男女学生混杂”。学生们气愤至极，许广平带领同学们奋起自卫，毁锁开门，使亲友们得以重逢。当晚，鲁迅和几位有声望的教职员来校值夜，保护学生，堵住了“男女学生混杂”谣言。八月五日下午，女师大学生自治会召开全体大会，刘和珍任主席，总干事许广平报告了“八一惨案”的经过，言时声泪俱下，群情为之激昂。当场议决敦请本校教职员及社会关心教育人士，与同学共同组织校务维持会，进行各项校务。

八月二日，北大、燕大等五十余校代表开会，声援女师大。同日，由法大发起成立各校援助女师大临时委员会。三日，北大、法大等二十三校学生会联名呈文执政府，请撤杨荫榆。执政府反其道而行之，十七日决定女师大改组为国立北京女子大学，章士钊亲任女大筹备处处长。二十日，教育部专门教育司司长刘百钊秉承章士钊旨意，率领百余名军警、流氓、三河县的老妈子，武装占领女师大。学生们像货物一样被拖走，“男女武装”每十数人挟一人，拳脚交加，像罪犯一样毒打，强拖出校，捆塞进十余辆汽车，拉至报子街女师大附设的补习学校禁闭，造成多人受伤。据当时一位路过女师大的目击者说：“时该校东旁参政胡同，已断绝交通。胡同内各家之屋顶墙端，均有男女站立俯视”；“一汽车驰出，上有女生四人，已衣破发乱，号泣叫跃，其左右前后，则有穿灰布大褂者六七人，意即警厅之侦缉队，或教部茶役，握其两臂并戟指笑骂，顾路人而乐”；后又见“被拖来之女生二人，衣破发乱，不忍近视”；“且闻各生校中什物有被流氓女丐劫掠，遗失银钱者”；“目睹流氓七八人挟持披发破衣号哭呼救之少年女子三四人，揶揄笑骂，乘汽车疾驰而过，岗警坐视不问，路人莫敢谁何。”

连一些三河县的老妈子都看不过去，忙去搀扶受伤学生。一个年轻点儿的老妈子悄悄把刘和珍等带入街头角落，刘和珍感谢地问她叫什么？她说叫小芬，因为家里太穷，母亲有病，只得到北京当老妈子。但是不仅挣不到钱，男主人还要强暴她，只好逃了出来。因为有人许愿到女师大去，每人给一块钱，才跟着来了，哪知是来赶打学生！刘和珍很同情她，和她一起去找自己的男朋友，吃过饭后，又介绍她到一位信任的女老师家帮助看孩子。总算有了着落。

许广平则立即偷跑到北京学生联合会告急，向各界呼吁。当局在被囚禁学生中查点人数时，发现许广平失踪。这一消息在报上披露后，鲁迅异常焦急，极力托人打听下落。

原来刘百昭打算将许广平等六名学生领袖押回原籍，所以也四处搜捕。要活演“林冲押配沧州”一幕！如果真个实现，乡亲和家长们，还以为她们犯了什么滔天罪行呢！后果不堪设想！许广平到处躲藏，倍感世态炎凉，平日过从很密的亲友、同学，都怕惹事，拒绝接待。这时候，走投无路，只得跑到鲁迅家，拍响熟悉的门环。鲁迅亲自开门，一看是她，转急为喜，当即说：“来我这里，不怕！”

许广平一见先生不禁痛哭流涕。

鲁迅笑道：“怎么？‘四条胡同’又流下来了。到了这里，跟到家一样，什么都不用怕！”

于是，让广平和暑假住在这里的老同学许羡苏一起住在南房西边的屋子里。屋里靠西窗放着一张木板床，南墙边摆着箱子。

温　暖

广平这时倍感先生的温暖。鲁迅知道广平又渴又累，立刻让王妈给她做面汤，又给潘妈一元钱，到街上买洗漱用品和内衣、内裤。

广平喝了面汤，许羡苏已给她打来了一桶水，好好洗漱一遍，换上潘妈买来的新内衣内裤，情绪立刻安稳了。到鲁迅那里致谢，鲁迅说不用谢，赶紧休息，于是她和许羡苏合床而眠。

翌日绝早起来，广平轻轻打扫院落，生怕吵醒夜里写作的鲁迅先生，又找水桶到井边打水。许羡苏也已起来，连忙制止她说：“后院的井是修房时挖的，不能喝。只是夏天老太太喝牛奶的时候，潘妈就把牛奶放在一个小柳斗内挂在井中当冰箱。喝水，须等卖水车来才买，自有王妈管。我们不用操心。”

说着，领广平回南屋，给她讲中堂的书箱：“这八只书箱是一九一九年大先生从绍兴搬出来的。大先生的农民朋友除闰土之外，还有一个农民兼木匠叫作‘和尚’的老工人，也就是当他还穿红棉袄时代给他做过大关刀的那位老木匠。大先生每次返乡都要和这位老木匠商量设计做家具，那八只书箱也是‘和尚’师父给他做的。搬家那一次，‘和尚’师父以竹子劈成篾条，仿络酒坛的方法，把书箱编在络内运到北京来。每只箱子左角上还刻有编号，按顺序摆放，好找。”

又转入东边屋子，见是会客室。一张桌子两边摆放着两把椅子。

东北角的木几上，摆放着两块古砖，成为客厅中亮丽的装饰。许羡苏指着古砖介绍说：“这块是先生自己收藏的‘翟煞鬼墓记石’，这块是去年九月十日通过齐寿山先生购买的‘君子馆砖’。”

“翟煞鬼墓记石”高两寸，底长一寸多，厚近一寸，呈暗褐色，仅正面雕刻一个像龛和一些文字，其余各面都未加工。像龛中雕有一个头戴小帽、五官清晰、盘腿抄手的女孩坐像。像龛下还刻有文字：“天保七季八月八日亡女翟煞鬼记。”

从文物的类别来说，这是一块墓记石，其作用与石刻墓志类似，都是放在墓室中标明死者身份、死亡时间的。墓记石和墓记砖通常都比较简陋，多使用在下层社会。从这件古玩的质地、雕刻的文字和图像可以知道，这是一个下层社会的翟姓父母为亡女翟煞鬼所刻的墓记石，时间在北齐天保七年，即公元五五六年。虽然这件“翟煞鬼墓记石”在工艺上比较粗糙，却是在晚清时出土的年代比较久远的墓记石，因此也被当时一些著名的收藏家视为宝物。

鲁迅是在一九一八年四月十四日买到这件古玩的，他在当天的日记中记载：“午后往留黎厂，以重出拓片就德古斋易他本，作券廿，先取残画象一枚，作券四元。又买北齐翟煞鬼墓记石一方，券廿，云是福山王氏旧物，后归湎阳端氏，今复散出也。”

广平特别喜欢那个头戴小帽、五官清晰、盘腿抄手的女孩坐像，仔细观赏了一番。

广平又欣赏了一下那块“君子馆砖”，见这是灰色的扁方砖，高半尺多，宽近一尺，厚约两寸。正面刻有“君子”二字，阙角但不损字，煞是古色古香。

一会儿，王妈来喊：“姑娘，吃早饭了。”

许广平和许羡苏赶快出来，见鲁迅先生和太师母站在北房门口，笑着迎接她们。

鲁迅笑着问：“昨夜睡得可好？”

许羡苏答：“可好了。广平看来是太累了，一上床就睡着了。”

广平有点儿不好意思。

进了中堂，桌椅饭菜已经摆好，是稀饭和绍兴式酱过心的蚌蟹蛋，泡得适时的麻哈，还有很多干菜。

朱安一边擦手，一边从厨房出来进到中堂，朝许广平点点头，广平也向她点头，五个人一起坐下吃早饭。

饭后，太师母和朱安各回各屋，许羡苏、许广平随鲁迅进了“老虎尾巴”。

这时，许广平才注意到桌上摆着正在抄的稿子，先生好像夜里并没有怎么睡觉，忙着抄书稿，就说：“我正好没事，稿子交给我抄好了。”

鲁迅也不客气，把稿子交给她，是《小说旧闻钞》，需要再抄一遍。广平为让先生休息，就拿着稿子和许羡苏一起到南房去了，在中堂的方桌上抄稿。许羡苏进西屋织毛衣。

抄累了，广平到西屋跟许羡苏聊天，才知道鲁迅先生因为参加了女师大的校务维持会，被章士钊免去了教育部佥事职务，现在正在打官司。

许羡苏说：“是十四日免的，第二天尚钺来看大先生，我正好坐在太师母屋门口，听见他们的说话——

尚钺走进小书斋时，大先生正在草拟起诉书。他见尚钺进来，便放下笔转身和他笑着说：‘老虎没有办法：下了冷口。’

‘我已知道了，先生打算怎么办？’尚钺想着他的生活，这样问他。

‘这是意料中事，不过为着揭穿老虎的假面目，我要起诉。’大先生坦然地笑着。

‘找哪个律师呢？’尚钺问，随手在烟筒中拿起一支烟。

‘律师只能为富人争财产；为思想界争真理，还得我们自己动手。’大先生也拿起一支烟，顺手燃着，把火柴递与尚钺。

尚钺燃着烟，抽的时候觉得与他平常的烟味两样，再看时，这不是鲁迅平时所惯抽的哈德门十支装香烟，而是比较昂贵的海军牌。‘丢了官应该抽坏烟了，为什么还买这贵烟？’‘正是因为丢了官，所以才买这贵烟，’大先生也看看手中的烟，笑着说，‘官总是要丢的，丢了官多抽几支好烟，也是集中精力来战斗的好方法。’

之后，大先生便谈到这次‘丢官’的内幕。他把不知谁为他抄来的章教育总长撤他职务的命令给尚钺看，同时说，‘这事已经酝酿很久了，我不理他，看他还有什么花头。这是他不得不破着脸皮来的一着。”

许广平听了，说道：“用威胁，利诱和调停对付先生，这不光只是‘总长的愚蠢’，也表示出‘总长的可怜相’。”

许羡苏接着说：“先生在尚钺的零碎语言之后，笑着很幽默地轻轻加上个：‘所以’。大先生的起诉也很幽默，现在正办呢，听说大先生小时候的老师寿洙邻小寿先生正在为此事忙碌。”

广平知道鲁迅先生被免职打官司的困难时节，还接待自己住在家里，感动得热泪盈眶，赶紧回到中堂，加快抄稿。但一边抄，一边忍不住想：先生是够不幸了！看来他跟朱安完全是名义上的夫妻，形同陌路，极少说话，更别说过夫妻生活了。先生其实是过着“古寺僧人”式的单身生活，自己这么艰苦，却还总为别人着想。住在西三条胡同二十一号的人，晚上除鲁迅先生睡得很迟以外，其余的人都是很早就睡下的。有信或电报送来，都由鲁迅先生亲自去开门，亲自接收。有时听到他和邮递员谈话。有一次吃饭的时候，广平忽然问鲁迅和邮递员谈些什么，他说他只是利用在他进来盖章签名的时间，请邮递员抽支烟，歇一会儿，尤其是冬天下雪时，进来暖和一会儿，免些寒冷。

广平还听俞芳说过：有许多人，虽然他们自己手无缚鸡之力，但对体力劳动者，却十分轻视。有些人，尽管吃喝玩乐可以挥金如土，但是坐车付钱，却锱铢必较，十分苛刻，经常为了少付一两个铜板和人力车工人争执不休，甚至蛮不讲理，大耍态度。

鲁迅先生则相反，他乘坐人力车回家，付了足够的车费之外，还和蔼地表示谢意。所以每次拉他回来的人力车工人，总是愉快地离去。

鲁迅先生住在北京西三条时，出门常乘住在西面一座破庙里二秃子的车。每次回来，鲁迅先生给他的车费总是较多的。鲁迅先生常说，人家是要养家活口的。又说，一个人平时用钱不可浪费，能节省的地方，应该尽量节省，但克扣劳力钱是极不应该的。

记得有一次，那是天寒地冻的冬天，鲁迅先生早上乘车出去，由于路上结了冰，很滑，二秃子一不小心，跌了一跤。他跌伤了，鲁迅先生也受了伤。二秃子连忙挣扎着起来，忍着伤痛，赶紧过来搀扶鲁迅先生，问伤了哪里，要不要紧？并且怪自己太不小心，一个劲儿说对不起；还忍着痛一直把鲁迅先生送回了家，连连道歉而去。鲁迅先生每次追述当时情景，心情总是很激动的，他说，二秃子那种负责态度真是少有的。事后二秃子一连好几天没有来，鲁迅先生很记挂他，就问起二秃子的伤好了没有？怎么不来了呢？照顾太师母的女工潘妈说，二秃子年轻，身体好，伤早已好了；可是那天他拉车跌了一跤使您受了伤，又受了惊，心里很过意不去，不好意思来啦。鲁迅先生说：那天跌跤，是地上结了冰，路滑的缘故，这不能怪二秃子，况且他的伤势远比我重，出事后，还亲自把我送到家里，我感激他还来不及呢！于是要潘妈去叫他来。二秃子真是高兴啊。

还有一次，鲁迅先生曾经给他们讲过这样一个故事：那时，他到北京不久，住在绍兴会馆，每天到教育部上班，晚上回绍兴会馆。

事情发生在十二月里的一天，寒冬腊月，又逢下雪，下班的时候，雪下得更大了，鲁迅先生乘坐人力车回绍兴会馆去，一路上呼啸着的大风，夹着鹅毛大雪，扑头盖脸地袭来。好冷啊，这时鲁迅先生身上穿着棉袍，还感到寒气难挡。可是，忽然发现拉着他在寒风大雪中挣扎前进的那位人力车工人，却衣着单薄，特别是下身只穿着单裤。这样寒冷的天气，单裤怎么能够挡得住呢？到了会馆，鲁迅先生很同情地问过这位人力车工人，这么冷的天气，你为什么不穿棉裤呢？人力车工人回答说：先生，生活艰难啊，吃都顾不上，哪有钱买棉裤呢？鲁迅先生理解他的艰难，付了车费外，又特地送给这位人力车工人一元钱，再三叮嘱他，买条棉裤穿；并且告诉他，这样下去，腿关节要冻坏的。第二天，积雪未化，寒气逼人，气温更低了。鲁迅先生下班后，就到教育部门口注意观察，出乎意料之外，他发现站在门口寻生意的人力车工人，几乎都是穿着单裤的。鲁迅先生感慨地说，这是严重的社会问题，不从根本上解决，单靠个人的同情和帮助是不行的。

鲁迅先生还怀着对人力车工人十分崇敬的心情讲了一个故事。有一天，鲁迅先生坐人力车从教育部回绍兴会馆，不慎把钱夹落在车上。当时，鲁迅先生和人力车工人都没有发觉。下车后，鲁迅先生走进会馆，这位人力车工人在车上发现了钱夹，认定是鲁迅先生丢的，就急急忙忙跑进会馆把钱夹送还给鲁迅先生，并一再要鲁迅先生当面点一点，有没有少东西。鲁迅先生非常感激，因为这里面除钱之外，还有一些重要文稿。鲁迅先生就拿出一元钱酬谢他。起先他不肯收，再三推却，最后鲁迅先生好容易说服了他，他才收下，称谢而去。鲁迅先生意味深长地说，他需要钱，但拾金不昧，这是何等可贵的品德！确实，这样的心地、品德，不是有限的钱酬谢得了的。停了一下，鲁迅先生若有所思地说，这个钱夹如果被慈禧太后拾到，恐怕早就落到她的腰包里去了。当年，她以建设中国海军，买军舰、筹军费为名，大肆搜刮民脂民膏。竟把搜刮来的一笔海军经费，建造了一个供自己享乐的颐和园。国家安危，民族存亡，早已被她置之度外，真是无耻之尤，可恶之极！西太后和这位人力车工人相比，真是天差地别。一个是堂堂“太后”，一个是普通人力车工人。天下的事，就这样怪，这样不公平。这样的社会，有什么话可说呢！

鲁迅先生对劳动人民的深厚感情，与他母亲从小对他的熏陶是分不开的。太师母生长在农村，她老人家对劳动人民，特别是农民，有着纯朴的真挚的感情，没有看不起劳动人民的坏思想、坏习惯，这深深地影响着幼年的鲁迅。此外，鲁迅先生从自己的切身经历中更是深深体验到，许多“上层分子”的虚伪奸刁，是那么令人齿冷，而品德淳朴、为人正直的工农，却是那样的感人至深，是最可信赖的朋友。太师母经常说：你们的大先生从小就不像有些读书人那样，对劳苦大众摆架子。真的，鲁迅先生何尝只是不摆架子，平时每当谈到劳动人民的疾苦，总是感同身受，流露出无限同情，对他们的可贵品德，则是钦佩称羡，由衷地赞扬，对社会的罪恶始终燃烧着烈火般的憎恨。所以，他写出《一件小事》，绝不是偶然的。

广平感到鲁迅先生对人的心肠真是太好了，恨不能立刻进到“老虎尾巴”去，给先生一些温暖和安慰。但有许羡苏在身边，自己又不好妄为。鲁迅对两位姑娘很礼貌，她们住进南房后，就不去这屋了。有事，只在院里喊一声，或者许广平把抄好的稿子送到“老虎尾巴”，再领新任务回南房抄写。

鲁迅先生的习惯，每天晚饭后到母亲房间里休息闲谈一阵，老太太房间里陈列着的那把大的藤躺椅，是他每天晚上必坐的地方，晚饭后他就自己拿着茶碗和烟卷在藤椅上坐下或者躺着。老太太那时候已快到七十岁，总是躺在床上看小说或报纸，朱安则坐在靠老太太床边的一个单人藤椅上抽水烟，许羡苏坐在靠老太太床的另一端的一个小凳上打毛线，许广平也参加进来，紧靠许羡苏坐在一个小板凳上听这一家人说话。谈话的内容很丰富，各方面的都有，国家大事，过去的朋友，绍兴新台门中的人物，也常常谈到有关鲁迅文章中一些典型人物，如阿Q、顺姑等具体人物。老太太每天看好几份报，很关心时事。她老人家看了报，还要提出问题和大家讨论。当时张作霖、冯玉祥、吴佩孚等军阀混战，老太太常叫大先生讲他们之间的关系，也发表自己的看法：张作霖怎样，冯玉祥怎样，吴佩孚怎样，是非公允，爱憎分明。还一再斥责章士钊和杨荫榆，说他们不应该这样对待学生，尤其是女学生，更不应该。

日子就这样平静地过去，广平心里踏实了。

一天，有几个警察来西三条询问，被鲁迅先生顶了回去。

未名社

一个晚上，李霁野、韦素园、韦丛芜、台静农、曹靖华五人来看望鲁迅先生。

这五个人中，除曹靖华是河南省卢氏县五里川镇河南村人之外，其余四人都是安徽霍邱县人。李霁野最熟。他清楚地记得一九二四年冬天的一个下午，被一位熟朋友领着，静静地走到北京西城偏僻的一角，到鲁迅的住处。一叩门，便被让进去，因为来访是事先约定的。不大的四合院种着几棵小小的树，一点声音没有，静寂得有如古寺。上边居中的一间房分成两段，走进靠里的一间小屋。一位留着短短的胡须，上身穿着灰色毛线衣，裤脚扎着腿带的先生，从书桌跟前站起来。不用介绍，从额角和那炯炯有光的眼神，便知道是所景仰的鲁迅先生了。

以后，李霁野就常去看望鲁迅先生。他看到鲁迅除教书，做教育部的事，并不断的译作外，还忙些校阅印稿的琐细事，非常辛苦。先生的译著印行时，总亲自校阅，也有些小经验，喜欢向青年们述说，例如莫使一行的顶上一格有无所属的标点符号，便是其中之一。经他说过后，看别家印的书籍上有这样缺点时，便觉得非常不顺眼。经李霁野校过两次的印稿，鲁迅往往发现还有错误，有些不服气，李霁野总想在鲁迅所校的印稿中找出偶一疏忽的地方来，但成功的时候却绝少。谈起来，鲁迅故意自傲地笑着说："你看，年岁和经验倒是有些用处的了！"

有一次李霁野去访他时，见他神色很不好，问起来，他并不介意的答道："昨夜校长虹的稿子，吐了血。"李霁野的心立刻沉下去，几乎流了泪。以后再也没有提起过，但那片刻所留的悲伤印象，哪里能磨灭？先生的贵重生命，竟这样毁灭了一部分！

鲁迅爱护青年人，为他们卖别人所不肯出的苦力，因而损害自己的身体。在这样崇高的人格前面，李霁野觉得青年们是只有俯首的。

他们所进的那间叫"老虎尾巴"的小屋真可以说是"斗室"。后墙上全是玻璃窗，外面是一个小小的院落，有几棵稀疏的小树，窗下是一张木板床，虽然不宽，却几乎占去了屋里四分之一的地方，李霁野、韦素园、韦丛芜被让坐在这张床上。台静农、曹靖华被让坐在西墙茶几两旁的木椅上，东墙是鲁迅的书桌，先生就转过桌前的藤椅，冲着大家，在书桌跟前坐下来。

台静农，安徽霍邱人，戴着副眼镜，品貌端正，忠厚老实，为人极好。他第一篇小说《懊悔》就是交给鲁迅先生审阅，在《语丝》发表的。同时，他还擅长书法，功底甚深。

曹靖华，河南省卢氏县人，专门从事俄国文学翻译，踏实诚恳。

陈源形容鲁迅骂起人来好像跳到半天空，骂得人体无完肤还不肯罢休，俨然是一个盛气凌人的恶汉。但李霁野和朋友们见鲁迅的时候，每每无意间拿这个教授笔下的“艺术形象”和先生本人加以对照，不禁哑然失笑。他们始终觉得，在鲁迅先生的风度中，谦逊是一个很大的特色。这种谦逊并不是从教养得来的礼貌，而是闪耀着人格光辉的天真和纯朴。打个比喻来说，它好像是一块天然的璞，而不是经过琢磨的玉。

这屋里的一切和先生的衣服被褥都有一种乡里的朴实味，谈话又毫无虚套的立刻开始，大家心里很泰然，觉得对谈的是一个诚诚恳恳的人，绝不是有一点架子的作家。从鲁迅的脸上可以看出他所经历的人生经验是何等深刻，他谈话时的两眼显然表示着他观察是何等周密和锐敏。听到不以为然的事情时，他的眉头一皱，从这你也不难看出他感到怎样的悲愤。笑话是常有的，但却不是令人笑笑开心的笑话，那里面总隐藏着严肃和讽刺。他的谈锋和笔锋一样，随时有一针见血的地方，使听者觉得这是痛快不过的谈吐。

曹靖华插话道：“春天我向苏联人王希礼推荐了您的《阿Q正传》，王希礼读后赞不绝口：‘了不起！了不起！鲁迅先生，我看是世界上的第一流作家呀！’您应他邀请写的《俄文译本〈阿Q正传〉序》和照片，我已经转给他。他说尽快出版。”

台静农赞成说：“是的。仅就《阿Q正传》来说，先生就不愧为世界第一流的作家！”

鲁迅忙说：“什么世界第一流的作家？我如果算进去，不就太多了！但把作品传到国外去，终归是好事，我不反对。”说着，拿出一本英文打字稿说：“这是广东梁社乾寄来的他翻译的英译本《阿Q正传》，准备在上海商务印书馆出版。”

李霁野接过来翻着，又交给韦素园等轮流传阅。

台静农翻着誊印本说：“先生是过谦了。依我看，鲁迅先生完全有资格进入世界第一流作家行列。”

鲁迅先生吸着烟说:“不要管是什么一流、二流,甚至三流,只是埋头写作,拿出好作品就是了!”

鲁迅还是不断吸烟,小屋里早就充满了浓馥的烟味。他看出来客中有的是怕烟的,便笑着说道,这不免太受委屈,随即就要去开窗子。李霁野说不怕的。鲁迅说:“既不怕,那就无妨再坐一时了。我正要跟你们谈成立一个文学社团的事。”

大家都很感兴趣,李霁野问道:“什么社团?”

鲁迅说:“我正为北京北新书局编辑专收译文的《未名丛刊》,想以‘未名’为社名,丛刊改归该社发行。以后还可以编辑出版《未名新集》,专收社员创作。”

一呼“五”应,李霁野、韦素园、韦丛芜、台静农、曹靖华五人齐声赞成。

韦丛芜问道:“‘未名’,就是没有名目吧?”

鲁迅解释道:“并非‘没有名目’的意思,是‘还没有名目’的意思,恰如孩子的‘还未成丁’似的。我现在正给北新书局编印两种小书,一种是《乌合丛书》,另一种就是《未名丛刊》,专收翻译,但是读者不喜欢翻译书,特别受冷落。恰巧,素园他们愿意介绍外国文学到中国来,便和李小峰商量,将《未名丛刊》移出,由几个同人自办。小峰一口答应,这一种丛书便和北新书局脱离,稿子是我们自己的,另筹一笔印费,就算开始。”

大家听了都表示赞同,估计出版四期半月刊和一本书籍的资本,大约需要六百元。鲁迅当时就承诺三百五十元,其余由他们五人各筹五十元。于是,中国现代文学史上的著名文学社团——未名社就成立了。

大家感到和鲁迅谈天是一种愉快的经验,听着他幽默而警辟的话语,看着他的机智而自然的活动,比读文章更多一种亲切感。这以后,未名社的朋友总隔几天去访他一次。后来负责事务工作的荆有麟,几乎天天都去鲁迅家里。先生是健谈的,往往一谈几点钟毫无倦容,青年们也不到深夜不愿走。有时知道他的写作都在夜晚,稍谈些时便勉强要告辞,但鲁迅说他唯一的休息和消遣便是谈谈天,你们若有闲暇,在他是并无妨碍的。青年们自然乐于再坐下去。先生是爱吃糖食和小花生的,也常常用这些来款客;每回要随吃随添多次,鲁迅的谈兴还正浓,李霁野料想两种所存不多,便笑着说,吃完就走。

鲁迅说，好的，便随手拿出一个没有打开的大糖盒。这以后，一回打开盛花生的铁盒时，里面适逢空无所有，他笑着说，这次只好权演一回空城计了。

鲁迅最爱谈的是他作小说的经验。他说偶然有一点想头时，便先零碎地记下来，遇到或想到可写的人物特性时，也是如此。这样零碎的记录在心里慢慢融化，觉得人物有了生命，这才将片段拼凑成整篇的东西。全篇写就以后，才细看哪些地方要增删。最后还注意到字句自然的韵调，有读起来觉得不合适的字眼，再加以更换。他又说，他的文章里找不出两样东西，一是恋爱，一是自然，在要用一点自然的时候，他不喜欢大段的描写，总是拖出月亮来用一用罢了。

关于骂人，鲁迅说一见到虚伪，卑污，和其他令人作呕的世态时，心里的悲愤便觉得非吐不快。有些个人或代表一种世态，骂他并不出于私怨，只是借此批一批社会的嘴巴罢了；社会是冥顽的，先生常叹息着说。在这样的谈话中，青年们亲切地觉得有一颗炽热的心在跳动。

每次谈话以后，青年们都觉得有一种爽快之感，仿佛给清晨的凉风吹拂了一样。深夜走出鲁迅先生的住处时，那偏僻的小巷早就没有人声人影了，他总望青年们走远了才进去。

郁达夫

除了青年人，同辈的朋友也有常来的。譬如郁达夫，就是鲁迅家的常客。郁达夫一八九六年生于浙江富阳，比鲁迅小十五岁，应该算是下一辈的人，但是他早在一九二一年十月，就出版了第一部白话短篇小说集《沉沦》。由此声名显赫，虽然属于创造社，却平易近人，脸上没有那种“创造气”，所以与鲁迅一见如故，成为无话不谈的至交。

但是他与鲁迅的生活作风却大不一样。鲁迅生活严谨，终年终月终日过着“苦行僧”式的生活；郁达夫虽然额窄面糙，身材矮小，绝无美男子的那种帅气，却凭着洋溢的才华与炽热的情感，从小就将恋爱的激情，融化在他的血液之中，无时不飞扬着由恋爱所激发的才情，然后表现到文学创作之中，写就了一章章不朽的名篇；而其恋爱经历也如同他的文学名篇一样，焕发着迷人的光彩，怅惘也罢、迷离也罢、悲歌也罢，一并都成了传世的名作。郁达夫在富阳高等小学堂读书期间，与比邻的“赵家少女”，有过一段“水样的春愁”的初恋之情，大约在同一时期，他还与倩儿等两位姑娘有过类似的恋情。一九一四至一九二〇年留学日本时，又与后藤隆子、田梅野、玉儿等产生过恋情。后藤隆子被郁达夫昵称为“隆儿”，是郁达夫下宿处附近的“小家女”。田梅野是名古屋旅馆的侍者，玉儿也是侍女。一九一九年入东京帝国大学经济学部期间，还多次嫖妓，不但不加隐瞒，竟直接写进文学作品中，《沉沦》就因此而成为名作。一九一七年，郁达夫从日本回国省亲时，也是在父母之命、媒妁之言下，奉母命与同乡富阳宵井女子孙荃订婚。虽和鲁迅一样，是包办婚姻，但孙荃却比朱安漂亮多了，和郁达夫共生育四个子女。但一九二一至一九二七年，郁达夫又在安庆与妓女海棠有过荒唐的婚外恋情。

不过，郁达夫虽然如此风流，人却老实忠厚，心怀坦荡，富有人情味，文坛对他的种种韵事只当作笑谈，并无非议，有些年轻人甚至还非常羡慕他的艳遇，不时流传郁达夫的一些趣事——

有一次，郁达夫请一位在军界做事的朋友到饭馆吃饭。饭毕，饭馆侍者到他们饭桌边收费，他就从鞋垫底下抽出几张钞票交给他。他的朋友很诧异地问：“郁兄，你怎么把钱藏在鞋子里呀？”

郁达夫笑笑，说：“这东西过去一直压迫我，现在我也要压迫它！”

又有一次，郁达夫应邀演讲文艺创作，他上台在黑板上写了“快短命”三个大字。台下的听众都觉得很奇怪，他接着说：“本人今天要讲的题目是《文艺创作的基本概念》，黑板上的三个字就是要诀。‘快’就是痛快；‘短’就是精简扼要；‘命’就是不离命题。演讲和作文一样，也不可以说得天花乱坠，离题太远，完了。”

郁达夫从在黑板上写那三个字到说完话的时间，总共用了不到两分钟，正合乎他所说的三原则——“快短命”。

郁达夫和鲁迅第一次的相见，是在一九二三年冬天，砖塔儿胡同一间坐南朝北的小四合房子里。那一天天气很阴沉，郁达夫入北京大学教书，下午的三四点钟去看鲁迅，也不知是为了什么事情。鲁迅住的那一间房子，郁达夫却记得很清楚，是在那两座砖塔的东北面，正当胡同正中的地方，一个三四丈宽的小院子，院子里长着三四株枣树。大门朝北，而住屋——三间上房——却朝正南，是杭州人所说的倒骑龙式的房子。那时候，鲁迅还在教育部里当佥事，同时也在北京大学里讲小说史略。他们谈了些北大的教员中间的闲话和学生的习气之类。郁达夫记得鲁迅的脸色很青，胡子是那时候已经有了；衣服穿得很单薄，而身材又矮小，所以看起来像是一个和他的年龄不大相称的样子。他的绍兴口音，比一般绍兴人所发的柔和，笑声非常之清脆，而笑时眼角上的几条小皱纹，却很是可爱。房间里的陈设，简单得很，散置在桌上、书橱上的书籍，也并不多，但却十分的整洁。桌上没有洋墨水和钢笔，只有一方砚瓦，上面盖着一个红木的盖子。笔筒是没有的，水池却像一个小古董，大约是从头发胡同的小市上买来的。

鲁迅的烟瘾，一向是很大的，郁达夫知道他吸的是哈德门牌的拾支装包。他探手进他那件灰布棉袍的袋里去摸出一支来给郁达夫，又摸出一支给自己，同时拿火柴点着，深深地吸。他似乎不喜欢将烟包先拿出来，然后再从烟包里抽出一支，再将烟包塞回袋里去。他这脾气，一直没有改过，不晓得是为了怕麻烦呢？抑或为了怕人家看见他吸的烟是什么牌？

鲁迅送郁达夫出门的时候，天色已经晚了，北风吹得很大，门口临别的时候，他说了一句笑话：“你看我像不像猫头鹰？”

郁达夫一时没听清楚，反问：“像什么？”

鲁迅重复道：“猫头鹰。”

郁达夫恍然明白了。在大庭广众中，鲁迅有时会凝然冷坐，不言不笑，衣冠又一向不甚修饰，毛发蓬蓬然，喜欢在夜里工作，文章中不断地发出恶声。鹰的另类是枭，又叫猫头鹰，有人替他起了个绰号叫猫头鹰。他不但不恼怒，而且以猫头鹰自居。在杭州师范教书时手订的一个小本子上，自己手绘了一只猫头鹰作为装饰。猫头鹰和壁虎，鲁迅对于它们都不讨厌，实际上，毋宁说，还有点喜欢。

就点头笑道：“像。”

鲁迅听了大笑起来。

郁达夫一个人在走回寓舍的路上，想起鲁迅在绍兴会馆补树书屋住的时候养过壁虎，用弹弓打在外面随地小便的人，再回忆起那句自称猫头鹰的话，觉得真的鲁迅还是蛮有趣的，“噗嗤”一声笑了出来。以后郁达夫离开了北京，到武昌师范大学文科教书去了，一九二五年暑假回北京，去西三条看鲁迅的时候，鲁迅正在做控告章士钊的状子，正是女师大学生跟校长杨荫榆闹得最厉害的期间。鲁迅不是像过去那样从衣袋里摸出一支烟给郁达夫，又摸出一支给自己，而是从桌上一只很漂亮的烟筒里抽出两支海军牌贵烟，两人各分一支，点着吸起来，然后就向郁达夫叙述和章士钊斗争的经过，仍旧不改他的幽默态度说：“人家说我在打落水狗，但我却以为在打枪伤老虎，在扮演周处或武松。”这句话逗得郁达夫高声笑了起来，说道：“你被免了职，却买贵烟抽，就是为打老虎庆贺吧？”

鲁迅哈哈大笑道：“知我者莫达夫也！”

两人的大笑声震得“老虎尾巴”的玻璃窗都晃动了。

鲁迅的书桌上，有一个用“大同十一年砖”制成的砚台。这个用古砖制成的砚台，上、下方分别嵌有紫檀木的盖和托，砖的一侧刻有文字“大同十一年作”，另两侧分别刻有花纹。“大同十一年”是指南朝梁武帝大同十一年，即公元五四五年。

鲁迅指着古砖砚台说：“这是我的学生商契衡，送来的。他知道我喜欢收集古砖，所以就把从故乡得来的这个古砖制成的砚台送给我，我也因此判断这个古砖出土于浙江嵊县。因为商契衡是嵊县人。”

鲁迅又拿过一九二四年九月二十一日夜写下的《俟堂专文杂集·题记》给郁达夫看：

曩尝欲著《越中专录》，颇锐意蒐集乡邦专甓及拓本，而资力薄劣，俱不易致，以十余年之勤，所得仅古专二十余及打本少许而已。迁徙以后，忽遭寇劫，孑身逭遁，止携大同十一年者一枚出，余悉委盗窟中。日月除矣，意兴亦尽，纂述之事，渺焉何期？聊集甓余，以为永念哉！甲子八月廿三日，宴之敖者手记。

郁达夫绝顶聪明，又精通古文，一看就明白是指鲁迅与周作人失和的事，鲁迅搬到新买的西三条新居之后，于一九二四年六月十一日返回八道湾的家中，准备取出个人的一些图书和物品，不料却遭到周作人夫妇的谩骂和殴打。但鲁迅还是带出了少量图书和物品，其中就包括这个“大同十一年砖”砚。

郁达夫明白鲁迅在这篇“题记”中使用了隐语来写他在返回八道湾家中搬个人物品时的遭遇：“俟堂”是鲁迅自取的别号；“寇劫”是指周作人夫妇的谩骂和殴打；“盗窟”是指八道湾的周作人的家；“宴之敖者”是鲁迅的笔名，但为什么起这么个笔名呢？郁达夫一时弄不懂，问道：“这个‘宴之敖者’是何意？”

鲁迅笑道：“就是指被家中的日本女人逐出的人。宴从宀，即‘家’，又从日，从女；敖从出，从放。我是被家里的日本女人逐出的。”说着就哈哈大笑，笑得原本有些愤慨的郁达夫也跟着笑起来，觉得这个鲁迅真够好玩的。

郁达夫从这篇“题记”中，深感鲁迅对周作人夫妇的愤怒和对遗留在八道湾周作人家中的二十多块古砖的痛惜，但又觉得鲁迅是看破一切的，他是从绝望和气愤中发出了笑声。遭受了这么大的损失和屈辱，就自起这么个“冷幽默”式的笔名就由它去了！但这是人家兄弟间的内部事，外人不便插嘴，他和周作人夫妇关系也很好，只是“唉”地深叹了一口气，为文坛双星——“周氏兄弟”失和而惋惜。岔开话说：“何必这么苦自己呢？过去的都过去了。应该寻点儿快乐，活得痛快些！”

郁达夫知道鲁迅琴瑟不和，听孙伏园说：冬天先生不穿棉裤，是为了抑制性欲。还对人这样说过：

“一天我听老太太说，鲁迅先生的裤子还是二十年前留学时的，已经补过多少回，她实在看不过去了，所以叫周太太做了一条棉裤，等鲁迅先生上衙门的时候，偷偷地放在他的床上，希望他不留神能换上，万不料被他扔出来了。老太太认为我的话有时还能邀老师的信任，所以让我劝劝他。但是鲁迅先生给我的答话却是不平庸的：‘一个独身的生活，决不能常往安逸方面着想的。

岂但我不穿棉裤而已，你看我的棉被，也是多少年没有换的老棉花，我不愿意换。你再看我的铺板，我从来不愿意换藤绷或棕绷，我也从来不愿换厚褥子。生活太安逸了，工作就被生活所累了。'"

郁达夫朝四围看看，觉得这是的确的，鲁迅的房中总只有床铺，网篮，衣箱，书案，这几样东西。万一什么时候要出走，他只要把铺盖一卷，网篮或衣服任取一样，就是登程的旅客了。他永远在奋斗的途中，从来不梦想什么较为安逸的生活。他虽处在家庭中，过的生活却完全是一个独身者。

郁达夫虽然自己风流倜傥，爱好女色，却非常佩服鲁迅这种艰苦、清纯的精神，但还是不好说什么，又"唉"地深叹了一口气。

《答KS君》

正当鲁迅被教育部免去佥事职，与章士钊、陈源论战犹酣的时候，胡适给鲁迅、周作人和陈源各去一封信，劝他们"带住"，休战，一致对付反对白话、主张文言的《甲寅》周刊。鲁迅则不同意，给胡适去了一封信，发表在一九二五年八月二十八日《莽原》周刊第十九期上。因为与胡适尚有情面，不愿直点其名，胡适的汉语拼音简写为HS，K与H相近，又可隐去"胡"姓，就称之为KS，题为《答KS君》。

信中写道："章士钊将我免职，我倒并没有你似的觉得诧异，他那对于学校的手段，我也并没有你似的觉得诧异，因为我本就没有预期章士钊能做出比现在更好的事情来。"并不同意胡适所说鲁迅的注意力应该集中在与《甲寅》周刊的"文白之争"，因为"文言白话之争，我以为也该是争的终结，而非争的开头，因为《甲寅》不足称为敌手，也无所谓战斗。倘要开头，他们还得有一个更通古学，更长古文的人，才能胜对垒之任，单是现在似的每周印一回公牍和游谈的堆积，纸张虽白，圈点虽多，是毫无用处的。"

信中还讲了一段著名的格言——

> 丑态，我说，倒还没有什么丢人，丑态而蒙着公正的皮，这才催

人呕吐。但终于使我觉得有趣的是蒙着公正的皮的丑态，又自己开出帐来发表了。仿佛世界上还有光明，所以即便费尽心机，结果仍然是一个瞒不住。

一九二六年二月七日在《京报副刊》发表的《我还不能“带住”》一文，进一步阐明了这一观点：

我自己也知道，在中国，我的笔要算较为尖刻的，说话有时也不留情面。但我又知道人们怎样地用了公理正义的美名，正人君子的徽号，温良敦厚的假脸，流言公论的武器，吞吐曲折的文字，行私利己，使无刀无笔的弱者不得喘息。倘使我没有这笔，也就是被欺侮到赴诉无门的一个；我觉悟了，所以要常用，尤其是用于使麒麟皮下露出马脚。

第十二章　秋天的果实

宗帽胡同

秋天，是北京最好的时令。冬天寒冷，夏天酷热，春天被风沙销毁了，只有秋天，酷暑已尽，凉风吹来，地上秋虫鸣唱，树上果实累累，天上澄蓝如水，是最令人爽快的收获季节。

一九二五年八月三十日上午，鲁迅赴女师大参加校务维持会，开会结果异常圆满。经校务维持会四处奔走和社会各界援助，所募经费已足敷半年之用，校舍由鲁迅亲自找到，在西城区南小街宗帽胡同十四号。

这是二进院子，前一幢房子有教室、办公室、小礼堂、饭堂，教室后一排房也住了少数学生；另一幢是学生宿舍。于是许广平搬出西三条，在后边学生宿舍的边上一间与刘和珍同住，房间地下有一隐蔽的通道口。许羡苏也回女师大图书馆宿舍了。

学校用的全部校具从课桌椅、黑板到宿舍的卧床，都是由中法大学、俄文专科学校支援借给的。新旧学生近八十人，分为五班：新预科一年级、旧预科二年级、本科一、二、三年级，听课有分班听的，也有合班听的。学校里外事都经校务维持会会议决定。教务、总务、舍务等部门工作，由校务维持委员中的许寿裳、马裕藻等几位先生兼任。

确是出乎章士钊、杨荫榆意外，在石驸马大街的女师大被侵占一个月后，暂时偏安宗帽胡同的女师大却招考录取了四十名新生，还由鲁迅出面，聘请了二十多位义务授课的名教授，国文科教师阵容引人注意，除“三沈”，即沈士远、沈尹默、沈兼士，“二周”，即周树人、周作人外，还有钱玄同、马裕藻、林语堂、郑奠、罗静轩等。学校呈现了新气象。

一九二五年九月二十二日正式开学了。这一“奇闻”是由女师大的校务维持会和同学共同艰苦努力，以及各方面予以的精神上、物质上的大力支援创造出来的。

宗帽胡同那段师生共同支撑的教学生活，给大家留下了深刻难忘的印象。三个月中，教师没有一位请过假，学生没有一人缺过课。同学们一直称赞那时候老师们的讲课特别精彩，传授的知识特别多。学生的学习也是非常的认真踏实。但她们也不是两耳不闻窗外事地死读书。还得继续做斗争，向法院控告了章士钊和刘百昭，这两人也向法院控告了学生会的几个骨干。法院每两周开庭一次，两名被告是聘请了大律师代表出庭，学生会的人都是亲自出马。她们曾开过“特训班”，请了热心的法学专家讲课，学习一些有关“打官司”的知识。此外,还为了应付来自“正人君子”和无耻“论客”的不断袭击，为复校做准备工作而四处奔走呼号。

鲁迅先生是在无课无会的日子也常到学校去，有时甚至上午到过了，下午又来了。他自解是:“顺便来看看”。那期间，他为女师大操劳肺病复发了，一直发热，多次去医院医治。但他从来不提自己的病，还要求自己的授课量增加一倍。他不仅关心校务，还关心学生们的生活。入冬后不久，有天下午，凛冽北风中，他突然风尘仆仆、很紧张地走进学校，学生们被吓愣了，忙跑近前去问究竟，他反问:“装炉子的事怎么样？看样子落雪了。”当他得知已与有关方面联系过，有了结果，火炉即日来装，煤也有了着落后，紧张的脸上露出了一丝微笑，转身走了。

一天，适逢女师大校庆日，这些被扫地出门的师生同样不肯示弱地聚集一堂庆祝，不擅文艺的鲁迅被大家强迫表演节目。无奈之下，鲁迅忽发奇想，号称表演单人舞。当时四十多岁的鲁迅抱着一条腿，在场内毫无节奏地乱蹦，全然不拘泥于老师或长辈的形象。全场哄然大笑之下，鲁迅蹦得越发起劲，全体师生足足笑了半个小时。

鲁迅常来学校，学生们也常去离得不远的西三条鲁迅家。在北京时，他自己没有孩子，到店里看见有些玩具很好，欢喜了，买下来。书柜的抽斗里，偶然一抽开来，真有意思，小小的瓷水桶，瓷蟾蜍等一大批。有的是放牙签的，有的是装清水写字用的，学生们哪里肯放过；一，二，三，抢。大家不客气地动手了，五六个人竞赛，许广平最善抢，因为她最熟悉，知道好东西在哪里，结果抢到了一半。陆晶清最调皮，下手快，得到一些。张静淑等得不到，几乎哭起来了。"太难为情，分她些罢！"有人在劝了。

广平舍不得拿出自己抢得的果实。

鲁迅说话了："给静淑些吧！"

广平不愿意，辩解道："大家都在闹，谁抢到就归谁。"

鲁迅正色道："别人可以这样闹，唯独你不可！"

广平愣住了，先生对自己怎么这般严厉？几乎要哭了。但转念一想，才明白鲁迅是对她"另眼看待"，先生对她有跟别人不一样的感情。装着不情愿的模样，拿出一些分给张静淑等。自己只剩得一只绿色蟾蜍，一只紫色水桶，一只黄色喇叭花形的牙签筒。

一九二五年十一月底，北京爆发了由学生发起，有各界人民参加的旨在打倒军阀政府、惩办卖国贼的"首都革命"。女师大学生热烈参加了游行示威，分头参加了砸章士钊、刘百昭等人住宅和烧《晨报》馆的行动。

十一月三十日清晨，女师大学生不断接到法大、北大、工大、师大等兄弟学校学生会及"教育维持会"电话，告诉她们章士钊等已潜逃天津了，建议回到石驸马大街光复学校。法大同学还告诉她们，他们已决定将国会会址接收，发展为学校的校址。近午，入了女大的原女师大同学，推派许广平班的楼亦文、黄粹筠两人到宗帽胡同，也报告了章士钊等已潜逃的消息，并建议他们"立即复校"，说她们会做好内部工作，组织欢迎。

那天，鲁迅先生上午到北大讲课，下午赶到宗帽胡同开过校务维持会一直陪着学生们忙。三日后一切准备就绪，整队出发，沿途散发复校宣言，路人为她们欢呼鼓掌，跟着她们喊口号。从西单牌楼到石驸马大街，在她们队伍左右两边随行助威的人越来越多。校门前，站着欢迎她们回校的同学们，她们鼓掌、欢呼、燃放鞭炮。当队伍站列在校门前时，就有预先请来的两名木工，将那块横在校大门上的“国立北京女子大学”牌子取下，换上原来的“国立北京女子师范大学”牌子。

鲁迅先生和许寿裳、马裕藻、郑奠、罗静轩几位先生，随后也乘车到达石驸马大街。

她们是按照原定安排行事的。为避免与女大方面人发生不必要的冲突，不是全部人一拥而入“红楼”，而是只推派了十个人随同站在门外欢迎她们回校的同学一同进校，到特为她们布置好的舍务处旁边的大房里休息。只为着表示“我们是回来了”，十位同学最后留在那间房住宿，其他同学都仍回到宗帽胡同，为翌日下午举行的各界联合会及正式接管校舍做准备工作。鲁迅先生等曾与女大教务长萧纯锦在西院大会客室做过移交谈判。

十二月一日下午在大礼堂举行的各界联合会，萧纯锦被邀代表女大参加。他布置数十名打手持木棍木棒包围礼堂，听到号令就冲进去，捣乱会场，但阴谋未得逞，萧纯锦在群众正义的威迫下，只得照要求办了移交，灰溜溜地退出学校。接着，女师大经政府明令恢复，并委派易培基为校长。

至此，女师大算是胜利复校了，但不等于斗争结束了。十二月十四日，一个由“名流学者”陈源、王世杰、燕树堂等三十余人组成的“国立北京女子大学后援会”出笼了！从此，又不得不和他们所谓后援编辑部的女大方面的人做各种各样的周旋。

女师大开始团结一致，力求革新发展，各行政部门都增添了新力量，林语堂继许寿裳任教务长兼英文系主任，还加聘了新教师。师生满怀信心，从“把女师大坚持办下去”上升为“把女师大办得很好很好”。

在人人欢腾的大好形势中，鲁迅却看到了危机，屡次告诫一些学生不要有过激行为，今后不可再做请愿、游行、砸烧之类的事情，还是要学点知识，干点实事。如他早在《娜拉走后怎样》的讲演中所说:"震骇一时的牺牲,不如深沉的韧性的战斗。"但应者寥寥,学生们被更大的狂热激动着。

他不禁深感失望和孤独。

《孤独者》

愈到病痛和苦闷的时候,鲁迅的创作激情反倒愈高。他斜躺在床上,抽着烟,喷出一口浓浓的烟雾。在浓雾中,仿佛看见了自己。在《新生》创办失败时,虽然自有无端的悲哀,却也并不愤懑,因为这经验使他反省,看见自己了:自己绝不是一个振臂一呼应者云集的英雄,而是一只被逐出人世的桀骜不驯的枭蛇鬼怪,自己也时常感到自己身内有一种"鬼气",使人感到沉重的气闷。他想:应该好好反省一下自己,看看自己到底是怎样的模样,处在怎样的境遇。在砖塔胡同创作《在酒楼上》时,吕纬甫身上已有自己的影子,但还不是全影,需要全面地观照一下真实的自我。

写什么呢?自己就是一个"孤独者",主人公就叫魏连殳。

他翻身起来,铺纸握笔,写下了题目——

孤独者

应该写他的一生,从生到死,于是一段独特的开头出来了:

> 我和魏连殳相识一场,回想起来倒也别致,竟是以送殓始,以送殓终。

对。还是在"S城",他和我一样都被本地人"当作一个外国人看待,说是'同我们都异样的'"。

形象也和自己一样:

一个短小瘦削的人，长方脸，蓬松的头发和浓黑的须眉占了一脸的小半，只见两眼在黑气里发光。

祖母也是继祖母，但对自己比亲生的还好。在一场传染病中死了，入殓的情况，简直就是自己经历的写实。

“我”失了业，去访他。他屋里的布置与自己在砖塔胡同时一模一样：

两间连通的客厅，并无什么陈设，不过是桌椅之外，排列些书架，大家虽说他是一个可怕的“新党”，架上却不很有新书。他已经知道我失了职业；但套话一说就完，主客便只好默默地相对，逐渐沉闷起来。我只见他很快地吸完一枝烟，烟蒂要烧着手指了，才抛在地面上。

“吸烟罢。”他伸手取第二枝烟时，忽然说。

他也像自己一样喜欢孩子：

我正想走时，门外一阵喧嚷和脚步声，四个男女孩子闯进来了。大的八九岁，小的四五岁，手脸和衣服都很脏，而且丑得可以。但是连殳的眼里却即刻发出欢喜的光来了，连忙站起，向客厅间壁的房里走，一面说道：

“大良，二良，都来！你们昨天要的口琴，我已经买来了。”

孩子们便跟着一齐拥进去，立刻又各人吹着一个口琴一拥而出，一出客厅门，不知怎的便打将起来。有一个哭了。

“一人一个，都一样的。不要争呵！”他还跟在后面嘱咐。

“这么多的一群孩子都是谁呢？”我问。

“是房主人的。他们都没有母亲，只有一个祖母。”

对孩子的看法，也与自己相同：“孩子总是好的。他们全是天真……”自己也曾经在《狂人日记》结尾呐喊：“救救孩子！”

连婚姻状况实质也一样：

“房东只一个人么？”

“是的。他的妻子大概死了三四年了罢，没有续娶。——否则，便要不肯将余屋租给我似的单身人。”他说着，冷冷地微笑了。

我很想问他何以至今还是单身，但因为不很熟，终于不好开口。

自己虽有名义上的妻室，却过着“古寺僧人”式的单身生活。

因为发议论、写文章而遭到攻击更其一致：

虽在这一种百无聊赖的境地中，也还不给连殳安住。渐渐地，小报上有匿名人来攻击他，学界上也常有关于他的流言，可是这已经并非先前似的单是话柄，大概是于他有损的了。我知道这是他近来喜欢发表文章的结果，倒也并不介意。S城人最不愿意有人发些没有顾忌的议论，一有，一定要暗暗地来叮他，这是向来如此的，连殳自己也知道。

失业——失去经济基础，没有生存的来源，其境遇更是自己深切感受过的：

但到春天，忽然听说他已被校长辞退了。

……

有一天，我路过大街，偶然在旧书摊前停留，却不禁使我觉到震悚，因为在那里陈列着的一部汲古阁初印本《史记索隐》，正是连殳的书。他喜欢书，但不是藏书家，这种本子，在他是算作贵重的善本，非万不得已，不肯轻易变卖的。难道他失业刚才两三月，就一贫至此么？

人一穷，就倍感世态炎凉。“我”去访他，周围人的脸色大变，大良们的祖母，那三角眼的胖女人，从对面的窗口探出她花白的头来了，也大声说，不耐烦似的。使他想起自己被人称为“乞食者”时那个黄胖的矮女人。

童年的坎坷遭遇、周围人们的脸色变化，对鲁迅的印象太深刻了！他一写到人的破落时，总不会忘记把这种变化写出来。甚至于“很小的小孩，拿了一片芦叶指着我道：杀！他还不很能走路……”在《颓败线的颤动》中也出现过。

“冬天的公园，就没有人去……”也是在世态炎凉中提炼出的警言。

没有职业，便不能生存。他仰起头对“我”说：“想来你也无法可想。我也还得赶紧寻点事情做……”但朋友们的境遇都和他差不多……

为了活下去，魏连殳投靠了当权者，给一个军阀师长当了顾问，躬行他先前所憎恶，所反对的一切，拒斥他先前所崇仰，所主张的一切了。他承认已经真的失败，——然而又觉得胜利了。

但是，不久他就死了。作者“会见了死的连殳。但是奇怪！他虽然穿一套皱的短衫裤，大襟上还有血迹，脸上也瘦削得不堪，然而面目却还是先前那样的面目，宁静地闭着嘴，合着眼，睡着似的，几乎要使我伸手到他鼻子前面，去试探他可是其实还在呼吸着”。在棺材里，“他在不妥帖的衣冠中，安静地躺着，合了眼，闭着嘴，口角间仿佛含着冰冷的微笑，冷笑着这可笑的死尸。”

这是“亲手造成孤独，又放在嘴里去咀嚼的人的一生。”死了之后，还在咀嚼。

作者“快步走着，仿佛要从一种沉重的东西中冲出，但是不能够。耳朵中有什么挣扎着，久之，久之，终于挣扎出来了，隐约像是长嗥，像一匹受伤的狼，当深夜在旷野中嗥叫，惨伤里夹杂着愤怒和悲哀。”

作者的“心地就轻松起来，坦然地在潮湿的石路上走，月光底下。”

这就是人世间知识分子命运的缩影，你要生存，就不得不朝着两边的墙壁靠拢，不靠这边就靠那边。否则，就只有死亡，而且像魏连殳或《野草》中《死后》的“我”一样，“六面碰壁”，“在不妥帖的衣冠中，安静地躺着”。独立呵，自由呵，简直是不可能的……但又只能在绝望中抗战！

酝酿了很长的日子，居然两三天就写出了。一九二五年十月十七日，许广平来，他把手稿交广平拿回去看。

“你战胜了！”

广平一带回《孤独者》的手稿，连夜读了，读得泪流满面。她从小说中清楚地感觉到先生是在写自己，那无边的寂寞与孤独，是多么痛苦！自己就不能与先生同行，使他不孤独，至少减轻一些孤独感么？她找僻静地方，悄悄把手稿仔细、工整地抄写了一遍。

鲁迅心里早已爱上了广平。三月十一日，他接到广平的第一封信时，就有这种感觉，所以才那么认真地连夜回复了一封长信。及至四月十二日，广平和林卓凤第一次来访，这种感觉更加明显。六月二十五日端午节的“酒戏”与按头更是超出了师生界限，而“训词”的发出与“嫩弟”“愚兄”的称谓，则完全把两人的关系明确了。八月二十二日，广平到西三条避难，就自然而然成了“另眼看待”的自家人。但这个时候，他绝对不能造次，一是有许羡苏在旁边，二是自己不可在广平遭难时“趁人之危”。倘若那样，还叫什么爱情？还能算对自己真爱的人负责任吗？所以他一直克制着自己。纵然他知道广平渴望着他的爱抚，有什么亲昵的行为，不但不会拒绝，还会欣然接受的。他也决不往前多走一步，反倒格外礼貌，决不进到南房去。

在与广平的爱情中，鲁迅深感自卑：在许多方面不相配，论年龄，他大十七岁，而且有病，身体不好；论形象，广平身材修长，有一米七〇，在北方女子中也算大个子，而他才一米六〇，比广平矮一大截，是个瘦小病弱的矮个儿。由于不修边幅，四十四岁的人已经显出老相。虽然已是著名作家，却没有什么社会地位，一个区区的佥事还被免了。经济也不宽裕，没有丰厚的家产和积蓄，好不容易安置的一座小院，还是借债买的，使他负债在身，心中不安。而更为重要的，是朱安，这个原配妻子虽然是名义上的，除了一两次不成功的性接触外，根本连话都不愿说，但又不能离婚。如果“休出”，无疑是置她于死地，而朱安本人也是封建婚姻的牺牲者，本身是无辜的。连鸽子、蝌蚪、小狗、小兔的死都使他心颤，何况是人，是极力照顾自己的朱安呢？人道主义者的鲁迅是决不会也不能这样做的。那么怎么办呢？只能强力克制着自己，与许广平保持师生和朋友的关系。不能往前迈出一步！

许广平也早就爱上了自己的这位先生。现在在她眼里，鲁迅再不是她速写过的“长发直竖的先生”，而是变得很美，很可爱，既有学问才情，又具内涵教养的美男子。身材虽然矮小，但从学问和人格上看，先生是高大的。同时，又很幽默，是一位可以随意笑闹的“嫩弟”。尤其是他的眼睛，是怎样充溢着静穆温挚的情味啊！他的眼就像荡漾着光辉的深泉那样澄澈。在课堂上，即使生气时用眼睛往下一掠，看着学生们，也使人感到一个时代的全智者的催逼。他有一颗仁慈、善良的心，又是能够保护、教导自己的靠山，应该向他奉献自己全部的毫无保留的爱。

一九二五年十月二十日下午，是个值得纪念的日子。广平拿着《孤独者》的原稿和自己的抄稿来到西三条，叩响了门环，王妈来开门，见是广平，就微笑着让进去。广平直进了“老虎尾巴”，鲁迅正斜躺在床上抽烟，构思着什么，一看广平来了，立刻翻身起来。

广平两眼汪着泪，把原稿和抄稿分别摆在桌上。鲁迅惊讶地说：“只说让你看看，没说让你抄呵！怎么？又要流‘四条胡同’了？”

广平流下两行泪说：“先生写得太感人了！看哭了！是不是写的先生自己啊？以后的稿子全由我抄，你的手稿要保存下来。”

鲁迅感动地说：“嗨！傻孩子，我的稿子没那么珍贵，交排字工排好丢掉就是了。写的也不全是我，而是被‘鬼气’伤害的奴性。何必让你费力，看，手都磨破了。”说着，拉过广平的手，细看右手食指和中指被笔磨破的地方，心疼地抚慰。又说要看看广平手指的纹路。

广平伸开手掌让他看，鲁迅看时，广平紧紧握住了鲁迅的手。鲁迅同时也报广平以轻柔而缓缓的紧握，广平脉搏的跳荡，正和鲁迅呼呼的声音相对，鲁迅首先向广平说：“你战胜了！”

广平心里想：真的吗？偌大的鲁迅，当我是小孩子的鲁迅，竟至于被我战胜了吗？从前他看我是小孩子的耻辱，如今洗刷了！这许算是战胜了吧！不禁微微报以一笑。

广平再也忍不住了，突然扑进先生怀里，热烈地亲吻他的嘴唇和唇上的胡髭。

鲁迅惊住了！呆了会儿，也回吻她的双颊。两个心心相通了半年多的爱人紧紧地搂抱在一起，往床上滚。好一会儿，鲁迅霍然冷静下来，放开广平，坐到藤椅上抽烟。

仍然躺在床上，等待先生进一步爱抚的广平，坐起来轻声问："怎么了？"她回想起李小辉当年不可扼制的激情……

鲁迅深吸一口烟，吐出股烟雾道："要冷静！目前只能到此为止，不然，后果不堪设想！"

广平无畏地说："豁出去了！左不过如此，由人说去吧！"

鲁迅沉下气说："没那么简单！万一怀孕怎么办？可就给你造成大痛苦，大麻烦了！"

广平明白先生是为了她而极力克制了自己，义无反顾地说："一切由我自己负责！是我主动愿意的。"

鲁迅望着心爱的广平说："我说了，你战胜了！我爱你！正因为爱你，我们要有一个妥善的安排。"

广平感到欣慰，说："有先生这句话，我就心安了！"待了会儿，主动说："先生，我走了！"

鲁迅知道广平并不想走，说走，是为了使先生不要再过多地克制自己，就说："好吧！"破例送她到街口，叫来辆人力车，付了钱，让车夫送广平到宗帽胡同。

广平很想再吻先生一下，让先生的胡髭再扎一下自己的脸颊，但终于克制住了，坐上车，向亲爱的先生挥手告别，回头望着先生的身影，直到看不见了……

回校以后，广平写了一篇文章——

风子是我的爱……

平　林

风子是我的爱……它，我不知道降生在甚么时候。这是因为在有我的历史以前，它老早就来到这个宇宙和人们结识了吧。

风子是什么一个模样呢？我可说不出，因为自始我就没法子整个的看清楚它，许是因为我太矮小的原故吧！

即使我看着最有趣的书，或者干着最聚精会神的事体，耳根响着隆隆的12345，54321，135，531……钢琴的竟日震动鼓膜的声音，任何人都不容易忍耐的下去领会或细心高兴的工作吧！这时风子突然投入我怀，令我不期然而然的抛开工夫，装作假寐的去回味它，屡屡不只一二次的追溯它，当遇着我的时候和离开我的时候是什么样的情景。

比起蝼蚁鸡犬之流。我，小小的我，勉强可以算是“庞然大物”吧！然而风子总看我是小孩子。

这于我真算是莫大的耻辱。它，是天上的一种气体，时间，空间，自然比我伟大得多。在解冻的时候它算是春风；在汗流浃背的时候，它算是薰风；梧桐叶落的时候呢，人们知道它换了秋的袍子；而狂风怒号有似刀割的时候，人们在它的名字上改换了一个名，说是冬风了！它虽则能被人改变各式花样，但仍不是风子么？时候、地位的不同，风子能不单只给我一些暖暖的呵气吗？有谁能禁止我不爱风子，为了我的藐小，否认我的资格呢？

风子有一个劫运，就是在上古的时候，人们把它女性化了，说它是“风姨”，然而我则偏偏说它是风子。何以故，因为我是男性化的，不妨引为同类，可以达到我同性爱的理想的实现，而且免掉了她和他的麻烦。

淡漠寡情的风子，时时攀起脸孔呼呼的刮叫起来，是深山的虎声，还是狮吼呢？胆小而抖擞的，个个都躲避开了！穿插在躲避了的空洞洞呼号而无应的是我的爱的风子呀！风子是我的爱，于是，我起始握着风子的手。

奇怪，风子同时也报我以轻柔而缓缓的紧握，并且我脉搏的跳荡，也正和风子呼呼的声音相对，于是，它首先向我说：“你战胜了！”真的吗？偌大的风子，当我是小孩子的风子，竟至于被我战胜了吗？

从前它看我是小孩子的耻辱，如今洗刷了！这许算是战胜了吧！不禁微微报以一笑。

它——风子——承认我战胜了！甘于做我的俘虏了！即使风子有它自己的伟大，有它自己的地位，藐小的我既然蒙它殷殷握手，不自量也罢！不相当也罢！同类也罢！异类也罢！合法也罢！不合法也罢！这都于我们不相干，于你们无关系，总之，风子是我的爱……呀！风子。

这篇文章刊登在一九二六年二月二十三日《国民新报副刊》上。

许广平以前还写有一篇文章，题为《同行者》，署名同是“平林”。写于一九二五年十月十二日，发表在同年十二月十二日《国民新报副刊》，文中说：“在社会上严厉的戴着道德的眼镜、专唱高调的人们，在爱之国度里是不配领略的人们，或者嫉恨某一桩事，某一方面的，对相爱的他俩，也许给予一番猛烈的攻击。然而，沐浴游泳于爱之波的人们，不知道什么是利害，是非，善恶，只一心一意的向着爱的方面奔驰。从浅的比方一句罢，有似灯蛾赴火，就是归宿到‘死’字上，这死，是甜蜜的，值得歌颂的，此外还有什么问题？！”广平对鲁迅的爱是那样真诚，确是“一心一意的向着爱的方面奔驰。”“有似灯蛾赴火”，甚至可以为爱而“情死”！没有丝毫功利和虚荣，完全是一种崇敬和牺牲。

《伤逝》

送广平走后，鲁迅始终沉浸在爱的愉悦中。在充满爱情的诗意中继续写起来。

鲁迅是惯于从事物的反面理解世界的，他从不歌颂“大团圆”，而总是乐观时想到悲观，胜利时想到失败，光明时想到黑暗，幸福时想到痛苦。他从来没有写过爱情小说，除了少年时与琴表妹那点朦胧的初恋，也没有尝过爱情的滋味儿，现在跟广平刚刚进入爱河，还没有品尝其中的甜蜜，却想到可能失败后的悔恨。看了看已写就的半篇，摇摇头，决定重写。又斜躺在床上，抽着烟构思了一会儿，翻身起来，笔直地坐在藤椅上，铺纸握笔写来——

伤　逝

——涓生的手记

如果我能够，我要写下我的悔恨和悲哀，为子君，为自己。

诗一般的文字从他的笔下流出，如一行行热泪，一股股清泉，一丝丝细流……一直写到东方发白也没有觉得，一口气吐了出来——

涓生回到了一年前的会馆。依然是破屋，破窗，窗外半枯的槐树和老紫藤，窗前的方桌，败壁，板床。深夜中独自躺在床上，就如他未曾和子君同居以前一般，过去一年中的时光全已泯灭，全未有过，他并没有曾经从这破屋子搬出，在吉兆胡同创立过满怀希望的小小的家庭。

人未到，先听声。在久待的焦躁中，一听到皮鞋的高底尖触着砖路的清响，是怎样地使涓生骤然生动起来呵！于是就看见带着笑涡的苍白的圆脸，苍白的瘦的臂膊，布的有条纹的衫子，玄色的裙。她又带了窗外的半枯的槐树的新叶来，使他看见，还有挂在铁似的老干上的一房一房的紫白的藤花。

鲁迅在《我怎么做起小说来》中说过："要极省俭的画出一个人的特点，最好是画他的眼睛。"鲁迅的"画眼睛"在《祝福》中写祥林嫂时有这样的名句："只有那眼珠间或一轮，还可以表示她是一个活物。"到了《伤逝》，这种"画眼睛"的技巧达到了高峰。

第一层写涓生与子君初识时，热烈地讨论外国文学和社会问题。子君"总是微笑点头，两眼里弥漫着稚气的好奇的光泽"。看到雪莱最美的半身像，"却只草草一看，便低了头，似乎不好意思了。这些地方，子君就大概还未脱尽旧思想的束缚"。

第二层写涓生向子君求爱时，"她脸色变成青白，后来又渐渐转作绯红——没有见过，也没有再见的绯红；孩子似的眼里射出悲喜，但是夹着惊疑的光，虽然力避我的视线，张皇地似乎要破窗飞去。然而我知道她已经允许我了”。“孩子似的眼”表现出子君接受爱情时的天真、幼稚。

第三层写子君回味涓生对她的求爱，“只要看见她两眼注视空中，出神似的凝想着，于是神色越加柔和，笑窝也深下去，便知道她又在自修旧课了”。“两眼注视空中”，反映出子君对爱的沉浸。

第四层写子君听到涓生说已经不爱她了，“她脸色陡然变成灰黄，死了似的；瞬间便又苏生，眼里也发了稚气的闪闪的光泽。这眼光射向四处，正如孩子在饥渴中寻求着慈爱的母亲，但只在空中寻求，恐怖地回避着我的眼。”多么悲惨！又是孩子似的眼光，“在饥渴中寻求着慈爱的母亲”因为她生命的唯一支撑就是涓生对她的爱，倘若这个爱没有了，她真是无路可走……

通过这四层子君眼光的变化，子君活生生地出现在读者眼前了。她悲惨的一生也生动地展现出来，从最后“眼光射向四处，正如孩子在饥渴中寻求着慈爱的母亲，但只在空中寻求”中，我们已经预见到她的死：“负着虚空的重担，在严威和冷眼中走着所谓人生的路，这是怎么可怕的事呵！而况这路的尽头，又不过是——连墓碑也没有的坟墓。”

结尾又神来一笔：阿随回来了。瘦弱的，半死的，满身灰土的……

涓生的心就一停，接着便直跳起来。

这篇《伤逝》是鲁迅最充满感情、最具诗韵美的一篇。贯穿着鲁迅一贯的思想：“人必生活着，爱才有所附丽。”

倘若沿着《孤独者》《伤逝》和《野草》的路子写下去，鲁迅不知会有多么无可限量的文学成就，为世界文学宝库增添多少堪与《阿Q正传》相媲美的作品。可惜由于时代和个人的原因，这个创作路子被中断了。多么令人惋惜！

《伤逝》没有给广平看，她来时，热吻之后，鲁迅叹口气说：“做文学家的女人真不容易呢，早该通知你了。”

“我不相信做文学家的女人就那么难，我甘愿永远和先生在一起！在一起就觉得幸福！”广平调皮地用自己的脸颊蹭鲁迅的胡髭，怪痒痒的。

鲁迅任凭她嬉闹着，沉静地说：“不。要有坏的准备。”

至今费解的是：《孤独者》和《伤逝》，都未曾在报刊上发表，直接编入了鲁迅的第二本小说集《彷徨》。

《伤逝》之后，鲁迅还于一九二五年十一月三日，写了小说《弟兄》，发表在一九二六年二月十日《莽原》半月刊第三期；一九二五年十一月六日，写了小说《离婚》，发表在《语丝》周刊第五十四期。两篇都收入《彷徨》。

一九二六年八月，有人从《彷徨》中读到《伤逝》时，流行一种传说，说《伤逝》是鲁迅自己的事，因为没有经验是写不出这样的小说的。十二月二十九日鲁迅在致韦素园信中感叹道："哈哈，做人真愈做逾难了。"

周作人则相反，认为"《伤逝》不是普通恋爱小说，乃是假借了男女的死亡来哀悼兄弟恩情的断绝的"。因为在《伤逝》写作的九天前，周作人曾经在一九二五年十月十二日《京报副刊》上发表过一篇同名短文《伤逝》，署名丙丁，向决裂的鲁迅道一声"珍重"。全文如下：

伤　逝

我走尽迢递的长途，
渡过茫茫的大海，
兄弟呵，我来到你墓前，
献给你一些祭品，
作最后的供献，
对你沉默的灰土，
作徒然的话别，
因为她那运命的女神，
忽而给予又忽而收回，已经把你带走了，
我照了古旧的遗风，
将这些悲哀的祭品，
来陈列在你的墓上；
兄弟，你收了这些东西吧，
都泌透了我的眼泪，
从此永隔幽明，兄弟，

只嘱咐你一声珍重！

这是罗马诗人“喀都路死”的第百一首诗，现经某君参照几种译本说给我听，由我自由地笔述下来的。“琵亚词侣”画有一幅插画，今转载于右。一个人举起右手，上题“哀尾哀特该乏勒”三字，大约即系表示致声珍重的意思。据说这是诗人悼其兄弟之作，所以添写了这样一个题目。《晨报》副刊模写琵君此画作为篇首图案，大约只取其图样。有一个《晶报》式的滑稽家说，这恐怕是表示逼死别的副刊再掐死自己副刊的意思，倒也想得很有趣，不过未必是编辑先生的原意罢。

这里，周作人借了罗马诗人的一首诗和英国画家的一幅画，传达了他对已经不可再得的兄弟之情的追念，“只嘱咐你一声珍重！”这是他向鲁迅发出的一份密码电报。这时《京报》副刊的编者是孙伏园，鲁迅是它经常的撰稿人和每天的读者。不晓得是他自己看出来的，还是孙伏园告诉他的：这篇的作者是周作人。鲁迅看了这篇，当然也明白了它所传递过来的信息，于是也用《伤逝》这个题目写一篇作答。

但是，据许钦文说《伤逝》是鲁迅一年多前构思的，曾经写到一半，还给许钦文看过。这回又继续写下去，作家的创作感情是复杂的。鲁迅肯定看了周作人的《伤逝》，也有跟兄弟的惜别之情，但总体来说，还是痛惜男女之间爱情的逝去。

第十三章　诗意的栖居

《这样的战士》

爱情是蕴含诗意的。和广平明确了爱情关系后，鲁迅心中更加充溢着诗意。自一九二五年七月十二日写了《死后》，一连五个月陷在女师大学潮中，始终在激烈的斗争和病痛中度过，再不能“画梦”，继续《野草》的创作了。现在总算平静下来，学校恢复到原址上课，教授们更加死气沉沉地讲授着老课本，学生们，尤其是即将毕业的学生，更加死“啃”起书本，并为毕业后的生路操心，整个学校毫无半点儿生气。但对鲁迅的种种流言却风起了，什么“鼓动学生”呀，“谋做校长”呀，“打落门牙”呀……造流言的是一个人还是多数人？姓甚，名谁？无从去查考，也没有工夫查考。然而，所遇见的都对他一式点头，似乎都很友好。并且头上有各种旗帜，绣出各样好名称：慈善家，学者，文士，青年，雅人，君子……明明自己是在不断地“碰壁”，却像“鬼打墙”一样地无形，冠以“无物之阵”的命名，确是太精彩了。青年时代大声呼唤的“精神界之战士”在哪里？在这样的境遇中，需要“这样的战士”——

已不是蒙昧如非洲土人而背着雪亮的毛瑟枪的；也并不疲惫如中国绿营兵而却佩着盒子炮。他毫无乞灵于牛皮和废铁的甲胄；他只有自己，但拿着蛮人所用的，脱手一掷的投枪。

他走进无物之阵，所遇见的都对他一式点头。他知道这点头就是敌人的武器，是杀人不见血的武器，许多战士都在此灭亡，正如炮弹一般，使猛士无所用其力。

那些头上有各种旗帜，绣出各样好名称：慈善家，学者，文士，长者，青年，雅人，君子……。头下有各样外套，绣出各式好花样：学问，道德，国粹，民意，逻辑，公义，东方文明……。

但他举起了投枪。

他们都同声立了誓来讲说，他们的心都在胸膛的中央，和别的偏心的人类两样。他们都在胸前放着护心镜，就为自己也深信心在胸膛中央的事作证。

但他举起了投枪。

他微笑，偏侧一掷，却正中了他们的心窝。

一切都颓然倒地；——然而只有一件外套，其中无物。无物之物已经脱走，得了胜利，因为他这时成了戕害慈善家等类的罪人。

但他举起了投枪。

他在无物之阵中大踏步走，再见一式的点头，各种的旗帜，各样的外套……。

但他举起了投枪。

他终于在无物之阵中老衰，寿终。他终于不是战士，但无物之物则是胜者。

在这样的境地里，谁也不闻战叫：太平。

太平……。

但他举起了投枪！

这样的战士，是孤独的，“只有他自己”，装备也不精利，只有柄“蛮人”所用的简陋的投枪——一杆“金不换”的毛笔。但无论遇见什么样的论敌，处于什么样的境遇中，都不断地“举起了投枪”，挥起了笔锋，直到在“无物之阵中老衰，寿终”。

这确实是鲁迅的自画像。十二月十四日夜里，鲁迅起身把这个构思写下，在十二月二十一日《语丝》五十八期上，作为《这样的战士——〈野草〉之十九》发表了。

十二月十二日，鲁迅在《国民新报副刊》上发表了《这个与那个》三《最先与最后》。谈道：

> 所以中国一向就少有失败的英雄，少有韧性的反抗，少有敢单身鏖战的武人，少有敢抚哭叛徒的吊客；见胜兆则纷纷聚集，见败兆则纷纷逃亡。战具比我们精利的欧美人，战具未必比我们精利的匈奴蒙古满洲人，都如入无人之境。“土崩瓦解”这四个字，真是形容得有自知之明。

这里所说的“失败的英雄”“韧性的反抗”“敢单身鏖战的武人”“敢抚哭叛徒的吊客”等，应该就是“这样的战士”。

《聪明人和傻子和奴才》

一九二五年十二月二十六日下午，广平来了。一坐下，就不禁要流出“四条胡同”来。鲁迅惊问：“怎么啦？受什么委屈了？”

广平说：“什么事都没有。就是在《语丝》上看到你的《这样的战士》，就直想哭。”

鲁迅笑道：“傻孩子！有什么好哭的？”

广平不平地说：“怎么那样孤独？只有你自己一个人，还有我与你同行啊！”把脸紧贴在鲁迅胸前。

鲁迅抚着她的头发，说道：“是的，有了你，我就不孤独了！那是诗，不必当真！”

见屋门的帘子很严密，不会有人撞进来，俩人热烈地亲吻。广平弯下身，愿意让鲁迅的胡髭扎弄自己的脸颊，而且喜欢闻他嘴里的烟味儿。

好一会儿，俩人才分开，鲁迅点着一支烟，深吸一口，吐出一团烟雾，玩笑道:“傻孩子，我给你讲一个《聪明人和傻子和奴才》的故事。”

于是鲁迅开说了——

奴才总不过是寻人诉苦。只要这样，也只能这样。有一日，他遇到一个聪明人。

“先生！”他悲哀地说，眼泪联成一线，就从眼角上直流下来。“你知道的。我所过的简直不是人的生活。吃的是一天未必有一餐，这一餐又不过是高粱皮，连猪狗都不要吃的，尚且只有一小碗……。”

“这实在令人同情。”聪明人也惨然说。

“可不是么！”他高兴了。“可是做工是昼夜无休息的：清早担水晚烧饭，上午跑街夜磨面，晴洗衣裳雨张伞，冬烧汽炉夏打扇。半夜要煨银耳，侍候主人要钱；头钱从来没分，有时还挨皮鞭……。”

“唉唉……。”聪明人叹息着，眼圈有些发红，似乎要下泪。

“先生！我这样是敷衍不下去的。我总得另外想法子。可是什么法子呢？……”

“我想，你总会好起来……。”

“是么？但愿如此。可是我对先生诉了冤苦，又得你的同情和慰安，已经舒坦得不少了。可见天理没有灭绝……。”

但是，不几日，他又不平起来了，仍然寻人去诉苦。

“先生！”他流着眼泪说，“你知道的。我住的简直比猪窠还不如。主人并不将我当人；他对他的叭儿狗还要好到几万倍……。”

“混帐！”那人大叫起来，使他吃惊了。那人是一个傻子。

“先生，我住的只是一间破小屋，又湿，又阴，满是臭虫，睡下去就咬得真可以。秽气冲着鼻子，四面又没有一个窗……。”

“你不会要你的主人开一个窗的么？”

“这怎么行？……”

“那么，你带我去看去！”

傻子跟奴才到他屋外，动手就砸那泥墙。

“先生！你干什么？”他大惊地说。

“我给你打开一个窗洞来。”

“这不行！主人要骂的！”

“管他呢！”他仍然砸。

“人来呀！强盗在毁咱们的屋子了！快来呀！迟一点可要打出窟窿来了！……”他哭嚷着，在地上团团地打滚。

一群奴才都出来了，将傻子赶走。

听到了喊声，慢慢地最后出来的是主人。

“有强盗要来毁咱们的屋子，我首先叫喊起来，大家一同把他赶走了。”他恭敬而得胜地说。

“你不错。”主人这样夸奖他。

这一天就来了许多慰问的人，聪明人也在内。

“先生。这回因为我有功，主人夸奖了我了。你先前说我总会好起来，实在是有先见之明……。”他大有希望似的高兴地说。

“可不是么……。”聪明人也代为高兴似的回答他。

广平听后禁不住大笑了起来。笑得往床上滚，也拉鲁迅靠在她身边。

俩人依偎在一起，广平笑道：“最可笑的那个傻子，要为奴才办好事，还遭到一群奴才驱赶。奴才因为得了主人‘你不错’的夸奖，就如此高兴和自豪。”

鲁迅告诫道：“这个傻子也该挨驱赶，他的做法未免太幼稚、莽撞了，而且也不真正认识到奴才的根性就是奴才，他是不会进行反抗的。向人诉苦，正是奴性的表现。”

广平说：“顶坏的是那位聪明人，两边讨好，从不伤害自己。”

鲁迅感叹地说：“可是，这种聪明人很多！而且越来越多了！”

广平说：“我宁肯当傻子，也不当聪明人，更不做奴才！”

鲁迅指点道：“当傻子，决不当这种蛮干的傻子！要懂得策略，讲究斗争方法。奴才跟奴隶不同，奴隶虽然身为奴隶，但心存反抗；奴才是心里就是甘当奴才。”

快到晚饭时间了，鲁迅要留广平吃饭。广平不愿意，因为跟朱安在一起总不舒坦，就说：“先生不是说要逛白塔寺么？走，我们去白塔寺吃小吃吧？”

鲁迅一听，兴致来了，说：“好，现在就去。”

广平跟先生走到中堂，鲁迅叫了一声“娘”，说道：“今天不在家吃晚饭了。”鲁瑞在屋里“嗯”了一声。俩人出了北房，恰好碰见从厨房出来的朱安，什么也没说就出了院门。

一出来，广平就搀着鲁迅，像晚辈搀扶着老人，鲁迅倒不愿意她搀，甩开膀子，大步走起来，说：“比一比，看谁走得快！”

东边不远，就是白塔寺。白塔寺是因白塔而得名的寺院，这座白塔坐落在阜成门内大街，始建于元代，原名大圣寿万安寺。明天顺元年，即一四五七年奉敕重建，赐额妙应寺，因此塔通体皆白，人们常又称之为白塔寺。此时正赶上庙会。

寺内头院东侧，有卖山货的、卖针头线脑的，还有卖小百货、布匹成衣的，也有卖儿童玩具的，但最受人们欢迎的是当时的一种木碗。据记载：白塔寺的木碗花草，土地庙的木器、竹器皆属特有。

寺内西侧南半段以食品摊为主，北半段和塔院地方宽敞，是搭台唱戏的最佳场所，唱滑稽大鼓的，说评书《小五义》的，唱乐亭大鼓《杨家将》《呼家将》的，还有些佚名艺人在此拉洋片、表演双簧、说相声，为热闹的庙会增加了不少色彩。

塔院内的地方不大，虽然也有几个卖儿童玩具、百货和食品的小摊位，但这里几乎成了医卜星相之流人物活动的天下，这些人打扮得非僧非道，却招引了不少游客，一些善男信女来到这里，占卜未来，祈祷好运。

塔院的北墙外是鸟市。这里卖的主要有鸽子、鹌鹑、狗等家禽、家畜。鸟笼子的品种很多，样式也讲究，好像摆放整齐的一件件工艺品。秋天，大量的蛐蛐、蝈蝈等秋虫纷纷上市，蛐蛐罐又成了抢手的商品。一般的蛐蛐罐不上釉，呈圆形，上品以澄泥制成，盖上有花纹，很是精致，备受收藏者的青睐。

即使到了冬天，也有保暖的罐罐，能养长寿的蛐蛐、蝈蝈。

白塔寺庙会形成于清末民初时期，当时政局不稳，寺内香火不旺，寺里的僧人开始出租部分寺产，由于租赁者行业五花八门，三百六十行会聚于此，使得白塔寺这块风水宝地逐渐成为了京城的闹市。今天正逢庙会期间，寺庙的山门前人群熙熙攘攘，热闹非凡。郊区的农民兄弟早早地就来到这里，为的是占据一个好的摊位，出售自己的家禽和农副产品。北京风味传统小吃的摊位更是一个挨着一个，卖冰糖葫芦的、卖年糕的、卖豆汁的、卖油茶的，叫卖声不绝于耳。越到傍晚越是热闹。

鲁迅和广平直接到西侧南半段食品摊去，鲁迅在一个豆汁儿摊前坐下，要两碗豆汁儿,两个又叫“油炸鬼”的“焦圈儿”,两个“薄脆”,一大盆辣咸菜，叫广平同坐吃喝。一会儿，两大碗滚烫的豆汁儿和辣咸菜送上来了。鲁迅端起碗就“吸溜吸溜”地大喝起来,又大口吃咸菜,嚼刚送到的“焦圈儿”和“薄脆”，真如饿狼一般。一边吃喝，还一边叫“真好吃！”

广平端过豆汁儿，刚一尝，就皱了眉头，恨不能吐出来。娇嗔地对鲁迅说:“这有什么好喝的？一股馊泔水味儿。”

掌柜的听了说:“嘿，北京人就偏爱喝馊泔水。”又问道:“这位先生肯定是北京人吧？”

鲁迅答道:“非也。是绍兴人士。”

掌柜的恍然大悟，说道:“怪不得呢。凡是喝过上等绍酒的，都爱喝北京豆汁儿，体会得出那种酸中带鲜的美味。”

鲁迅道:“老板说的是理。喝不惯的嫌涩，喝惯了的，能品味出那种酸中带鲜的美味。”

广平发了小脾气:“我是广东人，可喝不了这种馊泔水。”

其实，北京土著人士大都晓得，所谓豆汁儿，还有麻豆腐，纯属下脚料，甚或称之为“废料”。那原是制粉丝、粉皮儿的剩余物，麻豆腐就是湿豆渣，豆汁儿就是豆泔水罢了。早年大凡开粉坊的,总兼设猪圈,以渣及泔水饲饮之,则肥猪满圈，作坊主也易饱其囊。外乡人错将“豆汁儿”误认为“豆浆”，忖度着该是甜淡的呢,殊不知才舀到碗里,还没沾唇,就像广平似的屏气蹙额了。

鲁迅将广平的一份揽过来，说道:“你的，我喝。过会儿，请你吃爱吃的。”就秋风扫落叶般，一扫而光了。

吃喝完毕，鲁迅拉着广平去喝馄饨，吃烧饼，广平才喜笑颜开。

趁着高兴劲儿，广平拉鲁迅去买糖葫芦。广平要那又长又大的，鲁迅觉得拿上车很不方便，就买了小根的。广平嫌小，不要，鲁迅劝慰道：“一会儿，还要进洋车呢，长的放不进去。”广平才罢，伸过糖葫芦要鲁迅先吃第一颗，鲁迅摆摆手，说：“怕吃酸。”就去买了几个柿饼，咬了一口说：“真甜！跟糖一样甜。”广平知道鲁迅爱吃糖，这里又没有糖，吃柿饼正好代替，撒娇地说:“让我也尝一口。”鲁迅把自己咬过的那个柿饼递给广平，广平吃了一口说:“是的，真甜！”又递回给鲁迅。鲁迅沿着广平咬过的牙印，又咬了一口。

最后要了辆洋车，两人一起上去。冬天的车有棉棚、棉帘，包遮得严严实实。两人拥在车里，广平感到无限的幸福，叮嘱鲁迅道：“先生要努力工作，不要松懈，不要怠忽，因为你一出手就是传世经典，有益于后世；但希望先生多加保养，不要过劳，不要发狠。”鲁迅“嗯嗯”地答应着，竟至到了石驸马大街两人还依依不舍，广平不愿下车。鲁迅想得周到，怕遇见熟人，催她下车，才勉强下去了。洋车又转回送鲁迅回西三条，广平依恋地望着洋车远去，愉快地回到宿舍……

《腊叶》

鲁迅在车上重温着给广平讲的故事，回到“老虎尾巴”，顾不上洗漱，就铺纸握笔，写下《野草》之二十：

聪明人和傻子和奴才

写完，鲁迅和衣睡去，打了一个盹儿，想起了广平的嘱托，翻身起来，捻就了灯蕊，又铺纸写了一篇《野草》之二十一：

腊　叶

灯下看《雁门集》，忽然翻出一片压干的枫叶来。

这使我记起去年的深秋。繁霜夜降，木叶多半凋零，庭前的一株小小的枫树也变成红色了。我曾绕树徘徊，细看叶片的颜色，当他青葱的时候是从没有这么注意的。他也并非全树通红，最多的是浅绛，有几片则在绯红地上，还带着几团浓绿。一片独有一点蛀孔，镶着乌黑的花边，在红，黄和绿的斑驳中，明眸似的向人凝视。我自念：这是病叶呵！便将他摘了下来，夹在刚才买到的《雁门集》里。大概是愿使这将坠的被蚀而斑斓的颜色，暂得保存，不即与群叶一同飘散罢。

但今夜他却黄蜡似的躺在我的眼前，那眸子也不复似去年一般灼灼。假使再过几年，旧时的颜色在我记忆中消去，怕连我也不知道他何以夹在书里面的原因了。将坠的病叶的斑斓，似乎也只能在极短时中相对，更何况是葱郁的呢。看看窗外，很能耐寒的树木也早经秃尽了；枫树更何消说得。当深秋时，想来也许有和这去年的模样相似的病叶的罢，但可惜我今年竟没有赏玩秋树的余闲。

一九二五年十二月二十六日。

第二天，鲁迅把《聪明人和傻子和奴才》与《腊叶》一起交给孙伏园。伏园讽诵、欣赏、研究着这两篇美文，如获至宝，问鲁迅腊叶是指什么。鲁迅答道："许公很鼓励我，希望我努力工作，不要松懈，不要怠忽；但又很爱护我，希望我多加保养，不要过劳，不要发狠。这是不能两全的，这里面有矛盾。《腊叶》的感兴就从这儿得来，《雁门集》等等却是无关宏旨的。"

"许公"是谁，从谈话的上下文听来，孙伏园是极其明白的。鲁迅先生的熟朋友当中，姓许的共有五位。第一位自然是许季茀先生寿裳，那是先生幼年的朋友，友谊的深挚，数十年如一日的。第二位是许季上先生丹，一位留学印度，研究佛经的学者，先生在壮年的研究学术的朋友，可以说是先生的道义之交。还有三位都是较晚一辈的少年朋友，一位是少年作家许钦文先生，一位是钦文的妹妹许羡苏女士，还有一位则是许广平女士景宋。孙伏园常常私议：鲁迅先生的好友当中，姓许的占着多数，“许”字给予先生的印象是最好的。

但是孙伏园心知先生口头的“许公”，绝不是其他四位，确指的是景宋先生。景宋先生初在报上发表文字，钱玄同先生便来打听：“景宋的文字像是一个熟人所写，景宋到底是谁呢？”

孙伏园答道：“是许公。”

“啊，我知道了，当然是她。她景仰唐玄宗时的宰相宋广平，所以自号‘景宋’喽。”钱玄同大悟道。

孙伏园把这话告诉鲁迅先生，先生却说：“玄同完全错了，你对他说，他推理是完全靠不住的。我告诉你：许公的母亲姓宋，她为景仰母亲，所以自号‘景宋’；至于她‘广平’，也和宋广平全不相干，只是广东的风气，常常喜欢把地名放在名字当中，如她名‘广平’，她的妹妹名‘东平’，何尝有宋广平的影子呢？”

鲁迅先生了解景宋先生如此之深，景宋先生又鼓励和爱护鲁迅先生如此之切，孙伏园那时便感觉他们两位的情感已经超出友谊之上了。

鲁迅先生自己在《野草》英译本序言中，曾经提示了几篇的创作用意，关于《腊叶》只有一句话，与先生当年所谈完全相合，“是为爱我者的想要保存我而作。”“爱我者”当然是许景宋先生。

这两篇散文诗作为《野草》之二十、二十一，一同发表于一九二六年一月四日《语丝》周刊第六十期。

广平看到后曾问《腊叶》的寓意，鲁迅说：“《腊叶》，是为你——爱我者的想要保存我而作的。那篇《腊叶》，那假设被摘下来夹在《雁门集》里的斑驳的枫叶，就是自况的。”

第十四章　冬日的冷箭

《论“费厄泼赖”应该缓行》

一九二五年十二月二十五日，在《国民新报副刊》刊出预告的《莽原》半月刊，终于在一九二六年一月十日正式出版了。女师大学生们看到这小而精的半月刊，真是欢欣鼓舞！

刘和珍先拿到一册。她虽然父亲早亡，母亲一人在江西南昌抚养她和二弟一妹，家境极贫，却毅然拿出一元钱预定了全年的《莽原》。

她微笑着，态度很温和地看着崭新的《莽原》，如视珍宝。

首篇是林语堂的《祝土匪》。写得潇洒，流畅，幽默自如，竟把别人贬斥的土匪当作歌颂的对象。说“有史以来大思想家都被当代学者称为‘土匪’”，但他们“却要请真理出来登极”。“为真理喝彩，祝真理万岁”！因为鲁迅曾经被一些“正人君子”诬为“土匪”，所以林语堂这篇洋洋洒洒的文章也是为他所尊敬的鲁迅先生辩诬的。

林语堂，福建龙溪人，哈佛和莱比锡大学博士，西式教育的一流高才生，回国开始也是不可一世，但遇到鲁迅和周作人，看到他们的绚烂文章后，才真正明白了自己的差距。他在毕生唯一的学术论集——开明书店一九三三年版《语言学论丛》前言中，说了几句老实话：“这些论文，有几篇是民国十二三年初回国时所作，脱离不了哈佛架子，俗气十足，文也不好，看了十分讨厌。其时文调每每太高，这是一切留学生刚回国时之通病。后来受《语丝》诸子的影响，才渐渐知书识礼，受了教育，脱离哈佛腐儒的俗气。所以现在看见哈佛留学生，专家架子十足，开口评人短长，以为非哈佛藏书楼之书不是书，非读过哈佛之人不是人，知有世俗之俗，而不知有读书人之俗，也只莞尔而笑，笑我从前像他。”自此，他认真学习鲁迅、周作人的文章，采取了《语丝》文体：任意而谈，无所顾忌，要催促新的产生，对于有害于新的旧物，则竭力加以抨击。文章特色大变，每每有奇文出手，很得鲁迅欣赏。作为主编，不把自己的文章列为首篇，而将林语堂的大作当为《莽原》第一期的开篇之作了。林语堂对鲁迅也非常敬重，称鲁迅为“白象”，就是稀有的天才之意。

广平自然也是最早看到新《莽原》的读者，她不是预订，是鲁迅亲自送的。她首先看的是排在第二篇的鲁迅的文章《论“费厄泼赖”应该缓行》。“打落水狗”，在绍兴叫“打死老虎”，先生早就在口头上说过多回，写成文章还是首次。因为当时章士钊、杨荫榆等都垮台了，林语堂、周作人等主张对这些“垮台人物”应该“费厄泼赖”，即英语的“宽容大度”的意思，鲁迅却持异议。广平对文章居高临下的风度和幽默的笔法，很是钦佩，但对其意不甚理解，就趁空去“老虎尾巴”向先生请教。

鲁迅先生严肃地说：“这不是对章士钊、杨荫榆等个别人讲的，是见了我的同辈和比我年幼的青年们的血而写的。中国历史上，历来是革命者宽容权力者，而权力者却从来没有宽容过革命者。要为秋瑾姑娘报仇的王金发宽容了杀人者，自己反被杀人者所杀了，这样血的教训实在太多了。我是在总结历史的经验！”

广平霍然明白了一些。

而林语堂对鲁迅在《论“费厄泼赖”应该缓行》里批评他一事，不但不生气，还幽默地为鲁迅绘了一张《鲁迅先生打叭儿狗图》。

真是好事不断。一九二六年一月十三日，易培基正式到女师大任校长职，女师大全体师生及女师大教育维持会，国立各校校长、各校学生会代表共五百余人盛会欢迎。许寿裳主持大会，鲁迅代表校务维持会致欢迎词。他回顾了女师大风潮的艰难斗争历程，阐明了这一斗争胜利的意义，说："欢迎新校长，原是极平常的事，但是，以校务维持会欢迎校长，却是不常有的。回忆本校被非法解散以来，在外，有教育维持会；在内，有校务维持会，共同维持者，计有半年。其间仍然开学、上课，以至恢复校址。本会一面维持，一面也无时不忘记恢复，并且希望有新校长到校，得以将这重大责任交出。现在，政府居然明令恢复……这才将向来的希望达到，同人认为自己的责任已尽，将来的希望也已经有所归属，这是非常之欢喜的。从此本会就告了一个结束，自行解散。但是这解散，和去年本校的解散很不同，乃是本校更进于光明的路的开始……这希望的达到，也几乎是到现在为止中国别处所没有达到的创举，所以今天的盛会，实在不是单用平常的欢迎的意思所能表现的。"会后，摄影留念，鲁迅坐第一排。是夜，鲁迅又往"女师大纪念会"，观看女师大学生自治会演剧。

一月十六日，控告章士钊初步获胜。教育部发布"复职令"："被告呈请免职之处分系属违法，应予取消"，"兹派周树人暂署本部佥事，在秘书处办事，此令。"由于平政院的正式裁决书尚未下达，故为"暂署佥事"。此事老寿先生的儿子寿洙邻、即小寿先生出力甚大。一九〇二年前后，他已不愿再做私塾教师，本着自己的才华选择了科举道路。寿镜吾先生出于反清意识和三味书屋的事业，对儿子这一打算大加反对。寿洙邻不服，他在一九〇三年去杭州由禀生考取光绪癸卯科浙江优贡。第二年因慈禧太后七十大寿，清政府决定在保和殿举行全国优贡会考，寿镜吾坚决反对儿子参加考试，在接近考期的前几个月，把儿子锁在楼上，每顿饭都叫人送去，不许他出房门。后来由于母亲支持，寿洙邻用一根麻绳绑捆在窗门上，自己缘绳而下，逃出楼房，终于去北京参加了考试。这就使寿镜吾更加生气，大骂寿洙邻不孝，骂了很长一个时候。他还写了一张状子，到塔子桥头的穆神庙里烧给菩萨，向土地爷告发他儿子不孝。虽然这样，寿洙邻在北京的会考却取得极好的成绩，获"甲辰科朝考一等第一名"。不久，寿洙邻被委任为吉林农安县知县。他任人唯贤、成绩卓著，由中央宪政编查馆特保东三省吏治第一。后来到北京任平政院首席书记官，与鲁迅、周作人往来频繁。所以，鲁迅控告章士钊时，得到首席书记官寿洙邻的支持，而且理由充分，斗争自然取胜。鲁迅高兴地在文章中说："今年又变了'暂署佥事'了，还未去做，然而预备去做的，目的是在弄儿文俸钱，因为我祖宗没有遗产，老婆没有奁田，文章又不值钱，只好以此暂且糊口。还有一个小目的，是在对于以我去年的免官为'痛快'者，给他一个不舒服，使他恨得扒耳搔腮，忍不住露出本相。"

陈源的"闲话"

正在顺利之时，鲁迅却受到了最刺心的冷箭。

一九二六年一月三十日，《晨报副刊》发表了陈源的《闲话的闲话之闲话引出来的几封信》，其中《致志摩》的信中说鲁迅的"《中国小说史略》，却就是根据日本人盐谷温的《支那文学概论讲话》里面的'小说'一部分。"

这"流言"鲁迅早听到过了，而在正式发表的文章中说他的《中国小说史略》是"抄袭"，还是首次。这确实深深刺伤了鲁迅的心，批评工作的第一苦处是，为了找出值得评介的书，非读许多作品不可。其中有的是读了要使人生理上感到忍受不了的。当时他读了许多旧小说，其中绝大多数是忍受着生理上的难堪读下去的。"每读完一部"，就做着用双手把书拿到一起去的姿势，叹道："哎，损阳寿一年……"并且编了《小说旧闻钞》《古小说钩沉》《唐宋传奇集》等史料，在《中国小说史略》中有自己独特的章法，提出了从未有人说过的观点，这样耗费生命而又具有独创性的辛勤工作，如今却轻易地被人扣上"抄袭"的罪名，真是无可忍耐。当即写了一篇辩诬文章《不是信》，在二月八日《语丝》第六十五期发表了。文中说：

> 我相信陈源教授是一定会干这样勾当的。但他既不指名，我也就只回敬他一通骂街，这可实在不止"侵犯了他一言半语"。这回说出来了；我的"以小人之心"也没有猜错了"君子之腹"。但那罪名却改为"做你自己的蓝本"了，比先前轻得多，仿佛比自谦为"一言半

语”的“冷箭”钝了一点似的。盐谷氏的书，确是我的参考书之一，我的《小说史略》二十八篇的第二篇，是根据它的，还有论《红楼梦》的几点和一张《贾氏系图》，也是根据它的，但不过是大意，次序和意见就很不同。其他二十六篇，我都有我独立的准备，证据是和他的所说还时常相反。例如现有的汉人小说，他以为真，我以为假；唐人小说的分类他据森槐南，我却用我法。六朝小说他据《汉魏丛书》，我据别本及自己的辑本，这工夫曾经费去两年多，稿本有十册在这里；唐人小说他据谬误最多的《唐人说荟》，我是用《太平广记》的，此外还一本一本搜起来……。其余分量，取舍，考证的不同，尤难枚举。自然，大致是不能不同的，例如他说汉后有唐，唐后有宋，我也这样说，因为都以中国史实为“蓝本”。我无法“捏造得新奇”，虽然塞文狄斯的事实和“四书”合成的时代也不妨创造。但我的意见，却以为似乎不可，因为历史和诗歌小说是两样的。诗歌小说虽有人说同是天才即不妨所见略同，所作相像，但我以为究竟也以独创为贵；历史则是纪事，固然不当偷成书，但也不必全两样。说诗歌小说相类不妨，历史有几点近似便是“摽窃”，那是“正人君子”的特别意见，只在以“一言半语”“侵犯”“鲁迅先生”时才适用的。好在盐谷氏的书听说（！）已有人译成（？）中文，两书的异点如何，怎样“整大本的摽窃”，还是做“蓝本”，不久（？）就可以明白了。在这以前，我以为恐怕连陈源教授自己也不知道这些底细，因为不过是听来的“耳食之言”。不知道对不对？（盐谷教授的《支那文学概论讲话》的译本，今年夏天看见了，将五百余页的原书，译成了薄薄的一本，那小说一部分，和我的也无从对比了。广告上却道“选译”。措辞实在聪明得很。十月十四日补记。）

李霁野等青年朋友看到陈源的文章后，都义愤填膺，怒不可遏，立即去访问鲁迅。见鲁迅非常坦然，愉快地把答辩文章的主要内容随谈随笑地告诉他们。

尚钺气愤地说："单是《中国小说史略》对清末'谴责小说'与'讽刺小说'的区分，对《儒林外史》'感而能谐，婉而多讽'的评说，也是除鲁迅先生之外，谁也说不出的。怎么能说'抄袭'呢？"

韦素园说："还有后来对《红楼梦》的评论：'所叙的人物，都是真的人物。'把传统的思想和写法都打破了。我看不仅是外国人说不出来，中国人恐怕也在多少年内无人可以相比。"

台静农静静地说："仅从《古小说钩沉》《唐宋传奇集》等史料来看，外国人怎么可能掌握呢？就说是中国人，在鲁迅先生之前，是绝没有人做过此种工作。"

韦丛芜怀疑道："陈源是不懂中国文学，也不看中国历史书的。他肯定没有看过先生的《中国小说史略》，怎么胆敢说先生抄袭？显然来自'耳食之言'。然而这'耳食之言'究竟出自何人呢？"

章川岛快人快语地说："有人讲是张凤举说的，这个小人，表面对鲁迅先生那般尊敬，背后又造这种谣言！"

鲁迅摆摆手说："好啦！由他去罢！我们自己心中坦然就是了。"

鲁迅心里想到另一个人，做"古史辨"的，鼻头发红者。虽然嘴上说要"心中坦然"，但《中国小说史略》确是鲁迅自己多年苦心孤诣、艰苦创造的结晶，竟然被诬为"剽窃"，怎么说也是刺痛了鲁迅先生的心？成为终生难解的症结。

在一边的高长虹、向培良倒没有说什么。长虹注意到一位高个儿的女学生，在"老虎尾巴"里走来走去，像是与鲁迅很熟。

忽想起去年的一天晚上，到鲁迅那里去，他正在编辑《莽原》，从抽屉里拿出一篇稿子给长虹看，问他写得怎样，可不可修改发表。《莽原》的编辑责任是完全由鲁迅担负的，不过他时常把外面投来的稿子先给高长虹看。长虹看了那篇稿子觉得写得很好，赞成发表出去。鲁迅说作者是女师大的学生。俩人都说，女子能有这样大胆的思想，是很不容易的了。以后还继续写稿子来，后来知道此人就是景宋。高长虹那时候有一本诗集，是同《狂飙》周刊一起出版的。一天接到一封信，附了邮票，是买这本诗集的，这人正是景宋。因此他们就通起信来。前后通了有八九次信，可是并没有见面，这时长虹仿佛觉得鲁迅与景宋的感情是很好的。因为女师大的风潮，常有女学生到鲁迅家里。长虹在鲁迅这里同景宋仅见过这次面，并没有谈话，此后连通信也间断了。景宋所留给长虹的唯一印象就是一副长大的身材。她的信还留在长虹的记忆中，说她的性格很矛盾，仿佛中山先生那样性格。对于当时思想界那种只说不做的缺点，在通信中也是讲到的。

后来高长虹问了荆有麟，知道景宋在鲁迅家里的厮熟情形，高长虹就决定停止与景宋通信。此后再无任何往来。

受伤的鸽子

二月末，虽然已经立春，北京还是有些寒冷。用“春寒料峭”一词，形容北京的初春，的确再恰当不过了。

这天正是星期日，许广平和刘和珍在宗帽胡同时住一室，谈得很投机，复校后就仍然住在一起了。刘和珍原籍安徽，因祖父宦游江西，她生于江西，母亲是江西人，幼时父亲又死于江西，她入女师大时就填江西南昌籍了。和珍素爱梅，视为第二生命，有“花因清淡花方艳，色到无时色斯真”文句贴于床铺墙壁上。其为人秉性烂漫，天资颖聪，待人接物，从容和蔼，群众甚为拥护。她俩都感到天寒，没有出门，分头细读二月二十五日新出的《莽原》第四期，不约而同读着鲁迅的《一点比喻》。

许广平一边读，一边说：“鲁迅先生最会用比喻，《论‘费厄泼赖’应该缓行》中形容‘叭儿狗’‘很像猫，折中，公允，调和，平正之状可掬，悠悠然摆出别个无不偏激，唯独自己得了“中庸之道”似的脸来。因此也就为阔人，太监，太太，小姐们所钟爱，种子绵绵不绝。它的事业，只是以伶俐的皮毛获得贵人豢养，或者中外的娘儿们上街的时候，脖子上拴了细链子跟在脚后跟。’这篇《一点比喻》里又把领着胡羊去屠场的‘山羊’，比喻为‘脖子上还挂着一个小铃铎，作为智识阶级的徽章。’”

刘和珍答道：“是呵，这种‘山羊’其实是最坏的。”

许广平说：“那些自称什么‘导师’的人，不就是‘山羊’吗？”

刘和珍说："鲁迅先生就从来不自称'导师'，而且从来不让别人这样称呼自己。"

许广平道："不自称'导师'的人，反倒是值得信任的导师！"

说着，门忽然猛地被推开了，原来是陆晶清和石评梅。评梅的怀里揣着一只受伤的鸽子。

陆晶清急急忙忙地说："快，快给这鸽子铺一个窝儿。"

四位姑娘连忙找来一个硬纸盒，底层铺上稻草和棉花。评梅小心翼翼地把受伤的鸽子轻轻放在硬纸盒制成的小窝里，晶清让广平找一个小碗，从暖壶里倒点儿开水，又到外面水房填了点儿凉水，用手指试试水温，就用棉花球细细擦洗鸽子胸前的伤口。和珍又拿过了碘酒瓶，评梅用一个新的棉花球沾了碘酒，往鸽子伤口上轻抹。鸽子不禁颤动了一下。

晶清这时才说："我们正要到你们这儿来。哪知一个坏孩子，用弹弓射这只停在树上的鸽子。鸽子摔下来，评梅手疾眼快，把鸽子接住了。我把那坏孩子赶跑了。"

和珍仔细看看鸽子说："看来伤得还不重，只擦破一点儿皮，好好养养，能缓过来的。"

广平急忙拿着小碗出去，到伙房要了碗小米粥，回来放在鸽子身边。鸽子看来是饿急了，探过头吃粥。四位姑娘商量了一下，在窗口搭了个支架，把硬纸盒做的临时鸽子窝放在架上，时时照看。夜里鸽子有时咕咕地叫，还散发出一股不大好闻的鸽子味儿，和珍、广平不但不嫌弃，还觉得很有趣。

这样一连几天，和珍和广平一直看护着鸽子。评梅和晶清也常来看望。评梅说要把鸽子带回她那儿去养，和珍拒绝了。因为她知道评梅的恋人高君宇去年三月五日刚刚去世，评梅天天到陶然亭旁边高君宇墓前悲泣，苦吟《墓畔哀歌》，人已经瘦得不行，不能再承担喂养受伤鸽子的重任了。坚决地说："我和广平俩人足可以了，你们放心吧！"

这是一只棕褐色羽毛的健壮雄鸽，恢复得很快，不多几天，竟能立起忽扇翅膀了。两只金黄的小圆眼睛咕噜噜地转，有几只母鸽天天在屋檐上立着咕咕地叫，雄鸽竟跳出盒子，咕咕叫着凑到和珍身边，像要说什么，过一会儿，低飞起来，停在窗口。和珍跟广平，还有赶来看望的评梅、晶清商量，把雄鸽放飞了吧，省得母鸽想念他。大家都同意，就由和珍抱着雄鸽来到院里，向天空一撒手，雄鸽就飞起来，母鸽也一起跟着飞到上空。一会儿，雄鸽又领着母鸽回来了。朝着四位姑娘盘旋了几圈，鸣响着动听的鸽哨，飞远了。

和珍、评梅、广平、晶清四位姑娘，瞭望着远去的鸽群，依依不舍……

第十五章　三一八惨案

惨　案

一九二六年三月十二日，冯玉祥国民军与奉军作战期间，两艘日本军舰护卫奉系军舰进入大沽口，并炮击国民军，守军死伤十余名。国民军开炮自卫还击，将日本军舰逐出大沽口。事后，日本认为国民军破坏了《辛丑条约》，与英、美、法、意、荷、比、西等八国公使，于十六日向北洋军阀段祺瑞执政府发出最后通牒，提出拆除大沽口国防设施的要求，并限令四十八小时内答复，否则以武力解决。同时各国派军舰云集大沽口，用武力威胁北洋政府。

一九二六年三月十六、十七日，在北京的国共两党开会，徐谦以国民党执行委员会代表的身份同李大钊领导的中国共产党北方区委决定组织各学校和群众团体在天安门集会。三月十八日上午十时，国民党北京执行部、北京市党部，中共北方区委、北京市委、北京总工会、学生联合会等团体与八十多所学校共约五千多人在天安门举行“反对八国最后通牒的国民大会”，广场北面临时搭建的主席台上悬挂着孙中山先生的遗像和他撰写的对联“革命尚未成功，同志仍须努力”。台前横幅上写着“北京各界坚决反对八国最后通牒示威大会”。

中共北方区委的领导李大钊、赵世炎、陈乔年参加了大会，大会主席、中俄大学校长徐谦发表了慷慨激昂的讲话，大会决议：“通电全国一致反对八国通牒，驱逐八国公使，废除一切不平等条约，撤退外国军舰，电告国民军为反对帝国主义侵略而战。”最后大会一共通过了八条决议。

大会结束后，群众游行请愿队伍约两千人，在王一飞等率领下，下午一时二十分由天安门经东长安街转北，再经东单、东四到达铁狮子胡同东口，沿途高呼口号，散发传单、标语，马路两旁群众纷纷脱帽致敬，表示支持。游行队伍在执政府门前排列站定之后，当即公推王乐平、安体诚、陈公翊、丁惟汾及留日归国代表谭季缄等五人为代表，入内交涉，要求会见段祺瑞、贾德耀。全副武装的府卫队和军官，不仅对代表不予理睬，而且蛮横地驱逐请愿群众。此时，群众愤激，振臂高呼“打倒丧权辱国的政府！”“打倒帝国主义！”“驱逐八国公使出境！”“打倒段祺瑞！”等口号，并高唱“国民革命歌”。代表再次力争入内交涉。当时卫队军官气势汹汹地说：“执政有病休息，不在这里。”“赶快走开！”代表即转身向群众报告，院中无人，拟找到负责之人，再为交涉，请大家静候，严守秩序，不可向前，群众中有人提出：“到吉兆胡同去！”突然，执政府门楼的窗户里向外连发三枪，警笛随即鸣起，东西辕门的卫兵也同时开枪，对准群众平射，枪弹密如连珠，前后两次扫射，每次五分钟左右。霎时间，执政府门前，血肉横飞，死者、伤者互相堆压在一起，东辕门人叠人，有五六层，垛起了近两尺多高的人墙。与此同时，有的卫兵还用刺刀、铁棍砍杀、殴击群众。这场有预谋的大屠杀，持续了半个小时，当场伤两百多人，死亡二十六人，后来在城官医院、协和医院等处，因伤势过重，抢救无效，先后死亡二十一人，共死亡四十七人。其中还有小芬等三个三河老妈。李大钊、陈延年等也负了伤。军警在清理现场时，竟然将死者财物尽行掠去，甚至连衣服也全部剥光。真是惨不忍睹！

这天一大早，刘和珍始终微笑着，态度很温和地到各个宿舍动员大家去参加请愿大会。许广平说她一定去，但要先给鲁迅先生送篇抄好的稿子，然后前去。刘和珍微笑着答应了。连被和珍介绍到老师家看孩子的三河小老妈小芬也说一定去，还拉上两位同乡。

广平急急忙忙跑到西三条，把抄好的《小说旧闻钞》稿子交给鲁迅就要走。鲁迅一把拉住她问：“有什么事？这样匆忙！”

广平说：“要去请愿！”

鲁迅不耐烦地说：“请愿请愿，天天请愿，我这里还有些东西等着要抄呢！”

广平明白这是先生挽留的话，学生不好执拗，而且她和先生的关系从去年十月二十日起已经亲密无间。三月六日晚上，先生还曾经替她修剪秀发，并告诉她在日记中这样记载：“夜为害马剪去鬃毛。”俩人为此笑闹了一番。无论作为学生，还是作为爱人，她都只能服从，于是坐在茶几旁的椅子上抄起来。

下午两点多钟，许羡苏突然大哭着闯进来了，声嘶力竭地哭喊道：“国务院门口开枪打人了，死伤好些人，刘和珍、杨德群都死了，张静淑也不知道怎样？”

屋里好似响起一声炸雷，鲁迅、广平全愣住了。鲁瑞和朱安也跑过来。

许羡苏接着哭泣着说：“我在图书馆工作，忽然听到校门口有同学的呼喊声，声音很惊慌，说是刘和珍和杨德群死了，但大家还希望只是传说，或者是受了重伤，谁也没料到段祺瑞竟凶恶到如此地步的。但不久，许寿裳先生给同学们讲话了，他说他刚从现场回来，刘和珍和杨德群尸体上已经盖上了青天白日旗，那简直是国丧。当他刚从现场出来的时候，卫兵不断挡住了他的路不让他出来，他说他的汽车在外边，意思是说他是要人，卫兵才闪开路让他出来，并说还有受伤的同学尚待营救。同学们都惊住了，赶紧跑去参加营救。”

广平跟着大哭，想起早上还跟和珍说话，现在就已经死了，简直不敢相信，对许羡苏说：“走！咱们也快去！”就丢下稿子，和许羡苏疯跑去了。

鲁迅一下子跌坐在藤椅上，呆了似的，说不出话来，只点着一支烟，闷闷地深吸。鲁老太太和朱安也都落下泪来。

后来从许寿裳处传来了更具体的情况，许两天以前才辞去教务长兼职，这天偶然跑到学校去看看，忽听得这个噩耗，并且遇着受伤同学的逃回，便立刻拉着新任教务长的林语堂同车赶往国务院察看。到时，栅门已关闭，尚留一条缝容许出入，只见尸体纵横枕藉，鲜血满地，是一个最阴惨的人间地狱！刘和珍的尸骸已经放入一具薄棺之中了。并排的还有好几具,都是女子的。刘和珍面目如生，额际尚有微温，他瞥见毛医师正在门外人群中，急忙请他进来诊视，哪知道心脏早停，已经没有希望了。又听得还有许多许多的受伤者在医院里，赶紧往视，见待诊室满是尸体，这些该是当初还没有死，抬到医院——或没有抬到，途中便已气绝了罢！杨德群的尸骸，放在一张板桌上，下半身拖落在旁。呜呼！惊心动魄，言语道断，他不再看了！他一向不赞成什么请愿，绝对不参加什么开会游行，然亦万料不到会有如此喋血京师的惨事！

鲁迅又听来人说：刘和珍在执政府前中弹了，从背部入，斜穿心肺，已是致命的创伤，只是没有便死。同去的张静淑想扶起她，中了四弹，其一是手枪，立仆;同去的杨德群又想去扶起她，也被击，弹从左肩入，穿胸偏右出，也立仆。但她还能坐起来，一个兵在她头部及胸部猛击两棍，于是死掉了。

鲁迅惊呼：始终微笑的和蔼的刘和珍君确是死掉了，这是真的，有她自己的尸骸为证；沉勇而友爱的杨德群君也死掉了，有她自己的尸骸为证；只有一样沉勇而友爱的张静淑君还在医院里呻吟。当三个女子从容地转辗于文明人所发明的枪弹的攒射中的时候，这是怎样的一个惊心动魄的伟大呵！中国军人的屠戮妇婴的伟绩，八国联军的惩创学生的武功，不幸全被这几缕血痕抹杀了。

他在写《无花的蔷薇之二》，于是怀着满腔愤怒继续写道：

4

已不是写什么“无花的蔷薇”的时候了。

虽然写的多是刺，也还要些和平的心。

现在，听说北京城中，已经施行了大杀戮了。当我写出上面这些无聊的文字的时候，正是许多青年受弹饮刃的时候。呜呼，人和人的魂灵，是不相通的。

5

中华民国十五年三月十八日，段祺瑞政府使卫兵用步枪大刀，在国务院门前包围虐杀徒手请愿，意在援助外交之青年男女，至数百人之多。还要下令，诬之曰“暴徒”！

如此残虐险狠的行为，不但在禽兽中所未曾见，便是在人类中也极少有的，除却俄皇尼古拉二世使可萨克兵击杀民众的事，仅有一点相像。

6

中国只任虎狼侵食，谁也不管。管的只有几个年青的学生，他们本应该安心读书的，而时局漂摇得他们安心不下。假如当局者稍有良心，应如何反躬自责，激发一点天良？

然而竟将他们虐杀了！

7

假如这样的青年一杀就完，要知道屠杀者也决不是胜利者。

中国要和爱国者的灭亡一同灭亡。屠杀者虽然因为积有金资，可以比较长久地养育子孙，然而必至的结果是一定要到的。“子孙绳绳”又何足喜呢？灭亡自然较迟，但他们要住最不适于居住的不毛之地，要做最深的矿洞的矿工，要操最下贱的生业……。

8

如果中国还不至于灭亡，则已往的史实示教过我们，将来的事便要大出于屠杀者的意料之外——

这不是一件事的结束，是一件事的开头。

墨写的谎说，决掩不住血写的事实。

血债必须用同物偿还。拖欠得愈久，就要付更大的利息！

9

以上都是空话。笔写的，有什么相干？

实弹打出来的却是青年的血。血不但不掩于墨写的谎语，不醉于墨写的挽歌；威力也压它不住，因为它已经骗不过，打不死了。

三月十八日，民国以来最黑暗的一天，写。

这篇怒吼发表于一九二六年三月二十九日《语丝》周刊第七十二期。“三月十八日，民国以来最黑暗的一天”，成为全社会的共识。

许羡苏、许广平跑到医院，见到张静淑同学因伤在下部及大腿那些地方，子弹有的在肉内未穿出，虽未丧命而万分惨痛。紧忙请医生疗伤。

此外，当执政府卫兵在门楼开枪的时候，请愿的人就向外逃跑，但铁门预先关上了出不去，大家只有卧倒地上以避枪弹，但人多地小，人压人的堆了三四层。有一位女师大不知姓名的同学，被压停止呼吸了，事后人散，收尸的人把她装在棺材里，经同学检查，她的心脏未停止跳动，才从棺材里取出来送到医院里，她吐血又吐五色水，但医生说她只是外伤，经再三的交涉，才检查出来她因被乱拖，肋骨折断，内脏受伤，住院很久，还是走不得路，头发掉光了，好久都长不出新发。

此时，许广平、许羡苏忽见一高大、精悍的男子，猛扑到刘和珍尸体上大哭。听人说，这是刘和珍的未婚夫方其道。原来在军队服役，供给和珍学费。后来和珍不忍心他为求学费拿生命去冒险，就劝他回江西当了新闻记者，说是只要生命安全，钱少不要紧。但是，方其道为人耿直，不久因为得罪权贵，报馆被封，只得再回北京，已经一周年了。准备和珍毕业后同居，哪知温和、勤奋的和珍竟遭惨死！他大哭着说：“和珍自幼丧父，母亲在江西南昌抚养她和二弟一妹，家境极贫。自生到死，从没有穿过新里子的衣服，都是用穿破了的衣服，改作新衣的里子。这次殉难时，所穿的棉裤棉袍，还是用破衣服做里子的。昨晚她电话告诉我第二天同去国民大会请愿。据理驳复八国最后通牒，我问身体如何？她说伤风作呕，我劝她不必去，她不听。第二天我到天安门稍迟，人丛中并没有看见她。到执政府门口，才远远地见着一面。岂知这遥遥一面，便是最末的一次了。”说着，又泣不成声。

方其道哭泣着举起一封信给大家看，说道：“这是和珍弟弟和理刚给姐姐来的信，和珍还没有看到，信里说：‘母亲因病手，我已学会了做饭，姐姐暑假回家时，请吃吃我做的好饭吧！’哪知道，和珍永远不能回家吃弟弟做的饭了！”说完，号啕大哭。许羡苏、许广平以及旁边的人们无不饮泣。

石评梅听说陆晶清受伤了，翌日一早，马上到医院去看她的挚友。她伏在晶清的病榻前，为了她侥幸地生存，向上帝作虔诚的祈祷！晶清闭着眼，脸上现出极苦痛的表情。

“呵！想不到还能再见你！”晶清哽咽着用手紧紧握住评梅，两眼瞪着，再不能说什么话了。评梅一只腿半跪着，蹲在病榻前说：

“清！你不要悲痛，现在我们不入地狱，谁入地狱？便是这样的死，不是我们去死，谁配去死？我们是在黑暗里摸索寻求光明的人，自然也只有死和影子追随着我们。‘永远是血，一直到了坟墓’。这不值得奇怪和惊异，更不必过分的悲痛，一个一个倒毙了，我们从他们尸身上踏过去，我们也倒了，自然后边的人们又从我们身上踏过去。

“生和死，只有一张蝉翼似的幕隔着。

“看电影记得有一个暴君放出狮子来吃民众。昨天的惨杀，这也是放出野兽来噬人。

“只恨几十个中国青年，却反给五色的国徽上染了一片污点，以后怎能再拿上这不鲜明的旗帜见那些大礼帽，燕尾服的外国绅士们。”

这时候张静淑抬下去看伤，用X光线照子弹在什么地方。她睡在软床上，眼闭着，脸苍白得可怕。经过评梅和晶清面前时，她们都默祷她能恢复健康。医院的空气自然是阴森凄惨的，尤其不得安神的是同屋里重伤者的呻吟。晶清说她闭上眼便看见和珍，耳鼓里常听见喊救命声和枪声。因此，得了狄大夫的允许，和评梅一起回到女师大，听说和珍的棺材，五时可到学校，评梅便坐在晶清的床畔等着。

评梅觉得自己一定要与和珍做最后的告别，她要看到和珍在世界上所获得的报酬。由许多人抚弄培植的健康人格，健康身体，更是女界将来健康的柱石，怎样牺牲在不知觉的撒手中？

天愁地惨，风雪交作的黄昏时候，和珍与德群的棺材由那泥泞的道路里，抬进了女师大。

许羡苏、许广平以及多少同学哭声震天地迎着进了大礼堂。这时一阵阵的风，一阵阵的雪，和着这凄凉的哭声和热泪！评梅扶着晶清，也在这许多勇敢可敬的同学后面，向着她可钦可敬可悲可泣的和珍，洒尽一腔懦弱的血泪，吊她尚未远去的英魂！

洗　尸

粗糙轻薄的几片木板，血都由裂缝中一滴一滴地流出，和珍上体都赤裸着，脸上切齿瞪眼的情形，赠给同学们多少的勇气和怨愤。她胸部有一个大孔，鲜血仍未流完，翻过背来，有一排四个枪眼，前肋下一个，腋下一个，胸上一个，大概有七枪，头上的棒伤还没有看出。杨德群是弹从左肩入，穿胸偏右出，头部及胸部有两道猛击的棍伤。她是湖南湘阴人，如果当时就跑是不会被打死的。但是她不能这样做，她要营救可敬可爱的和珍，于是一起惨死了。

昏暗中，广平、羡苏、评梅和同学们都被哭声和风声，绞着；雪花和热泪，融着。这就是她们现实的环境，是她们的令人撕心裂腑的世界。

广平和同学们找来了十六支长长的蜡烛，羡苏和评梅一一点燃，大礼堂在烛火中昏昏然进入另一个世界。有人端来了八盆清水，有人寻来了雪白的棉花，姑娘们将刘和珍、杨德群的衣襟解尽，一边流着泪水，一边给她俩擦洗血尸。

仔仔细细地洗擦，连额头和脚趾都不漏下，两具血尸变得干干净净，雪白无瑕。

有人捧来了大家捐赠的白布，姑娘们分头用雪一样晶莹的白布，缠裹两具雪白的尸体。端端正正地摆放在洗净的棺椁里。两只棺椁放在大礼堂中央，周围敬献着雪白的鲜花。

没有乐声，但仿佛有玄美的音乐从天际传来……

祭　奠

三一八惨案后，举国震惊。中国知识阶层无论其政治观点与学术观点有怎样的不同，均纷纷痛斥执政府和“执政”段祺瑞的行为为“倒行逆施”“暴行”，“是政府自弃于人民矣”，“是民国历史上黑暗的一页”，学人如蒋梦麟、傅斯年、周作人、林语堂、朱自清、闻一多、王世杰、许士廉、高一涵、杨振声、凌叔华、邵飘萍、陶孟和等，均有文字见诸报端;梁启超刚刚动完手术，缠绵病榻之中，犹不忘口诛笔伐；刘半农与赵元任再一次词曲璧合，哀声凄楚，传唱京城……民意不可违。为此，有历史学家称：“这个时代的知识分子即使和俄罗斯最优秀的知识分子们相比也并不逊色，在他们身上我们看到了知识分子最可贵的那些品质，他们是民族的脊梁，是我们心中永远不倒的长城，是‘真的猛士’。”表现出中国知识分子和媒体前所未有的社会良知，《语丝》《国民新报》《世界日报》《清华周刊》《晨报》《现代评论》等加入谴责暴行的行列。邵飘萍主持的《京报》，大篇幅地连续发表消息和评论，广泛而深入地报道惨案真相，《京报副刊》也发表了有关文章。

对于该惨案，《申报》给予了充分报道，一九二六年三月二十二日《申报》四版《本馆要电》称：三月十八日，北京群众五千余人，由李大钊主持，在天安门集会抗议，要求拒绝八国通牒。当学生游行队伍到北京铁狮子胡同执政府和国务院门前请愿时，执政府卫队在不加任何警告的情况下，向请愿队伍实弹射击，顿时血肉横飞，当场打死四十七人，二百余人受伤。北京昨各界调查，为卫队击死者，男尸有姓氏十九名，黄日葵、宋昭世、时长福、陈桂生、王庆馀、赵从愚等，还有三河老妈三个……

一九二六年三月二十二日《申报》十三版《各界对北京血案之愤激》称：

本埠各团体对北京血案极为愤激，昨日各校学生有出校演讲者，惟态度和平，尚无风潮，兹将各种情形、分志如下——“学总会请愿二商会全国学生总会……请愿对北京流血案，一致合作，其函云，段政府媚外残民，惨杀爱国同胞，都门之下，死伤山积。各界援助北京惨案。”

一九二六年三月二十九日，原定在中央公园开“国民追悼大会”，哀悼三月十八日死难诸烈士，因警厅禁止，改在北京大学一院大操场举行。自上午九时到下午六时，参加大会者有十万之多。北大代校长蒋梦麟在会上沉痛地说：“我任校长，使人家子弟，社会国家之人才，同学之朋友，如此牺牲，而又无法避免与挽救，此心诚不知如何悲痛。”说到这里潸然涕下，全场学生相向而泣，门外皆闻哭声。

强大的民意压力迫使段祺瑞政府召集非常会议，通过了屠杀首犯“应听候国民处分”的决议；京师地方检察厅对惨案进行了调查取证并正式认定：“此次集会请愿宗旨尚属正当，又无不正侵害之行为，而卫队官兵遽行枪毙死伤多人，实有触犯刑律第三百一十一条之重大嫌疑。”同意举行追悼死难烈士大会，三一八烈士公葬于圆明园。

在国外的强大压力下，总理贾德耀当日辞职。段祺瑞在知道政府卫队打死徒手请愿的学生之后，随即赶到现场，面对死者长跪不起，说：“从此终生食素，以示忏悔。”顿足长叹：“一世清名，毁于一旦！”一九二六年四月被冯玉祥驱逐下台，退居天津日租界当寓公，潜心佛学，自号“正道居士”。其实，段祺瑞虽为武将出身，是个军阀，却是个有文化的军阀。这与他的出身有很大的关系，段祺瑞的祖父是淮军的将领，等到段祺瑞出生的时候，家境已经没落。十八岁那年，父亲在看望从军的段祺瑞的路上，被人杀害，不久，母亲也因悲痛去世。留下段祺瑞和三个弟妹，兄妹几个人的生活一直很窘迫。即使当上了总理，段祺瑞个人生活也相当简朴，总是一件长衫，一顶瓜皮帽了事。

几天后许羡苏到西三条来看老太太的时候，老太太说大先生从刘和珍和杨德群死后，好几天饭也不吃，话也不说，终于病倒了，又不肯看医生。许羡苏心想：大先生对人类和宇宙间一切生命都怀着无限的大爱，连蝌蚪、小兔、小狗、鸽子这样的小生命，都发自心底地疼爱，何况人呢？更何况是他的学生，始终微笑着、态度很温和的刘和珍与她的同难者呢？

羡苏即刻说："我就去请山本医生来。"山本医生是在八道湾时常请上门的熟医生，但西三条还不曾来过。鲁迅先生知道许羡苏要请医生来家里，说不如自己去，这样才看了病。

一九二六年三月二十五日上午，女师大为刘和珍、杨德群召开追悼会，鲁迅先生亲临。刘和珍的未婚夫方其道，穿着一身黑衣，也来了，一直低头饮泣。会前，鲁迅心情极为沉痛，长时间独自在礼堂外徘徊，遇到学生程毅志前来问道："先生可曾为刘和珍写了一点什么没有？"鲁迅说："没有。"程君说："先生还是写一点罢，刘和珍生前就很爱先生的文章。"鲁迅点头应允。

会场挂满了各界人士的挽联。鲁迅题写的是：

死了倒也罢了，活着又怎么做。

周作人写的是：

死了倒也罢了，若不想到二位有老母倚间，亲朋盼信；
活着又怎么着，无非多经几番的枪声惊耳，弹雨淋头。

周作人为悼念三一八惨案中牺牲的学生，又作了以下挽联：

赤化赤化，有些学界名流和新闻记者还在那里诬陷；
白死白死，所谓革命政府与帝国主义原是一样东西。

周作人为纪念三一八惨案中牺牲的学生胡锡爵所作的挽联是：

什么世界，还讲爱国？

如此死法，抵得神仙。

在哀悼声中，许广平愤怒地拿出刘和珍、杨德群的血衣，控诉段祺瑞执政府的罪行……

忽然，人们听见天空响起了哀鸣的鸽哨，仰首望去，只见天上一只棕褐色羽毛的健壮雄鸽领着一群雌鸽在刘和珍、杨德群遗体上空盘旋，久久不去。刘半农作词、赵元任谱曲的哀歌也随着鸽哨唱遍京城……

第十六章　北京避难

避　难

对刘和珍等烈士的纪念，并没有制止执政当局的暴行，他们不仅颁布明令，严禁一切集会，还开了五十一个教授的名单，要予以通缉。但没有传到军警手里，大多数的教授们，已经晓得。当时第一个通知鲁迅的，是北大哲学教授徐炳昶。其次，是周作人托人转达。鲁迅便动了离寓的念头。

避难的第一个去处，是北平西城，锦什坊街九十六号莽原社。当时莽原社仅有两间房子。荆有麟住一间，另外一间，做会客、办事、吃饭之用。鲁迅先生在一个暖和的中午，突然来到了。于是荆有麟便将自己住的一间，让给先生住，自己移到外间去。荆有麟每日仍照常上课，去报馆编社会新闻。鲁迅便在家看书，写东西。到晚上，总要出去到东城转一趟，打听打听当天政治上的特殊要闻。住到第三天，许羡苏给他送东西去，忽然听到有人在敲门，出去一看，见有貌似大学生的三个青年，他们问许羡苏："鲁迅先生在这里没有？"许羡苏说："没有。"但就此站在门口不走开，买些过街的东西，等他们走了之后好久，才进去向鲁迅报告情况，请他换一个地方。

鲁迅也疑心那些访问者，是侦探改装的假学生。深恐他们再来找麻烦，于是在第四天极早，装成病人，由荆有麟携带鲁迅随身的零星用品，将他送往石驸马大街的山本医院里。

西单旧刑部街的山本医院，是日本人开的私人医院。鲁迅在八道湾的时候，全家人都请过山本医院的医生看病，对这家医院的医生护士都很熟悉。鲁迅虽然以病人的资格住在那里，仍很自由，也还方便，可以摆出稿纸写他的文章，或编刊物和校对将出版的书籍等。护士每次照例把体温表往桌上一放就去别的病房，过一个时候来收回，表上的度数她是不管的。家里的人也随便什么时候都可以去看他，送衣服文稿书籍或吃的，而他自己也自由出入，有时出来上课，或转一转，看看母亲。

一九二六年四月一日晚上，他回到“老虎尾巴”，斜依在木床上抽烟，想起女师大学生的敦请，刘和珍那常常微笑着、态度很温和的影像，又浮现在眼前；几个所谓学者文人说刘和珍等死难烈士是自己去“死地”的阴险论调，又在耳畔回响，尤使他觉得悲哀。鲁迅已经出离愤怒了，深味这非人间的浓黑的悲凉；以他的最大哀痛显示于非人间，使它们快意于他的苦痛，就将这作为后死者的菲薄的祭品，奉献于逝者的灵前。继《无花的蔷薇之二》以后，关于三一八惨案，鲁迅又写了《死地》《可惨与可笑》，但仍觉得话没说尽。

他霍然起身，捻灭了烟头，坐在藤椅上，铺开稿纸，提笔写下——

记念刘和珍君

…………

真的猛士，敢于直面惨淡的人生，敢于正视淋漓的鲜血。

…………

我向来是不惮以最坏的恶意，来推测中国人的，然而我还不料，也不信竟会下劣凶残到这地步。况且始终微笑着的和蔼的刘和珍君，更何至于无端在府门前喋血呢？

…………

惨象，已使我目不忍视了；流言，尤使我耳不忍闻。我还有什么话可说呢？我懂得衰亡民族之所以默无声息的缘由了。沉默呵，沉默呵！不在沉默中爆发，就在沉默中灭亡。

…………

我已经说过：我向来是不惮以最坏的恶意来推测中国人的。但这回却很有几点出于我的意外。一是当局者竟会这样地凶残，一是流言家竟至如此之下劣，一是中国的女性临难竟能如是之从容。

…………

苟活者在淡红的血色中，会依稀看见微茫的希望；真的猛士，将更奋然而前行。

呜呼，我说不出话，但以此记念刘和珍君！

鲁迅用血泪铸成的文字，如火山爆发，飞瀑奔窜，令人痛彻肺腑！在四月十二日《语丝》第七十四期发表后，人们读到无不痛哭流泪。当时，几乎所有的文人、作家都写了纪念三一八惨案烈士的文章，但高峰独耸的无疑是鲁迅这篇不朽的传世之作！

不知为什么，鲁迅在山本医院住了只有四五天，荆有麟最后一次去看他时，他已经留条子而去了，并要荆有麟到德国医院去一趟。

鲁迅因避难而住德国医院有好几次，有时是以病人的资格住在病房里的，最后一次则住在医院的一间地下室里。鲁迅自己在文章里称它是木匠房，因为那屋子在他来住之前是木匠做工的地方，有许多木匠用的家具和木头留在那里，以后还是要做木工房的。他和许寿裳等先生睡地下，买面包充饥，但鲁迅先生仍然写文章。他自己说《朝花夕拾》中有几篇文章是在那个木匠房写的。许钦文的《故乡》也是在木匠房里校完的，鲁迅戏称它为“逃生”。因为“逃生”在绍兴话里是双关语，有“私生子”的意思。文章和校完的文稿便是私下的产品。

荆有麟第一次到德国医院，鲁迅真的病起来了。独自在一个很小的病房里，床前茶几上摆着药瓶，据说是肠胃病，消化不良。每天就只吃医院给病人所规定的无盐无油的淡饭、麦粥、牛奶及莫名其妙的蛋糕，先生说：这种饭，

呜呼，我说不出话，但以此记念刘和珍君！

即使没有病的人住下去，也会吃出病来，他实在不能下咽了。要荆有麟代他买些有盐的东西来。当天就给他照买了四块火腿面包，鲁迅一下子全吃完了。

荆有麟第二次去医院访鲁迅时，鲁迅已经脱离病房，与其他避难的教授们同住一间大房子，房里人乱哄哄，正在围听有人刚由外面带来的新消息，似乎是说，当局计划搜查被缉的教授们的家庭。这消息，当然是一个打击。先生当时也很着急，于是听了当时在场的戴应观之劝，交给荆有麟五十元，要他把老太太及太太暂接送到饭店里。同时，受了鲁迅嘱托，又将存在家里的书籍，检查一遍。幸而鲁迅不是研究政治经济的，所以各种主义书籍还不大多。略微抽出一部分，连同一些必要保留的信件，一并送到一个熟识的米店里暂存。然而，周老太太怕家里两个女佣人出毛病。结果：荆有麟晚上就代他们看家了。但搜查的事，并没有实行。本来住不惯旅店的周老太太及周太太，听说没有什么事故发生，几天就要回家去了。但鲁迅本人，这时却又由德国医院转到法国医院了。因为德国医生们不大赞成无病的人在医院多住。大家只得另找安稳地了。法国医院是比德国医院自由得多。避难的教授们，在树下花前散步看书，李石曾与马叙伦等，在屋中下围棋。鲁迅则趴在一个小桌上，答复上海友人的来信。这时节，有人传出消息，说执政府对于教授们不愿追究了。奉军当局，也表示不愿再提了。于是胆大的教授们，便开始向东交民巷以外的地区走动了。鲁迅因神情不安，难于工作，再加以经济上无法支持下去，因避难已借贷数百元，便决定仍回到西三条胡同的本寓去。四月的一个早晨，太阳刚刚放出红光，鲁迅已由东交民巷赶到西三条二十一号，“砰砰砰”在打自己的大门了。

但齐寿山忽然来到，仍然敦促鲁迅快走。当天晚上许羡苏往东交民巷法国医院给他送东西去的时候，不断出来戴“白馄饨帽”的童贞女，恶声恶气地说：“晚上不能看病人，这是医院的规则，送东西也不行。”第二天清早许羡苏又去的时候，在东交民巷口上碰到鲁迅先生和马幼渔、许寿裳等十余人，都是黑名单上的被通缉者。他们正在谈论昨晚他们所受到的待遇，“白馄饨”不许他们开电灯看书或闲谈，她们都是杨荫榆同类的寡妇主义者，在那里决不能写什么文章的。但为了安全，只得仍然待在那里。

《血痕》与《一觉》

避难中，三一八惨案烈士的鲜血一直深深地刻浸在鲁迅心里，久久不能忘怀，一想起来就心颤。四月八日晚上，他又偷偷回到西三条，问候过母亲后，就进到“老虎尾巴”，铺纸写《野草》之二十二：

淡淡的血痕中
——记念几个死者和生者和未生者

《野草》中其他文章，都没有副题，为什么这篇偏偏有这样长的副题？其实，鲁迅是在写了《记念刘和珍君》等几篇纪念三一八惨案的文章之后，又上升到历史哲学的高度进行思考，根据“死者”，即牺牲的烈士的惨痛经验和斗争方式做了深省，向“生者”，即生存着的战士，“未生者”，即将来的战士，提出了这样的告诫：须总结经验，接受教训，“洞见”一切已改和现有的废墟和荒坟，“记得”一切深广和久远的苦痛，“正视”一切重叠淤积的凝血，“深知”一切已死，方生，将生和未生。他“看透”了造化的把戏；他将要起来使人类苏生，或者使人类灭尽，这些造物主的良民们。这里的“洞见”“记得”“正视”“深知”“看透”五点，正是鲁迅为了“人类苏生”和中国复兴向革命者做出的永久的忠告。

四月十日，鲁迅犹觉意味未尽，再回“老虎尾巴”，在军阀混战的飞机嗡嗡声中，开手编校那历来积压在他这里的青年作者的文稿了；他要全都给一个清理。照作品的年月看下去，这些不肯涂脂抹粉的青年们的魂灵便依次屹立在他眼前。鲁迅感到他们是绰约的，是纯真的，——呵，然而他们苦恼了，呻吟了，愤怒，而且终于粗暴了！鲁迅忽然记起一件事：两三年前，他在北京大学的教员预备室里，看见进来了一个并不熟识的青年，默默地给他一包书，便出去了，打开看时，是一本《浅草》。就在这默默中，使鲁迅懂得了许多话。啊，这赠品是多么丰饶呵！可惜那《浅草》不再出版了，似乎只成了《沉钟》的前身。那《沉钟》就在这风沙澒中，深深地在人海的底里寂寞地鸣动。鲁迅不禁呼道：呵，那可爱的青年们呵！

他提笔写了《野草》的最后一篇——《野草》第二十三《一觉》，觉得人类和中国的希望就寄托在这些踏踏实实做实事的青年们身上。

《淡淡的血痕中》和《一觉》两文作为《野草》的结束篇，一同发表在一九二六年四月十九日《语丝》第七十五期上。

太师母避难俞芳家

鲁迅在山本医院、法国医院、德国医院等处避难时，有时回家看看，在家里写文章，看书报，和太师母谈谈情况，安慰老人，还按时到学校去讲课。外面的风声紧了，齐寿山便设法通知，他们就迅速住进医院，或去其他预先联系好的地方。鲁迅十分爱惜时间，不让自己空闲下来，让时间白白流逝，所以即使在避难中，仍然写文章，或代人校对、修改文章。

四月十六日下午，大先生得到一个消息，说国民军在张作霖和吴佩孚联合进攻下退出北京，奉系军阀进入北京后，以“宣传赤化”的罪名，封闭《京报》，逮捕了经理兼总编辑邵飘萍，大概就要处决。当晚可能还要捉人，并要抄家，这可使他着急了。大先生自有藏身之处，他不怕，可是要抄家呢——鲁迅不怕别的，只怕太师母高龄，要受惊恐，身体、精神吃不消，最好出去躲一躲。但这消息来得太迟，临时到哪里去避难呢？鲁迅向许羡苏和俞芬说了这个事情，俞芬灵机一动，邀请太师母、大师母到她们家暂时避难。因为鲁迅一家搬出砖塔胡同时，她们三姐妹也同时移居真如镜一号了。这是一座二层楼的房间，楼上楼下各三间，楼下薛伯伯一家租用，楼上俞芬三姐妹和章伯伯一家合租，俞芬姐妹住东面的一间，章伯伯家住西面的一间，中间的一间两家公用。这座房子的开间比较大，每间有二十平方米左右。另外，各家的厨房都在楼下，所以这所房子还算宽敞的。

许羡苏同意俞芬的意见。这房子的产权属于法国教堂，而且和法国教堂，只有一墙之隔。收房租的人多次关照，万一时局紧急，有事时，允许她们从窗口跳到教堂的院子里，就没有问题了，因为军队、警察是不敢进教堂的。这是一个万全的办法，太师母同意了，鲁迅也放心。事情决定下来，俞芬连忙回来通知俞芳和三妹说：太师母、大师母、许姐姐今晚到家来住，把房子打扫干净，并嘱咐说，大床让给太师母和大师母睡，叫俞芳再向楼下的薛伯伯家借铺板搭两张床，给她们三姐妹睡。

俞芳和三妹一听说太师母要来，真是高兴极了。俞芳觉得自己从来没有这样自觉又尽力地收拾过屋子。她和三妹首先把房子打扫好，把房里的陈年灰尘打扫出去，又用清水擦洗干净。接着把大床的垫被垫得厚厚的，换上干净的床单和最干净最好的被子和枕头，一心想让两位老人家睡得舒舒服服。从薛伯伯家借来的两副床板也拿上来了，可是还没有搭好床，俞芬和许羡苏就陪着太师母和大师母来了。她们看到俞芳和三妹把房子整理得干干净净就夸奖了一番。看到太师母和大师母还有许姐姐，俞芳和三妹真开心哪！太师母、大师母是第一次到俞芬这里来，看来她们两位老人家对这里还是满意的。俞芳猛然想起，现在是应该招待她们了，于是上前招呼她们两位老人家喝茶、吸烟。俞芬忙到厨房准备晚饭，还叫俞芳到厨房做她的助手。因为突然增加了三位客人，特别是太师母、大师母两位老人既是稀客，又是贵客，锅碗瓢盆都不够。只得向邻居借用，或者把自己搁置的东西拿出来用。不管是借来的，还是自己的，都得用清水洗净，再用开水泡过，擦干，然后盛放俞芬炒好的菜，端到楼上。这一切都是俞芳这个“助手”的任务。尽管又忙又累，但在晚饭前，都顺利地完成了。吃晚饭的时候，太师母夸奖菜烧得好吃，俞芬很高兴。太师母、大师母毕竟是上了年纪的人，胃口不大，俞芳搛给她们的菜，她们又把大部分搛到俞芳和三妹的碗里。太师母叫她们帮助她们吃；俞芳呢，收不是，不收也不好，开始有点尴尬，后来只好“来者不拒”，于是都吃下去了。饭后，俞芳把该收拾的都收拾干净了，想想这个下午，为了招待太师母、大师母、羡苏姐姐，做了不少事，人倒也不觉得吃力，工作中没有出差错，感到很高兴。刚想进屋去听听老人家和大姐姐们谈天，大概是菜吃得太多的缘故，口渴得很，于是走到茶几去找茶壶。当时外间屋没点灯，很暗，看不见，俞芳就悄悄地用手摸。怪了，明明记得，茶壶是放在茶几上的，怎么没有了呢？俞芳心里越急，口里越渴，一不小心，“啪”的一声，茶壶掉在地上，打碎了。俞芳吓了一跳。太师母坐在里屋床上，连忙问是什么东西打碎了？俞芬拿着灯出来，看到俞芳把茶壶打碎了，很心痛，刚要骂，羡苏姐姐跟着出来解围了，她说，“老二已经吓了一跳，不要再骂她了。”说这话时，她还用手指指里边，暗示大姐，两位老人在里边。在昏暗的灯光下，俞芳看见大姐狠狠地瞪了自己一眼，回到她屋去陪太师母、大师母谈话去了。俞芳收拾好茶壶碎片，擦干了地上的水——奇怪，闯了祸，口倒不渴了。

不一会儿，她走进里屋，想听太师母和大姐姐们谈话，看到太师母的床边已围满了人，就在刚搭好的床上坐下。突然，感到大腿上好像被刺了一下，很痛。她想，太师母、大师母在不便声张，只是悄悄用手去摸痛处，想把针拔出来。谁知手又被刺了一下，这时才意识到，不是针，可能是蝎子——因为这床板是借来的，他们平时不用，放在阴暗的地方，刚才以为反正是自己睡的，脏点也不要紧，急急忙忙，没来得及仔细打扫，哪里想到……俞芳这才说出这床上有蝎子，刚才螫了她两下。于是满屋子的人，顿时紧张起来，大姐姐们又是忙着找蝎子，又是急于为俞芳止痛解毒，忙乱了一阵。蝎子没找到，而当时已是晚上八点多了，外面又是戒严，店铺早已关门，到哪里去找药呢？后来，好心的薛伯母，把药送来了。敷了药，就好多了，可太师母却还在着急。老人家以没有捉住蝎子把它弄死为憾：一面担心蝎子再爬出来螫人，一面觉得只有把蝎子找到，弄死，才能替俞芳解恨。她微微地责怪大姐姐们，为什么不把蝎子找到，弄死，说不定还会爬出来螫人。而且老二白白地被它螫了两下太便宜了它！……天晚了，大家睡了。俞芳的右手和左腿，被蝎子螫过的地方，渐渐不痛了，人也够累的，不一会也就睡着了。一夜没有发生什么事。

第二天一早，太师母看俞芳醒来，就问：蝎子螫过的地方还痛吗？俞芳看了看说：“痛倒不痛了，可是手臂、大腿上都起了一条红腺。”太师母叫俞芳过去，老人家反复看着，怜惜地说这红腺是毒气，看来这蝎子是很毒的，螫得不轻，要是娇生惯养的孩子，眼泪不知道要流多少呢？俞芳说，太师母，你们来了，我高兴还来不及呢？又说：太师母，你们最好多住些日子。老人家微笑着摸摸俞芳的头，没有正面回答，只说：下次做事要细心些。当然，昨天是我们把你们忙坏了，忙中出错，是难免的。太师母多么懂得孩子的心哪！

她们刚吃过早饭，潘妈来了，是来接太师母、大师母、许羡苏的，潘妈说，鲁迅已在一个旅馆租好了房间，请太师母等三人去那里住。潘妈还说，昨夜家里没事，宋紫佩先生派董焐来管家的。于是太师母她们吃了中饭就回去了。

送走了太师母她们，又要还东西，收拾屋子了。可俞芳的劲头一下就跌了下来，做事总是无精打采、慢吞吞的。她心里好像失去了什么，一肚子的懊恼，被蝎子螫过的地方好似又隐隐作痛。

没想到，过了不久，潘妈又来了。说大先生听说昨晚俞芳被蝎子螫了，不放心，叫她们下午到西三条去一趟，给他看看。这下俞芳高兴了，赶紧和大姐、三妹一起去。进门后，知道太师母、大师母、羡苏姐姐已到东安饭店去了，家里只有大先生和潘妈、王妈在，整座房子冷清清的。当时大先生正在南屋整理东西，见俞家三姐妹来了，就迎了出来。大先生看到俞芳手臂上的红腺，也说这个蝎子是很毒的。又笑说：听说当时太师母一定要找蝎子，这位老太太真是由自己说，人被螫了，总应该先管人的。大先生说着把他事前准备好的药，给俞芳敷上，安慰说：不要紧的，过几天红腺会退去的。

她们坐了一会儿，看大先生很忙，俞芬带着两个妹妹向大先生致了谢，告辞回家。

大先生在这样艰难的处境中，对俞芳被蝎子螫了这么点小事如此关心，还亲自给她敷药医治，使她深受感动。鲁迅先生那慈祥、和蔼的笑容和对她的深切关怀，一直深深地印在她心里。

画　幅

《呐喊》的俄文译本将出版，要鲁迅先生的照相，鲁迅先生不愿意把他的照相印到那译本上去，想用艺术品的画像，因此叫许钦文同给他做过多本书籍封面的陶元庆商量。可是他俩都就要动身到浙江台州教书，只好拿得相片走，鲁迅先生说是宁可等候，也不愿意随便用照相。

鲁迅先生和陶元庆，只会见过两三回，时间都是很短的。他们所谈的话，加在一起不会超过五十句。陶元庆一向寡言，鲁迅先生在他面前，也就不多说。如果当面画，可能还画得像，这样生疏的人，只带着几张相片，怎么画得像呢？在一道离开故都的时候，许钦文很替陶元庆担心。

到了学校里，已经过了好些日子，陶元庆对于鲁迅先生的画像，还是若无其事。鲁迅先生写信来催了，许钦文把原信递给陶元庆看。他仍然不动手，也不像就会动手的样子。

鲁迅先生又写信给许钦文，说是俄文的译者已来催了好几回，许钦文又把信递给陶元庆，他依然若无其事。

又着急，又替陶元庆担心，许钦文对于这件事不知道怎样才好。可是，一个星期日的下午，他独自坐在房间里，已经许久没有听到人声，正感到冷清。忽然房门开了，陶元庆站在门口，擎着一手招呼他，是含着微笑的。

“你来看，到我的房间里来！”

让许钦文走在前头，一跨进陶元庆的房门，许钦文就不自主地欢呼起来，鲁迅先生已经出现在画架上了，庄严的样子。

胡子和眉毛都是浓浓的，无论眼睛、鼻子，没有一处不像。许钦文这才放心，以为卷拢以后就可以交卷，当天快邮寄发。因此更加佩服陶元庆，以为他的眼光实在是锐敏，而且观察得仔细。

“像不像？”陶元庆问许钦文。

许钦文答：“像的。”

“还有什么地方要修改么？”陶元庆又问许钦文。

许钦文看不出什么不对的地方来，只好照实回对。陶元庆又很仔细地观察起来，侧着头，闭着左眼，又闭拢右眼看，忽然他朝画架跨进一步，忽又倒走几步。

照例地倒摆着看，横放着看，考查是否统一，是否调和以后，又把他新作品正摆着察看，同时起劲地捏着软橡皮。许钦文以为还有什么地方要修改准备擦去些线条的。但他并不在橡皮上捏出个尖头来，只是把整块的橡皮翻来翻去。

突然，陶元庆擎起捏着橡皮的手来，在空中挥了个圈子，是很有劲的，跨到画架旁边，一口气把创作成的画像如数擦去了。

“怎么了？”许钦文不禁惊奇地问。

陶元庆不作声，只是向许钦文摇了摇手。

“怎么了？”许钦文禁不住追问。

陶元庆仍然不作声，只用手向着门口一指，要许钦文走出他的房间。陶元庆一向不让人妨碍他的作画，否则发起脾气来要故意戳破妨碍者的文稿。许钦文只好离开那里，却在廊下留着，暗暗地从门缝里窥着他。

好像是打拳时的摆着水平马步，陶元庆迅速地转动手臂，起劲的神情，似乎正在同人决斗，木炭接触纸面，不绝地嚓嚓作响。

不过十分钟工夫，陶元庆又邀许钦文进去。鲁迅先生又在画架上出现了。

“这才真的像了！”一看见画，许钦文就这样想。

“为什么要画两回呢？”许钦文认真地问。

好像不曾听见，陶元庆把画架移在一边，在原地方摆上一把椅子，叫许钦文坐，静静地察看了一下，要许钦文脱去大衣，换穿由他身上脱下来的一件，是由黑呢做成的。

“他是大刀阔斧的。”陶元庆休息了一下，才指着画架上的鲁迅先生对许钦文解释，“所以他的画像一定要用大笔触，线条也要硬。恐怕不大正确，特地先细细地描一回。那只有表面的像，类似插笔画。也是为着表现强有力的猛烈的性格，故意把身材和衣服装点一下，不管他本来是怎么样的。”

一九二六年五月三日画像寄到以后，鲁迅先生当即写信来：说是很满意。不久又听到这样的消息，鲁迅把这幅画像挂在南屋会客室墙上。有位侄子，还是手抱着的，一望见这画像，就叫起大伯来了。

鲁迅对画幅特别有兴趣。一九二六年六月六日，他抓紧就要离京南下的有限时间，到中央公园去，请擅长德文的齐寿山协助他翻译荷兰作家望·蔼覃的童话小说《小约翰》，中午抽空参观司徒乔绘画展览会。会上展出七十多件作品，鲁迅看中了两件，一件是素描《五个警察和一个0》，画的是五个警察高举警棍扑打一位讨粥的孕妇。是司徒乔亲眼看见，后来凭记忆画出的。另一幅水彩画《馒头店门前》，画着一个半裸瘦削的老人，在初冬的早晨，走过馒头店门前，刚出笼的馒头热气腾腾，面香扑鼻，但饥饿的老人没钱买，只好背过脸朝着深深的胡同走去。这两幅画标价十八元，鲁迅拿出两张十元钞票购买。司徒乔中午吃饭去了，替司徒乔看摊的小孩一时找不出钱，抱歉地说："画家吃饭去了，没钱找。"鲁迅和蔼地说："不用找了，这两幅画根本不止值这些钱。"回家之后，鲁迅把《五个警察和一个0》挂在"老虎尾巴"东壁上，时时观看。

鲁迅喜欢美术，还特别讲究书籍的封面设计，对陶元庆的设计尤其欣赏。说也奇怪，陶元庆是认生的人，但一见鲁迅，说话就很投机，两人彼此很投缘，这原因除了是老乡之外，与鲁迅懂得美术也有关系。此后，陶元庆时有造访，鲁迅也时常邀请他来。如有年春节，鲁迅邀三个故乡青年来吃饭，这三个人就是陶元庆、许钦文、孙伏园，作陪的则有鲁迅的母亲以及俞家三姊妹和许羡苏、王顺亲等故乡的女子，桌上的菜肴都是绍兴的风味。其实，鲁迅向来宴客都到馆子里，这次破例在家中设宴，实在是为主客的陶元庆特意准备的。此后，两人有了更多的合作，鲁迅把自己的许多书籍都交由他设计。

鲁迅非常欣赏这位来自故乡的艺术青年，对他几乎常常不加任何掩饰的褒奖，鲁迅也非常尊重陶元庆的性格，在他们时间不长的往来中，充满了怡怡之情，鲁迅曾多次赠书和宴请他，陶元庆更是以同乡晚辈的身份对鲁迅执弟子之礼，不仅经常赠画作和画信片，还不时赠送家乡的火腿，以及从西湖边采撷来的梅花。

"未名社"出版了鲁迅翻译的《苦闷的象征》，陶元庆在设计封面时，用一个在压抑中拼命挣扎的半裸的妇人人体形象为主体，通过这个披着波浪似的黑发、用脚趾夹着钗的柄、又用温柔的嘴和舌舔着这染了血的武器的尖头的妇人，用那略带恐怖的情景和暗藏着无限的悲哀的画面表达所谓"苦闷的象征"，画面还用了黑、白、灰、红等彼此相衬的色彩和郁悒的线条，这样来深刻地表现主题，鲁迅以为这样处理"使这书披上了凄艳的新装"，许钦文更认为它“首创了新文艺书籍的封面画”，而“五四”新文学书籍以图案为封面的则始于此书。这本书初版时因经费所限，封面用单色印成，鲁迅觉得过意不去，于是待初版售完后，以版税作为再版时的补充经费，并将封面由单色还原为复色，视觉效果也更加强烈了，于是这本书的两个版本，因为有不同色彩的封面而成为收藏家的珍品，以至被称为是“人间妙品”。

一九二六年六月，许钦文的小说集《故乡》由未名社正式出版。陶元庆为他设计了“大红袍”，那是一次他从北京天桥的戏院看戏出来后，为舞台上的艺术形象深深感动而忘情地彻夜画出的。

他取故乡绍兴戏《女吊》的意境，画出一幅半仰着脸的女子，把其中“恐怖美”中病态的因素删除，表现出一种渗着悲苦、愤怒、坚强的艺术精神。画面中蓝衫、红袍、高底靴等都是古装戏中常见的道具，主人公持剑的姿势也来自于京戏中武生的造型。这一作品，陶元庆汲取多元的艺术感悟，稍加变型，遂为一幅绝唱的艺术创作，后来许钦文把他创作这幅画的经过讲给鲁迅听，鲁迅沉醉其中，不断地说：“呵，是这样的，璇卿是这样的”，“这样一气呵成，好像是偶然的，其实早就积累了素材，甚至已经有了初步的腹稿。那天晚上的看戏，只是最后的促成。写文章总要多看看，不看到一点就写，才能写得深刻，生动。绘画也要这样，有功夫的艺术家大概都是这样的。”

许钦文一九二二年，陆续在北京杂志报章上，发表他以学生为题材的短篇小说，当他的第二个集子《故乡》出版后，他挟着初印成的样本，与两个朋友来访鲁迅先生。一位朋友讲了一个笑话：“钦文的第一本小说集，叫《短篇小说三篇》什么的，只有一个青年太太买了一本，而且看后，到处对人讲，说她佩服得不得了。甚至表示，想同钦文做朋友。”

鲁迅当即对钦文说：“那以后再出新集子，我看你还是送她一本罢，不必再要她买了。”

那位朋友却说：“那可糟糕！钦文第一集小说，就卖掉一本呵！”

在场的人，都笑了，鲁迅先生也笑了，在笑声还未了时，鲁迅又对许钦文说：“那不要紧！你更应该送她。为保持你的利益起见，我这里一本，可不必送了，反正我总得买。”

在钦文与朋友们走后，荆有麟问先生对于钦文小说的意见，先生严肃地说："在写学生生活这一点上，我不及他。"

因为先生不肯轻易赞许人，但也不肯轻易指责人。所以对于从事文艺工作的青年，从来没有板起面孔写长篇大论的批评，某人如果有一点可以指责，先生就指责那一点，某人如果有一点可以赞扬，先生就赞扬那一点。"莽原"时代，先生所赞许的几个青年，如高长虹、李遇安、黄鹏基、韦丛芜、向培良、韦素园等，先生就曾分别地讲出他们某一点的可取来。

当时《彷徨》还没有正式印出，但封面大样出来了，陶元庆用橙红色为底色，配以黑色的装饰人物和傍晚的太阳，上下两段横线，简练地概括了画面的空间，而人物的动作似坐又似行，满幅画面被紧张的情绪所包围，将"彷徨"表现得恰到好处，又耐人寻味。鲁迅称赞说："《彷徨》的书面实在非常有力，看了使人感动。"可是当时有的人却看不懂那寓意，以为陶元庆居然连太阳都没有画圆，陶元庆只好愤愤地说："我真佩服，竟还有人以为我是连两脚规也不会用的！"

陶元庆还为鲁迅设计了《出了象牙之塔》《工人绥惠略夫》《中国小说史略》《唐宋传奇集》《坟》《朝花夕拾》等，其中《唐宋传奇集》封面素朴静穆，古风悠然，画中人物、马车、旗幡，排列有序，意趣高远，这种用写意的手法表达性情则是他的艺术特色之一。

《坟》，鲁迅邀请他设计封面时说："我的意思是只要和'坟'的意义绝无关系的装饰就好"，陶元庆遂在创作封面时用一种包含着死的气息的画面营造构图，把棺椁与坟相排列，强烈传达出鲁迅作品的寓意。

整理汉画像

鲁迅对美术的热爱是一贯的。到北京以后，他一直痴迷于收集汉画像。在准备离京南下之刻，他首先要整理、带走的就是这些视为珍宝的文物和艺术品。

在绍兴会馆抄校古碑的时候，他从清人王昶的《金石萃编》，黄易的《小蓬莱阁金石文字》，以及宋人洪适的《隶释》诸金石学著作的描摹拓片或抄录碑文的方式中，获得一个信息：山东嘉祥县武梁祠汉代石画像精彩纷呈，可以窥见汉代习俗，并提供一条通向天地之大美的独特途径。武梁祠始建于东汉桓帝建和元年，乃武氏兄弟为其母造阙。二子武梁于元嘉元年病逝，子孙为之建立祠堂。经过三代人二十余年慎终追远的精心构建，而成了令人瞩目的艺术奇品库藏。

鲁迅从抄古碑开始，就通过逛琉璃厂和托友人等方式多方搜集武梁祠石画像。为此，还在一本金石目录小书的扉页上，写下对拓艺的要求：“一、用中国纸及墨拓；二、用整纸拓全石，有边者并拓边；三、凡有刻文之处，无论字画悉数拓出；四、石有数面者令拓工注明何面。”这是为了存其真迹，以便探其本原，察其委曲，得其神韵。如此得来的数百张武梁祠和嘉祥及山东他处的石画像拓片，大抵都是鲁迅居留北京时期所得。

这些汉石画像具有“上古淳厚之风”，画面上马匹健硕，牛虎刚猛，龙体流畅，禽鸟简捷，建筑豁敞，洋溢着力之美。譬如鲁迅收藏的武班石室泗水打捞宝鼎的石画像拓片，水底有三人潜水打捞，水面有六人驾双舟协力推举，以鸟飞鱼跃衬托其繁忙气氛，堤上有七人以绳索拖拉，不料鼎耳卡着桥柱，急得岸上几位衣冠之辈指手画脚出主意，身后还有随从为之摇扇取凉，一只小熊挤在中间，焦急地蹦跳。另一栏里，有人用桔槔汲水，旁有巨熊在击掌赞叹。武开明石室桥头战斗，也是场面激烈，车马纷驰，剑盾齐举，鱼与鸟纷纷逃难。其场面构思，车马器具的安排，以及人兽杂糅，得世俗之活泼，状想象之不羁，力透纸背，前所未见。

这些图像，可考证汉代车马形制，水井设置，厨房灶口，宰割烹调，宴客迎宾，服饰装束，建筑家具等等，的确是古代家居交游生活的具象再现，也具有很高的审美价值。鲁迅极其珍惜，一一清点、装箱。凡是有所破损的，都要用自己的专门修书工具一一整好，亲自动手，绝对不用别人代替。

从所藏的汉代画像里可以发现，鲁迅从此获得的灵感很多。生前搜购历代拓本五千一百余种，六千余张，品类丰富，多为罕见之作。拓片主要有两类：一为河南南阳的画像，一系山东的画像。这些拓片风格不同，汉代社会种种风貌以神异的方式呈现出来。观看这些藏品，气象高远而丰润，线条朗健，构图灵动，毫无说教的呆气。许多作品多神来之笔，心灵与上苍的交流，思想与远古的对话，宏阔而大气，有无量的雄浑之美流溢其间。鲁迅生前曾赞叹汉唐气魄，不是没有原因的。这些藏品有的为鲁迅自己购置，有的系朋友所赠。他搜求它们，有一个梦想，就是回溯历史，打捞失去的文明，给中国现代艺术一种参照。后来在致青年画家李桦的信中，先生说："至于怎样的是中国精神，我实在不知道。就绘画而论，六朝以来，就大受印度美术的影响，无所谓国画了；元人的水墨山水，或者可以说是国粹，但这是不必复兴，而且即使复兴起来，也不会发展的。所以我的意思，是以为倘参酌汉代石刻画像，明清的书籍插画，并且留心民间所欣赏的所谓'年画'，和欧洲的新法融合起来，也许能创出一种更好的版画。"阅读这些遗物，深觉其暗功夫的不凡，这些内化在其文字里的美质，不细细体察，是难以知道的。鲁迅这番感叹，有自己的理由。他收藏过罗振玉、王国维的著作多部，金石方面的、考古方面的都有。他看那些文献，思路大变，佩服新的学者的眼光。一九一四年，罗振玉编《云窗丛刊》十二种，内收魏齐石刻、唐人写本、宋元资料，其中包括王国维《简牍检署考》等。对理解历史有相当的冲击力。后来鲁迅还收集过罗振玉的《敦煌拾零》七种，俚曲、云谣、经文种种，折射出一段宏放的历史书写空间。此前，鲁迅还收藏了一九〇九年出版的《晨风阁丛书》，均为文化史中被遗漏的一页，看得出汉文明的另一种风景。罗振玉《昭陵碑录》，王国维《曲录》《戏曲考源》，都有妙文于斯。旧时的士大夫者流，断没有这样的视野。

鲁迅看了南阳的汉代造像以后，曾经在给蔡元培先生的信中说：其实日本的浮世绘是模仿了我们中国的汉代造像。大家知道江户时代的艺术很伟大，特别是浮世绘，我每次去东京都要去那个国立博物馆看浮世绘，觉得那个真的是有创造性的艺术，这是文明的互动。

离开北京的打算一定下来，鲁迅就把这些珍贵的石刻拓片分箱装好，准备带到厦门大学去展览，让大家开开眼界。

离京南下

无论从政治压迫，还是从个人生活角度看，鲁迅都感到不能再在北京待下去了。

一九二五年十月，鲁迅和许广平定情以后，来往就更频繁了。广平送给鲁迅一对枕套，白色的细布上，用五彩的丝线分别绣着“安睡”“卧游”两字。

一天晚上，鲁迅在“老虎尾巴”，用茶几上的一个石刺猬头压碑帖拓片。广平知道先生非常爱护书籍，有一套修书工具。广平一边帮助鲁迅压碑帖，一边欣赏鲁迅手捧的汉唐石刻拓片。见一幅嘉祥画像拓片上有“周氏”印一方，上面有小人、小马、马车，人还互相施礼、作揖，古朴、简劲，鲁迅文章的风格很与之相似。广平从而也了解到鲁迅为什么喜欢收集汉唐石刻了。

鲁迅对广平小声说：“我们都必须尽快离开这里。”往朱安住的西屋使个眼色说：“林语堂邀请我到厦门大学去，这些汉唐石刻拓片就是准备带到厦门大学的。你已经毕业，可到广东教书。离开这里，各自奋斗两年，有些积蓄了，再合在一起，永不分开。”

广平明白鲁迅的意思，点了点头。

这时，王妈递过一张片子说：“有一位日本人来访。”

鲁迅看片子说：“好，请他进来。”又对广平说：“是辛岛骁，盐谷温介绍来的。我要是真的抄袭盐谷温的书，他会介绍学生来见我吗？你也不必回避。”

辛岛骁进来，恭敬地施礼。处处都把鲁迅作为《中国小说史略》的著者、北京大学的教授，向他请教，鲁迅也不讲有关学问以外的话。这天晚上，在辛岛骁面前呈现的已经不是作为教授的鲁迅，而是作为一个人的鲁迅的全貌，给辛岛骁以深刻的印象。

昏暗的灯下摆着菜肴，鲁迅和辛岛骁喝着鲁迅故乡的绍兴酒，都喝醉了。鲁迅渐渐地显露出激动的感情说着话。那已经不是有关中国过去小说的话，而是有关在鲁迅周围打着旋涡的活的现代中国的深刻苦恼。他说道：

“为什么会搞成那样呢？就因为张作霖这些旧军阀的势力统治了北京，《京报》总编邵飘萍不经审讯就枪决了，我非得从北京逃走。”

那天晚上，就是辛岛骁一个人跟鲁迅在一块，并无其他客人，辛岛骁只看见一个年轻的中国女学生不时进出，觉得鲁迅的心情是：此时无论对谁都没有拘束的必要，就通过这个穿着东京大学制服的辛岛骁留下告别的话，实际上是对北京许多仰慕鲁迅的大学生们悄悄留下告别的话。鲁迅讲到三一八惨案时，对中国不易动摇的黑暗封建势力的力量感到愤慨，同时也说出了对当时领导纯真的学生的部分领导者的利己行为感到憎恶的话。在谈话的过程中，鲁迅很有神气地从凳子上站了起来，他的因为喝了酒而发热的脸孔，由于愤怒更加泛红。他一面飞快地伸出了手臂，一面表演着指挥学生群众的人物的模样，说："他们发出'前进！前进！'的号召，叫纯真的学生朝着枪口冲击，可是他们自己决不站在前面把胸脯朝着枪弹。只是从旁边发出号召，这就是中国的领导者的姿态。你以为这样就能救中国吗？"这时鲁迅连眼泪也流出来了，凝视着辛岛骁的脸孔。辛岛骁后来再也没有看到过鲁迅像那时那么激动的神态。辛岛骁偶然地得到好机会看到了从北京逃走前夜的鲁迅！他永远忘记不了鲁迅那时候的激动。当鲁迅进而谈到以后逃到厦门去时，很快就表现出寂寞的神态，黯然地说：是朋友要我去，但也不晓得能否在那边待得长。我不想随声附和。听着这话，辛岛骁忽然记起蒋光慈曾在《徐州旅馆之一夜》中所写的"可怜的中国！"这样的话。"这是在厦门的住址。"当辛岛骁要告辞的时候，鲁迅拿起笔来，写给他。

辛岛骁这天夜晚在鲁迅那里的感触异常深刻。他从高等学校的学生时代起，就对胡适等人的新文学运动很关心，读过一些作品，但那不过是从对所谓日本的汉学的天真的叛逆精神出发，因而对于那些"新东西"特别具有兴趣而已。自从那天晚上亲眼看到了鲁迅的怒诉以后，辛岛骁才用完全不同的态度去接触那些作品。了解了鲁迅的为人，了解了中国现代的苦闷，对于没有意思的作品，也会听出从印刷纸后面发出的中国人的苦闷的叫喊。每当拿到新出版的书籍时，也觉着那寻求解放的中国的灵魂和年轻的自己，在心中的血肉联系正在加深。报纸上关于中国的短小的记事，辛岛骁也能够将它背后所具有的意思读出来，一颗颗的铅字都像是中国民族的血一般地铭记在他的心里。

一九二六年七月二十八日，鲁迅收到厦门大学汇来的薪水四百元，旅费一百元，正式接受厦门大学聘请，任国文系教授兼国学院研究教授。许广平也被推荐回母校——广东女子师范学校教书，她欣然接受。

一九二六年八月二十六日，鲁迅由北京前门火车站起程赴厦门，许广平同行。许寿裳、孙伏园、荆有麟、章川岛、许钦文、许羡苏、俞芬、俞芳、俞藻和王顺亲等朋友送行，陶元庆也和他的妹妹一起来了。石评梅在陆晶清搀扶下慢步来到。高君宇逝世后，她一直处在悲痛中，这次刘和珍死去，又给她沉重一击，写了《血尸》《痛哭和珍》等文，身体更加虚弱了。

火车启动了，忽然天空中飞来了一群鸽子，为首的还是那只棕褐色羽毛的健壮雄鸽。前门站，不，似乎整个北京古城，都响起哀鸣的鸽哨。广平搀着鲁迅先生站在车尾向友人们挥着手，仰望着鸽群，心里说着：再见了，北京！再见了，鸽子！禁不住热泪滚滚……

三一八惨案之后，易培基就遭到通缉并被免职，由任可澄接任北洋政府教育总长。七月末，鲁迅尚未离京，任可澄就将女师大与女大合并为北京女子学院，自兼院长，林素园任师范部学长。女师大进步师生奋起抗议合并。

九月五日下午一时半，任可澄特同林氏一起，率警察厅及军警处兵士约四十人，驰赴女师大，武装接管女师大。

再见了，北京！再见了，鸽子！

尾声

鲁迅、许广平下午一时乘特别快车从天津到浦口。又坐船到上海，刘大白、夏丏尊、陈望道、沈雁冰、郑振铎、胡愈之、朱自清、叶圣陶、周建人等文化界知名人士，在消闲别墅宴请。鲁迅和许广平分头乘海轮去厦门和广州。九月四日，鲁迅抵厦门大学，与许广平书信不断。终因生活不便等原因，于一九二七年一月十八日转赴中山大学任教，与许广平会合。又因当局政变，大肆捕杀进步学生，鲁迅愤然辞去一切职务。

四月二十六日，在刺刀加钢盔的一片恐怖中，鲁迅于广州白云楼上写《〈野草〉题辞》——

当我沉默着的时候，我觉得充实；我将开口，同时感到空虚。

过去的生命已经死亡。我对于这死亡有大欢喜，因为我借此知道它曾经存活。死亡的生命已经朽腐。我对于这朽腐有大欢喜，因为我借此知道它还非空虚。

生命的泥委弃在地面上，不生乔木，只生野草，这是我的罪过。

野草，根本不深，花叶不美，然而吸取露，吸取水，吸取陈死人的血和肉，各各夺取它的生存。当生存时，还是将遭践踏，将遭删刈，直至于死亡而朽腐。

但我坦然，欣然。我将大笑，我将歌唱。

我自爱我的野草，但我憎恶这以野草作装饰的地面。

地火在地下运行，奔突；熔岩一旦喷出，将烧尽一切野草，以及乔木，于是并且无可朽腐。

但我坦然，欣然。我将大笑，我将歌唱。

天地有如此静穆，我不能大笑而且歌唱。天地即不如此静穆，我或者也将不能。我以这一丛野草，在明与暗，生与死，过去与未来之际，献于友与仇，人与兽，爱者与不爱者之前作证。

为我自己，为友与仇，人与兽，爱者与不爱者，我希望这野草的死亡与朽腐，火速到来。要不然，我先就未曾生存，这实在比死亡与朽腐更其不幸。

去罢，野草，连着我的题辞！

散文诗二十三篇，合名《野草》。一九二七年七月由北京北新书局初版，列为作者所编的《乌合丛书》之一。封面由孙伏园弟弟孙福熙设计，灰色的面上，下有两支青绿的草枝，上是白色勾出的几道云电，右上方是：白色的隶书“野草”二字和鲁迅亲笔题“鲁迅著”几个字。

一九二七年九月二十七日，鲁迅携同许广平乘“山东”轮离广州赴上海，开始了新的生活。

二〇一五年二月十六日初稿

二〇一五年春节期间修订、补充、润色

二〇一五年七月十二日再润色

二〇一六年春节至六月再修订

参考书目

1. 鲁迅著:《鲁迅全集》(十八卷),人民文学出版社 2005 年版。

2. 鲁迅著,北京鲁迅博物馆、上海鲁迅纪念馆编:《鲁迅辑校古籍手稿》(六函),上海古籍出版社 1999 年 3 月版。

3. 鲁迅、许广平著:《两地书真迹(原信)》,上海古籍出版社 1996 年 1 月版。

4. 舒汉编:《鲁迅生平自述辑要》,山东人民出版社 1979 年 5 月版。

5. 北京鲁迅博物馆鲁迅研究室编:《鲁迅年谱》第二卷,人民文学出版社 1983 年 4 月版。

6. 中国社会科学院文学研究所鲁迅研究室编:《1913—1983 鲁迅研究学术论著资料汇编》五卷一分册,中国文联出版公司 1985—1991 年版。

7. 北京鲁迅博物馆鲁迅研究室编:《鲁迅回忆录》六册,北京出版社 1999 年 1 月版。

8. 薛绥之主编:《鲁迅生平史料汇编》第二辑,天津人民出版社 1981 年 7 月版。

9. 周建人口述、周晔整理:《鲁迅故家的败落》,福建教育出版社 2001 年 8 月版。

10. 周作人著,止庵编:《关于鲁迅》(《鲁迅的故家》《鲁迅小说里的人物》《鲁迅的青年时代》),新疆人民出版社 1997 年 3 月版。

11. 周作人著:《苦茶——知堂回想录》,敦煌文艺出版社 1995 年 3 月版。

12. 周作人著:《周作人日记》(上),大象出版社 1996 年 12 月版。

13. 张菊香、张铁荣编著:《周作人年谱》,天津人民出版社 2000 年 4 月版。
14. 张能耿、张款著:《鲁迅家世》,党建读物出版社 2000 年 6 月版。
15. 北京鲁迅博物馆编:《鲁迅大影集》,中原出版传媒集团河南文艺出版社 2008 年 4 月版。
16. 止庵、王世家编:《鲁迅著译编年全集》20 卷,人民出版社 2009 年 7 月版。
17. 王得后著:《〈两地书〉研究》,天津人民出版社 1982 年 9 月版。
18. 陈漱渝著:《许广平传》,天津人民出版社 1981 年 5 月版。
19. 李允经著:《鲁迅的婚姻与家庭》,北京十月文艺出版社 1990 年 2 月版。
20. 李浩著:《许广平画传》,上海社会科学院出版社 2008 年 7 月版。
21. 张恩和著:《鲁迅、许广平》,中国青年出版社 1995 年 1 月版。
22. 倪墨炎、陈九英著:《鲁迅与许广平》,世纪出版集团上海书店出版社 2001 年 1 月版。
23. 张恩和著:《鲁迅与许广平》,湖北人民出版社 2008 年 1 月版。
24. 龙吕黄、刘世洋编著:《以沫相濡亦可哀——鲁迅与许广平的情爱世界》,东方出版社 2008 年 4 月版。
25. 倪墨炎、陈九英著:《鲁迅与许广平》,世纪出版集团上海书店出版社 2009 年 7 月版。
26. 倪墨炎、陈九英著:《鲁迅的写作和生活——许广平忆鲁迅精编》,上海文化出版社 2006 年 7 月版。
27. 孙玉石著:《〈野草〉研究》,中国社会科学出版社 1982 年 6 月版。
28. 孙玉石著:《现实的与哲学的——鲁迅〈野草〉重释》,世纪出版集团上海书店出版社 2001 年 9 月版。
29. 张洁宇著:《独醒者与他的灯——鲁迅〈野草〉细读与研究》,北京大学出版社 2013 年 4 月版。
30. 李玉明著:《"人之子"的绝叫——〈野草〉与鲁迅意识特征研究》,北京大学出版社 2012 年 3 月版。
31. 汪卫东著:《探寻"诗心":〈野草〉整体研究》,北京大学出版社 2014 年 10 月版。

32. 江长仁编:《三·一八惨案资料汇编》,北京出版社1985年5月版。

33. 叶淑穗、杨燕丽著:《从鲁迅遗物认识鲁迅》,中国人民大学出版社1999年5月版。

34. 朱正著:《鲁迅传》,人民文学出版社2013年1月版。

35. 孙郁著:《鲁迅书影录》,东方出版社2004年9月版。

36. 柯兴著:《风流才女——石评梅传》,华艺出版社1992年2月版。

37. 石评梅著:《象牙戒指——石评梅散文选》,中国三峡出版社2010年6月版。

38. 陈丹青著:《笑谈大先生》,广西师范大学出版社2011年1月版。

39. 乔丽华著:《我也是鲁迅的遗物——朱安传》,上海社会科学出版社2009年12月版。

40. 于润琦编:《文人笔下的旧京风情》,中国文联出版社2003年10月版。

41. 王秉愚编著:《老北京风俗词典》,中国青年出版社2009年1月版。

42. 孙郁著:《民国文学十五讲》,山西人民出版社2015年8月版。

43. 黄乔生著:《鲁迅"沉入古代"的"暗功夫"——谈鲁迅收藏的古砖及砖文拓本》,《光明日报》2016年4月12日。